ミッション・スクールと戦争

——立教学院のディレンマ

老川慶喜、前田一男 編著

東信堂

はしがき

本書は、二〇〇〇年一二月、立教大学に新設された自校史研究機関「立教学院史資料センター」の研究プロジェクトから生まれた論文集である。

立教学院史資料センター設立以前の立教学院は、あしかけ一二年にもおよぶ「立教学院百二十五年史」の編纂事業を展開していたが、その過程で学院内における資料状況の貧困さが、大方の予想をはるかに上回るものであることが、次第に明らかになってきた。その事情は、『百二十五年史　資料編第一巻』(旧制編)に掲載された資料の出典・所蔵に明らかなように、相当数の資料が、学院外の諸機関において複写せざるをえない状態であったのだ。

そうした状況を踏まえ、編纂事業の終了した二〇〇〇年度、立教学院は、編纂に使用した主要資料の整理と平行して、自校史資料の整理・保存と研究に従事する新たな機関の設立を企画・準備した。その結果、新たな機関は、これまで十分に意識されてこなかった「研究」に重点を置き、学術調査員を配置すること、そのためには管理部門の法人事務局ではなく、教育・研究の場である大学に籍を置いて全学院の資料を扱うこと、そしてまず始めに、従来十分に深められてこなかった立教学院と戦争との関係を客観的・学問的に研究し総括すること、などの方向性が定められた。建学の精神の検証や、学院と難しい時代との関係など、顕彰的に自校史を扱うのではなく、どこまでも実証的に自校史に向き合い、社会との関係で学院を位置づけていくことが確認されたのである。

幸いこうした方向性に理解が示され、大学・学院当局によって「立教学院史資料センター」の設立が承認され、二〇〇〇年一二月、本書の編者の一人である老川慶喜(経済学部教授)がセンター長に任命された。

老川センター長の指導の下、立教学院百二十五年史編纂室のメンバーが具体的な準備を重ね、二〇〇一年四月、センター事務局とともに産声を上げたのが研究プロジェクト第一号「立教学院と戦争に関する基礎的研究」であり、それが本書の母体となった。研究プロジェクト研究員会議は、それ以降二五回を超え、各回とも研究員の熱のこもった研究発表と熱心な質疑応答が繰り広げられた。

幸いにもその過程で、この研究は、平成一四年度から一六年度、文部科学省の科学研究費補助金・基盤研究（B）（2）に採択された。「国際環境の中のミッションスクールと戦争――立教大学を事例として――」（課題番号 14310135）（研究代表者　文学部教授　前田一男）である。これによって、アメリカ合衆国テキサス州オースチンにあるアメリカ聖公会文書館にも、懸案であった資料調査が実施できた。その資料調査を含む研究成果は二〇〇五年三月、同名で報告書も刊行され、学界の注目を浴びた。

こうした研究の延長上に、各研究員の研究をさらに深化させた成果を集約したのが、本書『ミッション・スクールと戦争――立教学院のディレンマ――』である。ただ、研究員会議を通じた成果であるとはいえ、ここに掲載した論稿はすべて各執筆者個人の責任において執筆されたものであり、研究プロジェクトや立教学院史資料センターの考えを代表するものではないことを、お断りしておきたい。

まだ課題を多く残すとはいえ、七年間にもおよぶ共同研究の成果をこうした形で世に問えることを感謝したい。この研究成果が自校史教育に還元されることを期待し、さらにこの個別大学史の一事例が関連学会に何らかの形で寄与することになれば望外の幸せである。この間、研究課題の重要性を理解し、協力を惜しまれなかった立教学院および立教大学にも、紙面を借りて感謝したい。

二〇〇八年三月

編者　前田　一男

ミッション・スクールと戦争――立教学院のディレンマ――／目次

序章一　研究の課題と視角……前田一男……3
二　戦時下の高等教育政策……寺﨑昌男……19

第一部　聖公会と立教学院首脳の動向……29

第一章　戦時下外国ミッション教育の危機――立教首脳の動揺と米国聖公会の決断――……大江　満……31
第二章　日本聖公会の教会合同問題――合同派の聖公会離反と立教首脳――……大江　満……75
第三章　学院首脳陣と構成員のアジア・太平洋戦争に対する認識と対応……山田昭次……115
補　論　元田作之進と天皇制国家……西原廉太……142

第二部　戦時への対応と教学政策……157

第四章　「基督教主義ニヨル教育」から「皇国ノ道ニヨル教育」へ――寄附行為にみる学院の目的の変更――……大島　宏……159
第五章　医学部設置構想と挫折……老川慶喜……193
第六章　教育における戦時非常措置と立教学院――理科専門学校の設置と文学部閉鎖問題を中心に――……豊田雅幸……219

第七章　アメリカ研究所と戦争――活動の軌跡と関係者たちの群像――……永井　均…254

第三部　戦時下の学園生活……305

第八章　戦時動員体制と立教中学校……安達宏昭…307
第九章　戦時動員と立教大学における教育の変容……奈須恵子…338
第一〇章　戦時下の学生生活……前田一男…369
第一一章　朝鮮人留学生たちの民族的苦悩と受難……山田昭次…416
第一二章　立教学院関係者の出征と戦没――戦時下の学内変動に関する一考察――……永井均・豊田雅幸…442
終　章　戦時下の立教学院……老川慶喜…481
あとがき……老川慶喜…495
編者・執筆者紹介……497

おことわり

本書の一部に差別語・不快語などが用いられているが、歴史的・資料的な意味を尊重し、そのままにした。

装幀　桂川　潤

序章一　研究の課題と視角……前田一男…3
一　問題の所在と現況……3
二　先行研究の整理……5
三　立教学院史への評価……8
四　立教学院関係の基礎資料……11
五　研究の視角……15
注（16）
序章二　戦時下の高等教育政策……寺﨑昌男…19
はじめに……19
一　国体観念の登場と「学問と教育」……20
二　二元的発想様式の転換……22
三　人材要求と高等教育の構造変化……24
四　戦時下における私学政策……25
参考文献（27）
第一部　聖公会と立教学院首脳の動向……29

第一章　戦時下外国ミッション教育の危機——立教首脳の動揺と米国聖公会の決断——……大江　満…31
はじめに……31
一　日本キリスト教教育の調査と警戒……32
1　遣日国際教育調査団への疑念（32）　2　諸派連合男子キリスト教主義大学構想への警戒（35）
二　外国伝道信徒調査団への歓迎と衝撃……37
1　調査団と米国聖公会の初期反応（37）　2　東洋伝道再考の勧告（39）
三　立教独自路線と米国母教会の方針……40
1　二調査団の教育分析と勧告（41）　2　立教学院拡張一五年計画原案（44）　3　米国聖公会外国伝道部主事の批判（47）　4　米国聖公会の財政難（49）　5　日本と中国ミッションへの打撃（54）　6　拡張一五年計画第二案と母教会の分析判断（57）
四　母教会の後援と学院日本人首脳の不軌……61
1　タッカー指導下の米国聖公会（61）　2　立教学院拡張計画と諸派連立大学構想の顛末（64）　3　米国聖公会の支援と立教学院のキリスト教離反（65）
おわりに……67
注（69）
第二章　日本聖公会の教会合同問題——合同派の聖公会離反と立教首脳——……大江　満…75
はじめに……75
一　土着化と自給自治による独立提唱……76
1　外国伝道信徒調査団報告書と聖公会系ミッション（76）　2　典礼問題と神社参拝——迫害への対応と土着化の国家主

義化――（78）　3　排外主義の標的（79）　4　日中戦争と国民精神総動員運動による土着化の変容（81）
二　教会合同問題……84
1　宗教団体法と日本基督教連盟への対応――教会合同か単独教団か――（84）　2　教会合同と自給決議――合同情勢の急転化――（86）　3　母教会の警戒と資産譲渡の条件――日本聖公会の自治自給宣言の虚実――（87）　4　聖公会の邦人化と非合同路線堅持（89）
三　日本聖公会組織解消……93
1　文部省の教団不認可通告と合同問題再燃（93）　2　非合同派・合同派の攻防（95）　3　日本聖公会解消宣言と清算会議（98）
四　日本聖公会分裂……99
1　佐々木鎮次総裁代務者の苦悩と合同派の日本基督教団加入（99）　2　非合同派主教の地下潜伏活動と戦中受難（101）
おわりに……103
注（106）
第三章　学院首脳と構成員のアジア・太平洋戦争に対する認識と対応……**山田昭次**……115
はじめに……115
一　「満州事変」と立教学院……118
二　日中戦争と立教学院……119
1　日中戦争の開始と「大東亜共栄圏」（119）　2　立教学院の日中戦争論（120）　3　立教学院と紀元二千六百年祭（123）
三　太平洋戦争・学徒「出陣」と立教学院……126
1　太平洋戦争の開始と「大東亜戦争」肯定論（126）　2　学徒「出陣」をめぐる総長や教員（127）

四　大学教員の戦時国家体制への随順と抵抗……130
1　ナチス国家主義と文学部教授菅円吉(130)　2　経済学部教授小山栄三の国家と大東亜共栄圏建設のための報道論(133)　3　文学を固守して戦時下の時流への迎合を批判した文学部教授富田彬(135)
むすびに代えて……137
注(138)
補論　元田作之進と天皇制国家……西原廉太……142
はじめに……142
一　元田の天皇観……143
二　元田の朝鮮観……145
三　神社問題とキリスト教……148
四　国家と教会……151
おわりに……153
注(154)
第二部　戦時への対応と立教大学の教学政策……157
第四章「基督教主義ニヨル教育」から「皇国ノ道ニヨル教育」へ
——寄附行為にみる学院の目的の変更——……大島　宏……159
はじめに……159
一　寄附行為変更の経過……161

1 発足時の寄附行為（161） 2 米国聖公会の影響力の排除（163） 3 「基督教主義」から「皇国ノ道」へ（168）
二 立教以外のキリスト教主義学校の動向 …… 170
1 同志社（171） 2 関西学院（175） 3 上智学院（179）
三 立教学院内の動向 …… 181
1 医学部設置構想と幻の寄附行為変更――「基督教主義ニヨル教育」の削除――（181） 2 「皇国ノ道ニヨル教育」採用の経緯（185）
おわりに …… 186
注（188）
第五章 医学部設置構想と挫折 …… **老川慶喜** …… 193
はじめに …… 193
一 立教大学拡張計画と医学部設置問題 …… 195
二 立教大学医学部設置認可申請書 …… 199
三 聖路加国際病院の声明書 …… 204
四 厚生省の対応 …… 209
おわりに …… 213
注（214）
第六章 教育における戦時非常措置と立教学院 ――理科専門学校の設置と文学部閉鎖問題を中心に―― …… **豊田雅幸** …… 219
はじめに …… 219

一　理科系教育拡充・文科系教育抑制への対応……220
1　理科専門学校設置への動き（220）　2　学生定員減少問題と農学部設置構想（223）
二　教育に関する戦時非常措置方策への対応……226
1　学校統合整理問題（226）　2　学校整備要領と理事会の対応（229）
三　文学部「閉鎖」への動き……231
1　文学部教員の処遇と財政問題（231）　2　文学部の扱いと学生の処遇（234）
四　他大学の動向……238
おわりに……246
注（248）

第七章　アメリカ研究所と戦争――活動の軌跡と関係者たちの群像――……永井　均……254
はじめに……254
一　創設時代……256
1　創設の文脈（256）　2　初期の陣容と活動状況（261）　3　研究所内部における不協和音（265）
二　対米開戦という試練……273
1　閉塞感に包まれて（273）　2　国策協力への急接近（279）　3　戦時下の研究活動と蔵書疎開（283）
おわりに……292
注（294）

第三部　戦時下の学園生活……305

第八章　戦時動員体制と立教中学校……安達宏昭……307
はじめに……307
一　動員体制の形成……308
1　国民精神総動員運動・時局教育の展開（308）　2　立教中学校の対応（310）　3　対応の特色（312）　4　対応の要件（314）
二　動員体制の確立……316
1　学校報国団・報国隊の結成（316）　2　キリスト教主義との訣別（319）
三　動員体制の進展……321
1　錬成の徹底化（321）　2　徹底化の要因（324）　3　勤労動員の強化（326）
おわりに……328
注（329）

第九章　戦時動員と立教大学における教育の変容……奈須恵子……338
はじめに……338
一　高等教育機関の戦時動員……339
二　課外生活の再組織化……343
1　夏季休暇における勤労作業の実施、中国における日本軍への協力・実地訓練の開始（343）　2　学生団体の再組織化と身体訓練の強化（346）
三　立教大学における教育内容・成績評価のあり方の変化……352
1　学科課程の変化と授業時間の実質的縮減（352）　2　「鍛錬科目」や「科外講演」などの新設と成績評価への組み込み（356）　3　授業内容自体の変化（358）

おわりに……361
注(362)
第一〇章　戦時下の学生生活……前田一男……369
はじめに……369
一　学生思想問題としての学生生活調査……371
1　文部省の学生生活調査への関心(371)　2　「生計調査」から「生活調査」への意味(373)
二　教学局『学生生徒生活調査』のなかの立教大学……375
1　「学生の国勢調査」(375)　2　浮かび上がる立教生の学生生活(378)
三　立教大学調査に見る学生生活の実際……390
1　調査の概要と特質(390)　2　社会階層にかかわる特徴(393)　3　生活・文化にかかわる特徴(400)　4　意識・価値観にかかわる特徴(406)
おわりに……412
注(414)
第一一章　朝鮮人留学生たちの民族的苦悩と受難……山田昭次……416
はじめに……416
一　植民地支配下の朝鮮人留学生数の概観……417
1　全般的概観(417)　2　立教大学の朝鮮人留学生(419)
二　朝鮮人留学生の諸相……421
1　一九二〇年代の朝鮮人留学生(421)　2　戦時期の立教大学朝鮮人留学生(423)

むすびにかえて……438
注（439）
第一二章　立教学院関係者の出征と戦没
――戦時下の学内変動に関する一考察――……永井均・豊田雅幸……442
はじめに……442
一　立教学院における出征と戦没……444
1　出征の始まり（444）　2　出征者の増大――修業年限短縮・「学徒出陣」――（446）
二　追悼方式の変更の裏側……452
1　チャペルでの慰霊祭（452）　2　神道式による慰霊祭（456）　3　ミッション・スクールのディレンマ――神道式への変更の深層――（460）
おわりに……469
注（472）
終　章　戦時下の立教学院……老川慶喜……481
一　戦時体制の深化と立教学院……481
二　本書各章の概要……486
注（493）
あとがき……老川慶喜……495
編者・執筆者紹介……497

序章一　研究の課題と視角

前田　一男

一　問題の所在と現況

本書は、戦時下の高等教育の諸問題について、ミッション・スクールとしての立教学院を事例として、政治史、教育史、宗教史などの立場から、多角的に迫ろうとする論文集である。この論文集の目指すところは、戦争が満州事変から日中全面戦争へ、そして太平洋戦争へと拡大していくなかで、高等教育の制度・内容の再編動向が、立教学院にどのような影響を及ぼすことになったのか、その後苛烈な戦局が訪れる臨戦体制下なかで理念的にも実態的にも教育の「崩壊」ともいえるありようが、立教学院に即してどのように現れていたのかを実証的に明らかにしていくことである。そのような作業は、ミッション・スクールとしての立教学院が当時抱え込まざるを得なかったジレンマを、そのまま描くことになるだろう。誤解を恐れず言えば、立教学院にとって「触れられなかった過去」を、真正面から内在的に歴史対象にしようとする第一歩がこの論文集である。ただし後にも述べるように、複雑で繊細な時期を研究対象としているだけに、それぞれの論文が個々別々に独立して執筆されたのではない。歴史的根拠を求めた資料収集を前提とし、また共通の基盤になる問題意識を確認しながら、研究会を重ねるなかでまとまった共同研究の成果が、この論文集なのである(1)。

そもそも戦時下の自校を検証するという試みは、ファナティックに傾斜していく時代との接点で、当時の大学関係者個々人の内面に深く立ち入らざるを得ない。それゆえに、その検証作業は、使命感や信念だけでなく、葛藤や矛盾あるいは妥協や打算を、浮かび上がらせ問題にすることに他ならない。そこには生臭い人間関係が潜伏しているし、それゆえ保護されるべきプライバシーの問題も念頭におかなければならない。その一方で、内外に多くの犠牲者を出した事実を踏まえるならば、戦争責任の追及という課題にも言及せざるを得ない。かといって、それが戦後からの一方的な告発裁断だけで終わってしまうならば、問題は深まらないだろう。当時を生きた人間にとっても、その歴史を検証しようとする人間にとっても、身近にすぎるこの時期の自校史研究は幾重にも重い意味を有しているのである。

そして率直に言えば、戦後六〇年を経た現在においても、以下に述べるように、各校においてその作業は充分に進んでいるようには思われないのである。

二〇〇五年には、あしかけ一五年にもおよぶ長い戦争が終わって六〇年目の節目を迎えたことから、新聞をはじめとするジャーナリズムは盛んに「戦後六〇年」を取りあげた。アジア・太平洋を舞台にした、いわゆる「一五年戦争」の研究は、今日まで政治史、軍事史、経済史、教育史、社会史、宗教史などさまざまな領域の多角的なアプローチにより、多くの研究成果を蓄積してきた。近代日本にとって、同じくアジア諸国にとって、最大ともいえる悲劇的な歴史体験を対象として、明らかにしておかなければならない課題が山積し続けてきたというのは、ある意味で当然のことであろう。

そのような一般史の動向とは別に、戦時下における自校の問題を自校自身が検討するには、それ相応の時間が必要であった。なぜなら、個別大学沿革史が顕彰的な歴史や母校愛的な歴史を克服できずにいたという事情もあるが、それだけではない。各校にとって、戦時期は多くの犠牲者を出した忌まわしい時期であり、そもそも研究対象として心理的に成り立ち得なかったこと、戦時期に直接かかわった大学の指導者や関係者が何がしかの影響力をもって在職し存命するなかでは、戦争責任に触れざるを得ないこの種の問題について客観的な批判的研究ができる環境が整わなかったこと、疎開、空襲、敗戦から再建、復興などの混乱期を経て、歴史研究を進めていく上での基本資料の焼失、紛失、散逸が甚だしかったこと、などがその主な理由であった。

他方、集団や個人の遺稿集などの編集は精力的に進められた。日本戦没学生記念会『きけわだつみのこえ』(一九五九年)を筆頭に、東大十八史会編『学徒出陣の記録　あるグループの戦争体験』(一九六八年)や林尹夫『わがいのち月明に燃ゆ　一戦没学徒の手記』(一九八〇年)などがすぐに思い浮かぶ書名であろう。

二　先行研究の整理

ここで、戦時下の自校史の歴史的検証を行うために、先行研究について言及しておこう。大学史・高等教育史を対象にした研究動向のすぐれた整理を参考にしつつ[2]、本書にかかわると思われるふたつの動向にのみ触れておこう。

ひとつは、一九七〇年代半ば以降、大学史・高等教育史研究が、近代教育史研究のなかで重要な位置を占め始めた動向についてである。その画期となる大きな業績は、この時期に刊行された国立教育研究所による『日本教育近代百年史』(全一〇巻)であった。「学制」百年の記念事業として企画され、学校教育編の四巻(第三巻〜第六巻)にそれぞれ初等教育、中等教育、教員養成だけでなく高等教育をしっかりと位置づけた。さらにその高等教育を論述するにあたっては、「概説」「大学予備教育史」「大学史」「専門学校史」と高等教育史の歴史的構造を四つに区分した。制度政策史を中心としながらも、この研究成果によって、幕末維新期から戦後直後までの近代高等教育史の全般的な見通しが把握できるようになった。戦時下についても「一九三七(昭和一二)年から一九四五(昭和二〇)年の敗戦前にいたる高等教育を検討することにする。(中略)高等教育百年の歩みのなかで、最も悲惨な八年間であったのが、この章の叙述対象である」[3]として、前述の四つの領域が取りあげられている。一九六〇年代後半の「大学紛争」を契機に、高等教育史研究にこのような確実な進展が生まれた動向についての興味深いレビューは他稿に譲るが[4]、義務教育段階だけではなく、高等教育が位置づき描かれなければ日本の近代教育の総体が成立しないという認識が急速に普及しつつ、戦時下の高等教育についてもその対象として自覚されるようになった。

ふたつに個別大学史編纂の観点から言えば、一九六〇年代半ばまでは「少数の個別研究や通史が点在する一方、かなり多くの沿革史・誌類が混然として存在して研究的には顧みられず、史料集も沿革史も高等教育史研究者の側からの活用をまっていた」。すなわち学術的評価に堪えうる沿革史編纂はきわめて稀であり、個別大学、高等教育機関の内部における史料収集・整理・保存のための組織的な努力もほとんどなされてこなかった状況であった[5]。それが、一九七〇年代後半から一九八〇年代以降、大学沿革史編纂方式や体制に変化が現れてきた。具体的には、通史に加えて資料集の編纂、研究紀要の刊行、通史における出典注の記載などが慣例化することになったのである。

そのようななかで編纂された個別大学史において、徐々に戦時下への記述もなされてくるようになった。いくつかの個別大学史を確認しておこう。一九七〇年代後半に刊行された『明治学院百年史』(一九七七年)では、昭和一〇年代の明治学院の変化をミッションとの関係から概観し、学徒出陣も学生の視点から描こうとした。『同志社百年史　通史編二』(一九七九年)では、神棚事件、「国体明徴」論文事件、チャペル籠城事件といった「事件」から「時代の支配原理が狂暴な挑戦を同志社が受けたこと」[6]の内実を記述しようとしている。一九八〇年代には、『東京大学百年史』通史二(一九八五年)や『早稲田大学百年史』第三巻(一九八七年)が刊行された。双方とも大部なセットからなっているが、前者では、戦時下が「第三章　戦時体制下の諸動向」として相当数の頁数が割かれて叙述され、教学刷新・軍事教練、戦時動員体制、「大学の自治」をめぐる諸事件が詳しく描き出されており、学内公文書資料を使った個別大学史としてだけでなく、戦時下における学術史としての性格も併せ持つ内容となっている。後者においても、「第七編　戦争と学苑」が多様な視点から構成され、「戦時体制の学苑への浸透過程を文教政策の側面から考察し、その過程の中で、私立としての学苑が主体性を保ちつつどのようにこれらに対応し、特に学問研究の場として戦時国家の要請にいかに対処し、また、学生・教職員がどのような行動と生活を展開したか」[7]について広く概観している。このように、特に一九八〇年代以降、個別大学史において、戦時下はそれ相応の紙数を割いて記述されるようになった。個別大学の百年の歴史において、戦時下をどのように記述し位置づけるかという課題は、避けて通れなくなってきたのである。

そのような動向を背景にして、戦争と大学とのかかわりに関する個別研究は、一九九〇年代に入って、新たな段階を迎えている[8]。ここ一〇年ほどのうちに、東京大学の『東京大学の学徒動員・学徒出陣』(一九九七年)、青山学院大学の『青山学院と出陣学徒――戦後50年の反省と軌跡――』(一九九五年)、『青山学院と平和へのメッセージ――史的検証と未来展望――』(一九九八年)、『青山学院と戦争の記憶――罪責と証言――』(二〇〇〇年)、『青山学院と学徒出陣六〇年――戦争体験の継承――』(二〇〇三年)、慶應義塾大学の『共同研究　太平洋戦争と慶應義塾』(一九九九年)、『証言　太平洋戦争下の慶應義塾』(二〇〇三年)といった本格的な研究が次々に上梓されるようになった。また、『大学とアジア太平洋戦争――戦争史研究と体験の歴史化――』(一九九六年)のように、国内外の複数の大学の事例を対象とした比較研究も出はじめている。

これらは、個別プロジェクトであれ、ゼミ活動の総集約であれ、また実証的研究を特色とするものであれ、歴史的証言の組織的収集を特色とするものであれ、その研究の意義と必要性を次のように積極的に主張している。東京大学は「果たすべき責任の最大のものの一つが、今まで放置されていた。学徒動員、学徒出陣に関する東京大学の調査は、不十分なまま放置されていた。戦時中に行われた動員や出陣は、歴史的事実として記憶されねばならぬ。そしてそれに基づいて戦争の意味を考える、一つの重要な側面を提供せねばならぬ」[9]とし、また青山学院大学は「青山学院と戦争の関わりを通して、日本の近現代史が見えてくるようなものにしたい、さらには戦時下の青山学院を世界史の中に位置づける、正の部分だけでなく負の部分をも恐れなく直視し、歴史の真実に迫る、強者や権力者・体制の視点でなく、弱者の立場に立って、いと小さき者、忘れられがちな人々の存在にもスポットを当ててみたい」(10)とした。慶應義塾大学も、「日本は半世紀以上前にアジア太平洋戦争という大失敗を行ってしまった。愚挙というにはあまりにも犠牲の大きい誤りであった。敗戦後の日本は、この大失敗をプラスに転ずる努力を全く行わず、ただ経済的に成功したのみで戦後処理に再び大失敗をしたのではないか。日本の学校教育の中でこの戦争がほとんど学ばれていないという事実、内外の戦争犠牲者はほとんど忘れ去られているという事実だけでも、このことは明瞭である」(11)と述べている。大学にとってあの戦争とは何であったのかについて、積極的な問いかけが始まってきたのである。

戦時下は、各校の建学の精神と超国家主義・軍国主義との対立・葛藤を通じて、大学の社会的存在理由がいやがおうにも問われた時期であった。各校の教育責任において卒業させるべき在校生を、学徒出陣により教育研究の場から戦地へと送り出さなければならなかった。その時期を大学としてどのように総括しておくのかという問題が、社会的存在である大学の責任でもあるという認識が広がってきた。特に、ミッション・スクールにとって戦時下は、矛盾や葛藤が深く、廃校の可能性をも視野に入れた大学存亡をかけた時期であった。そのような時期をいかに把握するかは、大学としてのアイデンティティを自覚する現代的な意味をも持っているのである。あの戦争を記憶している人々が徐々に鬼籍に入っていくに従って、「触れられなかった過去」について、真正面から向き合える条件と向き合わなければならない自覚とが醸成されてきたのである。本書『ミッション・スクールと戦争――立教学院のディレンマ――』も、そのような問題意識の延長線上に位置づくものであるのは言うまでもない。

三　立教学院史への評価

前述のような動向に、立教学院史の編纂そのものを重ねてみよう。

戦後最初に編纂されたのは、学院八〇周年の記念式典用に準備された、立教学院八十年史編纂委員会『立教学院設立沿革史』（一九五四年）であった。そのなかの「第十三章　立教学院の現況」において、次のような記述がある。「昭和二十年八月十五日、我が国が無条件降伏をしてから、国内事情が一変したばかりでなく、いろいろ驚異的な変革が行われたが、その間にあって恵まれたのは、わが立教学院であろう。第二次世界大戦中は、米国と特種《マヽ》な関係があった学校として、更にキリスト教を背景に持った東都における唯一の大学であるために、軍部と官僚から、あらゆる迫害を蒙った。そして、閉校の一歩手前まで追い込まれたが、戦後民主主義の風潮が興隆するに従って、茲に一大発展を見るに至った」[12]と、述べられている。戦時下の記述は戦後の現況を説明するための短い背景説明にとどまっており、具体的な対象とされることなく、しかもその基本的な姿勢は「あらゆる迫害を蒙った」とする被害者意識から成り立っていた。

その点では、『立教学院八十五年史』（一九六〇年）が、戦時下の立教学院を正面から対象にし、検証しようとした最初の著作といえる。そのなかで、「第十五章　軍事教練」「第十六章　立教学院の試煉」「第十九章　太平洋戦争と学院」の柱立てがされている。前二者では、それらの由来するところが明治期から説き起こされ、戦時体制下に向かう立教大学や立教中学校について、当時の政治状況や教育状況の変化に即して、学内事情が述べてられている。たとえば、立教中学校の小島茂雄校長（校長在職一九二〇年〜三六年）の「学校状況御前報告」に対して「皇室とキリスト教信念とを無理に結び付けようとしたことはその当時の責任ある地位にあるものが如何に苦慮した事であるかという事には同情が出来る」[13]とか、遠山郁三総長が一九四三年二月に辞任した理由を「立教大学の医学部設置の希望を失ない、且つ心ならずも学院の教育の基本観念としての基督教主義を標榜することを得ない憤懣によるものであったと察しられる」[14]といった箇所である。その他、外国人教師の帰国、学生生活の変化、理科専門学校の設立、経済学部の再編、学校報国団、学徒動員、配属将校などにもそれぞれ簡単に触れられている。立教学院が戦時下に直面した諸問題の指摘が多様になされている点は、前進といえる。しかしながら、事実が羅列的にあるいは回想的に記述されているにとどまり、その事実の背景や経緯については深く検討されていない。戦時下を生きた関係者によって執筆されていることから、「我が立教学院がミッション・スクールとしての立場を以て、如何に我国の社会に対して処して来たか—そこに幾多の不敏不覚があったとしても、又よく其使命に精進してきたか—を物語るもの」[15]という基本方針で編纂されており、ここでも被害者意識は払拭されていなかった。

さらに『立教学院百年史』（一九七四年）は、「建学精神が変転する近代日本百年の歴史の流れの中に、如何に継承また発揚され、如何なる歴史的役割を演じて来たかを示すとともに、それを過去の伝統として懐しむのではなく、その再認識の上に、建学精神が、現代と将来へ、創造的営為を以て具体化し再展開するための一礎石となること」[16]を目指して編纂された。立教の創設者ウイリアムズ伝などアメリカの資料に本格的に依拠して執筆がなされていること、史学科の教員であった海老澤有道教授が指導的な役割を担い、『立教学院八十五年史』の反省を生かして、学術論文と同様に依拠史料や文献を注記として付したことに特徴があり（それ以後の他校の大学史沿革史にも継承されていくことになった点で功績は大きい）、大学史編纂のうえで評価されるべき点であった。

戦時下の記述については、「第八章　非常時下の立教学院」が設けられ、そのなかのひとつの柱として「戦時下の立教」が置かれている。主に一九三七年以降を対象にし、研究教育体制の整備、戦時下の学生生活、国家総動員下の学院、理科専門学校の開設と学徒動員、そしてそれまでの学院史では取り上げられなかった文学部の閉鎖や、空襲下の立教が描かれている。当時教員であった手塚隆義や宮本馨太郎、また学生であった林英夫や田辺広の手記を活用し、個人的な回想から時代の持っていた実感的なリアルさを表出させることに意を用いている。ただし、資料的な制約のもとで、学内の公的文書が活用されていないために、立教側の主体的な方針や戦略などは明らかになっていない。また、『立教学院八十五年史』で引用された小島茂雄校長の「学校状況御前報告」を再度取り上げ、「そこには論旨の混乱があり、また矛盾撞着があるけれども、当事者の置かれた環境や立場を考えれば、その中に如何にしてキリスト教主義教育を保持出来るかという苦衷が偲ばれて、同情の念を禁じ難いものがある」[17]と位置づけられている。基本的には、『立教学院八十五年史』の評価が踏襲されたのである[18]。

四　立教学院関係の基礎資料

立教学院にとって「触れられなかった過去」を本格的な歴史対象とするには、基本的には実証的な検証が不可欠である。そのためには能う限り資料を渉猟して収集する必要があり、さらに集められた資料を分類整理して、歴史的根拠を目録化していくという研究的な手続きが求められる。

その点で、『立教学院百二十五年史』資料編第一巻（一九九六年）は、学内・学院内の門外不出の状態にあった『理事会記録』や『教務日誌』といった第一次資料を掲載した点で、意義ある資料集となった。それらの基本資料の性格については後述するが、特に「第9章　戦時下の立教学院」を設け、「御真影」及び教育勅語、戦時下の学院・大学・中学校の活動、戦時体制の終焉と学園再建の開始といった観点から、当時の実相に迫る資料の復刻がなされている。その他にも、「第1章　立教学院の理念」では戦時下での学院・大学首脳部の理念認識が、「第2章　開業関係」では立教理科専門学校の設置認可が、「第7章　学生・生徒の生活とスポーツ」では学生実態調査、報国団などの課外活動、学生運動などが、「第8章　財団法人立教学院の活動」では戦時下の学院事業報告が、「第10章　立教学院諸聖徒礼拝堂」ではチャペル閉鎖が、さらに「第12章　アメリカ研究所の設立と活動」が独立して設けられ、「第14章　立教学院拡張計画」では医学部設置問題、農学部設立計画が紹介され、多方面にわたって戦時下の諸問題の基礎的な資料が復刻された[19]。

しかし、戦時下の立教大学・立教学院について言えば、『立教学院百二十五年史』に掲載されている資料が限定的にしか採録されていないこと、またトピックごとに資料構成がなされていることから、戦時下のトータルな立教像が構成しにくいこと、また掲載されていない資料も含めて収集した資料をもとにした論考が期待されることなど、次の課題が明らかになっている。

以下、基本資料について、簡単な解説を付しておこう。なぜなら、以下九点の資料それ自体が、本書の性格をよく現していると考えるからである[20]。

①財団法人立教学院『理事会記録』(学校法人立教学院本部事務局所蔵)

立教大学と立教中学校の経営法人である、財団法人立教学院の理事会の記録。学院の意思決定機関である理事会が、戦時下においてどのような問題を議論し、いかなる決定にいたったのかということが記載されるこの記録は、本書の課題を研究する上での最重要資料といえる。今回資料の範囲としたのは、一九三一年八月一日の第一回から、一九五〇年一二月一四日の第一二三回までである。ただ、文部省など へ対外的に提出する性格も含んでいたため、簡略な記述にとどまっている。

②遠山郁三『日誌』(立教学院史資料センター所蔵)

立教学院総長兼立教大学学長・遠山郁三の日誌。総長時代の一九四〇年四月一日から一九四三年一月三〇日までが四冊に綴られている。学生組織の再編(報国団の結成)、学徒動員・学徒出陣といった政策への立教学院の対応や、この時期の立教大学の課題であった医学部設置や「教育ニ関スル戦時非常措置方策」(以下、「戦時非常措置方策」)への対応など、学内動向に関するメモが収められている。さらに注目すべきは、これらに加えて、文部省や東京都など官公署から発せられた通牒等についても、通牒番号とその内容が逐一詳細にメモされていることである。戦時下の公文書の残存状況を考えると、資料的価値はきわめて高いといえる。

③立教大学総長秘書『学事日誌』（立教学院史資料センター所蔵）

立教大学学長（後、総長）三辺金蔵の、一九四三年二月一五日から九月二三日までの日誌。作成経緯についてははっきりしないが、資料の残存形態からは、日めくりカレンダーに記載された三辺の日誌を、秘書が転記したものではないかと推測される。内容は、理科専門学校や農学部設置構想といった学事に関する記述をはじめ、遠山のあとを受けて大学学長となった三辺の動静を知ることができる。

④立教大学『部長会記録』（立教学院史資料センター所蔵）

一九三七年一二月二四日から一九四三年四月一三日までの、大学部長会の記録。戦前における部長会の学内上の正式な位置づけはわからないが、学院総長および大学学長・学部長・予科長より構成されており、大学の意志決定機関とも言うべきものである。現存する記録の期間は短いものの、先に触れた学院の「理事会記録」と併せ読むとき、戦時下における執行部の舵取りの様が浮かび上がる。

⑤立教学院『官公署往復書類』（立教学院史資料センター所蔵）

立教学院と文部省や東京都などとの間で交わされた公文書の綴り。一九三一年八月一四日から一九四六年一二月五日までの計五六点の資料が、二つの簿冊に納められている。諸官公署からの問い合わせ、寄附行為の変更や人事（法人・大学）などに関する許認可や補助金に関する文書のほか、当時懸案とされていた医学部設置申請や「戦時非常措置方策」に関する文書などを含んでいる。また、GHQによる信教の自由侵害に関する文書なども含まれており、戦時体制下だけではなく、ミッション・スクールにおける戦後処理という観点からも貴重な資料である。

⑥『立教学院学報』（立教学院史資料センター所蔵）

一九三四年六月から一九三九年一一月まで刊行された学院の広報誌。学院首脳陣の執筆による論稿を多く含み、当時の思想状況や情勢認識を分析するのに有用である。また、人事・学校行事といった学院内の細かな情報も豊富である（この『立教学院学報』は、一九二二年一〇月から刊行されていた『立教大学新聞』が一九三四年五月を最後に廃刊となり、一九四〇年六月に再刊されるまでの間に刊行されていたもので、満州事変・日中戦争期の学内情報を得る上で欠かせないものである）。

⑦立教中学校『教務日誌』（立教池袋中学校・高等学校所蔵）

立教中学校の教務主任により記された日誌。箇条書による簡潔な表現ながら、中学校の学内行事をはじめとしたその日の出来事が、事細かに記されている。時には、学院・大学に関する記載もなされている。対象とした範囲は、現存する資料のうち最も古い一九四〇年三月三一日から一九四五年八月一五日までである。

⑧立教中学校（旧制）関係資料（立教池袋中学校・高等学校所蔵）

関東大震災後から戦後直後までの立教中学校関係の資料群。一九三九年から敗戦後までの官公署との往復文書や各種通達、一九二九年度から一九四三年度までの学事報告のほか、勤労動員関係資料が数多く含まれている。往復文書や通達は、戦時下の公文書の残存状況を考えると、資料的価値はきわめて高いと考えられる。また、勤労動員関係の資料には教員による日誌や作業成績簿なども含まれており、動員の実態をうかがうことのできる貴重な資料群である。

⑨学内刊行物戦時関連記事目録

戦後に刊行された主要な学内刊行物（『立教』『セントポール』『チャペルニュース』『史苑』）から、立教関係者の戦時期にかかわる回想や関連記事をピック・アップした目録。当初は、卒業生による戦時体験の回想のみを対象として作業に着手したが、最終的には、戦時期に関するすべての記事を対象とした。その結果、六六三件の記事データを抽出することとなった。

以上の基本資料については、各章ごとで記載する煩瑣を避けるため、所蔵の記載を省略する。

五　研究の視角

『立教学院百年史』(一九七四年)では活用されていない、戦時下における立教大学および立教学院の動向を知る重要な基本資料を踏まえて、本書は四つ研究視角を定めた。

第一に、戦時下という社会・教育環境のなかで、大学や学院執行部が行った意思決定はいかなるものであったのかを内在的に迫ろうとしたことである。「内在的に」というのは、当時の立教当局の主体性なり戦略なりを明らかにしようということである。そのための方法として、先に紹介した「立教学院関係の基礎資料」の第一次史料群が有効な手がかりになった。それらは断片的な記述にとどまっているものも多いが、しかし従来、『立教大学新聞』といった学内広報資料という傍証資料によっていた記述に比べれば、より精緻な分析が可能となった。時代に翻弄されながらも、医学部設置構想、理科専門学校の設置、アメリカ研究所の創設など、文部省など「外圧」との緊張関係のなかで、立教学院の存続のための道をどのように模索し構想したのか、その選択の苦渋と苦悩とを跡づけようと試みた。

第二に、ミッション・スクールが、戦時下という国際環境のもとで、経営母体であるアメリカ本国の母教会と、どのような関係を形成・維持しようとしていたのかという問題を、日本キリスト教史、聖公会史の視座から分析を試みようとしたことである。また、日本が受容したキリスト教、なかでも聖公会は、王権への親和性、皇室・皇帝への同調を趣旨としていたという体制的な素地に特徴があり、戦時下においてそもそも国策に「迎合」する要因を持っていたのではないか。私どもは共同研究のなかでこのような研究仮説を抱くようになった。この研究仮説は、従来被害者的な視点を中心に描かれていた戦時下のミッション・スクールを、新たな文脈のなかで再解釈する可能性を持つものであろう。

第三に、「被害」という視点だけではなく、立教学院の「加害」という視点についても問題意識を持とうとしたことである。そもそも大学指導者はどのような戦争認識を持っていたのかを詳細に検討しつつ、その一方でアジア地域の植民地出身の学生、特に朝鮮人留学生たちが、日本のミッション・スクールで何を思い悩んでいたのかを掘り起こす観点を意識しようとした。立教大学に多く在籍していた中国人、韓国・朝鮮人といった、植民地出身の学生にも注目することで、当時の大学のありようを国際環境としての東アジアの観点を含めて捉えられることになり、戦争責任論や植民地支配意識について新たな視野が獲得できるのではないかと考えた。

第四に、立教大学を中心としながらも立教中学校と立教学院とを対象に据え、その学院で生活した学生や生徒からみた戦時下の教育実態を浮かび上がらせようとしたことである。戦時下教育の特質は、教育の組織化と動員化にあるが、そのような強制システムのなかにあって、いやそのような強制システムのなかにいるからこそ、学生はいかなる自己確認を強いられ、またいかに人間性を本能的に求めたのか、学生や生徒の視点から教育の実相を描き出そうとした。また、大学生への思想対策の一環として実施された学生生活調査から、立教大学生の属する社会階層にも着目し、当時の立教大学の社会的位相を明らかにしようとした。

注

(1) 共同研究の経緯は、以下の通りである。二〇〇〇年一二月に立教大学に立教学院史資料センターが設置された。「立教学院百二十五年史」編纂業務が終了したことを受け、さらに継続的に資料の収集と整理を続けつつ、この間大いに進んだ資料調査を基礎にして、センター内に研究プロジェクト「立教学院と戦争に関する基礎的研究」が立ち上げられた(「『立教学院史資料センター』発足」立教学院『立教フォーラム』第八号、二〇〇一年)。その時々の研究成果は、毎年『立教学院史研究』(創刊号は二〇〇三年)に発表されているが、今回の共同研究は、特に二〇〇二年度から三年間の交付された科学研究費補助金によって進められた。

(2) 寺﨑昌男「大学史・高等教育史研究の課題と展望」『日本教育史研究』第五号、一九八六年、一一三〜一二二頁。また谷本宗生「大学史・高等教育史研究の課題と展望」『日本教育史研究』第二一号、二〇〇二年、があるが、個別大学史編纂については触れられていないので、ここでの紹介は省略した。

(3) 寺﨑昌男「高等教育」国立教育研究所『日本教育近代百年史』第五巻、一九七四年、一二〇九頁。

(4) 前掲・寺﨑「大学史・高等教育史研究の課題と展望」一一三～一二二頁。

(5) 前掲・寺﨑「大学史・高等教育史研究の課題と展望」一一五頁。

(6) 同志社社史史料編集所編『同志社百年史』通史編二、同志社、一九七九年、一〇九四頁。

(7) 早稲田大学大学史編集所編『早稲田大学百年史』第三巻、早稲田大学出版部、一九八七年、八一一頁。

(8) 年史以外の研究としては、明治学院敗戦50周年事業委員会編『心に刻む――敗戦50年・明治学院の自己検証』明治学院、一九九五年、キリスト教学校歴史研究会編著『主を畏れる　資料に見る戦時下の金城学院と基督教』キリスト教新聞社出版事業部、二〇〇四年、などがある。

(9) 吉川弘之「歴史的事実として記憶するために」東京大学史史料室編『東京大学の学徒動員・学徒出陣』（東京大学、一九九七年）所収。

(10) 雨宮剛「あとがき――企画・編集を終えて――」青山学院大学プロジェクト95編『青山学院と戦争の記憶――罪責と証言――』二〇〇〇年、六〇九頁。

(11) 白井厚「まえがき」白井厚編『大学とアジア太平洋戦争―戦争史研究と体験の歴史化―』（日本経済評論社、一九九六年）iii。

(12) 立教学院八十年史編纂委員会編『立教学院設立沿革誌』一九五四年、一〇三頁。

(13) 立教学院八十五年史編纂委員会編『立教学院八十五年史』立教学院事務局、一九六〇年、一四六頁。

(14) 前掲『立教学院八十五年史』一九九頁。

(15) 前掲『立教学院八十五年史』例言。

(16) 立教学院百年史編纂委員会編『立教学院百年史』立教学院、一九七四年、六頁。

(17) 前掲『立教学院百年史』一九七四年、三五四頁。

(18) 立教大学および立教学院に関する個別の先行研究としては、中野実「研究ノート　昭和戦前期の私立大学――立教大学の場合」『立教大学教育学科研究年報』第三五号、一九九一年、同「戦時下の私立学校――財団法人立教学院寄附行為の変更を中心にして」『立教大学教育学科研究年報』第三九号、一九九六年が代表的な論文である。その他、山田昭次「立教大学出身学徒兵について」『チャペルニュース』四三〇号、立教学院諸聖徒礼拝堂発行、一九九四年、同「立教大学出身学徒兵について（続）」『チャペルニュース』四三一号、一九九五年、同「立教学院の歴史のなかの朝鮮人学生と戦死者タブレット」『立教』一六一号、一九九七年などがある。それらの先行研究は、本書に批判的に継承されている。

⒆　一九九六年から二〇〇〇年にかけて、立教学院百二十五年史編纂委員会編『立教学院百二十五年史』資料編（全五巻）、および『BRICKS AND IVY　立教学院百二十五年史　図録』が刊行された。

⒇　二〇〇二年度から三年間にわたって交付された科学研究費補助金によって進められたこれらの研究成果については、『国際環境の中のミッションスクールと戦争――立教大学を事例として――』（平成一四年度〜平成一六年度科学研究費補助金・基盤研究（B）（2）研究成果報告書、二〇〇五年三月）を参照されたい。

序章二　戦時下の高等教育政策

寺﨑　昌男

はじめに

戦争と立教学院の関わりを検討する前提として、大学・高等教育に焦点を絞って、政府・文部省の政策選択と実施された施策とを展望しておこう。もちろん「立教学院」のなかには中等教育機関としての立教中学校（旧制）もあった。戦時下における立教中学校の変貌は、中等教育政策抜きには語れない。しかし、戦時下の立教学院総体に圧倒的な影響を与えたのは、立教大学・大学予科に対する政策変化であり、専門学校制度の再編施策もまた甚大な影響を与えた。前者によって引き起こされたのが文学部の廃止であり、後者によって引き起こされたのが立教理科専門学校の創立である。また、幻に終わったものの、聖路加国際病院を基礎とする医学部創設構想という事態も加わっていた。

振り返ってみれば、明治維新直後の一八七〇年代以降、多様な近代私学と官立・公立の高等教育諸学校が勃興し、そのなかで、「立教学校」も、キリスト教系私学の一つとして誕生した（一八七四年）。その後、一八八〇年代後半に政府が行った帝国大学の創設（一八八六年）と私学の漸次的な位置低下、日清・日露戦間期の専門学校制度の整備（一九〇三年・専門学校令公布）、大正期の大学改革と公・私立大学の認容（一九一九年以降）、それに続く大正末・昭和初期にかけての高等教育の大拡張と昭和恐慌の波、といった流れの中に、立教学院は置かれていた。

明治期以来、立教学院は、訓令一二号事件に象徴されるようなキリスト教政策のもとで緊張を強いられたものの、学校体制としては、私塾としての発足→各種の学校の併設→中学校の創設→大学名称を持つ専門学校への認可→大学昇格、という発展の軌跡を辿ってきたことになる。特に学院の専門学校部分が大学に昇格した一九二二(大正一一)年以後、立教学院は財団法人立となり、大学と大学予科・中学校をふくむ宗教系総合学園の一つとして発展してきた。

その学園の前に立ちはだかったのが第二次世界大戦であり、またアジア・太平洋戦争であった。すなわち戦争は、それまで有力な伝統的私学として発展してきた立教学院、特にその高等教育部分に、かつてない「外圧」としてあらわれた。その「外圧」への対応や適応のもとで、七〇年間の建学姿勢が全面的に問われる時期を迎えたのである。その詳細が、本書の第一部以下に描かれる。

以下では第一部以下の記述への導入として、第一に学問政策と国体観念の登場との関連を考察し、第二に日中戦争・アジア・太平洋戦争のもった国家総力戦としての性格がいかに高等教育の変貌を促したかを検討し、最後に私学政策に関して概括的な展望を試みてみよう。

一　国体観念の登場と「学問と教育」

宗教系私学にとって特に大きな影響を及ぼしたのは、戦時色が濃厚になるにつれて「教育」政策と「学問」政策とが、明治中期以来の区分・分離方針を離れて、国体観念による融合を迫られたことであった。

教育史の分野では周知のことであるが、帝国大学の創設者の一人であった初代文部大臣・森有禮は、「学問」と「教育」は別物であり、帝国大学は「学問」の場所、中学校以下の学校は「教育」の場所、その中間にある高等中学校(のちの旧制高等学校)は半ば「学問」半ば「教育」の場であると宣言した。森のこの宣言は、教育機関種別という点からは、ドイツ的なUniversität（総合大学）とSchule（学校）との区分論であり、いわば西欧的常識に属するものであった。さらに森自身に即していえば、研究と教育の専門性の構造の違いを確認し、その上で特に教育（教師）の専門性を強調するという意図に立って表明した言説であった。

しかし帝国大学が次第に整備され、それが「学術技芸ノ蘊奥」の「攻究」に当たる場であることを期待されるようになると、小・中学校においては教育の自由は制限されてよいが大学の場合はその限りではない、という国家統制の対象区分論に発展する。すなわち、教育・研究の自由に関する学校・大学分離の実態が生まれるようになる。

次いで二〇世紀に入ると、いわゆる南北朝正閏問題が起こり（一九一一年）、その結果、歴史研究をはじめとする人文・社会科学研究においては「学問」研究の成果を初等・中等教育に反映させることはタブー、あるいはきわめてデリケートな配慮を要求される作業となった。学問と教育とは、人文・社会科学両分野においては、基本的に背反するものとして観念されるようになる。これと並行して強まってきた「国民道徳論」は、中学校以下の教育の基準は「国家道徳の涵養」に置かれるべきであり、真理性に基づく大学教育とは区別されるべきものである、という論理が支配的になった。

学問と教育をあくまで二元的に発想する思考様式が、このような経緯のもとに形成されてきた。教育勅語（一八九〇年）の示した国体観念に立つ徳育中心主義の教育観が、その背後にあったのはいうまでもない。すなわち鶴見俊輔らのいう、大衆意識における天皇制神話の「顕教」と一部エリート層がアプローチできたその「密教」部分とに対応して、初等中等教育と高等教育とは分化を強め、公教育の二重構造が強化されてきた。

こうした状況の中で、キリスト教系私学は、もともと天皇への忠誠と神への信仰をいかに調和させるかという難題を抱えていたばかりでなく、学校・大学という現世的なインスティテューションを通じてしか「教育」を実行することはできない。いわば分化の両極を抱え、官・公立大学や学校あるいは他の私学に比べても、遙かに深刻な矛盾に直面させられていたことになる。

二　二元的発想様式の転換

ところが昭和期に入ると、この二元的発想が転回を見せるようになる。

それを象徴するのは、天皇機関説事件を契機とする「国体明徴決議」（一九三五年）で組織された文部大臣諮問機関、「教学刷新評議会」（一九三五年発足、一九三六年答申）の審議状況と答申内容である。

当時第一級の人文社会科学者たちをメンバーとしたこの評議会は、第一に、右の二元的発想を破って、学術と教育の関わりを問題とした。そして第二に、答申において「肇國ノ精神」という語を教育・学術の基本理念として定着させた。

答申の具体的実施事項の第一項は、大学・高等教育に関する改革方針に割かれていた。その項は、「学問研究・大学刷新ニ関スル実施要項」と題され、大学教授の選任については「学識識見人格」と並んで「全体的思想傾向ニ着眼スベキモノトス」と論じ、その教授と学生が「師弟直接ニ接触」して人格陶冶をはかり、また学生の「指導・訓育」の徹底のための機関を拡充しその機関と教授との「連絡ヲ密」ならしめ、学生に対しては「敬神崇祖ノ精神」を涵養することが重要であり、「日本人トシテノ自覚的修練」を重視させることが必要だと説いた。そして先に触れたように、答申のなかに紀記神話に基づく「肇國ノ精神」という言葉を登場させた。それは同委員会の設立趣旨の中に「真ニ国礎ヲ培養シ国民ヲ錬成スベキ独自ノ学問、教育ノ発展ヲ図ランガ為ニ、多年輸入セラレタル西洋ノ思想、文化ノ弊トスル所ヲ芟《せん》除スル」と明言されていたことに照応するものであった。

その四年半後の一九四〇年一二月、文部省は大学教授の職分に関して「大学教授ハ国体ノ本義ニ則リ教学一体ノ精神ニ徹シ学生ヲ薫化啓導シ指導的人材ヲ育成スベキ旨ノ訓令」という異例の長大な題を持つ訓令を発している。題名が示すとおりの内容であり、「師弟同行」の関係のもとに「国体の本義」に基づく学問精神の徹底を図ることを要求するものであった。

こののち、高等教育の内容や課程編成に関して「国体」という言葉が急速に浸透した。大学令や帝国大学令の目的規定こそ変わらなかったものの、高等学校高等科の教授要目は一九三〇年代末から四二年にかけて次々に改正され、次いで専門学校は実業専門学校と専門学校の区別が廃止されて専門学校一本となり（一九四三年）、さらに高等学校令、専門学校令の目的規定の中に「皇国ノ道ニ則リテ」という文言が入った（同年）。

これまで見た経過は、国家総力戦体制下の高等教育の「政策環境」が大きく変質したことを語る。

すなわち、第一に教育理念・学問内容の一貫性の確保である。すなわち専門学校、高等学校、大学予科、専門学校、大学、そして師範学校（一九四三年に専門学校に準ずる教育機関として昇格、府県立からすべて官立となる）を含む全高等教育の教育と研究内容が、「国体」の原理によって初・中等教育と一本化された。

第二に、その前提として、学問と教育を分化させた上で両者の関連を問題にする、という明治以来の二元論的発想は消え、国民形成の全カリキュラムを、国家総力戦に対応するものとして一貫して変貌させるという政策意図が顕在化した。

そして第三に、特に私学、さらに特にキリスト教系私学に即していえば、これらの教育・学問政策がそのコロラリーとして学園内部の師弟関係の変化（「師弟同行」「師弟一如」等）を伴っていたことや、教育理念の大きな転換（「国体精神」「肇國の精神」「皇国ノ道」の浸透と受容）が起こったことによって、個々の学園の中に築かれてきた建学の精神や精神的雰囲気の深部に及ぶ変化が、いつでも起こりうる環境が生まれたのである。一九三〇年代の半ば以降、特にキリスト教系の専門学校は、学則の変更などを通じて教育理念の変更を迫られた。立教学院も例外ではなかった。

政策面におけるこれら三つのレベルの変化をどのように「受容」するかは、文字通り各学園の主体性に関わる問題になったのであった。

以上の政策と深く関連したのが、人間形成理念としての「錬成」の登場と教育関係立法作業におけるその採用である。

「教育」という語に代えて、「錬磨育成」という熟語の省略とも言われる「錬成」という人間教育目標が改めて設定された。その背景は何か、また国民教育のあらゆるレベル・局面でこの理念がどのように実践に移されたかについては、すでに実証的研究が公刊されているので、それに譲る。大学予科や専門学校、高等学校などはもちろん、大学の場でも、「錬成」をめざすさまざまな形態の実践が行われ、喧伝された。大学自身の手で錬成実践を公刊した例もある。立教大学や予科に対しても、錬成理念は無視できない影響を及ぼしたと見られる。

三　人材要求と高等教育の構造変化

国家総力戦は国内人材の徹底的な動員を必要とした。「国家総動員体制」の確立は、この要請に対応して行われた。他方、高等教育機関の頂点部分であった旧制帝国大学その他の官立大学の研究エネルギーは、総力戦の要請する「科学戦」に振り向けるため「科学動員」政策の対象となった。知的エネルギーの集まる高等教育機関のなかで、戦時下に最も大きな改編をこうむったのは、大学や高等学校・大学予科ではなく専門学校であった。

先ず注目しなければならないのは、専門学校の量的な拡大である。学校数増加が最も著しかったのは一九四〇(昭和一五)年から四五(昭和二〇)年までで、一九四校から三一一校にまで増えている。その構成には大きな特徴があり、医学関係は七倍にも増えた。医学専門学校の大増設が進んだことによる。その他では、工学・理学関係が三倍、農業・水産関係や女子専門学校が二・五倍というような増加である。他方、文科系分野の縮小が進んだ。これらの背後にあったのが、軍事的必要だったことは言うまでもない。医学は軍医の需要にもとづくものであったし、工業・理科の増加は、科学の創造開発と専門技術者確保という要請によるものであった。

先行研究が指摘するように、大学は、内部構造的にはさして大きな変化をこうむっていない。後述する教育審議会は、大学令第一条の目的規定の変更について審議したが、変更は行わなかった。昭和初期からの度重なるマルクス主義的・自由主義的教授追放によって人文・社会科学系諸学の研究・教育は大いに圧迫されたが、大学の体制やシステムそのものは大きな変化をこうむらなかった。旧制高校は教授要目こそ変更が進められたが、学校内の伝統的な人間教育の気風は辛うじて維持されたといってよい。

しかし、一九四三(昭和一八)年一〇月、閣議が「教育ニ関スル戦時非常措置方策」を決定したことは、それまで進んできた戦時下高等教育の再編を集大成して見せた事件だったと言えよう。すなわち、特に専門学校について、統合整理、文科系学科の理科系への転換、私立機関に理科専門学校設置などの大方針が決定されたのである。立教学院が立教理科専門学校を開設したのは翌一九四四(昭和一九)年四月であり、翌四五年四月には立教工業理科専門学校に改組改名した。

しかしこうした「機構的変化」と並行して進行したのは、言うまでもなく勤労奉仕、勤労動員、そして修業年限短縮、学徒出陣であった。一九四一年から始まった修業年限短縮と、一九三八年から食糧確保のために開始され一九四三年には軍事工業への動員に拡大し、四四年四月の「決戦非常措置要綱ニ基ク学徒動員ニ関スル件」(学徒動員令)で決定的となった勤労動員の経過を、ここに詳記する必要はあるまい。それらは影の薄くなる一方だった文科系諸学部の教室から次々に学生生徒を奪い去り、最終的には文字通り高等教育の全面的崩壊をもたらした。

四　戦時下における私学政策

戦時下に私学一般がどのような政策的地位におかれたかは、なお今後の研究課題に属する。しかし概括的にいえば、先立つ時期から続いていた政府による財政補助を全く期待できなかったのはもちろんのこと、教育行政当局からは軽視され、軍部からは危険視されるという位置にあった。

「軽視」の側面については、初等教育レベルの政策とはいえ、国民学校令の示した「私学」把握がそれを象徴したというべきであろう。すなわち「皇国ノ道ニ則リテ初等普通教育ヲ施シ国民ノ基礎的錬成ヲ為ス」ところの国民学校の中に、そもそも私学はなかった。

同令の「附則」第四八条第一項は、「本令施行ノ際現ニ存スル私立小学校ハ之ヲ私立学校令ニ依リ設立セラレタルモノト看故《みな》ス」と規定していた。言いかえれば、既存の私立小学校は「国民学校以外ノ学校」(第一条)となったのである。そして第二項で、その学校に子弟を就学させている保護者は、子どもが満六歳に達した誕生日の翌日以後における最初の学年の始めから満一四歳に達した日の属する学年の終わりまでは国民学校に就学させる義務を負うが、それ以外の者あるいは将来その学校に子弟を入学させる者は、この義務から免れる。逆に言えば「私立国民学校」というものは本来存在せず、正常なかたちで義務教育を全うするためには国民学校に子弟を通わせる以外にはない、というシステムが設定された。この結果、例えば成城小学校のように大正期以来の伝統を持つ私立小学校も、単なる「私立初等学校」という扱いを受けることとなった。すなわち総力戦体制は、私学を国民の基礎教育のステージとして認めなかったのである。

この制度は、自ずから中等学校以上のレベルにおける私学の位置を語っているということができる。戦時下に設立され、総力戦体制に即応した学校制度に関して最大規模の審議を行った教育審議会(一九三七年~四一年)の膨大な審議事項の中にも、私学問題を正面から扱うものはなかった。つまり、そもそも教育制度改革の対象に数えられていなかった。

一方、私立高等教育機関は、前述のような動員基盤あるいは一時的な人的能力のプールとしては認められても、また文科系削減を期待されて絶えざる学科・学部再編の対象とはなっても、独自性や建学の精神を評価される場ではなくなったのである。

これと対蹠的に、私学の独自性が「国体」観念の浸透に対する障碍になるのではないかという警戒の姿勢は特に軍部に強く、キリスト教系私学はその代表であった。

上智大学で起きた靖国神社参拝拒否事件（一九三二年）、同志社大学の「神棚事件」（一九三五年）、そして立教大学チャペル事件（一九三六年）といった著名な事件では、各校は、陸軍省による陸軍現役将校学校配属の停止や教練不実施といった手段のもとに軍の脅迫的な圧力に直面した。また、教練成果への疑問という口実により、例えば青山学院は陸軍省による廃校要求に直面していた。しかし卒業生理事の必死の努力に感動させられた文部省当事者の保護によって、ようやく廃校を免れた、という当時の省内係官の回想もある。

私学にとってはかつてない苦難の日が訪れたのであり、それは家族生活を含めてあらゆる「私的なるもの」を公＝国家の側に引き出さずにはおくまいとする国家総力戦の要請によるものであった。

参考文献

筆者の既発表文献のほか、主として次の文献を参考とした。国立教育研究所編『日本近代教育百年史』第三巻・第四巻（国立教育研究所、一九七三年）、寺﨑昌男他編『総力戦体制と教育』（東京大学出版会、一九八七年）、天野郁夫『近代日本高等教育研究』（玉川大学出版部、一九八九年）、前田一男『「教学刷新」の設計者・伊藤延吉の役割』寺﨑昌男・編集委員会編『近代日本における知の配分と国民統合』（第一法規出版、一九九三年）所収、米田俊彦『教育審議会の研究　高等教育改革』（『野間教育研究所紀要』第四三集、二〇〇〇年、久保義三他編『現代教育史事典』（東京書籍、二〇〇一年）。

第一部　聖公会と立教学院首脳の動向

第一章　戦時下外国ミッション教育の危機
――立教首脳の動揺と米国聖公会の決断――

大江　満

はじめに

二〇世紀の四半世紀を経過したころ、日本の外国ミッションにおとずれた危機は、一九二九年の世界恐慌による経済危機や、一九三一年の満州事変、一九三二年の上海事変など、日本の中国侵略を嚆矢とする一連の国際政治危機による影響だけにとどまらなかった。満州事変後にリットン調査団が派遣され、その報告書が一九三二年に刊行されて翌年の日本の国際連盟脱退に連動したことは周知の事実であるが、外国ミッションに重大な危機をもたらした教育と伝道にかかわるさらに二つの報告書が、一九三二年には刊行されていたのである。一つは日本のキリスト教教育についての国際調査研究。もう一つは米国諸教派の東洋伝道についての国際調査研究である。

戦時下の政治経済上の危機よりも、米国の海外伝道機関にとっては、ある意味で、はるかに深刻であったこの危機に言及した先行研究はなく、戦時下のミッション・スクール[1]の経営母体である母教会、宣教師関係の諸資料を駆使した先行研究もない。本章は、一五年戦争下に二つの報告書によってミッション・スクールが直面した状況に、立教学院（立教中学校・立教大学）がいかに対応したかという問題について、経営母体の米国聖公会と遣日宣教師の立教外国人首脳の一次資料を中心に論究する。

一　日本キリスト教教育の調査と警戒

1　遣日国際教育調査団への疑念

キリスト教伝道における教育の目的と実態を調査すべきとの一九二八年の国際宣教協議会エルサレム大会の決議にもとづき、一九二九年に国際宣教協議会議長J・R・モット(John Raleigh Mott)が来日した。鎌倉、奈良の協議会で日本の教育調査委員が指名され、以後、日本側は日本基督教連盟と基督教々育同盟会が窓口となり、一九三〇年夏には米国で国際宣教協議会の米英委員による視察調査とその内容がさだまって、一九三一年に米国側委員四名と日本人委員八名が推挙された(2)。一九三一年一〇月に来日した米国側調査委員は、日本側委員と共同で三か月におよぶ視察、研究、討論、合議をしたすえ、翌一九三二年に報告書が完成(『日本の基督教々育』pp.1-16)した。一九三二年四月に英文報告書が米国で出版され(3)、七月にその邦訳が日本で刊行されている(4)。

報告書の現状分析は厳しい内容であったが、巻末の「推奨案」では、日本のミッション・スクールの存在意義と存続をみとめ、日本の神学校と高等教育諸機関の統廃合(＝連合)可否の問題と、それを基盤とする男子連立キリスト教大学設立構想が、その後の関心の焦点となっていった。

米国聖公会教務院伝道部主事J・W・ウッド(John Wilson Wood)は、遣日国際教育調査事業が提案された当初からこの調査に疑問をもっていた(5)。それは、当時の中国教育問題の大部分が、その一〇年まえの一九二一〜一九二二年におなじような遣華国際教育調査団(6)の影響によってもたらされたとの疑いからである(JWW to CSR, 10/25/1930, 124)。中国の教育問題については、一九二七年に派遣された米国聖公会中国伝道調査団の報告を記載する一九二八年の伝道部年次報告につぎのように記されている。

五年まえから中国政府がミッション・スクールへの統制を強化しはじめ困難な状況にみまわれている。それは中国内乱と財政難にともなう公立学校の閉鎖や不備などから、ミッション・スクールへの入学者が殺到したため、この現象をねたんだ地方当局がいわゆる国民運動の波にのり、私立学校を文部当局の指導監督下においたことによるものである。そして、孫文の三民主義を定期的に教える規則を強要する私立学校規定(国民政府教育行政委員会一二六年)を発令して、国民政府統制下の地方当局へ学校登録を申請するようにミッション・スクールに強制している[7]。

南京の国民政府は一九三〇年以降も、外国人校長を認めないこの反キリスト教精神にもとづく私立学校政策を強硬に展開する。米国聖公会上海伝道教区主教F・R・グレイヴス(Frederick Rogers Graves)は、つぎのような窮状を一九三〇年に本国に報告している。国民政府にミッション・スクールと大学を登録すると、ミッション・スクールが政府機関の学校に変質しミッションの管轄権を喪失する。カリキュラムの一部として国民党のプロパガンダを教育しなければならなくなる。学校内でのキリスト教教育が禁止される。学校の規則を管理するために政府が任命するプロパガンダ教員の給与をミッションが支払うことになる[8]。そこで、米国聖公会教務院は同年、中国のミッション・スクールはキリスト教主義であるべきで、中国ミッションを積極的に支持すること、学校の方針は中国ミッションの複数の諸主教とその常置委員会で決定することという二条件を基盤原則として伝え、現地の判断を尊重した(*SM*, 1930, November, pp.718-720)。現地のグレイヴスは、一九三六年の時点においても、米国聖公会諸ミッション・スクールは中国政府に学校登録していないと報告し、その後も国民党非公認の唯一の大学として最後まで抵抗したのは、米国聖公会経営ミッション・スクールの聖約翰《ヨハネ》大学(St. John's University, Shanghai)のみであった[9]。

米国聖公会教務院伝道部の一九二八年度年次報告は、キリスト教に敵対的なこの中国の教育事情は、四半世紀まえに発令された日本の文部省訓令第一二号問題[10]に類似していると指摘しているが、日本政府は訓令一二号を柔軟に運用しており、「現時点で」キリスト教に好意的な日本の文部省は、中国当局の教育方針と比較すると対照的であると指摘した(*N.C.REPROT*, 1928, pp.24-25)。

伝道部主事ウッドが当初から遣日国際教育調査団に抱いた疑問はこれであった。ウッドは、当時その時点での日本政府のミッション・スクールへの柔軟な教育方針が、日本への教育調査団の派遣によって、中国のようにキリスト教に敵対的な方向へ転じることを警戒したのである。その懸念は、米国聖公会東北伝道教区主教(日本聖公会東北地方部主教)N・S・ビンステッド(Norman Spencer Binsted)もウッド宛書簡で表明していた[11]。

ウッドは、国際教育調査団はどの教派も代表していないことについて、当教派は公式に代表を出すことはないが、もし派遣調査団に適任者がいるとすれば、聖公会員であるからではなく、「健全な感性」を持ちあわせている理由から、ヴァージニア教区主教ヘンリー・セント・ジョージ・タッカー(Henry St. George Tucker. 元立教大学学長、元日本聖公会京都地方部主教)がもっとも望ましいと、当初はかれの推薦をモットに示唆していた。けれども、タッカーが調査団を好まず、調査員任命の受諾を断ったため、失望したモットはタッカーが住むヴァージニア州リッチモンドまで赴いて説得をこころみ、調査団の訪日を延期して一九三〇年〜一九三一年の秋・冬という日程で再調整されたが、それでもタッカーの翻意は実現しなかった。その後、さらに一年間も調査団訪日が延びた(JWW to CSR, 12/23 /1930, 124)ことは、報告書にも示唆されているように(『日本の基督教々育』p.9)、国際教育調査団の米国側委員の選考がいかに難航したかを物語っている。

ウッドは、調査団が派遣されるならタッカーがくわわることがもっとも望まれるが、タッカーの意志は固いので、教育調査団派遣それ自体が望ましくないとの見解を日本に伝えた(JWW to CSR, 10/25 /1930)。ビンステッドもタッカーの来日を望み(NSB to JWW, 2/14 /1930)、米国聖公会北東京伝道教区補佐主教(日本聖公会北東京地方部補佐主教)C・S・ライフスナイダー(Charles Shriver Reifsnider)もタッカーが調査団の任命受諾を困難としたことに失望した(CSR to JWW,11/23/1930, 124)ように、現地の日本の関係者も米国母教会も、タッカー不参加の国際教育調査団には懐疑的であった。

一九三一年一〇月に来日した国際教育調査団について、同年末のライフスナイダー宛書簡でウッドは、米国聖公会在日主教は全員、調査団は賢明な事業でないと感じていると思うので、米国聖公会教務院伝道部は調査団の派遣費の分担として要請された九一〇ドルに応じないことに言及、ウッド自身の判断として日本の教育環境はその時点で調査団は必要としていないとの持論を依然として表明していたのであった(JWW to CSR, 12/19/1931, 124)。

2　諸派連合男子キリスト教主義大学構想への警戒

ライフスナイダーは、米国聖公会の意思にかかわらず、調査団によって現地日本の教育事業は調査されるので、情報の提供を抑制すべきかなどの指示を本国に仰いだ(CSR to JWW, 11/23/1930)。これに対しウッドは、調査団との接触時は慎重になるべきで、一五年まえに計画された日本の男子連合キリスト教大学のような大きな計画には熱意をしめすべきではないとの考えを伝えている(JWW to CSR,12/ 23 /1930, 124)。米国母教会にとって、国際教育調査団不要の発想のもう一つの理由は、この諸派連合男子キリスト教大学構想[12]であった。

遣日国際教育調査団の報告書刊行後の一九三三年一月、ウッドはビンステッドに宛てて、つぎのように送信している。日本の諸ミッション・スクールが分離している現状よりも、連合による数少ない機関のほうがよりよい事業ができるとの報告書の推薦にもとづく期待のもと、既存の諸機関が連合または連立する可能性を検討するために、米国で二つの会議が開催された(一つは神学校と女子神学校の減少について)。けれども、望まれているあらゆる種類の協力と連合の努力に対し、米国聖公会の立場としては、それは遂行困難で、実際的ではないとの考えを自分はかれらに説明した(JWW to NSB,1/19/1933, 163)。

米国聖公会教務院伝道部主事ウッドは、日本への国際教育調査団については、その派遣自体も、その報告書の「推奨案」にあるようなミッション関係諸機関の連合を基盤とした男子「連立」キリスト教大学構想にも、消極的な評価をつらぬいたのである。これには、中国の教育情勢の混乱を招いた要因として、中国への国際教育調査団に疑いの目を向けていたことのほかに、米国聖公会の文華大学(Boone College)を中核にした、武昌の諸派ミッション連立大学(米国聖公会、米国改革教会、ロンドン伝道協会ウエスレアン・メソジスト教会、ニューヘイヴン・イエール海外伝道協会)である華中大学(Central China College)が、遣華国際教育調査団の勧告で成立した(*N.C.REPORT*, 1923, p.18)ことへの不満もあったことも考えられる。上海では、それ以前もそれ以後も、米国聖公会の聖約翰大学が中国のミッション・スクール最大勢力を単独で誇っていたのである。(13)

一九〇九年から一九一五年までの日本における諸派連合男子キリスト教大学第一次設立運動に対し、立教大学は当初から積極的には関与していなかった。一九〇九年七月一四日に、明治学院、青山学院、関東学院、立教学院の代表者がキリスト教主義大学設立にかんする会合をもったが、立教学院のタッカーと元田作之進は欠席した。(14) 一九〇七年に立教は、専門学校令による立教学院立教大学を設立していたのである。五〇人以上が参集した一九一二年の基督教大学形成委員会にも元田は欠席した。(15) ただし、来日したモットが参加した一九一三年四月の第一回全国基督教協議会に提出された「日本における中央キリスト教大学の必要に関する意見書」の作成メンバーには元田の名があり(大西論文、p.49)、翌一九一四年一月の基督教大学形成委員会では、明治学院、聖学院、東京学院(関東学院)が高等部の組織合同に賛成し、青山学院と立教学院が既存の高等部を温存した「連合」に賛成している(大西論文、p.50)。これは立教学院首脳内でも、米国聖公会と元田に代表される日本人のあいだで、微妙に見解の相違があったことを暗示する。だがそののち、一九一八年の大学令にもとづいて、一九二〇年の同志社につづき、一九二二年に立教は大学を単独で設立したのであった。

第二次連立キリスト教大学設立運動が日本のキリスト教教育の最重要な検討事項となっていた一九三〇年代においても、一九三一年に推挙された遣日国際教育調査団の八名の日本人側委員の一人として、立教大学学長の杉浦貞二郎の名があることには、米国聖公会伝道部主事ウッドも驚き、どうして望ましくない国際教育調査団の委員にかれが選任されてしまったのか疑問であるとして、その経緯を立教学院総長兼理事のライフスナイダーに尋ねている（JWW to CSR,12/19/1931）。その調査団訪日中の一九三一年一一月の基督教々育同盟総会において、杉浦は、医、法、理工の部門の大学教育を完備させ、小学校から大学まで一貫したキリスト教教育と、キリスト者の教育者養成が必要との意見を述べ、基督教々育同盟理事長田川大吉郎は「立教では個人的意見ではあったが、もし合同大学が出来れば立教はその一要素となろう」と展望したとされている（大西論文、p.70）。第一次男子連合キリスト教大学設立運動時代の元田作之進のように、第二次運動時代においても、立教日本人首脳は、連立キリスト教大学設立構想に共感的であったことがうかがえるが、これは米国母教会が望まない構想と運動だったのである。

二　外国伝道信徒調査団への歓迎と衝撃

1　調査団と米国聖公会の初期反応

もう一つの外国伝道調査の経緯は、一九三〇年一月一七日、J・D・ロックフェラー・Jr.（John Davison Rockefeller Jr.）による提唱で、米国北バプテスト教会の信徒群が海外伝道の問題を検討するために開催した会合が端緒となった。これは諸派に共通する問題であるとして、米国北バプテスト教会、米国組合教会、米国メソジスト監督教会、米国長老教会、米国聖公会、米国改革教会、米国合同長老教会の七教派が協力した。調査団は独立予算をもち、公式に諸教派の外国伝道機関を代表するものではなかったが、七派各五名（計三五名）の信徒が参加した。初動研究の基礎となる事実確認作業は、社会・宗教研究所主事ゲイレン・M・フィッシャー（Galen M. Fisher. 元日本YMCA主事）が総監督となり、一九三〇年後半に調査研究スタッフがインド、ビルマ、中国、日本の東洋任地に国別に派遣され、一九三一年九月、第二次研究にたずさわる一五名で構成される評価委員会にその報告冊子が提出された。評価委員会は、伝道と土着の教会、初等・中等教育、高等教育、文書、医療事業、農業・地方生活、産業発展、女性の権益、管理・組織の各分野の小委員会を組織し、最終的に評価委員会が集約した報告書が、翌一九三二年九月脱稿の *RE-THINKING MISSIONS*(16)（以下、『伝道再考』と表記）である。これは、アジア伝道の再考をもとめる報告書であった。日本関係部分のみを訳出した全体の三分の一の抄訳『伝道方針の再吟味』(17)が翌一九三三年三月に刊行されているが、その邦文語調からは米国キリスト教界にもたらされたほどの衝撃(18)が伝わらず、日本ではこれまでほとんど注目されていない。

外国伝道信徒調査団が派遣される当初、米国聖公会はこの調査研究には協力的であった。前節でみた国際宣教協議会の教育調査団の派遣には、伝道部主事ウッドや教務院役員タッカーという母教会要人が警戒し、伝道機関誌『スピリット・オブ・ミッションズ』（以下、*SM* と表記）や『教務院伝道部年次報告』でもその調査は触れられていなかった。しかし、この信徒調査団については派遣まえから両誌でその動向が報じられ（*SM*.1930, November, p.721; *N.C.REPORT*, 1930, p.8; *N.C.REPORT*, 1931, p.8）、ウッドは、教務院も伝道部も調査団派遣の計画に関心を表明し当教会信徒の参加を望むとの決議を米国聖公会在日伝道諸主教宛書簡(19)で伝え、調査団への協力を要請した。ウッド書簡には、調査団が明らかにしたい問題として、土着化の成否、現地での伝道成果、現地の諸問題に見合う再変革の進度、諸派協働の具体案を問う声明が同封されていた。

ライフスナイダーは、こうした外国伝道信徒調査団の視野に、これまでになく混乱していると返信したが、それに対して、ウッドはつぎのように解説している。この運動は新しい動機、強調、研究方法をもとめてモットが会議を招集した五年まえから進行し、一九二八年の国際宣教協議会エルサレム大会で反映されているものである。その背景として、第一次世界大戦をひきおこし戦後も不名誉であった西洋のキリスト教国家のために米英の宗教の影響力が失われ、非キリスト教国である東洋への伝道にたいする疑問が生じた。これにより、比較宗教研究の分野からはキリスト教も非キリスト教から学ぶべきとの指針がみちびかれ、そうした思潮が学生と場合によっては宣教師にさえ影響をあたえた結果、伝道熱が決定的に衰弱したのである。それゆえ、教育調査団も信徒調査団も、査定と評価をとおして伝道事業の内幕を全般に暴こうとつとめる感情の例証である（JWW to CSR, 12/23/1930）。ただし、当初ウッドは「同情的で、建設的で、知性的な研究はどのようなものでも歓迎する」との調査団派遣まえの事前評価を、米国聖公会総裁主教J・D・ペリー（James Dewolf Perry）に伝えていた（NSB to JWW, 8/20/1930, 163）。訪日した調査団については、報告書『伝道再考』が刊行されるまでは、教務院と伝道部の決議がしめすように、外国伝道信徒調査団へは一定の理解と協力姿勢があったのである。

2　東洋伝道再考の勧告

ところが、一九三二年刊行の調査報告書『伝道再考』は、寄金下落に連動して、全伝道地が究極的な諸問題に直面するなか、伝道機関は分岐点にあり、重大な決断がもとめられている（*RE-THINKING*, pp.ix-xv）との認識にもとづき、外国伝道はその任務を終えたのではないか？　アジア伝道はこれ以上持続されるべきか？　もし持続すべきなら、どのような変革をするのかが重要な問題であるとする、根本的疑問をなげかけたのである（*RE-THINKING*, pp.3-4）。『伝道再考』はさらに、二〇世紀の国際情勢の変化は世界伝道に影響をあたえており、宗教体系における象徴表現や科学的真理への適応による神学的視野の変化、洋の東西を問わない人類共有の現象や価値観の発見にもとづく世界文化の登場、東洋におけるナショナリズムの勃興などにより、かつては利点であった西洋文化をバックボーンにするキリスト教が、現代では不利益の代表となっていることに言及した。そして、伝道活動において一九世紀に主流であった西洋からの一方的な教会入植は、二〇世紀では一時的機能であり、二〇世紀は東洋の伝統文化を尊重する奉仕や資質が永続的機能となる時代であると主張した（*RE-THINKING*, pp.18-28）。したがって、キリスト教をふくめ、諸宗教は他宗教の信仰を尊重し、たがいに学ぶべきであると提言したのである（*RE-THINKING*, pp.33-36）。この報告書は、東アジアの他宗教は否定すべき異教であるとの一九世紀から二〇世紀まで常態化していた宣教師の確信にもとづく西洋キリスト教の絶対的価値観を批判し、変革が困難であるなら、外国ミッションと宣教師に東洋からの撤退を勧告するという、諸教派の海外伝道にとって「回復不可能」[20]なほどの衝撃と動揺をもたらす警告的な指針だったのである。

『伝道再考』刊行後、長老派、ルター派など他派はこれを激しく批判したが、米国聖公会は、同書五章「伝道と教会」の「教会の性格および伝道の動機における非キリスト教的性格」という部分については異論が出たものの、それを除くと、在日半世紀を超す北東京伝道教区主教（日本聖公会北東京地方部主教）ジョン・マキム（John Mckim）が感情的に反駁した以外は、東洋伝道諸主教、母教会の特別検討委員会議長タッカー、伝道部主事ウッド、伝道機関誌 *SM* 編集者らはおおむね、これを教会への挑戦として柔軟に受けとめ、誌上で厳しい批判を展開することなく（JM to GWM, 8/20/1933, 117）、客観的に賛否の内容を区別し、改善点を集約し対応することになった。

三　立教独自路線と米国母教会の方針

本節では、ここまでで記述した二つの報告書に対して立教学院がどのように反応したか、また立教学院が選択した路線に対して米国母教会がどのような判断をしめしたかについて論究する。国際教育調査団の日本のキリスト教教育についての報告書の研究分析は、最終的にミッション・スクールの存在意義をみとめる「推奨案」とは裏腹に、厳しい内容であった。また、外国伝道信徒調査団による東洋伝道再考をうながす報告書は、日本の教育調査データと現状分析を基本的に国際教育調査団に依存しながら、ミッション・スクールへはさらに一歩踏み込んで支援削減と撤退を勧告するという脅威の報告書であった。

1　二調査団の教育分析と勧告

国際教育調査団の報告書の巻末「推奨案」のキリスト教主義中学校の項では、学校数を増加せず、現存の学校を充実させることという文言以外に厳しい表現はないが、つぎのような厳しい現状解析が報告書には存在する。

それは、キリスト教主義中学校は官立学校との競争に直面しているが、かならずしも「優秀」ではない学力水準の向上が急務であり、「劣等な基督教主義中学校はもはや日本に存立を続け得られない時期が確実に到来した」(『日本の基督教々育』p.62)との認識であった。また、生徒定数は七五〇人を超過すべきではないとの判断は各校代表者の一致するところであるが、現実には一〇〇〇人をかなり超過している学校があり、その要因として経済的に学校が授業料に依存しているとの分析(『日本の基督教々育』p.66)がある。他には、先進的プログラムのための実験室、図書館、実習場の整備がなされるべきとの指摘(『日本の基督教々育』pp.68-69)、聖書以外の学科教師がキリスト者である割合が半数以下であるとの嘆息(『日本の基督教々育』p.70)、キリスト教感化にもっとも効果的な寄宿舎の空室化や廃止への慨嘆(『日本の基督教々育』p.79)、教育上の特別訓練を受けず専門の素養のない外国人宣教師の学校派遣への憤慨(『日本の基督教々育』p.81)などである。このあと、日本人後援者や校友の寄付による経済的援助がほとんどない中学校が多いことを財政難の大きな原因として挙げ、ミッション補助金の増額は期待できそうにもないため、恒久的な基金を積み立てる必要を説いている。そして、この解析部分の最後では、中等教育からの撤退が示唆されていたのである(『日本の基督教々育』p.84)。

その理由は、男子基督教主義専門学校(『日本の基督教々育』p.86)の現状解析の終盤で明示されているように、米国では初等教育とおなじく中等教育における公立学校の台頭により、米国の教会が中等教育の分野から駆逐され、その注意を高等教育に集中するよう余儀なくされている現状が日本にも到来するとの危機感からであった(『日本の基督教々育』pp.99-100)。そのため、日本の教会が中等教育の分野から退却しなければならないなら、その時、教会は断固として高等教育の分野にたてこもることができるほどに堅固な地位をもたなければならないと提言されている。これは、日本のキリスト教主義中学校の存続は不透明な情勢にあり、男子キリスト教主義専門学校の延命は中学校の犠牲のもとに成り立つ可能性さえ示唆するという衝撃の分析であった。

他方、『伝道再考』は六章の初等・中等教育の項で、インドとビルマ(一九二六〜一九二七年)、中国(一九三〇〜一九三一年)、日本(一九三一年)の中学校・高校におけるミッション・スクールの割合は全体の約九%、学生数は八・五%として、各国の中等教育におけるミッション・スクールの相当な位置と、数以上のおおきな影響に言及しながらも、極東の国民教育の発展によりミッション・スクールの相対的な重要性は減少しているとの問題を指摘した(*RE-THINKING*, pp.118-120)。

『伝道再考』の日本のキリスト教教育の結論と勧告はつぎのとおりである。日本のミッション・スクールは、キリスト教思想と教育の第一の源泉ではなくなっているにもかかわらず、学校経営者は経済支援の不足を本質的問題として把握しており、こうした学校へはこれ以上の支出を止め、ミッションは慎重に撤退を開始すべきである。ただし、女学校など優れたいくつかの学校へは経営参加を継続すべきとしたうえで、一、ミッション基金を必要としている中学校であってもミッション基金からの補助金減額と最終的停止をもとめ、基金を継続している一定期間の終わりまでに、とくに男子校は女学校よりはやく自給自立経営の準備をすべきこと。二、国際教育調査団の報告書が唱える諸派学校の統廃合による学校合同再編案を支持し、その高尚な目的を実現するために閉鎖が必要な学校は閉鎖すること。三、日本人に学校の管理と責任を移譲するまで、各派ミッションはこの動向に責任をもつこと、というものであった(*RE-THINKING*, pp.151-152)。極東のミッション・スクール全般への勧告はつぎの四点である。一、学校の目的の第一を伝道でなく教育とすること。二、非キリスト者の生徒は、キリスト教礼拝や聖書の授業への出席を強要されないこと。三、学校の宗教教育と礼拝は、学校のプログラムに責任をもつ資格ある専門家の指導によること。四、海外のキリスト教教育の合同組織として、諸派は共同で専門家機関を米国に創立すること（*RE-THINKING*, pp.162-163）。

『伝道再考』が七章の高等教育の項で、日本の男子高等教育機関として挙げているのは、立教、明治学院、青山学院、関東学院、東北学院、同志社、関西学院、西南学院の八校である。そのうち五校は専門学校令にもとづくキリスト教主義専門学校で、アメリカのジュニア・カレッジに近い高等教育機関とされ、同志社、立教、関西学院の三校は大学令にもとづく大学であるとされている。高校レベルの女学校は二三校あり、ジュニア・カレッジと呼べる女子大学として神戸女学院と東京女子大学に言及している。

男子の高等教育機関については、日本政府が幼稚園から帝国大学にいたる賞賛すべき完備した教育体系を確立しており、かつては価値ある存在であったキリスト教高等教育は、新しい試みをみせないかぎり、存続する理由がほとんどないが、そうした貢献はもはやできないと厳しく評価した。

キリスト教大学をふくむミッション高等教育機関の諸問題としては、ミッションの経営資源の不足に起因する偏狭な教育内容などの問題を指摘している。それによると、問題は、宗教教育の現状が因習的でつまらなく、宗教的目的の成就より普通教育が勝っていること。官立大学に優秀な学者、科学者、教員が集中しているため、学生は国立志向となり、キリスト教大学は教員の資質が問われていること。「やや低い次元」の仕事の専門教育や、女性英語教師の育成教育といったことなどである。

国際教育調査団が推奨する、日本における既存の高等教育機関を基盤とした男子連立キリスト教大学構想にかんしても、『伝道再考』は不支持を表明した。その理由として、つぎの三点を挙げている。第一に、大学を構成しようとする高等教育諸機関が、学生を大学に供給するまえに再組織され強化されなければならないこと。第二に、第一級の日本人学者と科学者で独占的に構成するキリスト者の教授団を集めることは、現状況下では近い将来も不可能であること。第三に、世界の他の諸地域でのより緊急な教育需要を考慮すれば、「現時点で」健全な財政基盤のうえに立つ大学が要する巨額の寄付を米国のキリスト者が日本に投じるとは思えないこと。こうして単立でも連立でも、キリスト教大学設立の機は熟していないと勧告したのである（*RE-THINKING*, pp.172-176）。

2　立教学院拡張一五年計画原案

国際教育調査団が高等教育分野で推奨する男子キリスト教主義専門学校の統廃合（＝連合）は、その延長に男子連立キリスト教大学構想があった。仮に立教がそれに合流し、もし連立大学設立が不成功に終われば、立教は大学令による大学という現状特権を喪失する危険があった。また、例え連立大学が設立されたとしても、武昌の諸派連立大学である華中大学に吸収された文華大学のように、立教は連立大学の一部に吸収され、大学令にもとづく大学としての単独の地位は解消されることになるのであった。

他方、外国伝道信徒調査団による立教大学をふくむ日本の高等教育機関の現状分析は、相対的にキリスト教女子大学にくらべて男子大学の評価は低いものであった。単立でも連立でも、「現時点」での連合大学設立は望ましくないとの分析には、首都東京で唯一の大学令にもとづくキリスト教大学（プロテスタント）であった立教への現状批判がこめられていることは明瞭であった。調査団から指摘された諸問題の取り組みなしには、立教は単立大学としても存続する資格がないとの批評が暗示されていたのである。

こうした危機感のもと、立教学院総長ライフスナイダーと日本人首脳は、在日諸派ミッションが関心をしめしている男子「連立」キリスト教主義大学とは一線を画し、低い現状評価と支援撤退の勧告を払拭して、独自に現中学校・大学の外部評価を高めるため、立教学院拡張五〇年計画を起草した[21]。それは母教会への巨額資金拠出要請であり、日本基督教連盟と基督教々育同盟会、および在日諸ミッションからの独立路線といえるものであった。

立教学院拡張五〇年計画案が最初に提示された一九三三年八月二日開催の財団法人立教学院第七回理事会は、米国聖公会教務院外国伝道部主事ウッドへの情報伝達を決議し[22]、翌一九三四年一月二四日開催の第八回理事会では、拡張案の米国母教会送付と予算書の報告がなされた[23]。理事会報告によると、拡張案は日本語で「五十年計画」とあるが、拡張案の英文原案(理事会提出前)では、五年一期の全三期という、事実上、一五年計画の内容であった。

立教学院拡張一五年計画案は二つある。計画のために六一五万円が必要と米国母教会に報告した原案は、近く改訂すべき「覚書」と題した一九三三年七月七日付のもので、最初の五年一期の開始年は一九三四年であった[24]。ほぼ倍額の一二五三万五四五〇円が必要と題打った作成年月日のない第二案は、最初の五年一期が一九三五年からの開始となっているものの、一九三四年〜一九三五年の収支額が明記されており、一九三六年の寄付約束との書き込みがあるので、一九三五年後半から一九三六年に改訂されたものと推測できる[25]。一九三六年一一月六日の第二〇回理事会で一五年計画案が可決され[26]、一九三七年六月二八日付タッカー書簡では「昨年提出された一五年計画」から引用している第一期要求金額が第二案のものと合致することから(HSGT, REPORT, 1937)、一九三六年の理事会に提出し米国母教会に送付した案はこの第二案であった。

さて、一九三三年の原案は、一、大学の概論、二、大学の発展、三、緊急の物理・財政上の発展、四、学生数の規模という大枠のあとに、五年一期の各三期の要求額を提示した。二の項では、すくなくとも今後五〇年をみこした大学政策に言及し、学問の高水準を維持するため学生に信頼される特徴ある建物を必要とすること、大学の明確な目的は日本の生活のあらゆる領域におよぶ指導者の育成であり、中学校は大学と組織合同し、生徒数を四〇〇人とするとしている。また、一九三二年〜一九三三年の収入は授業料、基金利子、母教会管理の財団経由の現行費用への贈与という三つで、収支(一九万八七四〇円)がほぼ自給であることを報告している。さらに、一九二五年度以降過去八年度分の統計から収支の増額および、八年間の利益額(五六八一円)と一年の平均利益額(七一一円)をしめし、一九二二年以降の大学(累計八二万五千円)と一九二八年以降の中学(累計五万五千円)の基金額の増加、保護者からの心理学実験室の寄贈、校友による校友会館建築に言及するとともに、一九三二年以降一〇年間で毎年一万円、その後の六年間に毎年二万五千円で、合計一六年間で二五万円におよぶ政府助成金などの諸寄付を報告した。

三の項では、緊急に必要な建造群として、講堂、大学予科校舎、現本館の両翼拡張、中学校寄宿舎、体育設備に計一五〇万円を要求している。また、大学院新設、非常勤主体の教育指導改善、中学校基金、研究奨励金と奨学金、米国史・米国哲学・米国文学・世界経済・環太平洋国際関係・社会学的研究の六講座基金、図書館・産業研究・心理学実験室、教員研究休暇に計四六五万円が必要とし、手元に一一万円の基金額があるので、それを差し引いた三五四万円を追加の緊急基金として要求している。四の項では、学問水準とキリスト教的性格が増幅するように、中学校の生徒数を四〇〇人、大学予科を六〇〇人、本科を六〇〇人に縮小すると報告した。こうして、立教学院による一九三四〜四八年の一五年間の母教会への要求額を、建築に一五〇万円、諸基金に三五四万円、計五〇四万円と算出したのである。[27]

一九三三年作成の拡張計画原案は米国聖公会に送付され、タッカーが議長を務める教務院の検討委員会にウッドから報告された。[28]さらに、一九三四年七月二一日、立教学院日本人首脳は、木村重治学長(経済学部長)、小島茂雄中学校長(文学部長)、菅円吉予科部長、高松孝治大学チャプレンの連名で、大学予科の臨時バラック校舎を、一九三五年四月の新年度までに緊急に新築してほしいとの許可を願う長文の声明を学院総長ライフスナイダーに送付した。そのなかで、一九三四年一〇月開催の米国聖公会教務院会議もしくは米国聖公会総会に向けて一五年計画推進運動を展開してほしいと要請している。そして、もし計画案の最初の一期五年の部門が実行されるなら、一九三三年に理事会が認可した一五年計画に大学予科校舎建築が挙げられているので、問題は解決すること、一五年計画の早急な実現が困難であるなら、第二の解決策として、予科校舎のためにコンクリート・木造建築の予算一〇万円を、文部省助成金から拠出することを認めてほしいという、二つの改善方法を提示したのである。

声明の最後では、外国伝道信徒調査団の評価委員会と国際宣教協議会の日本のキリスト教教育調査団による報告書について触れて、この二つの報告書は、われわれに一流大学の地位を断念して二流の模倣に戻るか、一流レベルへの引き上げに必要な資源確保を実現するために強力に推進するかを勧告している、との危機感が明示されている。この声明の複写は米国聖公会総裁主教ペリーとウッド、財団法人立教学院理事にも送られた[29]。

立教学院拡張一五年計画の原案が作成された一九三三年、米国聖公会経営の上海聖約翰大学F・L・H・ポット(Francis Lister Hawks Pott)学長は、同大学を大組織にする野心はなく、学生数よりも事業の質が重要として、英語、歴史・政治、エンジニア・数学の三分野で追加教員の派遣を要請した。現状に見合う最低限の人材派遣を要求する中国ミッションのキリスト教大学と、巨額の財政拠出が必要な拡張計画をもとめる立教大学とは、対照的な路線選択であった(*SM*, 1933, February, p.76)。また、日本のライフスナイダーが立教拡張計画原案でしめした、政府の諸規則と要求に応じながら、「卑屈にではなく」もたらされる利益のために日本政府の制度にしたがうとの方針は、中国の私立学校登録問題における政府制定の諸規則と要求に、ミッション・スクールのなかでも唯一最後まで登録せず抵抗した上海聖約翰大学とは対照的な動向をみせていたのである。

3　米国聖公会外国伝道部主事の批判

立教日本人首脳による七月二一日付声明と七月二四日付木村学長書簡を受信したウッドは、九月八日にライフスナイダー、タッカー、木村宛書簡を発信した。ライフスナイダーには、タッカーとウッドとライフスナイダーが、秋に米国でこの問題を協議することが望ましいと伝えて、木村宛ウッド書簡の複写を同封した(JWW to CSR,9/ 8/1934, RG.79, 1934-47)。タッカーには、声明と木村書簡を同封して、一五年計画の認可をつよくもとめる声明にあらわれている立教日本人首脳の焦慮のようなものに批判的にはなれないとしながらも、立教の拡張は賢明ではない傾向があるとし、この問題がマキム理事長の管理から外れていることを憂慮していると伝えた（JWW to HSGT,9/8/1934, RG.79, 1934-47）。

そして、木村にはつぎのように返答したのである。一九三三年六月にペリー総裁主教(30)とウッドが指摘し、それ以来ウッドが述べているように、提唱されている規模でも縮小された規模でも、立教大学の将来のための早急な努力が米国ではじめられる可能性はなく、米国の財政事情により、どのような現実的な成就も困難であること。さらに、この財政難においてそうした努力をすることは、立教への批判を招き、財政が改善したとしても立教のための努力は永久に不本意であるとの結果をもたらすかもしれないこと。効果的な事業が困難という立教の事情は理解しているが、その原因のひとつは、自分が判断するかぎり、近年の立教大学の拡大が、伝道部の想定計画よりはるかに多大な学生数をもたらしたことにあること。立教にとって、現学生数に見合う必要な努力をしていくのか、それとも現設備のみで、またはやや増設することで正しく監督できる学生数に減らすことがいいのかは、慎重な熟慮を要する問題であること。そして、一九三二年の外国信徒調査団の評価委員会や国際教育調査団の見解をそれほど気にする必要はないこと。母教会と教務院は、予科校舎のための一〇万円を日本で拠出する認可のまえに、立教の将来にかんする情報を得たいこと。直面している問題は、立教が米国からの巨額支援によって漠然と拡大するつもりなのか、または、過去の成就を維持し、穏当で実際的な基礎のもとで現在と将来の需要を供給するためのなんらかの方法をみいだしうるのか、ということである（JWW to BSK, 9/8/1934, RG.79, 1934-47）。このようにして、ウッドは提唱されている立教拡張一五年計画は、母教会にとっては「賢明ではなく、かならず成功しない」との判断を日本に伝えたのであった。

これを受信した木村学長はマキム理事長を訪ね、ウッドの返書を見せて、木村がウッドの批判の正当性を悟ったこと、立教大学の日本人校友たちが自分たちでなにか行動を起こさなければならない時があきらかに到来したとの理解をマキムに伝えた。マキムはウッドの返書を読んでウッドに、かなり解放され楽になったこと、ウッドが使った言葉とほとんどおなじ言葉で、自分も日本人の声明を批判したことを、伝えている(JM to JW, 10/10/1934, RG79, 1934-47)。マキムがウッド書簡で「解放され楽になった」ということは、「マキムの管理から外れて」いた大学拡張案を、立教学院理事長のマキムでさえ三三年の理事会(外国人六人、日本人一人)で抑えることができなかったことを暗示している。つまり、学院総長兼理事のライフスナイダーと立教日本人首脳の共同作成とされる拡張計画案は、作成者のなかの唯一の理事としてライフスナイダーの主導によって、理事会の可決がもたらされていたことになる。立教外国人首脳のあいだでも見解の相違があったのである。ウッドとマキムという、母教会伝道部主事と立教外国人最首脳が、ともに立教学院拡張一五年計画に否定的であったのは、なによりも母教会の深刻な財政難を憂慮してのことであった。

4　米国聖公会の財政難

米国聖公会教務院の財源には一定額の信託基金利子、合同感謝献金、特別献金、遺贈、前年度繰越金(負債年度でない場合)などがあったが、各年度の収入基盤は諸教区からの寄金であった。教務院の各年度予算は、三年ごとの米国聖公会総会が教務院の次期三年間の各年度概算要求を審議了承した額を基本としたが、財政難のおりにはやむなく減額予算となり、その減額年度予算も諸教区からの約束寄金が期待額に達しないことが通例(一九二九年度のみ唯一満額寄金)であった(*N.C.REPORT*, 1929, pp.7-8)。しかも例年、毎年度の伝道資金はこの諸教区寄金額とほぼ同額であり、伝道事業は教区の寄金効率に依存する財政構造であった。一九二六〜一九三〇年度の教務院収入額は約三九〇万ドル前後、そのうち伝道事業費は約二七〇〜二八〇万ドル前後(*N.C.REPORT*,1928, pp. 197-199,203; 1931, p.210, 218)で、約七割を占めていた。その後の教務院収入額と伝道費(括弧内)の推移は、一九三一年約三四〇万ドル(約二七〇万ドル)、一九三三〜一九三八年度には約二一〇〜二二〇万ドル前後(一九三三〜一九三四年度は約二〇〇万ドル前後、一九三五〜一九三八年度は約一七〇〜一八〇万ドル前後)にまで下落するものの、伝道費の全体に占める比率は、約八割から一〇割を占め、収入額のほとんどが伝道資金に用いられている（**図1－1**）（*N.C.REPORT*, 1931, p.210,218; 1934, p.198,207; 1937, p.212,223; 1938, p.179,189)。

教務院の各年度経常収支による負債額は、一九三一年度に二五万ドルの欠損金を出したのを契機に、一九三六年度を除く一九三八年度まで赤字であった。とくに一九三三年度は約六六万ドル、一九三四年度も約四三万ドルの不足額を出している（**図1－2**）。このうち、

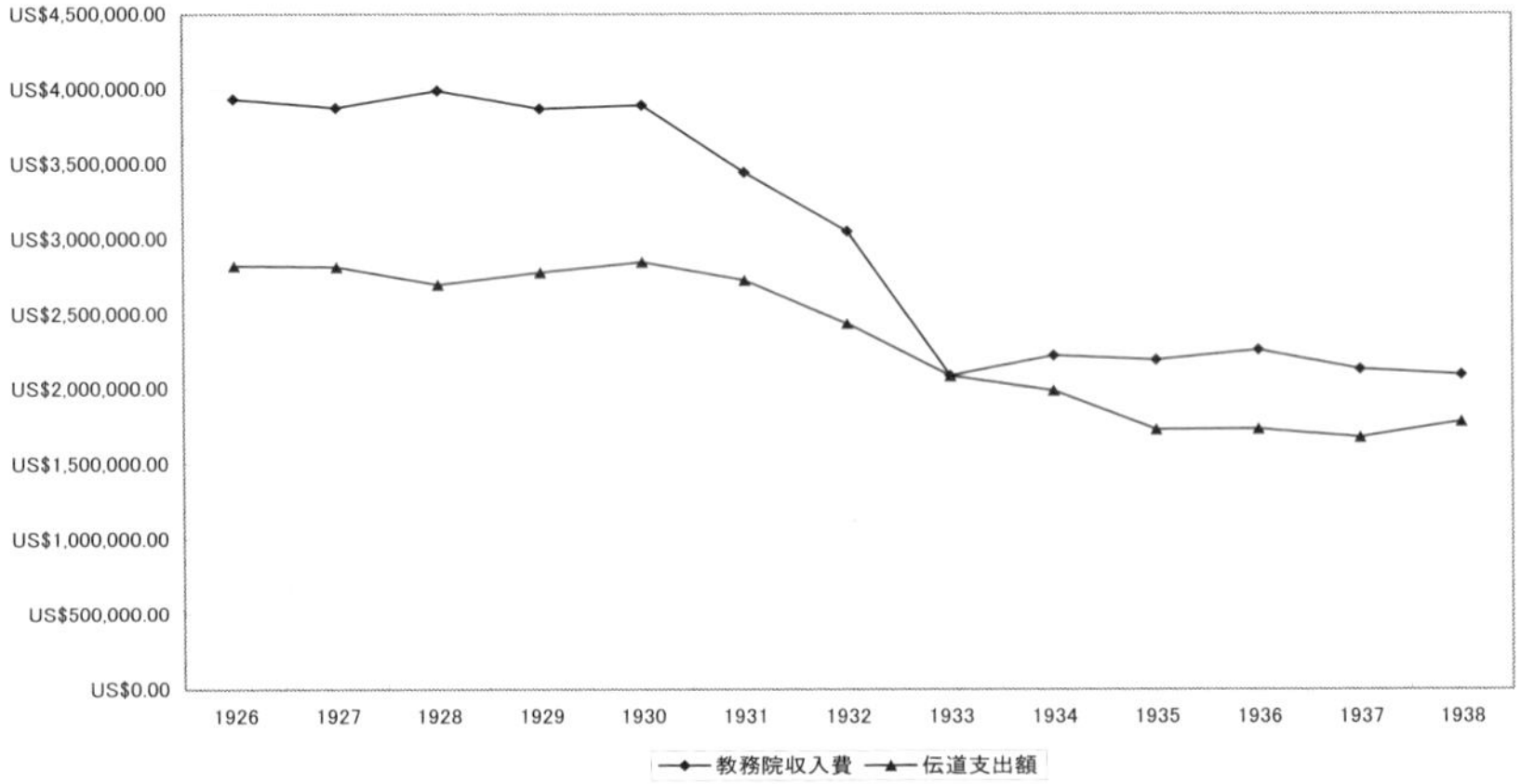

図1-1　教務院収入費における伝道支出額の割合

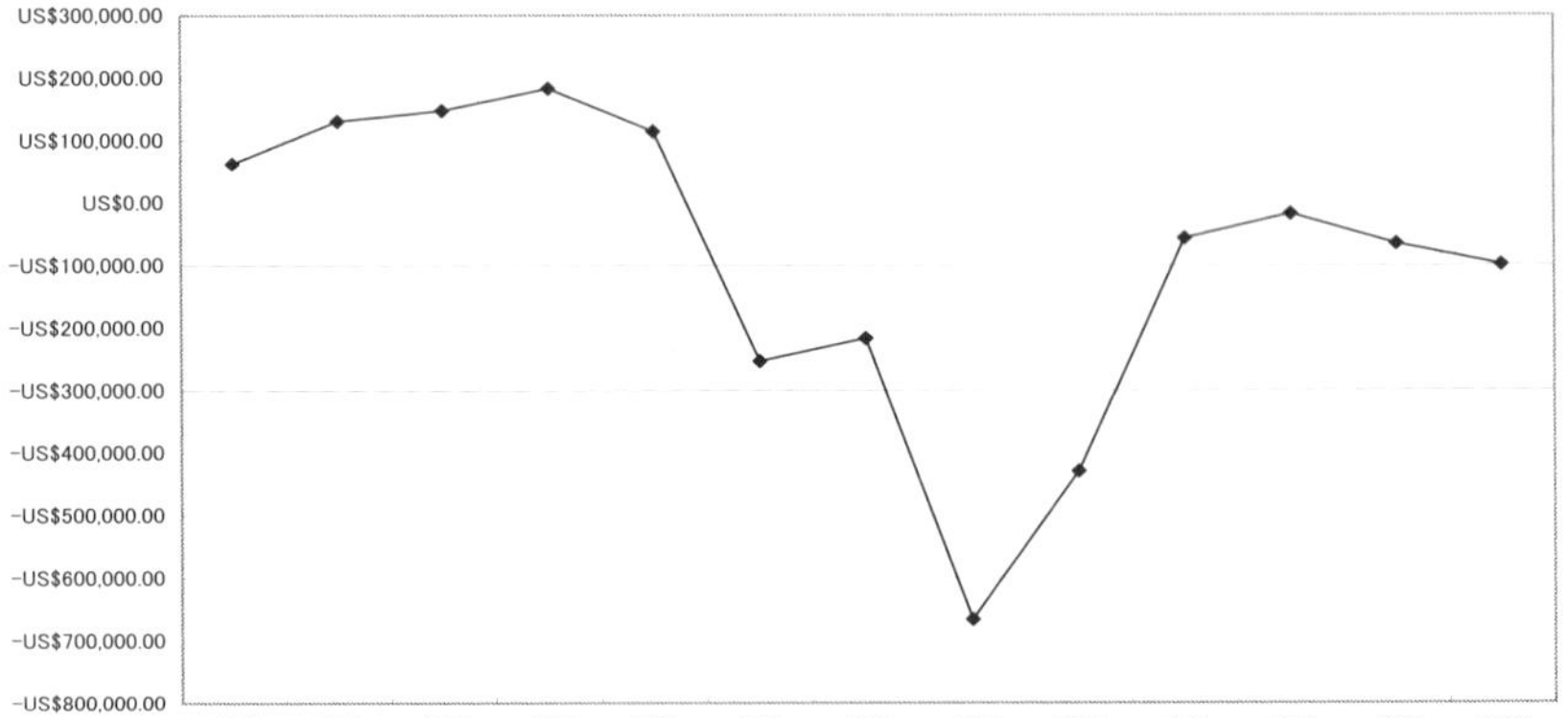

図1-2　教務院収支残高・負債額

一九三三、一九三四年度を除く一九三五〜一九三八年度は、その不足を伝道事業への遺贈額から補填して百ドル単位の最終残余額の決算に調整したが、一九三三・一九三四年度は、遺贈を補充しても、それぞれ約五三万ドル、約三二万ドルという大幅な債務決算となった（*N.C.REPORT*, 1931,p.210; 1934, p.198;, p.212; 1938, p.179）。

教務院は一九二八年度に一九二五年度からの総債務額約一五三万ドルを清算する（*N.C.REPORT*, 1928, pp.7-8）が、一九二九年の世界恐慌の影響で、ふたたび一九三一年度から収入下落と収支欠損がはじまることになった。一九三三年度の約五三万ドルの赤字決算以降（*N.C.REPORT*, 1933, p.222）、翌一九三四年度には約八五万ドルの累計負債額（*N.C.REPORT*, 1934, p.198）、一九三八年度にも総額七四万ドルの債務をかかえており（*N.C.REPORT*, 1938, p.181）、一九三三年度から米国聖公会は深刻な赤字財政に転じていたのである。

一九三三年度の教務院年次伝道報告で主事ウッドは、一九二七年に米国主要二五教派のうち首位であった米国聖公会の諸教会への寄金額は一九三三年に二位となり、一九二七年に七位であった米国聖公会の伝道事業への寄贈額が一九三三年に一三位にまで降格したと嘆き、一九二一年度と一九三三年度の教務院への未指定寄付がほぼ同額（二・五％減）であるのに、一九三三年度の教務院への伝道事業寄金が一九二一年度比

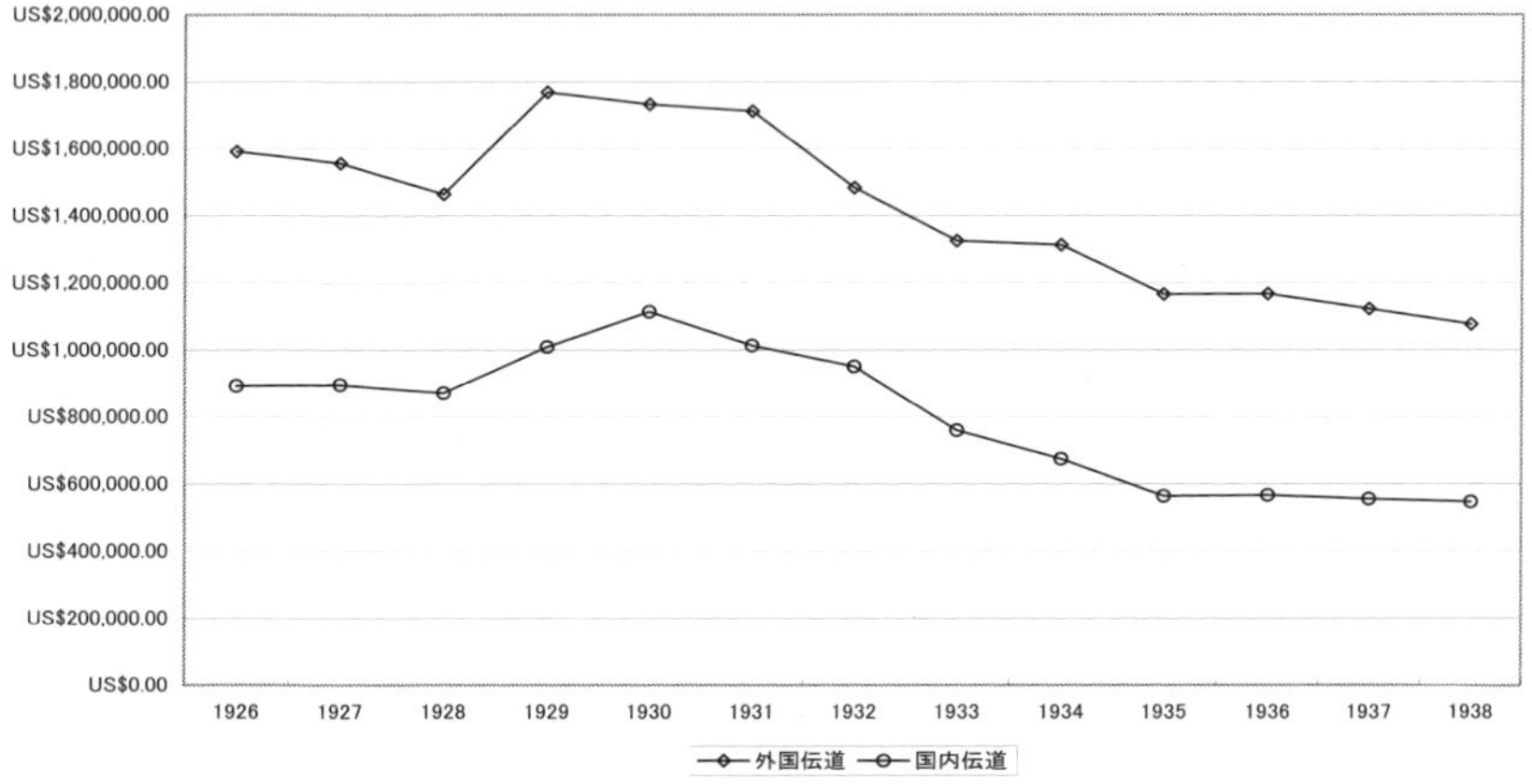

図1-3　外国・国内伝道支出額比較

で約一五七万ドル減（五三％下落）になったのはなぜかと訴えている(*N.C.REPORT*, 1933, p.97)。

伝道事業費のうち、国内伝道と外国伝道（海外領土を含む[31]）の支出額の比率は、国内が三分の一、外国が三分の二の割合で終止一定している（**図1-3**）が、一九二九〜一九三一年度に一七〇万ドル代であった外国伝道支出額は、一九三二年度に約一四八万ドル、一九三五年度以降は一一〇万ドル代へと落ち、一九三八年度は約一〇七万ドルにまで下落した（図３）(*N.C.REPORT*, 1928, pp.200-201; 1931, pp.215-216; 1934, pp.202-203; 1937, pp.218-219; 1938, pp.183-185)。このうちニューヨーク本部の通信費・旅費・事務員手当など諸経費を除く一九三八年度の外国伝道支出額は実質九六万三三七二ドルで、一〇〇万ドルを割っている(*N.C.REPORT*, 1938, p.92)。

ラテン・アメリカ伝道（ブラジル、キューバ、メキシコ、ハイチ、ドミニカ共和国）への支出は終止一定して外国伝道全体の一五％前後であり、海外領土伝道（アラスカ、ホノルル、フィリピン、パナマ運河領域、プエルトリコ）へは二割前後から三割のあいだで推移している。これにくらべると、一九二六〜一九二八年度に外国伝道全体の六割代後半の支出額があったアジア・アフリカ（中国・日本・リベリア）伝道は、一九二九〜一九三一年度に五五％前後となり、一九三二〜一九三八年度は五割前

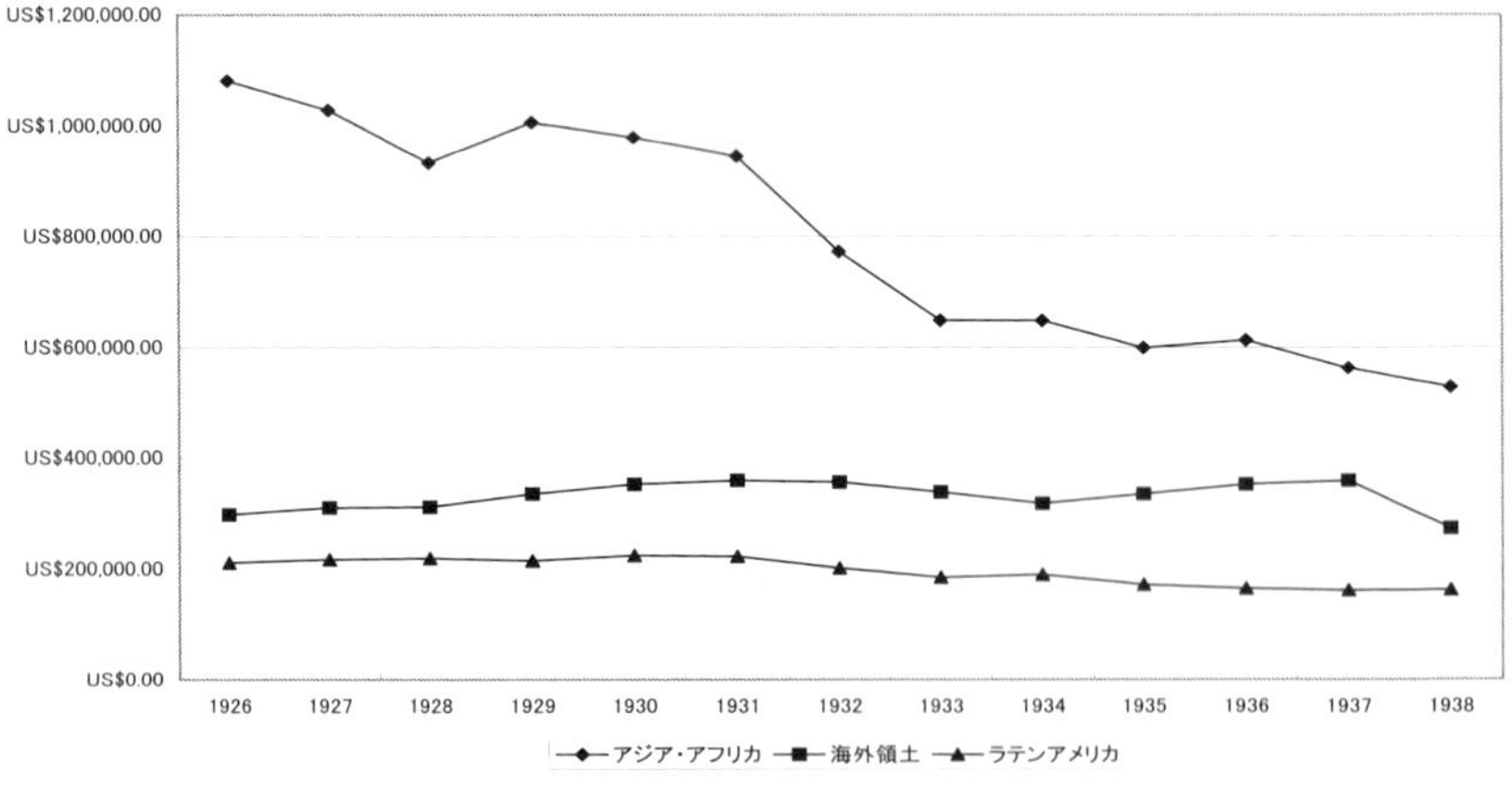

図1-4　外国伝道支出額領域別内訳

後（一九三三、一九三四、一九三八年度は五割を切る）となった（**図1-4**）。

一九二六・一九二七年度に一〇〇万ドル以上の支出があり外国伝道の三分の二を占めたアジア・アフリカ伝道支出額は（図1-4）、一九三八年度には半額の約五三万ドルにまで下降して、一九三三年以降は減額対象の伝道地とされた（図1-4）。そのアジア・アフリカ伝道のうち、アフリカ（リベリア）は八〜九％、中国・日本への支出が九割以上であった（**図1-5**）。つまり、支出費減額の影響をもっとも被ったのが、一九二六〜一九三一年度の約九六〜八五万ドルから一九三八年度にはついに約四八万ドルにまで支出額を半減された中国・日本の米国聖公会海外二大伝道地だったのである（図1-4、図1-5）。

アジア・アフリカ伝道のうち中国と日本の支出額の比率は、ほぼ拮抗しているものの、一九三〇〜一九三二年度に中国約四割・日本約五割で日本が上回った以外は、中国への支出が上回っている（図1-5）。日本ミッションへの支出額の推移は、一九二六〜一九三一年度四〇万ドル代、一九三二年度三〇万ドル代、一九三三〜一九三八年度二〇万ドル代と下降していった（図1-5）。

中国の三ステーション（安慶、漢口、上海）のうち上海聖約翰大学を擁する中国最大ステーションの上海と、日本の三ステーション（京都、北東京、東北。このほか、東京と大阪は日本人独立教区であるが、それぞれ教

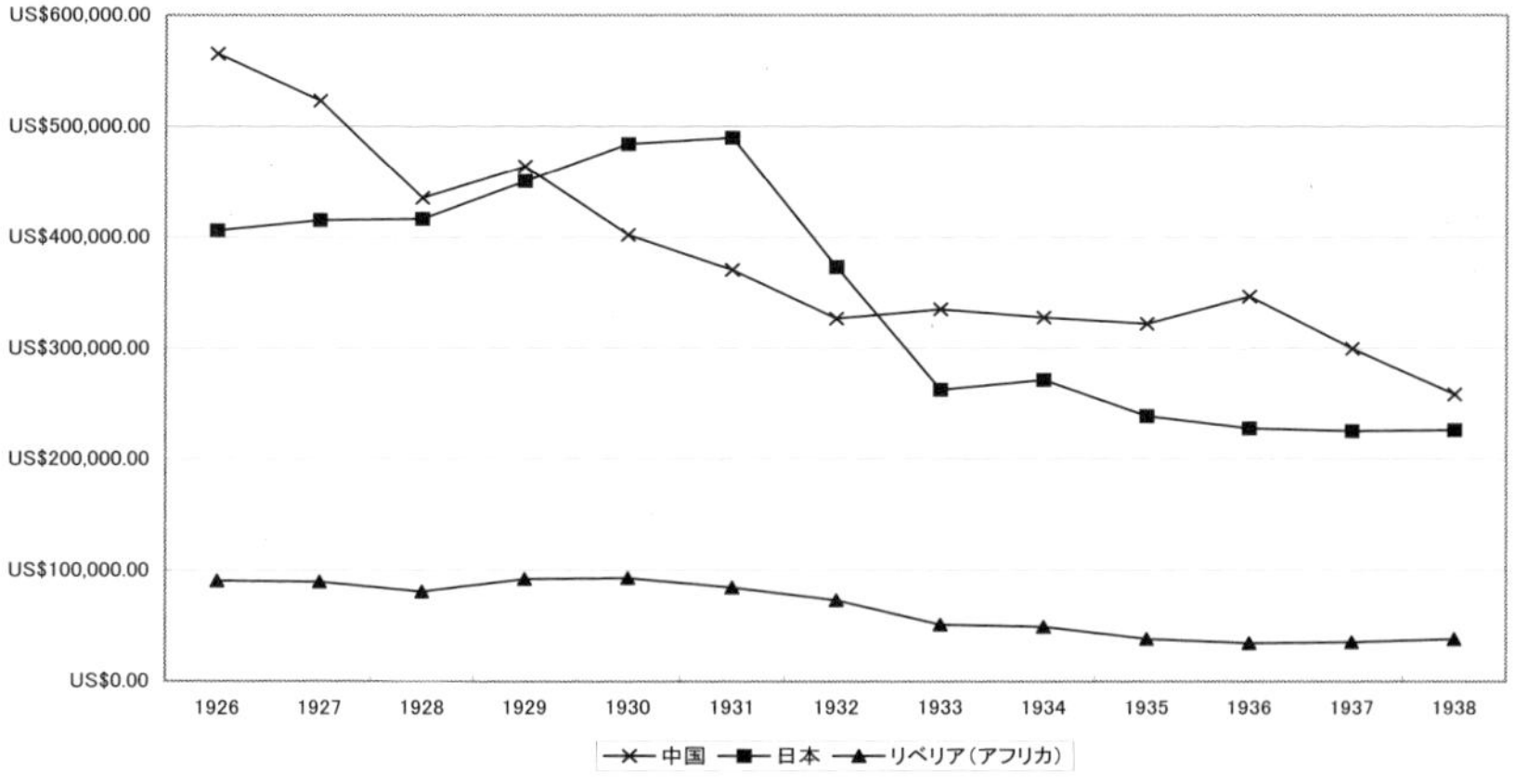

図1-5　中国・日本・アフリカ伝道支出額国別比較

区内の未自給教会に少額を支出）のうち立教大学を擁する日本最大ステーションの北東京（現・北関東教区）への支出額の推移を比較すると、上海は一九三〇～一九三三年度に約一九万ドル～一七万ドル、一九三八年度一三万ドルと小幅変動であったのに対し、北東京は一九三〇～一九三二年度に二五万ドル前後から二一万ドルほどあった支出が、一九三三・一九三四年度に一四万ドルに激減し、一九三六～一九三八年度には一一万ドルまでになり、一九三三年度を境に、北東京への支出額は上海への支出額を下回っていった（**図1-6**）。一九三三年度から赤字財政に転落した米国聖公会の深刻な財政難（図1-2）が直撃したのは、立教大学帰属の北東京ステーションだったのである（*N.C.REPORT*, 1928, p.200; 1931, p.215; 1934, p.203; 1937, p.219; 1938, p.184）。

5　日本と中国ミッションへの打撃

一九三二年二月、伝道部主事ウッドはライフスナイダーに宛てた書簡で、米国の財政難は伝道資金難に連動していると言及し、一九三一年度支払い分の諸教区寄金は約二〇万ドル不足で、一九三二年度の諸教区約束金は一九三一年度秋の米国聖公会総会と教務院会議で諸教区が約束した額よりも計九〇万ドル減額とされていることから、一九三二年度は総計一一〇万ドルの債務に直面すると述べている。そ

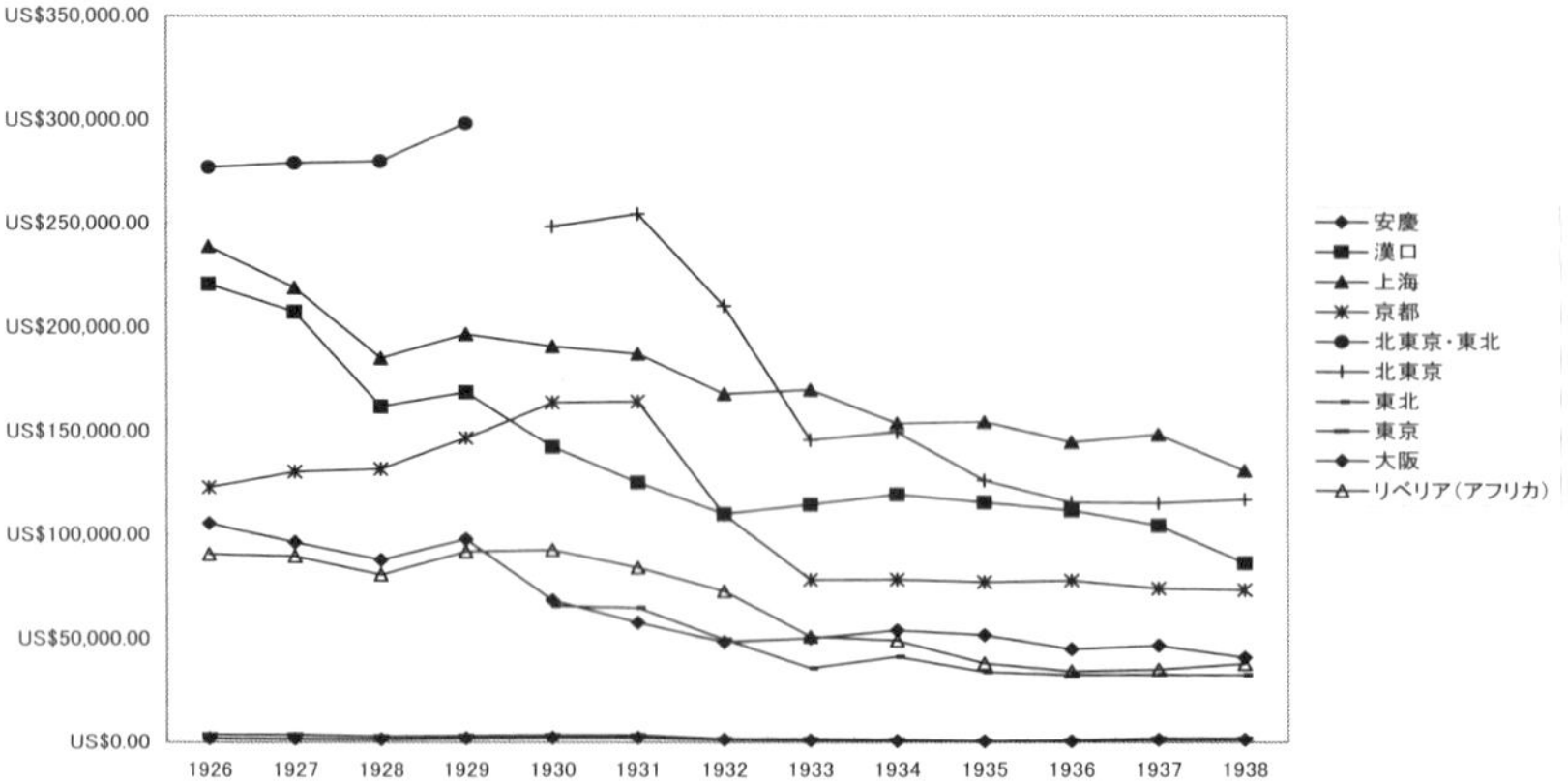

図1-6　中国・日本・アフリカ各ステーション支出額比較

のうえで、この対策として、伝道本部および国内・海外ともに全伝道地の宣教師と現地スタッフ全員の給与一〇%削減が予想されると報告した（JWW to CSR, 2/1/1932, 124）。そして、一九三二年度からほとんどの諸経費二〇%の削減（*N.C.REPORT*, 1932 ,p.82）と給与の一〇%減額が実施され、これは一九三九年度になっても継続されている（CSR, SHN, NSB to JWW, 9/15/1939,125）。

この予算削減と給与減額は、現地ミッション財政を直撃した。一九三三年一月、ライフスナイダーは給与削減によって物価高の東京で生活する自分たちにいかに打撃があるかを訴え、東京の食品と生活用品の価格がニューヨークのそれを凌駕している統計をしめし、また一九三二年の各一二か月間の物価比較において、一九一四年を百とする指数に換算すると、ロンドン七〇〜八〇代、ニューヨーク九〇代、東京一二〇〜一四〇代となる『ジャパン・アドヴァタイザー』一九三三年一月号による内外価格差指数の統計も送付して善処をもとめた（CSR to JWW, 1/9/1933, 124）。それでも給与額の回復が不可能なため、ウッドはライフスナイダーに、宣教師が事業外の仕事をして生活費を補充することを内密に認めることを暗示している（JWW to CSR, 5/10/1933, 124）。

一九三八年一月になっても、ライフスナイダーは、給与一〇%減額方針を廃止するか、または、現地スタッフの給与のみ復元して、宣教師は非常措置として世俗の仕事で増収を図ることを認めるか、の二者択一案を教務院に迫らなければならなかった（CSR to JWW,4/9/1938, 125）。同年一二月に、教務院が日本のスタッフ全員に緊急助成として給与三%分、または総計約五一〇〇ドルを同年末後早急に供与する決議をするが、これは一九三八年度分のみの適用との限定条件がついていた。宣教師の任務以外の仕事についても、この時ようやく公式に認可されたのである（JWW, 9/27/1938; 12/16.1938, 125）。一九三九年九月にも、在日米国人主教三人の連名で、宣教師も日本人スタッフもともに、五%の緊急助成金をもとめ、一九四〇年一月からはあらためて給与復元を要求しなければならないほど、米国聖公会の日本ミッション財政は窮迫していたのである（CSR, SHN, NSB to JWW, 9/15/1939, 125）。

中国ミッションへの影響も深刻であった。一九三三年二月の教務院会議は遣華宣教師への給与支払いを米貨から中国通貨にするとしたが、中国の諸主教やスタッフが猛反対したため、伝道部が一九三四年一月以降は米貨に戻すと勧告した。このとき、中国の諸主教が宣教師たちはさらなる給与削減が必要なら受け入れると表明したため、教務院は諸主教に現行給与一〇%削減にくわえて、さらに一〇%削減の追加措置を宣教師が認めるか尋ねている(*SM*, 1933, November, p.611)。一九三五年になると、上海伝道教区主教グレイヴスは一九三四年秋の米国聖公会総会後の教務院の決定によって、同教区への一九三四年度予算から一万ドルが削減され、事業の継続が困難になっているとの窮状を訴えた(*SM*, 1935, April, p.176)。さらに中国ミッションでは、同年中国からの銀流出の影響で、上海の二病院建築基金用の定期預金を保管する上海の米国系銀行が閉鎖され(*SM*, 1935, July, p.300)、四〇万ドルの損害が生じてしまっていた(*SM*, 1935, October, p.468)。中国の財政難も深刻だったのである。

中国では一九三一年夏に中央部が洪水に見舞われ、漢口ミッションに大きな被害をもたらしたため、米国聖公会教務院は救済声明を決議し(*SM*, 1931, October, p.671)、同年秋の総会は中国洪水基金として同年の未指定遺贈から一万ドルの支援をしていた(*SM*, 1932, January, p.49)。上海事変が勃発したのはその半年後の一九三二年一月である。一九三五年には内乱、飢饉、洪水、日本軍侵攻などによる中国の惨状が米国信徒に伝えられ(*SM*, 1935, June, pp.256-258, September, p.387, p.418)、一九三七年七月に日中戦争がはじまると、上海聖約翰大学と諸学校・諸教会は夏期閉鎖をし、九月には諸教区の子連れの既婚女性は中国から即刻撤退し、上海を離れている上海教区所属宣教師は上海に戻らないようにとの指令が出された(*SM*, 1937, October, p.467)。上海爆撃による戦渦は*SM*で即座に報じられ(*SM*, 1937, September, p.427, October, p.467)、教務院は三〇万ドル以上の中国緊急基金を決めている(*SM*, 1937, November, p. 529)。戦火で諸事業を展開する中国からの現地報告が特集され(*SM*, 1937, December, pp.565-574)、その後の経過も米国に逐一報道されていった。ミッション・スクールは、武昌(*SM*, 1938, April, p.164, July-August, pp.301-303)や南京(*SM*, 1938, June, pp.253-255)や上海(*SM*,

1938, June, p.278）で難民収容所化し、中国医療連盟主事の中国人医師は、軍立・公立病院が撤退するなか、唯一ミッション病院のみが危険を顧みず、とどまって医療事業を続行するという自己犠牲と献身を絶賛した（*SM*, 1938, December, pp.516-517）。このように、宣教師は戦火の日常において中国国民を救うこの時こそ伝道の好機ととらえ、中国残留を続けた（*SM*, 1938, December, pp.516-517; *SM*, 1939, July, p.28）。日本占領下の漢口の収容所にとどまって、外部接触を遮断されながら中国難民とともに生活する宣教師さえいたのである（*SM*, 1939, April, p.19）。占領下の中国に残留していた約六〇人の米国聖公会の遺華宣教師が米国に帰還したのは一九四二年夏であった[32]。それでも翌一九四三年になると、漢口伝道主教Ａ・Ａ・ジルマン（A. A. Gilman）と元在日・在華宣教師Ｗ・Ｐ・モース（Walter P. Morse）は難民救済のため、それぞれ別ルートで、非占領下の中国に戻り、占領地潜入もうかがっている（*FORTH*, 1943, October, p.25, December, pp.8-9）。

6　拡張一五年計画第二案と母教会の分析判断

一九三三年以降赤字に転落した米国聖公会の財政難による外国伝道地への支出減少の割合において、北東京伝道教区が上海伝道教区とならんでもっとも打撃を受けていたとはいえ、全ミッション地への予算削減と給与一〇％減額の非常措置が回復しないなか、中国ミッションは財政難と戦禍にあった。そうしたなか、立教学院がその拡張のためだけに突出した巨額資金拠出を母教会にもとめることは、一九三四年にウッドとマキムから拡張計画原案を批判されたように不可能であった。にもかかわらず、立教学院拡張一五年計画第二案が、立教日本人首脳の交替後、そしてマキム死去後の一九三六年一一月の立教学院理事会で可決され、一九三六年にふたたび米国に送付されたのである。

この第二案においても、国際教育調査団の報告書と外国信徒伝道調査団の『伝道再考』からの文章を多用して、要求の正当性を訴えているように[33]、二流か一流かの岐路に立たされていると思い込むライフスナイダーの危機感と動揺は相当なものであった。そして、緊急に必要な建造群と諸基金として、一九三三年作成の第一原案とほぼおなじ諸項目（学内キリスト教事業基金と年金基金は新設）の内容をさらに増幅拡大して、総額一二五三万五四五〇円という第一原案のほぼ倍額に相当する要求額（建築費二四七万四〇〇〇円、基金一〇〇六万一四五〇円）を提示したのである。

日本聖公会と中華聖公会がそれぞれ組織成立五〇周年と二五周年を迎えた一九三七年、米国聖公会公式代表としてタッカー主教（同年秋の米国聖公会総会で総裁主教に選出）が訪日した。かれは東京で最初の三週間を過ごし、そのほとんどを立教大学の現状調査と研究に費やして、六月二八日付の立教大学にかんする報告書を米国聖公会教務院に提出した。

タッカーの報告書によると、キリスト教運動への立教の奉仕は四点に集約されている。一、キリスト教学校が優秀な機関として世論に認められるような威信の保持。二、教育上高水準をもち、現代日本の生活に有益性をもたらすために必要な訓育をうけた卒業生によるキリスト教原則の普及。三、全学生へキリスト教の影響をつよくもたらすような信徒指導者の必要性とその供給。四、改宗者数を増幅させ、キリスト教指導に必要な訓育による聖職者の供給。

各項目の要点はつぎのようなものである。

一については、教育的名声だけではなく就職有利の点から、もっとも優秀な学生が官立学校へ行くため、日本の私立学校は官立諸機関との競合は望めない。私立学校は、適した設備をもち、卒業後に社会でよい地位につかせることで、学生を魅了するよい教育水準の名声を確立すべきである。学生を魅きつける手段として多くは世間的に評判の高い運動部を利用しているが、キリスト教事業の目的と高い教育水準の維持の点からすると、それだけでは不十分であり、立教は他の私立学校とおなじく、将来、学生への教育の質における威信に依存しなければならない。

それゆえ、二を可能にするために、立教は教育水準を進展させるよい教授団をもつ必要がある。非常勤教員に依存する現状の体制ではよい教育水準は構築されない。問題は不十分な収入であり、官立、早稲田、慶應よりも立教の専任教員の平均給与はかなり低額である。資金難で全教科に専任を雇用できず、大学院がないことも障害である。

三のためには、優秀な教員だけでなく信徒の教員が必要である。他派の諸機関から信徒教員を獲得することは不可能なため、われわれは自分たちの教員を訓育しなければならない。名声を博す教員はキリスト者であるだけでなく、キリスト教事業の促進に関心をもつべきである。これができなければ、学生全体にキリスト教の影響をもたらすことはできない。これはおそらく、立教が直面しなければならない最大の問題である。

四については、最初から立教はキリスト教指導者としての資格をもつ聖職信徒を教育し、日本聖公会に多大な貢献をしているが、最重要問題は将来もこの貢献を維持することである。そのためには、学問的能力とキリスト教的性格を併存させるような大学教授団が、学校におけるキリスト教の目的の実行に意欲的にかかわることが必要である。

大学の資金難について、私立大学は授業料か校友による寄付基金収入に依存し、定期的な学生数の増加と教員給与支払いの節約によって増収をはかっている。立教の日本人教授団のほとんど全員は、収入源として学生数を三〇〇〇人まで増加させることに賛成しているが、現時点ではこれは不賢明である。立教が慶應と早稲田のように卒業生から資金援助を得ることは可能かもしれないが、もし寄贈者がキリスト教事業に関心がなければ、立教のキリスト教的性格は失われる危険をともなう。それゆえ、立教のキリスト教的性格が維持されて、立教が教会にとって真に有益であるような機関であるなら、すくなくとも、しばらくは財政支援が母教会からくるとの自信がある。

タッカーはさらに、立教学院拡張一五年計画第二案についてつぎのように具体的に言及した。

いずれの項目も理想的には望ましい一方で、要求金額がこれからの一五年で米国母教会から供給されることは不可能である。もっとも賢明な方法は、全体としての計画の認可を表明し、計画のどの部分が、財政的な実行支援を米国母教会に期待できるかを決めて提示することである。設備にかんしては、講堂と本館校舎の両翼の完成は実質的な二項目である。また増収の準備も必要である。ライフスナイダーは増収目的で米国諸財団からの巨額資金贈与に希望をもっているが、わたし個人としてはその可能性は疑わしいように思う。もしこの寄付基金が実現すれば、これ以上教務院に年度予算を申請する必要はなくなり、外国人教授の給与もその基金収入から拠出できるというライフスナイダーの考えは理解できる。うたがいなく、立教の基金構築は、それが日本人の手に譲渡されることが必要なときに重要なものである。一方、遠山学長と他の教授たちとの会談によれば、現収入に追加の一万円があれば、現在あきらかな欠陥を改善することが可能である。これはもちろん、一五年計画で提案されている線での将来の大学発展のためにはじゅうぶんではないが、基金構築はおそらく長期間かかり、早急な増収の必要性から、教務院はいかにして立教の収入に追加の一万円が供給されるかという問題を考慮すべきことを勧告する（HSGT, REPORT, 1937）。

タッカー勧告は、緊要な事項から順次にライフスナイダーに募金運動を米国で開始することを裁可し、立教の年額一定増収方法を母教会は考慮して、将来基金が構築されて自立するまで、キリスト教大学としての立教を米国聖公会が支援する方針を再確認したのであった。これは、変化する状況に支援の削減と最終的停止を勧告した外国伝道信徒調査団の評価委員会による報告書『伝道再考』とは対照的に、既存の諸機関の改善をもとめた国際宣教協議会の教育調査団による報告書が、日本の教会建設における本質的なエージェントとして最終的に日本のミッションスクールの存続をみとめ[34]、キリスト教大学設立の意義をみとめた方向性に、タッカーが同調したことを意味する。国際宣教協議会の調査団派遣当初は警戒していた米国聖公会のスタンスは、こうして反転した。だが、立教の母教会がめざしたものは、教育調査団の推奨する在日諸派連立のキリスト教大学ではなく、米国聖公会単独のキリスト教大学であった。

四　母教会の後援と学院日本人首脳の不軌

1　タッカー指導下の米国聖公会

タッカーが一九三七年秋の米国聖公会総会でペリー総裁主教の後継者に選出されたことで、タッカー勧告は米国聖公会の指針となった。一九三四年の前回総会では、帰属の教区管轄任務も果たす総裁主教が、伝道推進の責を負う教務院長も兼務するというそれまでの体制を変更して、教務院長職を総裁主教の職務から分離したが、一九三七年の総会は、ふたたび総裁主教は教務院長を兼務するものとして、母教会は伝道を主眼とする組織に再改変された。また、総裁主教の任期を六八歳後の総会(秋)につづく元旦までとして定年を延長したことで、一八七四年生まれの六三歳のタッカーは、六八歳になる一九四二年の後の総会(一九四三年秋)につづく元旦までという二期六年の任期が確定した(*SM*, 1937, November, pp.519-520)。これは、緊迫する国際情勢における多難な米国聖公会の命運をタッカーに託す措置であったが、一九四三年の総会ではさらに定年を七二歳にまで再度引き延ばしてまでタッカーを三選している(*FORTH*, 1943, September, p.19: *FORTH*, 1946, September, p.12)。一九四六年の総会にいたるまで戦前・戦中・戦後のもっとも危機的状況下の九年間、タッカーは米国聖公会を統率したのであった。

一九三〇年から一九三七年までの八年間を、日本を開国させたペリーの子孫が総裁主教となり、一九三七年から一九四六年までの九年間を、立教大学長と京都伝道主教をつとめ日本伝道に四半世紀を捧げたタッカーが総裁主教であったことは、一五年戦争下、米国聖公会が親日派の指導下にあったことを意味している。これは、極東アジアへの侵略戦争と太平洋戦争を展開した日本におけるキリスト教教育機関である立教にとっては幸運であった。

日中戦争直後の一九三七年一〇月五日、カンタベリー大主教は英国のアルバート・ホールで敢行された反日抗議集会で議長をつとめた。一〇月一日には日本聖公会教務院が大主教に抗議集会参加中止をもとめる電報を打ち、駐日英国大使も事前に同様の電報を打っていたが、大主教は決行したのである。日本聖公会教務院は一〇月二日から六日まで連日、特高警察や憲兵から教務院事務所で尋問されるなど、事実上厳しい監視下におかれたように、日本の教会はこの件以降、日本の官憲による弾圧の危機に瀕したのである。北東京伝道教区主教ライフスナイダーと米国人常置委員会は一〇月九日、カンタベリー大主教による対日批判の行動は日本の教会に悪影響と損害をもたらしているとして、伝道部主事ウッドに一〇月開催の米国聖公会総会に反日声明の自制をもとめるよう要請する電報を打った（Postal Telegraph to JWW,10/9/1937, 125）。さらに一八日付ウッド宛ライフスナイダー書簡では、一九一八年に米国聖公会が米国政府の主張に同調したように、今回日本聖公会は日本政府の主張に同調しているとして、教会内の日本人による排外主義の兆候があるとの京都伝道教区米国人常置委員長J・J・チャップマン（James Jeffries Chapman）による情報をしめしながら、米国大統領がシカゴでの演説で、また米国務省が声明で、日本を「侵略者」と宣言したことは不適切であり、教会は政治論争に参加すべきではないとの自分の個人的見解を表明した（CSR to JWW, 10/18/1937, 125）。

ウッドは日本からの電報を受信した同日、ペリー総裁主教とフィリップ・クック（Philip Cook）教務院長に電報の内容を発信し[35]、ペリーの後任としてタッカーを総裁主教に選出した一〇月の米国聖公会総会は、日本への抗議や非難を公言せず、中国救済に尽力するという声明を発するにとどまった（*SM*, 1937, November, pp.515-518）。これは、翌一九三八年に米国メソジスト教会の伝道局年会が日本の中国への軍事侵攻を非難し、一九三九年にも日本に戦争終結をもとめる表明をした[36]動向とは対照的であった。

知日派の総裁主教タッカーの貢献は二つあるといえよう。一つは国際危機への対処として、日中戦争後、国際連盟をはじめ米国政府や英国教会要人が日本の軍事侵攻非難を連呼するなか、タッカーは自身が総裁主教となった一九三七年の米国聖公会総会以降、日本非難の公言を避ける方針を同教会に定着させたこと。これにより、戦時下非常事態にスパイの温床としてマークされた日本における教会、学校、病院など在日米国ミッションの伝道事業と日本聖公会を迫害の嵐から救うことになった。それとともに、日本聖公会内の排外主義の展開を抑制することに留意しつつ、米国信徒による軍事国家日本への道義上の不信感が日本人キリスト者と混同視されないように米国母教会の総意を創出したことである。

もう一つは、つぎのことである。米国聖公会教務院長クックは、当代の国際情勢を考慮し諸教派の外国伝道事業の東洋からの撤退方針を勧告した『伝道再考』への対応として、初期に伝道事業として有効であった学校や病院のような諸機関への予算をわずかな例外を除いて廃止し、排他的に福音伝道に集中するとの方針転換を一九三六年の外国伝道年次報告で表明していた（*N.C.REPORT*, 1936, pp.10-11）。しかし、タッカーを総裁主教に選出した一九三七年の米国聖公会総会の閉幕に発表された諸主教による全信徒への牧会書簡では、伝道と社会奉仕とキリスト教教育という教会の三重計画のなかでも、とくに社会道徳を教える一定の教育が強調されるべきであること、そのためには教育責任をもつ全機関の協力をもとめる必要があり、キリスト教原則の基礎を強調する教会にとって大学や学校は有益であることをつよく主張したのである（*SM*, 1937, November, pp.517-518）。一九三七年の総会は、教育分野から教会は撤退すべきとの内外の思潮を退け、キリスト教教育を前進させる方針を固めたが、これは、タッカーが前記の立教大学にかんする報告書で勧告していた内容と合致する方針だったのである。立教はこれによって延命したといっても過言ではない。

2　立教学院拡張計画と諸派連立大学構想の顛末

とはいえ、母教会が債務緊縮財政に苦慮するなかで中国の戦災救済が急務な米国からは、日本の教育機関への巨額支援は困難であった。すでに立教学院拡張計画原案の時点で最緊要であった大学予科校舎建設は、日本人の維持会の寄付で着工可能となっていたため、一九三七年におけるつぎの優先課題は講堂（一九三六年に死去した「マキム監督記念講堂」）のための募金であったが、これは実現しなかった。実現したのは、当代日本最初のアメリカ研究所の開設であった[37]。一九三九年四月のウッド宛書簡でライフスナイダーは、マキム記念講堂に先がけてすすめている米国の歴史・文化研究の図書館の計画に、立教内外の日本と外国の要人が関心をしめし後援を約束していることを報告している（CSR to JWW, 4/19/1939, 125）。そして、翌一九四〇年三月の第三三回理事会では、その図書館を米国文化研究のため発展させることとなり[38]、同年五月には維持会（大学維持会に改組）によるその後一年間の寄金募集を、研究室と米国文化研究所のためにあてることとして[39]、アメリカ研究所が設立されたのである。拡張一五年計画には、原案にも第二案にも、寄付基金の項目に、米国史・米国哲学・米国文学の諸講座と図書館が挙げられていたが、ライフスナイダーは母教会への一九三九年度の年報で、このアメリカ研究所を拡張一五年計画の要点の一つとして位置づけている（CSR, Annual Report for 1939, 2/15/1940, 125）。

他方、日本における第二次男子連立キリスト教大学設立運動は、一九三六年になると、連立大学ではなく既存のキリスト教大学のうえに協同の大学院または研究所のような機関を設立する案と、単科大学設立案の二案に路線変更され、一九三八年に前者の案を推進することになった。これは、その後既存のキリスト教大学に影響をあたえないというキリスト教学術研究所案に凝縮されたが、結局、実現しなかった（大西論文、六一〜六二頁）。そして戦時体制がすすむ一九三九年、第二次連立大学設立運動は終結する。対照的に立教は、連立大学設立運動が断念された後、一五年計画の一環として位置づけ一九三九年から展開していたアメリカ研究所を設立したのであった。

3　米国聖公会の支援と立教学院のキリスト教離反

エドワード・ガントレット(George Edward Luckman Gauntlett)は、もし日本が過ちを犯しているなら、これまで以上に日本は米国信徒からの助けを必要としているとして、米国信徒は「怒りを抑え、日本人が正義を学ぶように光を送ってほしい。どうか全ミッションと日本の教会に蔓延している苦難を覚え、日本で伝道事業のために奮闘しているスタッフが、その自己犠牲のはたらきを継続できるようにしてほしい」と支援を米国に訴える一九三九年七月四日付声明を米国の各英字紙に送付した。ライフスナイダーは一九三九年七月のウッド宛書簡でその声明を同封して、より多額の資金と人材の贈与が現状下の日本ミッションに必要であることに同意するとして、母教会に理解をもとめた(CSR to JWW, 7/8/1939, 125)。こうした日本からの声に呼応するかのように、その後の財政難にもかかわらず、一九三八年度の日本への支出額が在日北米諸ミッションのなかで最多額であった米国聖公会は[40]、立教学院日本人関係者がもとめる要望になんとか応えていった。

立教中学校拡張の計画は、立教大学の場合と相違して、一九三二年の国際教育調査団の報告書や外国伝道信徒調査団の『伝道再考』への対応というよりも、戦時下新体制への即応として展開された。それは、一九四〇年九月の基督教々育同盟会による、外国教会からの補助を受けずに経済的に独立することという「新体制下キリスト教関係諸学校」の申し合わせ[41]を意識したものであった。一九四〇年五月、立教中学校は五年後に経済的独立を実現するために立教中学校拡張後援会を組織し[42]、同年一〇月に立教学院理事会はライフスナイダーに、中学校の経済的独立のための生徒の増加にともなう教室増築が必要であるため、後援会が募金した二万五〇〇〇円にくわえて、ミッションが保管する立教中学校寄宿舎建築費二万三五〇〇円の使用許可を母教会と交渉するようにもとめた[43]。これに対し、翌一九四一年七月、寄宿舎建築費二万五〇〇〇円を教室増築に転用することを、立教学院理事会が三年間に同額を立教学院基金としてくわえることを条件に米国聖公会教務院が許可したと、ライフスナイダーは理事会に報告し、中学校教室増築が着工された[44]。これに先立つ一九四一年二月一九日の理事会では、一九四一年度分の中学校へのミッション補助金を米国聖公会教務院が四月一日以前に支払うことに賛成する電報が報告されている[45]。「新体制下キリスト教関係諸学校」の申し合わせにもかかわらず、在日外国人資産の凍結間際まで立教中学校では母教会からの資金援助がおこなわれていたのである[46]。明治学院が一九四〇年一一月二九日の第八七回理事会で、一九四一年度から独立予算の編成を決意して、母教会ミッションの経常費補助と校舎その他の施設拡充経費を辞退したのとは対照的であった[47]。

一九四〇年一〇月四日の第三五回理事会において理事長を退任したライフスナイダーは、在日本エピスコパル宣教師社団管理下にある立教学院が現在使用している土地・建物全部を、財団法人立教学院に譲渡する用意があることを表明した[48]。この意志表示に対し、一九四〇年一一月五日の第三六回理事会では、松井米太郎理事長が委ねられた責任を果たすため、立教学院創立者の理想を銘記し、キリスト教的精神を保持して、神と国のために協力することを誓う「誓詞」を提案し、それを朗読したのち、日本人理事は全員起立してその誓書に自筆署名した[49]。この不動産移譲も、一九四〇年秋の米国聖公会総会でみとめられた方針であった[50]。

さらに一九四一年二月一九日の第三七回理事会で、ライフスナイダーから不動産すべての無償寄贈を申告された理事会は、感謝をもって寄付受納を表明している[51]。けれども、そのおなじ理事会は、「財団法人立教学院寄附行為」を変更して、理事長は米国聖公会派遣の北東京地方部主教との文言を削除して理事からの互選と変更し、また、米国聖公会教務院の承認の文言を削除して理事全員の四分の三での承認とし、さらに、財団法人解散後の残余財産処分も米国聖公会教務院承認の文言を削除して理事全員の四分の三での承認として、立教学院における外国ミッションの影響力を一掃したのであった。

そして、一九四一年の国外退去により外国人首脳および教員が立教学院から姿を消すと、ミッション母教会の関与を排除した「寄附行為」をもつ邦人化した理事会は、一九四二年九月二九日、立教大学「学則」第一条においてキリスト教主義にもとづく人格の陶冶との文言を削除し、「財団法人立教学院寄附行為」第二条においても、教育の目的である「基督教主義」という言葉を削除し「皇国ノ道」に変更して[52]、キリスト教主義による教育を放棄した[53]。学院チャペルも閉鎖された。立教学院日本人理事によるキリスト教的精神の保持という自発的な「誓詞」は、こうして忘却されたのである。

太平洋戦争勃発後、中国のほとんどのキリスト教大学が一時避難として四川省や雲南省などの非占領地に移転するなか、日本占領下の上海に唯一とどまった米国聖公会経営の聖約翰大学[54]では、一九四三年二月の米国人教員退去後も、中国人理事長に招聘された日本人教員によって、大学におけるキリスト教主義は守られていった。日本の右翼と軍部からの圧力の防壁となった聖約翰大学の日本人教員の一人は、一九三九年まで日本で第二次連立男子キリスト教大学設立運動を主導していた田川大吉郎であった[55]。

傷病者と難民で溢れる戦禍の中国にとって、キリスト教は希望であった[56]が、皇国主義と排外主義に浸潤した戦時下日本のミッション・スクールにおいては、キリスト教は「敵性宗教」として負い目となったのである。

おわりに

一九三二年刊行の外国伝道信徒調査団の報告書『伝道再考』が勧告したようなミッション・スクールへの支援の削減、停止、経営撤退方針とは決別して、同年刊行の国際宣教協議会の遣日教育調査団報告書が結論として推奨したような、伝道を促進させる枢要な機関として再認定したキリスト教大学の発展のために、財政難の米国聖公会は中国ミッションの戦災救援を抱えながらも、一九三七年に立教大学の支援を決断した。二調査団の派遣について、派遣まえに米国聖公会が抱いた前者への協力姿勢と後者への警戒感は、こうして報告書刊行後に逆転した。そして、母教会は一九三七年のタッカーの総裁主教着任と同時に、教育分野からの撤退を教会にうながす内外の思潮を退けたのである。だが、それは教育調査団が推奨する日本の連立キリスト教大学設立運動への参加志向ではなく、首都で唯一の大学令にもとづくキリスト教（プロテスタント）大学である立教大学への単独支援であった。中国の文華大学のように武昌の連立大学である華中大学に吸収される事例を好まない米国聖公会は、上海の聖約翰大学のように、東京の立教大学にも独自路線を望んだのである。それは立教日本人首脳による連立大学構想への共感をも認容しない母教会の方針であった。

一九三二年の二つの調査団の厳しい分析と勧告により、現状維持路線の上海の聖約翰大学とは対照的に、二流か一流かの岐路に立たされているとして動揺するライフスナイダーを中核とする立教学院首脳が立案したのが、立教学院単独の拡張一五年計画である。これは、教会から教育事業の撤退を勧告する米国超教派信徒調査団と、その対応を迫られていた母教会である米国聖公会に対して、立教学院がみずからの存続をかけた決死のアピールであった。母教会への巨額資金拠出を要請する一九三三年の拡張一五年計画原案に対し、翌一九三四年に財政難を理由に拒否反応をしめしていた米国聖公会は、一九三七年になると立教を視察した知日派タッカーの判断にもとづき、原案の倍額提示の拡張計画第二案を全体としては容認した。けれども、一九三三年以降の経費二割カットおよび全宣教師と全内外スタッフの給与一割削減を必要とする巨額債務超過がつづく米国聖公会の戦時下緊縮財政においては、立教へは最小限額の増収努力と、計画案事項から最緊要な順に米国での募金活動を裁可するのが限度であった。一五年計画がまったく進展しないなか、唯一実現したのが、当初は計画案に具体化されていなかったアメリカ研究所の設立である。これはキリスト教学術研究所案に縮小化された、日本基督教連盟と基督教々育同盟会による連立キリスト教大学設立運動の終結とは対照的に、立教が誇示する成果となった。

単独路線をつらぬく米国聖公会は、一五年戦争下アジア諸国を侵略する日本批判を公言せず、資金援助と資産譲渡により立教外国人首脳の国外退去直前まで財団法人立教学院を後援しつづけたが、外国人首脳が去った太平洋戦時下の一九四二年、立教大学は日本人首脳によってキリスト教主義を駆逐した。それは、一九四三年の外国人退去後も上海でキリスト教を護持した米国聖公会の聖約翰大学とは対極の所為であり、大学令にもとづく日本のキリスト教大学のなかでも、母教会に背反した唯一の所行であった。

こうして、ミッション・スクール立教は、一五年戦争下に母国アメリカ信徒によるキリスト教教育存廃論議をめぐる危機を、母教会のキリスト教教育堅持という決断によって克服した直後の太平洋戦争下、邦人化した理事会の排他的国粋主義志向によって、建学の精神と目的であるキリスト教をみずから消散するという痛恨の悲史を背負うことになったのである。

注

(1) キリスト教主義学校、キリスト教学校という呼称の変遷があるが、本章では、包括的な意味で使用する場合はミッション・スクールと表記し、中学校や専門学校など個別的に使用するときは当代の呼称であったキリスト教主義を、適宜語頭に付すことにする。

(2) 『日本の基督教々育に就いて』日本基督教連盟・基督教々育同盟会発行、教文館、一九三二年、九～一〇頁。以下、文中に書名、頁数を(『日本の基督教々育』pp.9-10)と略記。

(3) *CHRISTIAN EDUCATION IN JAPAN A Study BEING THE REPORT OF A COMMISSION ON CHRISTIAN EDUCATION IN JAPAN*, International Missionary Council, 1932.

(4) この英日報告書にかんする詳細な先行研究はなく、わずかに日本語版「第九章　日本に於ける基督教々育に就いての地位」におけるミッション・スクールの存在理由についての部分的紹介(『日本キリスト教教育史――思潮篇――』キリスト教学校教育同盟刊、創文社、一九九三年、三六五～三七二頁)と、男子連立キリスト教大学設立運動とのかかわりでの言及(大西晴樹「キリスト教大学設立運動と教育同盟」キリスト教学校教育同盟百年史編纂委員会編『キリスト教学校教育同盟百年史紀要』創刊号、キリスト教学校教育同盟発行、二〇〇三年）にとどまっている。

(5) John Wilson Wood（以下、JWW と略）to Charles S. Reifsnider（以下、CSR と略）, 23 December 1930, Record Group（以下、RG. と略）71, Japan Records（以下、JR と略）, Box 124, Archives of the Episcopal Church（以下、AEC と略）. 以下、文中に発・受信者、年月日、資料箱番号を（JWW to CSR, 12/23/1930, 124）と略記。

(6) 中国への国際教育調査は、米国諸派で構成する北米外国伝道会議（米国聖公会海外伝道部も所属）と英国伝道協会連盟の共同事業として、中国の教育問題全体とくにキリスト教教育を研究する目的で一九二一年晩夏から五か月間滞中し、報告書を刊行した。"Report of the Department of Missions and Church Extension For the Year Ending December 31, 1922", *REPORT OF THE NATIONAL COUNCIL OF THE PROTESTANT EPISCOPAL CHURCH IN THE USA*（以下、*N.C.REPORT*）, *1922*, Domestic and Foreign Missionary Society（以下、DFMS）of the Protestant Episcopal Church in the USA（以下、PECUSA）p.15. 以下、文中に資料名、発刊年、頁数を（*N.C.REPORT*, 1922, p.15）と略記。

(7) "Report of the Commission to China October, 1927—March, 1928", issued by the Department of Missions of the National Council, *N.C.REPORT 1928*, DFMS PECUSA, pp.19-25.

(8) *SPIRIT OF MISSIONS*（以下、*SM*）, 1930, September, p.576. 以下、文中に資料名、発刊年月、頁数を（*SM*, 1930, September, p.576）と略記。

(9) 渡辺祐子「田川大吉郎と中国――日本人キリスト者と日中戦争――」『人文研紀要』五一号、中央大学人文科学研究所、二〇〇四年、八七頁。一九三二年の外国伝道信徒調査団の報告書によると、他派のミッション・スクールは国民政府に学校登録をしているか、もしくはその途上で、最大勢力の学校（米国聖公会を暗示）は登録しておらず、国民政府の教育制度に認可されないことは問題であると指摘されている。*RE-THINKING MISSIONS A LAYMEN'S INQUIRY AFTER ONE HUNDRED YEARS*, The Commission of Appraisal, William Ernest Hocking Chairman, Harper & Brothers Publishers, 1932, pp.171-172. 以下、文中に書名、頁数を（*RE-THINKING*, pp.171-172）と略記。

(10) 一八九九年文部省は訓令第一二号を発して、官公立と文部省認可の私立学校における宗教教育と宗教儀式を禁止した。もし宗教教育を学内で継続すれば、文部省認可を返上した各種学校となり、帝国大学へ進学できる唯一の高等学校の受験資格や徴兵猶予などの特典を失うため、当初日本の諸ミッション・スクールは一斉に反発した。一九三五年になると、文部省は次官通牒「宗教的情操ノ涵養ニ関スル留意事項」を発して、訓令一二号を緩和している。

(11) Norman S. Binsted（以下、NSB) to JWW, 14 February 1930, RG.71,JR, Box 163, AEC. 以下、文中に(NSB to JWW, 2/14/1930, 163)と略記。

(12) 第一次男子連合キリスト教大学設立運動は、一九〇九（明治四二）年のプロテスタント「開教五十年記念会」と翌年のエディンバラ世界宣教会議において提議した明治学院総理の井深梶之助によって主導され、一九一五（大正四）年ころに終息。第二次設立運動は、翌一九一六（大正五）年から米国の海外伝道機関の諸代表の決議に鼓舞された駐日宣教師連盟によってその意欲が継続され、一九二八（昭和三）年のモット来日を機に、日本側は明治学院総理・基督教々育同盟会理事長の田川大吉郎によって一九三九（昭和一四）年まで積極的に推進された。第一次運動は松川成夫「第二篇　大正期」（前掲『日本キリスト教教育史——思潮篇——』二四六～二五二頁）が考察し、前掲・大西「キリスト教大学設立運動と教育同盟」は、第一次と第二次運動に論究している。

(13) 武昌における米国聖公会の文華大学（旧・文華書院。Boone College, Wuchang）は、一九二四年にロンドン伝道協会ウエスレアン・メソジスト教会の博文書院（Griffith John College）と合併して華中大学となり、一九二六年にはニューヘイヴン・イエール海外伝道協会の雅礼大学（Yale College）と米国改革教会の湖浜書院（Lakesides College）がくわわり四派連立大学となったが、沿革によるとその中核は米国聖公会の文華大学であった。上海の聖約翰大学（St. John's University, Shanghai）については、中国人名年鑑の統計として、記載者九六〇人中六二〇人が大学在籍者で、六二〇人中二〇一人がキリスト教大学出身、その二〇一人中六一人が米国聖公会経営の上海聖約翰大学出身とあり、キリスト教大学出身者の三分の一ちかく、また大学在籍者の一〇分の一を、聖約翰大学が単独で輩出している（*SM*, 1933, June, p.355）。

(14) 井深梶之助とその時代刊行委員会編『井深梶之助とその時代』第三巻、明治学院、一九七一年、一八九～一九〇頁。

(15) 秋山繁雄編『井深梶之助書簡集』（新教出版社、一九九七年）一七九～一八〇頁。

(16) *RE-THINKING MISSIONS* op.cit., pp.ix-xv: *SM*,1932, December, p.742.

(17) 海老澤亮訳『伝道方針の再吟味』日本基督教連盟発行、一九三二年。

(18) 英米キリスト教史家のステファン・ニールやヤロスラヴ・ペリカンは、この報告書の重要性と意義を明示している。ニールは、他宗教との共生・協働が現代のキリスト教の課題と主張するこの衝撃の報告書に言及し（Stephen Neill, *A HISTORY OF CHRISTIAN MISSIONS*, 1st edition,1964, revised edition,1986, Penguin Books,pp.418-419）、ペリカンは、キリスト教の土着化をふまえ他宗教の真理を公認するという点で、この報告書は一九六二～六五年の第二回ヴァチカン公会議の前史にあたるとの位置づけをしている（Jaroslav

Pelikan, *JESUS THROUGH THE CENTURIES His Place in the History of Culture*, Yale University Press, 1985, pp.229-231. 小田垣雅也訳『文化史の中のイエス——世紀を通じての彼の位置——』新地書房、一九九一年、三〇〇〜三〇三頁)。

(19) JWW to CSR /Shirley Hall Nichols（以下、SHN）/NSB, 17 October 1930, RG.71, JR, Box 124, 148, 163, AEC.

(20) John Mckim（以下、JM）to G. Warfield Mobbs, editor of SM, 20 April 1933, RG.71, JR, Box 117, AEC. 以下、文中に（JM to GWM, 8/20/1933, 117）と略記。

(21) 「財団法人立教学院第七回理事会記録」一九三三年八月二日。Henry St. George Tucker（以下、HSGT）, "REPORT ON ST.PAUL'S UNIVERSITY IN TOKYO", 28 June 1937, RG.79, 1934-1947, AEC. 以下、文中に（HSGT, REPROT, 1937）と略記。

(22) 「財団法人立教学院第七回理事会記録」一九三三年八月二日。

(23) 「財団法人立教学院第八回理事会記録」一九三四年一月二四日。

(24) "WHY ST.PAUL'S UNIVERSITY (RIKKYO GAKUIN) NEEDS ¥6,150,000.", RG 79, 1922-1933, AEC.

(25) "WHY ST.PAUL'S UNIVERSITY FOUNDATION NEEDS YEN 12,535,450 (Rikkyo Gakuin, Tokyo, Japan)", RG79, 1934-1947, AEC.

(26) 「財団法人立教学院第二十回理事会記録」一九三六年一一月六日。

(27) "WHY ST.PAUL'S UNIVERSITY (RIKKYO GAKUIN) NEEDS ¥6,150,000.", op.cit.

(28) JWW to HSGT, 8 September 1934; JWW to B. Shigeharu Kimura（以下、BSK）, 8 September 1934, RG.79, 1934-1947, AEC. 以下、文中に（JWW to HSGT/BSK, 9/8/1934, RG.79, 1934-47）と略記。

(29) BSK/ Shigeo Kojima/ W. E. Kan/ Takaharu Takamatsu to CSR, 21 July 1934, RG.79, 1934-1947, AEC.

(30) 米国聖公会総裁主教ペリーは一九三三年二月の教務院会議後、四か月におよぶフィリピン、中国、日本の東洋視察を敢行した。ペリーは、一八五三年に黒船を率いて来航し日本を開国させたM・C・ペリー提督の子孫であったため、訪日にさいしては、ペリー提督がかつて浦賀上陸後、最初に公式に応接した浦賀奉行の戸田伊豆守氏栄の子孫との浦賀の久里浜での会見や、皇居での天皇謁見などを、日本の新聞各紙が報道し、日本ではその動向が注目された。日本をふくむペリーの東洋歴訪は、米国でも *SM* 一九三三年七月・八月号で連続特集されている（*SM*, 1933, July, pp.371-375, August, pp.418-425）。

(31) 教務院財務報告では海外領土を国内伝道としているが、一九三一年度以降の教務院外国伝道報告では外国伝道にふくめている。

(32) *FORTH*, 1942, July, p.28, August, pp.10-11. 以下、文中に（*FORTH*, 1942, July, p.28, August, pp.10-11）と略記。

(33) "WHY ST.PAUL'S UNIVERSITY FOUNDATION NEEDS YEN 12,535,450 (Rikkyo Gakuin, Tokyo, Japan)", op.cit..

(34) 遣日国際教育調査団の報告書は、日本におけるキリスト教学校の存在理由として、伝道機関、キリスト教扶植機関、人格建設機関、キリスト教指導者養成機関、教育機関の五点を挙げている（前掲『日本の基督教々育』一八五～二〇三頁）。

(35) JWW to James DeWolf Perry/ Philip Cook, 9 October 1937, RG.71, JR, Box 125, AEC.

(36) J. Tremayne Copplestone, *HISTORY OF METHODIST MISSIONS,vol.IV, Twentieth-Century Perspectives (The Methodist Episcopal Church, 1896-1939)*, The United Methodist Church, 1973, pp.1202-1204.

(37) アメリカ研究所については、本書第二部第七章の永井均「アメリカ研究所と戦争」を参照。

(38) 「財団法人立教学院第三十三回理事会記録」一九四〇年三月二六日。

(39) 「財団法人立教学院第三十四回理事会記録」一九四〇年五月七日。

(40) Income and Expenditures of Boards and Societies for the year ending 1938, *The Foreign Mission Conference of North America Report of the 47th Annual Session 1940*, pp.138-139.

(41) 安部義宗編『日本におけるキリスト教教育の現状』基督教学校教育同盟、一九六一年、二〇頁。

(42) 「財団法人立教学院第三十四回理事会記録」一九四〇年五月七日。

(43) 「財団法人立教学院第三十五回理事会記録」一九四〇年一〇月四日。

(44) 「財団法人立教学院第四拾壱《じゅういち》回理事会記録」一九四一年七月一〇日。

(45) 「財団法人立教学院第三十七回理事会記録」一九四一年二月一九日。

(46) 立教中学校については、本書第三部第八章の安達宏昭「戦争動員体制と立教中学校」を参照。

(47) 『明治学院百年史』明治学院、一九七七年、三七三～三七四頁。関西学院も一九四一年度以降の予算をミッション援助金に依存していない（関西学院百年史編纂事業委員会編『関西学院百年史』通史編Ⅰ、関西学院、一九九七年、四六六～四六七頁）。

(48) 「財団法人立教学院第三十五回理事会記録」一九四〇年一〇月四日。

(49) 「財団法人立教学院第三十六回理事会記録」一九四〇年一一月五日。

(50) *JOURNAL OF GENERAL CONVENTION*, 1940, p.445. 米国母教会の総会決議における日本人関係機関への資産譲渡認可の条件は、学校や大学などにおけるキリスト教の護持であったが、この条件がライフスナイダーによって、立教学院日本人理事たちに明確に伝えられたかどうかは、理事会記録には記されておらず不明である。

(51)「財団法人立教学院第三十七回理事会記録」一九四一年二月一九日。

(52)「財団法人立教学院第五十四回理事会記録」一九四二年九月二九日。

(53)キリスト教主義による教育の放棄については以下を参照。本書第二部第四章の大島宏「『基督教主義ニヨル教育』から『皇国ノ道ニヨル教育』へ」、および第三部第一二章の永井均・豊田雅幸「立教学院関係者の出征と戦没」。

(54)前掲・渡辺「田川大吉郎と中国」八七頁。

(55)池田鮮『曇り日の空　上海日本人ＹＭＣＡ40年史』(教文館、一九九五年)二九二、四七四頁。前掲・渡辺「田川大吉郎と中国」八六〜八八頁。

(56)欧米宣教師は中国民間人からもっとも信頼を得ていた(田川大吉郎『基督教学校を開放して中華留学生を歓迎するの議』一九四一年、一一〜一二頁)。この田川の文書は、『特高資料による戦時下のキリスト教運動Ⅱ』(同志社大学人文科学研究所編、新教出版社、一九七二年、二九〜三一頁)に「要注意著作物の頒布」として部分収録されている(前掲・渡辺「田川大吉郎と中国」八一〜八二頁)。戦時下京都学派の極秘会合における「支那問題検討会」(木村素衞教授満支旅行報告)においても、「キリスト教宣教師が支那民衆の間で非常に大きな信頼を有してゐる事も注意に値する」と言及されている(「大島(康正)メモ」第一類——一一、第一一回会合、一九四二年一二月九日、大橋良介『京都学派と日本海軍』ＰＨＰ研究所、二〇〇一年、二五八頁)。

第二章　日本聖公会の教会合同問題
——合同派の聖公会離反と立教首脳——

大江　満

はじめに

戦時非常事態の国家統制による大同団結は、経済界における企業の整備統合だけでなく、教派神道、仏教、キリスト教が宗派（教派）合同を要請されるなど宗教界にもおよんだ。

キリスト教の教会合同運動は、一九世紀後半に日本のプロテスタント教会が設立されて以来の潮流、および二〇世紀からの世界教会運動という国内外の教会再一致への内発志向と、一九三九年の宗教団体法成立とその後の文部省対応による外圧が、先行研究によって指摘されている。だが[1]、教会合同をうながした要因はこの二つだけではない。

教会合同情勢が「急転化」したのは「皇紀二千六百年」にあたる一九四〇年夏であった。六月一二日に文部省が宗教団体法にもとづく教団設立認可基準を教会数五〇以上、信徒数五〇〇〇以上と内示[2]、七月末日には東京憲兵隊が救世軍幹部をスパイ容疑で拘引し、ロンドン万営本部を離脱するようにうながす行政指導をした。この外圧を契機に、日本人キリスト教指導者は八月に時局に関する懇談会を二度開き、諸派・諸団体の外国ミッションとの関係廃止と経済的自給を申し合わせた。また、九月二日の各派各団体各学校代表者協議会では、日本の教会はミッションとの財的関係を断ち、自給独立の決意をすることを表明している。そして、一〇月一七日の「皇紀二千六百年奉祝全国基督教信徒大会」で諸教派の合同の決意表明と教派合同準備委員会の設置を申し合わせたのである（11/26-27/1940『第十八回日本基督教連盟総会報告』『教団史資料集』pp.274-276）。先行研究が留意しないもう一つの教会合同の内発要因が、この外国ミッションからの独立願望であった。これは、程度と関係の差こそあるものの、諸教派、諸学校、また超教派機関である日本基督教連盟でさえ、この時期においてもなお、外国機関からの人的・財的支援に依存していたからである。日本のキリスト教界悲願の外国ミッションからの解放が、この合同気運の機に託されたのであった。

外国からも土着化と自立をうながす動向があった日本の教会の独立志向が、一九三七年の日中戦争以降の高まる外圧によって国家主義に浸潤し変質していくなか、日本聖公会は親英米教派として排外主義の標的となり、自給自治志向はあってもプロテスタント他派のように自給と教会合同が連動しなかった。本章では、太平洋戦時下に合同の是非をめぐり分裂した日本聖公会の合同問題について概論する。

一　土着化と自給自治による独立提唱

1　外国伝道信徒調査団報告書と聖公会系ミッション

米国諸教派海外伝道機関に東洋伝道の再考をもとめる一九三二年刊行の米国信徒調査団報告書 *RE-THINKING MISSIONS*（以下、『伝道再考』）(3)は、極東アジア諸国民にとって、かつてのような宣教師の価値は減退しており、外国伝道はその任務を終えたのではないかと問う、海外伝道関係者にとっては衝撃の内容であった。この報告書は、インド、中国、日本の東洋伝道の現状解析にもとづき、諸ミッションは分派主義と教派競合を避け協働すること、現地人教会はできるだけ早急に調整して独立し自給すること、土着の教会の準備のために外国資金減額を短期間設定し、指定期間の終わりには教会と関係者への資金援助の方針を停止することなどを勧告した(4)。

米国聖公会外国伝道部主事J・W・ウッド(John Wilson Wood)は、『伝道再考』について賛否の論点をそれぞれ指摘したが、自給自治自伝の発展の重要性と、できるだけ早急に伝道組織の管理と拡張の責任を現地人に移管する二点には賛意を表明した(5)。米国聖公会在日東北伝道主教N・S・ビンステッド(Norman Spencer Binsted)も、日本人指導者を生み出すことに失敗しているとの調査団の指摘は正当であると認めている(6)。

日本聖公会所属の日本人管轄主教区は二つのみで(東京、大阪)、他の八地方部は依然として英、米、カナダのミッション派遣の外国人主教に管轄権があり、八地方部の外国人主教と二教区の日本人主教で構成する日本聖公会主教会の議長は外国人(一九三三年一〇月まで米国人主教ジョン・マキム(John Mckim)。後任に英国人主教サミュエル・ヘーズレット(Samuel Heaslett)を指名)であり、財政面だけでなく、人的・組織的にも日本聖公会の外国ミッションへの依存度は高く、実質的に独立しているとは言えなかった。外国ミッションが土着化と独立の理念は認めても、現地においてその実現は遠かったのである(7)。

一九三二年一〇月、カナダ聖公会伝道協会は、日本聖公会と中華聖公会の管轄地方部の後任主教に、カナダ人主教でなく現地人主教(以下、日本聖公会の日本人主教は当時の呼称である「監督」と表記)を選任する意志を表明し(8)、三年後の一九三五年五月九日、日本聖公会は中部地方部監督に佐々木鎮次を選出、七月一五日に監督按手がおこなわれた(9)。マキムは佐々木鎮次を日本聖公会史上最高の人物と評している(NSB to JWW, 5/21/1935,164)。これは、外国ミッションからの一五年間の期限つき経済支援を受けた日本人監督の誕生であった(「主教会議事録」3/20/1934; 7/27/1935)。日本聖公会では、地理上隣接する六個以上の自給教会が日本人監督の経済支援を保証するという法規のさだめる条件を満たさなければ、管轄権をともなう日本人監督教区は設立されなかった。そのため(10)、この場合、日本人の独立教区ではなく外国ミッション管轄の地方部という位置づけではあったが、それでも、外国ミッションが現地人に管轄区を委任することは、世界の聖公会では初の試みであり、画期的な決断であった。

一九三五年四月の米国聖公会後援の北東京地方部独立計画でも、実現には四半世紀の歳月を要すると試算され[11]、カナダ聖公会後援の中部地方部日本人監督資金が一五年を要するとされたほど、日本聖公会地方部の外国ミッションへの経済依存度は高かったのである。

2　典礼問題と神社参拝――迫害への対応と土着化の国家主義化――

ローマ・カトリック教会の中国土着化方針は、一六〇一年のイエズス会士マテーオ・リッチ（Matteo Ricci）による北京布教を嚆矢とする典礼問題として顕現、一七世紀から一世紀のあいだ容認と禁止で変転したのち、ローマ教皇によって二世紀半近く宣教師の現地適応・土着化方針は禁止されてきた。一九三五年になると、先祖伝来の伝統の尊重と祖国への忠誠を意味する孔子崇敬の儀式への参加は解禁される。それは、満州国政府による公的な孔子崇敬の導入とその義務化に対応するため、布教聖省から問題検討を指示された現地宣教師によって、儀式が宗教的性格をもつものではないとの政府声明をふまえ、信徒の儀式参加容認が表明され、一九三六年ローマがそれを承認したことによる。これは一九三九年には中国全土に拡げられた。

日本の神社参拝問題はより繊細な問題であったが、一九三六年五月二六日、布教聖省がみずから厳密な宗教性がないことを条件に日本の愛国的式典参加を認める決定をした[12]。こうした土着化容認はあきらかに、国粋化した現地政府の迫害から現地信徒を擁護する意図にもとづく措置であった[13]。一九三二年五月の上智大学生の靖国神社参拝拒否に対して、日本政府は翌月の配属将校引揚通告など、カトリック系女学校、教会、修道院に圧迫をくわえており[14]、ホーリネスや美濃ミッションでも神社参拝拒否事件が生じていたからである。

一九三二年九月、カトリック東京大司教は文部大臣に、神社が宗教であるなら参拝は認められないとの文書を提出すると、神社参拝は教育上の理由にもとづくもので、要求される敬礼は愛国心と忠誠のあらわれであると、文部次官は回答した⒂。神社の宗教性については、政府が一九二九年一二月に内務省に神社制度調査会を置いたが、意見の一致をみず解散していたように、当初見解は明確にさだまらなかった。一九三〇年六月、キリスト教五五団体は同調査会に連署で進言書を提出し、神社が宗教であるかないかを明白にし、神社が宗教圏外であるなら崇敬の意義と対象をあきらかにして宗教的行為を廃止すること、宗教圏内ならば宗教行為を国民に強要しないこと、生徒参拝強制問題や神棚問題などを惹起しないこと、憲法の定める信教の自由を問題解決の基調とすることなどをもとめていた(6/15/1930『連盟時報』『教団史資料集』pp.177-178)。だが、一連の神社参拝拒否事件が発現したあとの一九三三年一一月になると、日本基督教連盟は総会で調査委員会の委員長田川大吉郎が、文部省の解釈に同意すべきものと信ずるという報告をし(11/14-15/1933『第十一回日本基督教連盟総会報告』pp.18-19、『教団史資料集』p.179)、神礼拝に抵触する宗教性がなければ、キリスト教界は神社参拝を容認する指向をとりはじめた。

日本聖公会では一九三一年七月、神戸地方部主教バジル・シンプソン(John Basil Simpson)が信徒と日本の慣習について主教会に質問し、引率されたミッション・スクール生徒による寺院・神社・墓地での拝礼可否、神棚・仏壇・位牌の断念良否、御札や新年のしめ縄の使用可否、先祖祭祀における崇拝祈祷の可否、お香など葬儀慣習の可否などの論議と判断をもとめていた⒃。けれども、主教会はこれらの儀式が厳重な意味で宗教的でなければ問題なしと判断したうえで、教理・組織・礼拝委員に徹底的研究を一任し(「主教会議事録」7/16/1931)、その後この問題についての新たな展開はみられなかった。

こうしてキリスト者の神社参拝問題は、政府強要拒否の次元からキリスト教界全体の容認姿勢へと転回し、日本のキリスト教の土着化は戦時下に国家主義色を濃くした。

3　排外主義の標的

国体明徴運動がはじまる一九三五年、一月九日の『読売新聞』は、「日本聖公会の祈祷書に不穏の章句発見」と報道した。一八九五（明治二八）年の発刊以来、数回の日本聖公会祈祷書改訂後もそのままであった祈祷書内の「主よ。我が天皇を救ひたまへ」への章句が、前年のクリスマス祝会で発覚し、「皇室の尊厳を冒涜する」大問題となったのである。このため、これを看過してきた検閲当局の内務省警保局図書課長は、削除もしくは改訂し、頒布されている現行祈祷書と交換するよう厳重警告を発した。日本聖公会教務院長の吉沢直江は、祈祷書の天皇は英国教会の祈祷書のキングの直訳であるが、不穏当であるなら、公式の機関にかけて削除か改訂をすると応対し（『読売新聞』1/9/1935）、現行祈祷書は該当箇所を赤線と赤文字で「我ら只管今上天皇の為に祈り奉る」と訂正され、一九三八年の第一九回日本聖公会総会はこれを同様に改訂した。

一九三六年八月、南東京地方部主教で日本聖公会監督会議長のヘーズレットは、駐日英国大使ロバート・クライヴ（Robert Clive）宛書簡で、宣教師の条約上の特権や権利が大幅に削減されており、伝道活動はもはや不可能で、撤退も避けられないところにまできていると嘆いた(17)。これに対し、クライヴは返信で、「要するに日本人は外国人宣教師と手を切りたいのだ。なるほど宣教師を無理やり追い出したりはしないだろうが、その生活を耐えがたいものにして、その結果」、宣教師が日本を離れざるを得なくなる、というのはじゅうぶんに考えられる。宣教師ができるのは、日本になんとか踏みとどまり、日本政府の態度の変化をまつことぐらいである、と英国外務省の見解を伝えている（アイオン論文、pp.330-331）。一五年戦争下、日本政府の排外主義を在日宣教師と外交官は肌で実感していた。

しかし、一五年戦争下の日本とアジアに対する西洋の世論が形成されるさいには、宣教師の見解が大きな影響をおよぼしている事実を、蒋介石の中国政府が理解したのに対し、日本政府は認識できなかった。このため、国際的なキリスト教社会は、アジアを侵略する全体主義的日本の立場にかんするかぎり、日本への支持を撤回してしまったのである（アイオン論文、p.331）。日米関係悪化一途の一九四〇年一一月、第一八回日本基督教連盟総会は日米問題考究委員会を設置し、遣米使節団一〇人を選び、一九四一年三月にその第一陣が出発して、日本の神社神道と合同教会の問題について米国教会関係者に事情を説明した。けれども、日米代表者会議は非公開で、内容も公表されず（『基督教世界』6/5/1941）、暴走する日本政府による同年末の太平洋戦争をまえにした日本人キリスト者の尽力は、時すでに遅かった。

ヘーズレット主教は、日本が米英に宣戦布告し太平洋戦争をひきおこした一九四一年一二月八日、逮捕され、翌一九四二年四月八日まで五か月間の獄中生活を送ったのち[18]、同年七月三〇日に捕虜交換船で帰英した。立教大学教授ポール・ラッシュ（Paul Frederick Rusch）も、一九四一年一二月九日に収容所に抑留され、翌年六月米国に強制送還されている。

4　日中戦争と国民精神総動員運動による土着化の変容

日本基督教連盟は一九三一年九月の満州事変を遺憾とし、翌年一月の上海事変にさいしては国際宣教協議会(International Missionary Council)に紛争の解決を訴えるようはたらきかける一方（『連盟時報』3/15/1932）、満州国建設を「和平解決の曙光」とし（4/15/1932「時局に関する進言」常議員会、『教団史資料集』p.180）、国際連盟脱退を「止むを得ざる」ものともみていた（11/15/1933「非常時局に対する声明書」第一一回連盟総会、『教団史資料集』p.180）。

一九三七年七月七日に日中戦争が勃発すると、文部省は一五日にキリスト教をはじめ各宗教団体や社会教化団体の代表者を招待し、国民精神作興にかんする合同懇談会を開催して、正しく時局を認識し教導するよう通達した。これにより、カトリック教会も政府声明に全幅の支持を表明し（『日本カトリック新聞』7/25/1937）、日本基督教連盟も政府声明にしたがい報国尽忠することを（7/22/1937「非常時局ニ関スル宣言」日本基督教連盟、8/15/1937『連盟時報』）、また早期から着手している皇軍慰問事業を継続することを表明した（11/24/1937「支那事変ニ関スル声明」第十五回日本基督教連盟総会、12/15/1937『連盟時報』）。連盟から皇軍慰問募金への参加を呼びかけられた日本聖公会はこれに共同することとし、連盟は東京教区監督松井米太郎を実行常議員に、稲垣陽一郎を実行委員に選挙した[19]。この二人は日本聖公会教会一致促進中央委員会の委員長と書記として、連盟主導の教会合同と折衝していた当事者でもあり、時局と教会合同の交錯が透けてみえる。日本聖公会でも各教区・地方部主教から、挙国一致、滅私奉公を奨励し、皇国のため、また平和回復のため祈祷すべきとの訓示が発せられた（『基督教週報』74巻24号、8/27/1937）。

さらに連盟加盟の教派・団体の指導者四五名は、連署で世界のキリスト教指導者に対して日本の中国参戦の正当性を弁明した（「世界各国ニ在ル基督教指導者ヘノ開書」、12/15/1937『連盟時報』『教団史資料集』pp.181-185）。日本聖公会の松井米太郎と村尾昇一もこれに名を連ねている。しかし、日本の中国侵略の正当性は世界のキリスト教指導者には理解できないものであった。日本聖公会および駐日英国大使らからの制止をふりきり、一九三七年一〇月、英国教会カンタベリー大主教が、日本軍による中国民間人への無差別爆撃に対するアルバート・ホールでの反日抗議集会で議長をつとめたのである。日本聖公会では監督会議長、教務院総裁、東京教区監督、同教区婦人伝道補助会、芝聖アンデレ英人教会会衆などからつぎつぎに大主教宛に抗議の電報が発信されたが、なかでも東京教区は杉浦貞二郎を座長とする信徒大会を開催、この問題を痛論し、満場一致で抗議の打電をして（『基督教週報』75巻6号、10/8/1937）、日本人独立教区である東京・大阪教区へ外国ミッション管轄の周辺地方部を合併して独立する案などを提唱したほどであった（CSR to JWW, 6/20/1938, 125）。松井米太郎は、大主教の行為は「英国の教会との関係終了」を意味するとまで言っている[20]。

他方、この問題で日本国内において反英感情の矢面に立たされた日本聖公会は、米英ミッションとの蜜月関係にあるキリスト教界のなかでも、とくに特高警察と憲兵隊からマークされ、世間からは疑惑の目でみられ、外来宗教であるキリスト教の日本における独立度が問われることになった。このため、多数の外国人主教が占める日本聖公会監督会と、その議長が外国人であることが教会外から問題とされたヘーズレット監督会議長は、表向きの理由は眼病治療のためとされたが、日本聖公会の総会議長、教務院総裁、監督会議長、出版社理事長、神学院理事長の五要職のうち、総会議長と教務院総裁の二つを日本人監督の名出保太郎に委譲することを余儀なくされている（「主教会議事録」12/22/1937）。その名出保太郎は一九三八年になると、大阪憲兵隊特高課長から天皇とキリスト教の関係など一三項目の諮問を受け答申を請求された[21]。

文部省は一九三七年一〇月一三日から一九日を「国民精神総動員強調週間」とさだめた。その実施要領と方法を指示した通牒を送付された各教派・団体はそれに即応し、日本聖公会でも通牒の複写を印刷し諸教会に送付した。そして「支那事変特別祈願式」を制定し（『基督教週報』75巻6号、10/8/1937）、一二月一日には日本聖公会国民精神総動員中央委員会が、派内各種団体の懇談会開催、ポスター作成、非常時局の午祷制定、全国一斉特別祈願礼拝敢行などを決め、時局に対応した（『基督教週報』75巻15号、12/17/1937）。また、日本聖公会青年連盟理事の松下正寿は「国民精神総動員と青年連盟」と題した一文で「即時自給」断行を唱え（『基督教週報』75巻22号、2/11/1938）、一九三八年三月の日本聖公会教理・礼拝・組織委員会で松井米太郎は二〇〜二五年後をめどにした自給自治を提唱し（CSR to JWW, 6/20/1938, 125）、一九三八年四月の第一九回日本聖公会総会では自給自治案が満場一致で通過した（『基督教週報』76巻9号、5/6/1938）。このように日中戦争に連動した非常時局下の国民精神総動員運動は、日本のキリスト教会の自給独立路線に合流する。とくに日本の排外主義に拍車をかけたカンタベリー大主教の行為が、日本聖公会に早急な自給独立気運をもたらしたことを日本聖公会北関東地方部主教ライフスナイダー（Charles Shriver Reifsnider）は米国聖公会に報告している（CSR to JWW, 6/20/1938, 125）。

そして、一九三八年九月一二日から六日間、文部省と国民精神総動員中央連盟の共催で、国民精神総動員宗教教師講習会が開催され、キリスト教各派代表者は第五日目の三回目の協議会において、みずから明治神宮参拝、靖国神社参拝、宮城遥拝の実行を決め、講習参加者は聖公会関係者をふくめ全員、第六日目早朝、三班に分かれて参拝と遥拝をおこなった（『基督教週報』77巻4号、9/23/1938）。こうして、日本のキリスト教の自給独立による土着化志向は、国民精神総動員運動と神社参拝決行により、国粋化への変質の度合いを深めていったのである。[22]

二　教会合同問題

1　宗教団体法と日本基督教連盟への対応――教会合同か単独教団か――

最初の宗教法案が一八九九(明治三二)年に貴族院で否決されたのち、第二次宗教法案は一九二七(昭和二)年、第一次宗教団体法案も一九二九年に審議未了となっていた。四〇年ぶりに宗教団体法が成立したのは、平沼内閣(文部大臣は陸軍大将荒木貞夫)の一九三九年四月(翌年四月施行)である。この法律の宗教団体(教宗派、教団、寺院、教会)への保護の面としては、法人認可と税の不課減免、および破産即解散の原則を適用せず、監督官庁の不当違法処分に対して訴訟の道を開き、教師の資格を各団体の内部規則に委任したこと。他方、監督の面としては、教義の宣布、儀式の執行、宗教的行事などが安定秩序を妨げ、または臣民たるの義務に違背するとき、文部大臣はその制限、禁止、教師・布教者の業務の停止を命じ、時には宗教団体の設立認可を取り消すことができ、違反者には罰則が設けられ、宗教団体の自治を尊重するといいながら、教宗派官長、教団統理者の就任には文部大臣の認可を要し、寺院、教会には三人以上の総代が必要とされ、その選任や解任は市町村長に届け出なければ効力を生じないこと、などがあった。このとき、キリスト教諸派が宗教団体法に否定的反応をみせなかったのは、宗教関連法に「神道教派」「仏教宗派」と並んで初めて「基督教」という名称が明記されたことによる。欧米の外来宗教信奉者として永年白眼視されてきた日本人キリスト者は、いまや日本国民として誇示し得る機会を与えられたのであった。

宗教団体法第五条第一項には「教派、宗派又は教団は主務大臣の認可を受け、合併又は解散を為すことを得」という規定があるが、合併(合同)を強制する旨の規定ではなかった。法律上では、合同はできるものの、合同を強制されるというものではなかったのである。神道教派と仏教宗派は施行より一年以内の一九四一年三月末を期限として認可申請をすることとされ、神道一三派はそれぞれ単独教派のままであったが、仏教では天台、真言、浄土、臨済、日蓮の五宗でそれぞれ合同がおこなわれ、それまでの一三宗五六派は二八派にまとまった。キリスト教は新たに法律上の地位が認められるため、申請期限を一九四二年三月末までに猶予された。

キリスト教では、大教派（教会数二〇〇以上、信徒数二万以上）は、カトリック、正教会、プロテスタント四教派（日本基督教会、日本組合基督教会、日本メソヂスト教会、日本聖公会）が該当した。また日本基督教連盟参加の二三派のうち、中教派（教会数五〇以上、信徒数五〇〇〇以上）としては七教派（大教派のプロテスタント四派と日本バプテスト基督教団、日本福音ルーテル教会、日本聖教会）しか該当せず、冒頭で述べたように一九四〇年六月に教団認可条件を満たすのはこの中教派以上とされた。それ以外（連盟未参加の会派をくわえると数一〇の小教派）は、教団としては認められないため、地方長官から個々の単立教会として認可を受けるか、宗教結社として地方長官に届け出なければならず、その場合は、警察権をもち、治安維持法によって取り締まる内務大臣の直接監督下に置かれることになるため、小教派による合同志向が発現したのである[23]。

他方、一九二五年以来、日本のプロテスタント諸派の教会合同を主導してきた日本基督教連盟は、一九三八年一月各派に教会合同委員会の経過報告と日本基督公会規約（試案）を送り、検討を依頼していたが、信条・職制問題による慎重・反対派（日本基督教会、日本聖公会、日本バプテスト教団、日本福音ルーテル教会）と他の積極派に分かれた（『教団史資料集』pp.266-267; 321-329; 365-370: CSR to JWW, 10/15/ 1940, 125）。日本聖公会は一九二六年に日本聖公会教会一致促進中央委員の設置を決議し、ローマ・カトリック教会、日本ハリストス正教会、プロテスタント諸派との一致を研究・協議してきたが、一九三五年の日本基督教諸派合同基礎案や一九三八年の日本基督公会規約など連盟の試案には「歴史的監督職」(Apostolic Succession)をくわえることを希望し、反対意志を表明していた[24]。監督会は松井米太郎、佐々木鎮次、稲垣陽一郎を交渉委員として選出したが、合同に賛同的なのは松井のみであった。

それでも、日本基督教会や日本聖公会は交渉委員を送ったため、連盟主導による教会合同運動は稼動した。だが、宗教団体法にもとづく教団認可を満たす中教派以上の各派は、まだこの時点では教会合同による一大教団設立ではなく、各自単独の教団設立認可をめざして動いていたのである。日本聖公会も、他派にくらべると認可申請の対応は遅々としていたものの、佐々木鎮次（中部地方部監督）は宗教団体法公布三か月後に教務院主事に、教団設立にさいしては、管区としての法人か、または教区や地方部としての法人かの優劣の可能性を考慮するよう進言し(25)、みずからもこの件で県庁に足を運んで（佐々木鎮次書簡9号、578, 7/13/1939）、日本聖公会による独自教団設立の準備をしていた。

2　教会合同と自給決議――合同情勢の急転化――

日独伊三国同盟が成立し、大政翼賛会が発会した一九四〇年、これに先立つ七月に英国人が多数スパイ容疑で逮捕され、ロイター通信東京支局長J・M・コックス（J.M. Cox）の自殺が新聞で報道されて、八月に救世軍幹部がスパイ嫌疑で取り調べを受けると、日本のキリスト教界は衝撃を受け、それまで各派単独の教団設立準備をしていたプロテスタント主要三派（日本基督教会、日本組合基督教会、日本メソヂスト教会）は合同問題懇談会を開き、九月のキリスト教各派諸団体協議会での合同表明へと情勢は急転化した。

日本基督教連盟はこれ以降、八月に六回、九月に一一回、一〇月も一七日開催の「皇紀二千六百年奉祝全国基督教信徒大会」をふくめると三回、計二〇回の各派有志懇談会を開いて、教会合同と自給を同時に論議していった。とくに九月二日の各派各団体各学校代表者協議会では、日本の教会はミッションとの財的関係を断ち、自給独立の決意を表明すること、また九月六日の基督教々育同盟加盟学校長会議では、日本のキリスト教学校はミッションからの経済援助を断ち、自給独立することを申し合わせた（都田恒太郎総幹事「教会合同並に自給運動に関する経過報告」『教団史資料集』

pp.274-276)。

これに即応し、一〇月の第五四回日本基督教会大会は、教会合同決議と、独立自給の精神をもってミッションとの関係解消とを決議した(10/11-16/1940『第五四回日本基督教会大会記録』pp.22-23; 103-107; 110-113『教団史資料集』pp.323-330)。同月の第五六回日本組合基督教会総会も、教会合同と自給の決議をして、一九四一年度からミッションの財的援助辞退を表明し(10/12-16/1940「第五六回日本組合基督教会総会決議録」『昭和十五年度日本組合基督教会便覧』付録、p.46; 49『教団史資料集』pp.347-348)、基督同胞教会日本年会(『教団史資料集』pp.355-356)、日本福音教会(『教団史資料集』pp.360-362)、日本バプテスト基督教団(『教団史資料集』pp.363-364)らも、つぎつぎに、同年一〇月一七日開催の全国基督教信徒大会における各派合同の決意声明を期して、教会合同とミッション関係廃止による自給とを、セットで決議していった。日本の教会の外国ミッションからの解放を実現する自給独立は、外圧と内発が交錯するなか、「皇紀二千六百年」奉祝行事を旗頭に、急転回した教会合同に集約されていった。戦時下日本で欧米列強からの解放による日本国家の大東亜共栄圏建設が叫ばれたように、日本人キリスト者の外国ミッションからの独立による皇国キリスト教・日本的キリスト教樹立への思いは、外圧を契機にした教会合同に連動したのである。

3　母教会の警戒と資産譲渡の条件——日本聖公会の自治自給宣言の虚実——

一九三九年四月、日本聖公会でも東京教区監督の松井米太郎が「日本聖公会自治自給宣言書」を発したが、中部地方部監督佐々木鎮次は同年六月三〇日付松井宛書簡で、まだ自治自給が可能でないこの時点では、誤解を招きやすい表現であるとし、「自治自給に関する宣言書」としたほうが妥当ではないかと指摘していた(佐々木鎮次書簡9号、565, 6/30/1939)。だが、救世軍幹部取調事件を契機とする一九四〇年八月以降のプロテスタント諸派の合同情勢の急転化に即応せざるを得ない日本聖公会は、同年同月、教務院総裁の名出保太郎によって自治自給断行を宣言することになった。救世軍のつぎの標的は聖公会との噂は在日宣教師にも届き[26]、宣教師がスパイと疑われていることも宣教師は把握していた（CHE to JWW, 9/12/1940, 107）。東北地方部主教ビンステッドも日本聖公会の自給宣言は政府に対する戦術としてしかたがないと理解をしめし（NSB to JWW, 9/11/1940, 164）、あと一〇年か一五年後がのぞましい日本の教会の完全独立を政府が強迫したことへの対処として、日本聖公会の自給宣言を理解している（Report for 1940, NSB, 164）。日本聖公会が即時自給を宣言しても、現実的に財的独立は困難と判断する外国ミッション在日主教は、最終的に日本聖公会への資産譲渡と当面の資金援助の方策を考慮する。そこで、日本聖公会が宗教団体法によって教団および財団法人として認可されるまで、米・英・カナダの各聖公会系ミッションは、資産凍結まえに各在日ミッション社団保有の不動産を、母教会の了解のもと傘下の関連機関の財団に寄贈し、ミッション社団を日本人理事長と理事の構成による日本人名義の法人に改組して資産凍結に備えた。

米国聖公会も在日本エピスコパル宣教師社団保有の立教学院、立教女学院、平安女学院、聖路加国際病院、聖バルナバ病院、東京教区内諸教会（東京教区は日本人の独立監督区であるが、教区内の未自給教会は教区設立以前に帰属していた米英ミッションが支援していた）の土地・建物を各機関の財団に移譲する一方、在日本エピスコパル宣教師社団を、理事長と大多数の理事が日本人となるよう邦人名義社団に改組し、認可された日本聖公会教団財団が資産管理できるまで、この改組社団を維持して地方部を中心とする残余資産を管理することとした（CSR to JWW, 10/15/1940, 125）。これは、一九四〇年一〇月の米国聖公会総会が条件つきで認可した方針であった。その条件とは、もし日本政府が学校や病院など諸機関のキリスト教の性格と目的を覆い隠すことを要求する場合、改組邦人社団は名義を維持して、キリスト教資質のみの資産使用の特権を認めること、また日本聖公会が教会合同を早急に要請される場合、合同合意が真の性格であることが判明するまで、教会資産を改組邦人社団が維持すること、というものである[27]。つまり、学校、大学におけるキリスト教維持、教会における聖公会護持が資産譲渡の条件であった。これは、米国系ミッション管轄の北関東（北東京から名称変更）、京都、東北の三地方部だけでなく、在日本カナダ英教会宣教師社団が佐々木鎮次監督によって邦人社団に改組された中部地方部（「日本聖公会シー、イー、シー、教師社団定款」第五条、第六条）も、SPG管轄の南東京、神戸の二地方部、CMS管轄の北海道、九州の二地方部も同様であった。これらの邦人改組諸社団が政府によって認可されたことを、ライフスナイダーは一九四一年三月一八日の書簡で米国に送信している[28]。日本人独立監督教区である東京、大阪教区以外のこの在日外国ミッション管轄の地方部は、資産譲渡の条件として、プロテスタント諸派の教会合同には従来のランベス四綱領を基礎とする立場を維持するよう、すくなくとも米国系三地方部はミッションから拘束されていた[29]。そして、ライフスナイダーはその三地方部には、寄付という名目で各二・五万ドルを贈与することを母教会に要求し、本国もそれを認めたように、日本聖公会の自治自給宣言は、合同情勢の急転化後も、外国ミッションに依存しなければ実現しないものであった。

第二次世界大戦の影響により、英国教会の海外ミッションが危機に陥っていることを注視してきた米国聖公会総裁主教H・S・G・タッカー（Henry St. George Tucker）は[30]、英国諸ミッションへの経済支援を一九四〇年一〇月の総会で決め、米国諸教会の寄付で一九四一年に三〇万ドルを英国教会に贈与（*FORTH*, December, 1940, p.12, 28）、翌一九四二年も一五万ドルを寄贈している（*FORTH*, January, 1943, p.12）。財政難のなかで米国聖公会は、戦時下自給宣言をした日本の教会と、戦災で事業停止を余儀なくされている英国教会の海外ミッションの双方を支援する余力をもっていたのである。

4　聖公会の邦人化と非合同路線堅持

「外国ミッションとの財的関係を断ち自給独立を決意すること」との一九四〇年九月二日の日本基督教連盟の申し合わせ以後、日本聖公会の外国人主教たちは指導的地位から退いた。すでに、同年五月一四日に日本聖公会監督会議長へーズレットと邦人四監督の会談で、日本人監督たちは外国人主教退去提言をしていたが、同年一〇月一日の監督会で、外国人主教は各管轄地方部の地方会後に日本聖公会主教を辞任すること（地方部と監督会）を決めた。これにより、東京教区の松井監督が北海道と南東京、中部地方部の佐々木監督が東北と北関東、大阪教区の名出監督が京都、神戸地方部の八代監督が九州というように、それぞれ日本人監督が外国人主教辞任後の各地方部を管理することになり、これ以降日本聖公会監督会は邦人化した（「主教会議事録」10/1/1940）。このとき、九州と北海道はそのまま単独存続、東北と北関東、東京と南東京、中部と京都、大阪と神戸を、それぞれ合併して、当時合計で一〇の教区と地方部を、六に圧縮して、日本人監督が着任する計画を一九四一年四月開催の第二〇回日本聖公会総会に提案予定であったが（CSR to JWW, 10/15 /1940, 125）、これは実行されなかった。残留した外国人主教は、辞任後も代務主教として名目上は日本人監督の責任と統制下にありながら、実際は日本人監督から請われて、かれらへのアドヴァイザーとして実権を握り、影響力を行使することができたのである（CSR to JWW, 10/15 /1940, 125）。

一九四〇年九月六日の基督教々会同盟会主催の学校長会議でも、学校長、学部長、科長は全部日本人であること、学校経営主体は財団法人であること、財団法人の理事長は日本人であること、理事も過半数日本人であること、経済的に外国教会からの補助を受けることなく独立することなど、が申し合わされた。これにより[31]、同年一〇月四日の財団法人立教学院第三五回理事会では、理事S・H・ニコルス（Shirley Hall Nichols）とC・H・エヴァンス（Charles Hoskins Evans）の外国人理事二人が辞任、ライフスナイダー同学院総長、理事長も辞任して（理事としては留任）、後任には松井米太郎が理事長に就任する。こうして立教学院理事の構成は、外国人二人、日本人五人となり[32]、日本聖公会監督会とおなじく組織の邦人化がすすんだ。

つぎに、プロテスタント諸派のように、自給宣言とはセットではなかった日本聖公会の教会合同への対応をみてみよう。一九四〇年五月末に第一回審議会を開いて教団規則を整えつつあった日本聖公会は、同年八月二二日文部省から「なるべく速やかに教団設立認可を申請するよう」勧告を受けたが、そのわずか二日後の二四日、プロテスタントの合同に参加するよう勧誘された。この文部省の対応の急変は、日本聖公会東京教区聖職の後藤文蔵、村尾昇一、高瀬恒徳、信徒の佐伯好郎ら、内部の合同強硬派によるはたらきかけによるものであった（森論文、pp.14-15）。この三聖職はのちに不正規に監督按手を受ける七人の一派、信徒は非合同派監督をのちに告訴する当人で、おなじ合同派でも中間派を自称する者から「ラディカルなり」と評された一群であった（鈴木光武長老メモ、6/29/1942-12/22/1944）。

邦人五人で構成される日本聖公会監督会は、一九四〇年一〇月一七日に青山学院で開催される「皇紀二千六百年奉祝全国基督教信徒大会」で発表予定の「合同宣言書」には参加できないが、合同準備委員会にはオブザーバーを送ることを前日付で表明した。名出保太郎、柳原貞次郎（補助監督）、松井米太郎は信徒大会参加を主張し、佐々木鎮次、八代斌助は反対を表明し、前者が合同志向、後者が非合同志向として、邦人監督内でも見解が三対二と分立していた[33]。

だが、まだこの時点では、教派全体として日本聖公会はプロテスタント諸派による合同教会ではなく、独自の教団設立をめざしていた。日本聖公会は教会合同準備委員会に対して一九四〇年一二月一一日以降はオブザーバーの派遣も打ち切り、翌一九四一年一月中旬の両者の会見では、「プロテスタント及びカトリック双方の合同を希望する」として、合同教会不参加を正式表明したのである。

一九四一年三月末に「日本聖公会教団設立認可申請書」を提出した日本聖公会は、同年四月二二〜二四日の第二〇総会でこの教団規則を採択し、教団統理者に名出保太郎を選出し、文部省の認可を待つこととなる。そして、米英母教会からの独立断行を宣した日本聖公会は、同年八月・九月に外国人主教辞任後空位となっていた各地方部にそれぞれ、北関東に蒔田誠、京都に佐々木二郎、南東京に須貝止、北海道に前川真二郎という、いずれも米国ミッション系日本人聖職を監督として選出し、地方部は教区と変更されることになった。東北教区は佐々木鎮次監督が、九州教区は八代斌助監督が、それぞれ管理監督となった。こうして日本聖公会監督会の邦人化が完了した。

ところで、外国人地方部を後継したこの六監督による八教区は、結束して非合同路線を歩むことになる。合同志向の東京と大阪の日本人独立教区の三監督と比肩すると、聖公会内邦人監督の合同・非合同の比率が三対六と逆転したのである。これまで指摘されたことはないが、六監督が教会合同に慎重であったことの要因の一つとして、ミッションからの資産譲渡(邦人改組社団)と補助金贈与が、外国人主教の辞任と国外退去後、日本聖公会教団が実現しない場合は、非合同(ランベス四綱領の堅持)を条件として、かれらが管轄することになったという事情があるであろう。新邦人四教区監督はいずれも、この合同条件を課した米国ミッション系聖職だったのである。

日本聖公会監督の邦人化完了と時をおなじくして、財団法人立教学院理事の邦人化も完了する。一九四一年八月一日の第四二回立教学院理事会では、帰米をまえにした最後の外国人理事のライフスナイダーとビンステッド(米国聖公会伝道主教)が辞任して五人の日本人理事(松井米太郎、帆足秀三郎、松﨑半三郎、遠山郁三、杉浦貞二郎)となり、小林彦五郎を新理事として選挙[34]、八月九日には須藤吉之祐を選挙して七人の日本人理事となって[35]、理事の邦人化が完了した。立教学院は「寄附行為」における理事の選出方法を、日本聖公会聖職信徒からの選出に変更して[36]、米国聖公会からの分離独立を実行したのである。

ところで、日本天主公教団(カトリック)は、一九四一年四月一〇日に教団規則をととのえ申請書を提出し、五月三日には認可された。これは、当時の松岡外相が日独伊三国同盟の関係でヴァチカン市国を訪問したおりに、ローマ教皇から教団認可の件を尋ねられたことが、文部省への対応促進に連動したためである(森論文、pp.6-7)。またドイツが独ソ不可侵条約を破り、ソヴィエトへ攻撃を開始した同年六月には、プロテスタント三〇余の教派が一一部のブロック(部)制による教会連合体(一年後に部制廃止)の日本基督教団を結成し、認可申請の手続きをとるが、認可されたのは太平洋戦争の二週間まえの一一月二四日であった。宗教団体法によって、キリスト教の教団として法人認可されたのはこの二団体のみである。

日本正教会（ハリストス教会）は、セルギー主教引退後、日本人後継者問題の内紛のため、文部省に教団認可をみおくられ、帰属の各教会は単立教会として地方長官から認可を受けた。日本聖公会も既述のように一九四一年三月末には教団認可申請をしていたが、なかなか認可がおりないため、正教会とおなじく、帰属の各個教会はひとまず「教団に属せざる教会」（いわゆる単立教会）として申請し、一九四二年三月末に認可をうけることになった。

三　日本聖公会組織解消

1　文部省の教団不認可通告と合同問題再燃

一九四二年三月一七日、日本聖公会教務院主催の常置委員代表者会議では、教団規則絶対保持を確認し、その声明書を発していた。ところが、五月になると、事務上の都合で教団認可遅延を説明していた文部省は、日本基督教団加入を要望するため、日本聖公会教団の認可は困難であり、「教団類似の行動」を慎むように要求してきたのである。このため、五月二一日付で教務院は、以後、教団規則を綱規に、教団を日本聖公会に、本教団を本公会に、統理者を総裁に改めることを各教会宛に告示しなければならなかった（高瀬恒徳「告示　教団規則暫定修正ノ件」5/22/1942）。教派としての法的認可が得られない日本聖公会は、教派次元では包括的宗教結社と解釈して存続することになったのである。

同年六月、順調だった日本軍の戦局はミッドウェー海戦によって形勢が逆転した。日本のキリスト教界では、日本基督教団第六部所属の聖教会、同九部所属のきよめ教会、および宗教結社の東洋宣教会きよめ教会のホーリネス系三派の指導者一三四名の一斉検挙事件が発生している[37]。日本聖教会が日本聖公会と一字違いで、聖公会所属の各教会から問い合わせが殺到したため、教務院は七月一日付で「先の検挙は聖公会に非ず、聖教会なり」と通知した[38]。

日本聖公会は一九四二年七月一五日に教務院会議を開催し、あくまで聖公会の法的根拠を確立するため文部省と連絡をとり、具体案を研究作成することとし、病気入院中の名出監督（総裁）の要請により、総裁代務者の選挙をおこない佐々木鎮次が当選、就任した(39)。以後、佐々木鎮次は聖公会の命運を担うことになる。だが、一九四二年九月、文部省は一九四一年三月提出の教団設立認可申請書は受理しえずと回答し、日本聖公会単独の教団設立不認可が決定的となった。これにより、聖公会内部から日本基督教団への合同運動が再燃することになったのである。

立教学院において学内の「学生騒擾事件」への対応から、「立教学院寄附行為」の教育目的である「基督教主義」を放棄し、「皇国ノ道」を挿入するというキリスト教離反事件が発現したのも、聖公会内部からの合同運動に呼応するかのように、おなじ一九四二年九月のことであった(40)。

一九四二年夏の大阪教区聖職信徒協議会で、横田道信は教区全体の日本基督教団（以下、日基教団）参加を提言し、信徒多数の共鳴を得たため、同年九月八～九日の教区教役者修養会で、名出監督は日基教団加入の決意を表明し、「日本基督教団合同参加を勧奨するの書」が全国の教会に発送された。東京でも、九月一六日「総会に代わる第八回教務院会議」で、東京教区の村尾昇一が日基教団加盟を聖公会諸教会に勧告する緊急動議を提出、これは否決されたが、九月一八日に東京で開催された「名出監督慰労の晩餐会」で、名出はその席上、「今回悲壮の決意をもって、大阪における羊群のおもむく所に、従い行くを、牧者の責任と感じ、日本基督教団への加入を決意した」（西村文書、p.38）と表明、老齢病弱の名出監督は聖職信徒に背中を押されて合同を決意する。一〇月一一日に大阪教区は日基教団参加決意を決議し、「全聖公会聖職信徒諸君に贈るの書」を全国に発送した。

一〇月二日、東京でも「合同に関する有志懇談会」が開かれて二八信徒が出席、教会合同期成同盟が結成された。会長は立教学院理事の杉浦貞二郎。一〇月六日には合同提唱の「宣言・綱領」が全国に送られ、二五日には教会合同期成同盟大会に一七聖職、六〇信徒が出席し、後藤文蔵は高らかに演説を披露し、気勢をあげた。

一九四〇年八月に文部省に合同をはたらきかけた一派や東京と大阪の合同志向の三監督をみると、時局認識と危機意識に敏感だったのは、地方よりも東京・大阪という都市であり、当時文部省宗教局の担当官であった森東吾が述懐したように、聖職よりも佐伯好郎のような信徒であった。しかも東京と大阪は日本人独立教区として非ミッション管轄教区で、ミッションとの人的関係・財的支援は外国ミッション管轄の地方部よりも薄弱であり、自給独立を提唱しやすい環境にあった。都市と信徒とエスノ・セントリズムは聖公会内部の教会合同に拍車をかけたのである。

2　非合同派・合同派の攻防

一九四二年九月二四日、日基教団創立後、連盟を改組した基督教連合会からの合同勧誘に丁重な謝絶書を送っていた総裁代務者佐々木鎮次は、一〇月二七〜二八日に名古屋に全監督を招集し、「大阪教区の合同に関する諸監督の声明書」を決議した。それによると、皇国キリスト教樹立への熱意はおなじであるが、信条をもたない教団との無条件合同はできない。体制の基幹である使徒職はたんなる伝統機構ではなく、監督職は神定の聖旨に添いその恩恵よって存立するもので人為的結合ではない。教会の本質を除外した大同団結によるのみではキリスト教となりえない。こうした理由を挙げ、大阪教区監督と補佐監督による合同決意は、聖公会の信仰と職制に反し、信仰擁護者の責務と相容れず、監督聖別式の誓言に叛くものであり、合同の決意を実行するときは聖公会監督としての職位をみずから解消したものとし、この運動に呼応して合同したものもみずからの職位を解消したものと宣したのである。声明は信仰以外の理由で聖職の合同加入を拘束や牽制するものではないとはしているが、合同派聖職はこの声明書によって、自分たちが聖公会を破門されたと受けとめ、これをアナセマ（ギリシヤ語に由来する「呪われる」の意。破門の意として使用されてきた）問題と呼んだ。

声明書は一一月六日付で八教区六監督の署名（佐々木鎮次、八代斌助、蒔田誠、佐々木二郎、須貝止、前川真二郎）で発送されたが、その直前の四日、署名に同意していた東京教区監督の松井米太郎が突然署名を取り消した。松井は一一月四〜六日にかけて、東京教区内の聖職を個別に招致し、日基教団加入決意を宣言し、同一行動をとるよう勧告し、佐々木総裁代務者に声明書発送中止を打電して要請したのである[41]。この松井監督の翻意には東京教区聖職の村尾昇一の進言があり、合同強硬派の聖職らの後押しがあった[42]。だが、東京教区内外の一二聖職は、合同決意をふくむ一連の行動を理由に松井監督を教区の師父として仰ぐことに信仰上の不安と疑義をおぼえ、「陳情書」を監督会に提出し指示を仰いだため、東京教区は須貝止監督（南東京監督、東北教区管理監督）を管理監督として推薦することとなった。大阪、東京の聖職・信徒による合同運動は、大阪・東京の二教区三監督の合同決意に結実し、他の諸監督との亀裂が明確になっていったのである。ただ、南東京教区信徒有志懇談会でも、教区監督と常置委員会に日基教団参加を要請する決議をしたように、教区を問わず信徒は合同に積極的であった（吉川三夫（無題）11/1/1942. 金沢潔「敬愛する日本聖公会の聖職信徒各位に呈するの書」11/27/1942. 高木章「非常時局と合同問題」。小中公毅「日本聖公会の行く可き途」ほか）。嵐のように全国の教会に舞い込む合同勧誘のパンフレットや文書とは対照的に、「敵性宗教」の教派維持に執着しているとみられた非合同派は沈黙を守るしかなく、明確に非合同を表明したのは、諸監督の声明書以外では、南東京教区の聖職大部分が大阪の合同決意に対して明らかにした意向（西村文書、pp.41-42）と、北海道教区監督前川真二郎の「直言録」、同教区聖職の芥川寿哉による文書（「日本聖公会聖職各位殿　勧奨状」9/28/1942）のみであった。

一九四二年九月一六日の第九回教務院会議で従来の綱憲の使用停止が決議されて以来、一部の非合同派監督の教区はそれぞれ教区機構の停止をみずから決議すると同時に、新たに互助会を発足させ（北海道教区は11/3/1942. 南東京教区は12/3/1942）、その組織名のもとで主教を組長とし、以前と変わらぬ教区的活動を保持していた。教派としてだけでなく、教区としても、宗教結社としての法的根拠さえもみいだせないという教会の非常事態のなか、それは決死の共同体維持であった。

一九四二年一二月五日、合同派信徒の佐伯好郎は、非合同六監督を東京刑事地方裁判所検事局に、治安維持法違反

および外患罪で告訴した。佐伯は告訴のなかで、諸監督に対して、「信徒側の意向が合同賛成なるに拘らず之を無視し」と指摘し、英米主教との関係を過度に強調し、反国家的との烙印を押している[43]。これは結局、不起訴処分となるが、のちの聖職・監督の拘禁への伏線となった。一二月八日、松井監督は「大詔奉戴第二年」を迎えて教書を発し、合同を奨励した。一九日には合同派の高瀬教務院長が、突然その権限により独断で、同月二九日に第九回教務院会議開催の通告をして各局長を憂慮させたが、佐々木総裁代務者は直ちにこの取り消しを通告している。

他方、非合同監督らは一二月二一日の監督会申し合わせで、「監督」の名称を「主教」と改めることを決め、各教会に通知した（佐々木鎮次「監督会申合セ決定事項通知ノ件」12/21/1942）。合同決意を表明した三監督と区別するため、非合同諸監督は主教と改称し、聖公会擁護の姿勢を内外にしめしたのである。諸監督にとって合同三監督は監督であっても主教ではないのであった。ここに監督たちは分裂する。教派次元の教団認可を受けていない日本聖公会の監督会には法的拘束力はなかったが、非合同諸監督は一九四二年九月ですでに法的在り方を断念し、信仰的在り方を決断していたように[44]、超法規的な信仰次元で聖公会諸教会を統率していたのである（以下、非合同「監督」を「主教」と表記）。

さて、一九四二年一〇月に教会合同期成同盟の会長となった杉浦貞二郎は元立教大学学長で、立教学院理事であった。同年一一月に態度を急変させ、日基教団加入決意を表明した東京教区監督の松井米太郎も、立教大学理事長であった。一九四二年九月に「立教学院寄附行為」から教育の目的である「基督教主義」を削除して「皇国ノ道」を挿入、また学院チャペルを閉鎖して、立教大学からキリスト教主義を駆逐した当事者は、聖公会を離反し日基教団への合同加入運動を展開する群像と重なっていたのである。ただ、松井理事長は、キリスト教主義を削除する「立教学院寄附行為」変更の直前に杉浦理事に託して退席し[45]、大阪教区の合同に関する諸監督の声明書への署名も発送直前に取り消すなど、その行動は、かれ自身の確固とした主体的判断というよりも、立教と聖公会内部からの影響がつよく反映された部分もあるといえよう。

3　日本聖公会解消宣言と清算会議

一九四三年一月一五日、教会合同期成同盟の会長・副会長（杉浦、佐伯）は、近日中に聖職をくわえて全国的に改組される教会合同期成連合会に参加をうながす文書を全国の教会に発送し、二〇日にはその教会合同期成連合会による「規約・同意加入書」が全国の教会に送られた。そのなかでは、「当局の完全なる了解と積極的御支持を得て」「当局の慫慂の有之」「客観的情勢切迫のため」など、なかば強制的な文言で合同が勧誘された。これに対し、佐々木総裁代務者は、当局との連絡云々の通知はなんら公式のものではないとの二六日付葉書を中部教区主教名で発送し、また南東京教区聖職の林五郎、村岡米男も、須貝主教と西村敬太郎の両名が文部省へ赴き、文部省は教会内部のことには関知せず、文部省が法的に認可した（単立）教会を合同問題に関連して弾圧することは絶対なく、またできないことを確認した、との二六日付文書を発し防戦した（「合同期成連合反対声明」1/26/1942）。

一九四三年一月二二日には、合同派の名出大阪教区監督と東京教区聖職の高瀬が、突然、前統理者と教務院長の名で、日本聖公会の組織は一九四二年三月三一日限りで解消したとの内容の宣言書を全国に発送した。ふたりは幻の教団統理者の権限と教務院長の独断で、一年まえの過去にさかのぼり、法的根拠のない聖公会全体を解消へ導こうとしたのである。それは、合同派聖職とその教会を自由にするための措置であった。換言すれば、それだけ、非合同派諸主教による結束が固かったことをしめしている。名出、高瀬の両名は二五日にも全国の聖職信徒へ合同勧告の書を別々に送付し、合同をうながした（名出保太郎「我が親愛する日本聖公会聖職信徒諸君に告ぐ」1/25/1943. 高瀬恒徳「教会合同を勧める公会書翰」1/25/1943）。この解消宣言書に対しても、佐々木総裁代務者は中部教区主教名で、聖公会解消の告示は事実以上の解釈をふくんでおり誤解の恐れがあるとの二六日付葉書によって対応するが、それでも、教会合同期成連合会は二月一日付で、二月八日までに合同を決意するよう「急告」と題した葉書を発し、執拗な合同勧誘を展開した。

こうした合同派の攻勢により、一九四三年二月三日開催の教務院会議は日本聖公会清算会議となり、ここに事実上、日本聖公会は組織として解消することになった。これに即応せざるをえない非合同派諸教区も解消会を開き[46]、清算会議を開催して互助会や共済会をも解消させて[47]、教区資金を各個教会に分配して単立教会の自治体制を整えることになった。これにより、合同派は非合同派の教区主教から拘束を受けずに日基教団への参加が可能となったため、非合同派への感情的誹謗の言動は表面上静まった。

法的に聖公会としての教派性の喪失が決定的となり、その組織解消をもたらした日本聖公会の清算会議が開かれたのが一九四三年二月。前年九月の理事会で、教育の目的である「基督教主義」を削除して「皇国ノ道」を挿入した「立教学院寄附行為」の変更が文部省によって認可され、立教学院の基本原則の喪失が確定したのも一九四三年二月であった。聖公会の法的組織解消と立教の存在意義喪失とは、時期的にも重なっていたのである。

四　日本聖公会分裂

1　佐々木鎮次総裁代務者の苦悩と合同派の日本基督教団加入

一九四二年九月の大阪教区の合同に関する諸監督の声明書を、合同派の聖職は自分たちが呪われて破門されたアナセマ問題として解釈し、非合同派諸主教への反感をつのらせて合同運動を激化させたのであったが、声明書にある合同決意監督と聖職の「職位解消」は、破門を主張した八代斌助主教に対して、原案作成者である佐々木総裁代務者によれば「現任解消」との解釈であり、聖公会に戻れば職位復帰が可能という柔軟な措置であった（佐々木鎮次書簡18号、211, 須貝止宛、11/14/1942）。佐々木総裁代務者は心臓に持病があり[48]、大阪の合同決意を知ってからショックを受け病臥となっており（佐々木鎮次書簡18号、213, 吉沢直江宛、1942）、声明書作成当日は、お互いの対等の立場を前提としたうえで、合同を決意している大阪両監督への涙ながらの別離宣言だったのである。

佐々木総裁代務者はこのとき、聖公会と関係ない職位保持者の按手は教会のインテンションに沿うものではないため、その按手は無効とも解釈したが（佐々木鎮次書簡18号、211, 11/14/1942）、これは一年後に発生するエピスコポス（ギリシヤ語で「監督」の意）問題を予見するものであった。エピスコポス問題とは、一九四三年八月二四日、名出、松井、柳原の合同派三監督が、非合同派・合同派への連絡なしに、合同派七聖職を秘密裏に監督按手し、大問題となった事件である。七聖職とは、東京の教会合同期成連合会の三実務委員である後藤文蔵、村尾昇一、高瀬恒徳、京都の八木善三郎、大阪の横田道信、松本寛一、藤本寿作。この監督按手は、聖公会の三監督が聖餐式において祈祷書によって按手したこと以外は、イレギュラーなものであった[49]。これは主教制への許し難き冒涜として、合同派から日基教団加入取り消しが相次いだ[50]。

合同派には、強硬派とは別に、「教会再一致問題」研究会を開いて、合同を円滑にするために文部省と折衝していた自称中間派が存在していた。その代表的立場であった松本正雄は、文部省と非合同諸主教とのあいだを奔走し、一九四三年二月には、日基教団内での聖公会主教の聖職按手を、文部省をとおして教団統理者富田満から取りつけていた。だが、司牧権のない主教制では合同不可能として、同年五月、非合同主教会は元日本聖公会緊急指導者協議会を開き、文部省に非合同堅持を再表明していた（松本文書、p.58）。

七聖職の監督按手を敢行した三監督のうち、名出、松井両監督は老齢であることから、日基教団参加後を考え、教団内において監督を補強したかったと推量されるが、これは、戦後の復帰問題において難題となったのである。

この三か月後の一九四三年一一月二四日、旧日本聖公会の合同派諸教会は、日基教団第二回総会で、創立二周年、部制廃止一年後の教団に正式加入を承認された。その数は全体の約三分の一あまりの八九教会であった[51]。反国家的との理由による迫害の可能性を考慮すれば、非合同派が主張する信仰的結束による「みえない教会」に固執するよりも、政府認可のある日基教団という「みえる教会」に加入することは、たしかに安全な選択であった。

2　非合同派主教の地下潜伏活動と戦中受難

一九四三年五月、文部省吉田宗教課長は、日本聖公会を包括的宗教結社と認めず、教区的な活動もしないように非合同諸主教に勧告した。非合法活動をすれば、治安維持法にもとづく特高警察や憲兵隊の弾圧が確実に予想されたが、それでも、非合同諸主教は信徒按手のため諸教会を巡回し、停止状態の旧教区規定にもとづく主教選挙を敢行するなど、地下潜伏的な非合法活動をして、解消後も旧教区の維持と結束に尽力した。佐々木総裁代務者が管轄する中部教区は全教会が非合同派であったが、一九四三年五月の教区解消[52]後、各教会は単立となり、教区からの分配金をもとに独力自給しなければならなかった。そのため、旧中部教区は同年六月、教師共済組合を再度設立し、全現役聖職者はその組合員となった。一九四四年三月一五～一六日には隣組組織協議会において隣組を組織し、同年四月一日には、さらに未自給教会を援助するための互助会を発足させている（「互助会規約」4/1/1944）。

一九四三年九月にはイタリアが連合国に無条件降伏をし、日本の戦局はますます不利になっていった。一九四四年三月末になると、聖公会神学院は閉鎖に追い込まれ、同年の復活節には『日本基督教団より大東亜共栄圏に在る基督教徒に送る書翰』が国内外に発信された[53]。

そして、一九四四年一月、教派、教区次元のいずれの活動も禁じられていたにもかかわらず、空位の東京教区主教に、旧中部教区主教で旧総裁代務者の佐々木鎮次が選ばれた（対外的には、東京芝聖アンデレ教会名誉牧師）。国家権力の中枢である東京に指導的人物がいない旧聖公会非合同派は、佐々木鎮次を信仰の師父としてその指導をもとめたのである。病弱のため中部教区（法的には解消）主教辞任を予定していたほどであったにもかかわらず、もとめに応じ迫害を覚悟で東京に赴いた佐々木鎮次主教[54]を待っていたのは受難の荊であった。麻布の住宅は空襲で全焼。主教会は秘密結社であるとの旧聖公会合同派からの流言と密告により、一九四五年二月一八日、九段の憲兵隊司令部に連行されて拘禁され、それから五か月間、病弱の身体に過酷な取り調べを受けた[55]。これと前後して、松本文、宿谷栄、清水文雄、野瀬秀敏ら聖職と須貝止主教も拘引されている。合同に参加しない敵国的存在の日本聖公会は、スパイ的行動や、教義に非国家的な要素があるかもしれず、この摘発弾圧によって聖公会が壊滅すれば、莫大な資産を没収できるとの目的が軍にはあった。だが、そうした事実が出てこないため、秘密結社組織罪で検挙することになり、ここにはじめて司令部は検事局に連絡、この「聖公会事件」の主任検事となった東京刑事裁判所検事局思想係検事山口弘三は、文部省宗教課長との協議によって不起訴と結論した。けれども、憲兵隊司令部としては軍の検挙した事件を簡単につぶすことはできないため、合同だけでも承諾させる意向で、佐々木、須貝主教を巣鴨拘置所に移管させるが[56]、両名ともに決して合同に譲歩せず、ふたりは六月一六日に釈放された[57]。歩行困難なほど衰弱していた佐々木主教は、戦後直後も主教会議長として日本聖公会再建のため尽力し[58]、一九四六年一二月二一日永眠した。主教会議長を後継した須貝止主教も翌一九四七年八月一四日逝去している。戦中の聖公会を護ったふたりの殉教ともいうべき最期であった。両主教の葬儀は、初の日本聖公会葬として営まれた。

戦時下、佐々木総裁代務者は文部省で合同を強要する若い事務官から「見通しのきかぬ人だ。現下の情勢が分からないのか」と激烈な口調で非難されたとき、佐々木主教は重い口を開き、「宗教家の判断というものは諸君の見通しとちがっている。諸君は目先のことだけを考えているが、われわれ宗教家は百年先のことを考えているのだ」と言い放ち、あっけにとられている役人たちに軽く一礼して、ゆっくり杖をついて立ち去ったという[59]。皇国キリスト教樹立への思いは変わらずとも、「羊群のおもむく所に従い行くを牧者の責任」と感じ合同を決意した名出保太郎監督や、大阪教区の合同に関する宣言書への署名を、合同強硬派聖職の進言により直前に取り消した松井米太郎監督とは、時局への主体的判断と時流への対処がまったく異なっていたのである[60]。

敗戦後、宗教団体法は廃止され、主教会は声明書を発して、日本聖公会は法憲法規への復帰を宣言した。戦時下に聖公会を離れて日基教団に加入した合同派聖職と諸教会を迎え入れるために、主教会は復帰式を制定して復交をよびかけるが、その内容が峻厳すぎるとの理由で当初ほとんどの教会は復帰をしなかった。それでも翌一九四六年七月の主教会声明書が、式文の取り扱いは各教区主教の自由裁量に委ねていると明示すると、合同諸教会は教区単位で復帰していった。エピスコポス問題として、戦中にイレギュラーな監督按手を受けた七聖職の復帰問題は、とくに東京の三聖職自身による復帰難色のためさらに停滞したが、佐々木、須貝両主教死後の一九四八年三月、教区（管轄権）をもたない日本聖公会主教として認められて復帰し[61]、同年五月のランベス会議（一〇年ごとに開催の全世界聖公会主教会議）もこれを了承した（『聖公会新聞』7号、12/25/1948）。

戦中に自給自治宣言を発した日本聖公会の戦後の戦災復興が、外国ミッション（とくに米国聖公会）からの多大な援助によって可能であった[62]ことはいうまでもない。

おわりに

第一次世界大戦後の民族自決運動の興隆とともに、非西洋の異教と異文化に西洋近代と同等の価値をみとめる文化人類学者マリノフスキー（Bronislaw Kasper Malinowski）の文化相対主義が一九二〇年代に登場し、一九三二年の外国信徒伝道調査団報告書『伝道再考』は日本の教会の土着化と自給自治をうながした。だが、時すでに一五年戦争に突入した昭和前期の一九三〇年代、日本は陸軍主導の極右国粋化におおわれていた。緊迫する国際情勢下、ローマ・カトリック教会布教聖省による日本の神社参拝をみとめる土着化容認方針は、布教地日本での軍事国家による信徒迫害の救済措置であり、日本基督教連盟が文部省の唱える神社非宗教論を認容していくのも、一連の神社参拝拒否関係者への弾圧後のことであった。一九三七〜一九四〇年にかけて、矢内原忠雄、河合栄次郎、天野貞祐らの帝国大学系教授や津田左右吉らの著書が発禁、自主廃刊、さらに辞職や休職に追い込まれるという思想弾圧のなか、日本のキリスト教各派代表者たちは、一九三七年の日中戦争と国民精神総動員運動を転機に、一九三八年五月にはみずから明治神宮参拝、靖国神社参拝、宮城遥拝を企画決行し、キリスト教の土着化は国粋主義に包摂された。

一九三七年一〇月、日本の中国への軍事侵攻を非難する反日抗議集会に英国教会カンタベリー大主教が議長をつとめたことは、日本聖公会が排外主義の標的とされるとともに、聖公会内からも外国ミッションからの独立気運を醸成し、激昂した東京教区の松井米太郎と杉浦貞二郎は外国ミッションとの関係断絶を提唱した。

日本の教会独立志向が日中戦争により排外主義に転じるなか、一九四〇年八月の救世軍幹部拘引以降の合同情勢の急転化により、プロテスタント諸派では外国ミッションからの独立と教会合同を同時進行で決議していくが、聖公会では、外国ミッションからの独立による自治自給宣言が教会合同には連動しなかった。それは、合同情勢の急転化後も、非合同派主導の聖公会が宗教団体法にもとづく単独教団としての認可をもとめ続けたからである。

ところが、一九四二年九月、文部省が聖公会に教団不認可を通告したことにより、聖公会内部からの合同運動が再燃、以後、一九四三年二月の日本聖公会組織解消会議まで、合同・非合同派の攻防が熾烈に展開された。立教学院理事会によって大学「学則」と「立教学院寄附行為」から「基督教主義」が削除されたのが一九四二年九月、この変更を文部省が認可したのが一九四三年二月というように、聖公会離反と立教のキリスト教放棄の軌跡は軌を一にしている。しかも、聖職に合同をうながした東京教区監督の松井米太郎は立教学院理事長、信徒を合同に導いた教会合同期成連盟会長の杉浦貞二郎は立教学院理事（元立教大学学長）であり、群像も重なっていた。

東京、大阪を中心とする都市部と信徒層に幅広くみられた合同派の時局認識は、教会合同問題に対する国家要請への自発的従属に連鎖し、軍による聖公会弾圧への危機意識は、一九四二年三月末で単立としての教会認可を受けたものの、教派としての教団認可も宗教結社認可もおりない現状を憂慮した合同派諸教会による日本基督教団参加運動に連動した。合同派聖職層には教会再一致問題研究会という自称中間派もいたが、非合同派への告訴、デマ、流言、中傷、密告などをいとわない強硬派の信徒・聖職もいたなかで、松井や杉浦自身は強硬派ではなかったが、かれらを後ろ盾にした強引な合同勧誘を展開したのである。腹心の強硬派聖職からの進言を受け入れて合同を主導した東京教区監督の松井自身の主体的判断は微妙であるが、松井は一九三七年に日中戦争の正当性を国際社会に弁明する日本人キリスト者に名を連ねており、大阪教区監督の名出も一九三八年の大阪憲兵隊特高課長に、天皇は「世界の何国人も理解し能はざる絶対の信念(感情の超越)なり」「基督教と日本精神は全く相一致す」と答申していた[63]。こうしたかれら自身のキリスト教の皇国化は、一九三八〜一九四〇年の自治自給宣言にみられる外国ミッションからの独立解放願望とともに、一九四〇年八月二四日に名出、松井が「礼儀のかけらもな」く、全英米主教に辞任をもとめた強烈な排外主義と表裏をなすものであった。この日をもって在日外国人宣教師の伝道活動は終結したことを、駐日米国大使は米国国務長官に打電している[64]。同日はまた、文部省が日本聖公会に教団設立認可を申請するよう二日まえにもとめていた態度を急変させてプロテスタント諸派の教会合同への参加を勧誘した日でもあった。ここに、この合同勧誘を文部省にうながした合同強硬派と名出、松井との緊密な連携を看取できるとともに、教会の国粋的独立志向と教会合同との深い相関性が露見しているのである。

戦時下の全体主義国家と時流に流された合同派とは相違して、非合同派は日本の愛国心にもとづく皇国キリスト教の樹立に共感をしめしながらも、信仰と職制を問わない教会合同を拒絶することで、教会次元の問題を国家に譲歩せず、諸主教は身を賭して戦時国家と対峙した。合同派がもとめた法的認可をもつ大同団結した「みえる教会」にではなく、信仰的結束による法的認可をもたない「みえない教会」としてのあゆみを選んだ非合同派は、教派や教区の組織解消後も潜伏下で非合法な信仰共同体の維持に尽力し、主教を信仰の師父と認識することで、迫害の苦難を凌いだのである。それは、合同派による恣意的な七名の不正規な監督按手にみられる監督職への権力志向とは対照的な志向であった。

明治期の没落士族を中核とした初代日本人キリスト教指導者らの入信動機は、欧米列強による日本の植民地化への危機感という憂国と攘夷の精神にもとづく、列強の体制宗教（キリスト教）による国家の近代化であった。日本においてはキリスト教は体制の宗教として受容されていたのである[65]。他方、朝鮮では、日本による植民地化という現実の民族存亡の危機から、キリスト教は解放の宗教として受容された。日清戦争以降の戦争協力にみられるように国家の補完志向が強固な日本のキリスト教には、朝鮮のキリスト教のように抵抗原理として機能する素地はなかった。日本のキリスト教会は草創期から外国ミッションからの独立を悲願としてきたが、その独立志向が戦時下に国粋化と排外主義に変質するのも、天皇への親近性[66]の系譜を後継してきた日本のキリスト教界においては不可解な現象ではない。戦時下における皇国キリスト教の唱道は、英国王室との親交が深い聖公会の合同派・非合同派の両派をふくめて、ごく平均的な日本人キリスト者の実像であった。それでも、聖公会の非合同派が国粋的全体主義に緊縛された軍事国家を相対化しえたのは、教会と国家の並立共存という国教会由来の伝統的国家観にもとづき、聖権を俗権から護持するという信念を、戦時下においても堅持したからであった。

日本が欧米からの独立解放を実現する大東亜共栄圏を提唱したように、日本の教会は念願の外国ミッションからの独立解放を戦時下の教会合同に託した。しかし、敗戦後は、とくに聖公会では外国ミッションからの戦後復興支援が半永続化し、合同派が聖公会にほどなく復帰したように、自治自給[67]も教会合同も、戦時下の幻影と化したのである。

注

⑴　キリスト教一般の合同問題関係のおもな先行研究としては、都田惟太郎『日本キリスト教合同史稿』（教文館、一九六七年）。石原謙「日

本キリスト教団の成立とその進展」『日本キリスト教史論』(新教出版社、一九六七年)所収。笠原芳光「日本基督教団成立の問題」同志社大学人文科学研究所編『戦時下抵抗の研究』Ⅰ(みすず書房、一九六八年)所収。海老沢有道・大内三郎『日本キリスト教史』(日本基督教団出版局、一九七〇年)。土肥昭夫「日本基督教団成立の歴史的検討」『日本プロテスタント教会の成立と展開』(日本基督教団出版局、一九七五年)所収。金田隆一『戦時下キリスト教の抵抗と挫折』(新教出版社、一九八五年)。金田隆一『昭和日本基督教会史——天皇制と十五年戦争の下で——』(新教出版社、一九九六年)。原誠『国家を超えられなかった教会 15年戦時下の日本プロテスタント教会』(日本キリスト教団出版局、二〇〇五年)。富坂キリスト教センター編『十五年戦争期の天皇制とキリスト教』(新教出版社、二〇〇七年)などがある。

聖公会関係では、藤間繁義「『教会合同』および『復帰』の問題の考察・八代主教の史料を中心として」『キリスト教論集』一〇・一一号、桃山学院大学、一九七四・七五年。塚田理『天皇制下のキリスト教 日本聖公会の戦いと苦難』(新教出版社、一九八一年)。大江真道「戦時・聖公会合同問題『諸監督の声明書』をめぐって」『研究紀要』六号、柳城女子短期大学、一九八四年。大江満『戦時下の日本における教会観の相剋 日本聖公会合同問題』名古屋聖ヨハネ教会発行(私家版)一九八六年。大江満「日本聖公会の戦中・戦後責任」『福音と世界』四一巻九号、新教出版社、一九八六年。大江真道「戦時下の日本聖公会合同問題——森東吾論文を読んで——」『出会い』三三号、日本基督教協議会宗教研究所、一九八六年。藤間繁義「日本基督教団合同に関する一考察」『キリスト教論集』二三号、桃山学院大学、一九八七年。Mitsuru Oe, "The Conflict of Church Views in Japan during Wartime 1940-45; The Church Unification Problem of the Anglican Church in Japan", *ANGLICAN AND EPISCOPAL HISTORY*, vol.LVIII,No.4, December 1989. Mitsuru Oe, "Church and State in Japan During World War II", *ANGLICAN AND EPISCOPAL HISTORY*, vol.LIX,No.2, June 1990. 大江真道「原爆の炎の中に消えた牧師——広島降臨教会の戦時・聖公会——」『歴史研究』六号、日本聖公会歴史研究会、一九九五年。佐治孝典「十五年戦争下の天皇制と日本聖公会」前掲・富坂キリスト教センター編『十五年戦争期の天皇制とキリスト教』所収などがある。

(2)　『総務部記録 日本基督教連盟』一九三八年七月～四一年八月。『日本基督教団史資料集』第一巻、日本基督教団宣教研究所教団史料編纂室編、日本基督教団出版局、一九九七年、一九〇頁。以下、本文中に年月日、資料名、載録書、頁数を(7/1938-8/1941『総務部記録 日本基督教連盟』『教団史資料集』p.190)と略記。

(3)　*RE-THINKING MISSIONS A LAYMEN'S INQUIRY AFTER ONE HUNDRED YEARS*, The Commission of Appraisal, William Ernest Hocking Chairman, Harper & Brothers Publishers, 1932.

(4) *Ibid.*, pp.3-4, 114-115.

(5) Report of the Department of the Foreign Missions For the Year Ending December 31, 1932, *ANNUAL REPORT OF THE NATIONAL COUNCIL FOR THE YEAR 1932*, Domestic and Foreign Missionary Society of the Protestant Episcopal Church in the USA, pp.84-87.

(6) N.S.Binsted（以下、NSB) to John W. Wood（以下、JWW), 4 January 1933, Japan Record（以下、JR), Record Group（以下、RG.) 71, Box 163, Archives of the Episcopal Church（以下、AEC). 以下、本文中に、発・受信者、年月日、資料箱番号を(NSB to JWW, 1/4/1933, 163)と略記。

(7) ウッドは、日本は他の東洋のどこよりも教会自給において進展があるとしながらも、中国でも日本でも米国聖公会傘下の現地人指導者が悲しいことに福音伝道への熱意に欠けているという問題は、ブラジル、キューバ、メキシコのような中南米とは驚くほど対照的であると述べ、東洋伝道の難度に言及している(JWW to NSB, 1/27/ 1933, 163)。

(8) 「日本聖公会主教会議事録」一九三二年一〇月二〇日、日本聖公会管区事務所蔵。以下、本文中に(「主教会議事録」10/20/1932)と略記。

(9) BISHOP'S MEETINGS MINUTES, 7-9 May 1935.

(10) 『日本聖公会第九総会議決録』一九〇八年四月、二二～二四頁。

(11) The Special Convention of the Missionary District of North Tokyo, 17 October, 1935, Charles S. Reifsnider（以下、CSR); JR, RG.71, Box 124, AEC; *SPIRIT OF MISSIONS,* 1936, pp.13-14: John Mckim（以下、JM) to CSR, 25 October, 1935 JR, RG.71, Box 117, AEC. 以下、本文中に（CSR, 10/17/1935, 124）、(JM to CSR, 10/25/1935, 117）と略記。

(12) J・T・エリスほか著〔上智大学中世思想研究所編訳・監修〕『キリスト教史』一〇（平凡社、一九九七年）四八九～四九一頁。『日本カトリック新聞』一九三六年七月二六日。

(13) 大江満「近代キリスト教海外伝道方針の確執――異文化適応をめぐる宣教師と母教会の温度差――」『宗教と社会』九号、「宗教と社会」学会、二〇〇三年、一二四～一二五頁。

(14) 高木一雄『大正・昭和カトリック教会史』一（聖母の騎士社、一九八五年）二五九～三三七頁。

(15) 上智大学史資料集編纂委員会編『上智大学史資料集』第三集、上智学院、一九八五年、七四頁。

(16) Shirley Hall Nichols to the Bishops of the Nippon Sei Kokwai, 1 July 1931.

(17) PRO.FO 371/20290 S. Heaslett to R.Clive, 1 August 1936, Enclosed in Clive to Orde, 7 August 1936. ハーミッシュ・アイオン「十字架の勝利のために――英国による対日布教活動の概観（一八六九―一九四五年）」都築忠七、ゴードン・ダニエルス、草光俊雄編『日英交流

史　一六〇〇―二〇〇〇』五巻（東京大学出版会、二〇〇一年）所収、三三〇頁。以下、本文中に（アイオン論文、p.330）と略記。

(18) Samuel Heaslett, *FROM A JAPANESE PRISON*, Student Christian Movement Press, LTD.,1943.

(19) 『基督教週報』七四巻二二号、一九三七年八月一三日。以下、本文中に（『基督教週報』74巻22号，8/13/1937）と略記。

(20) USPGA. South Tokyo Letters Received 1938. Kenneth Sansbury, circular Letter No.1, 7 October 1938. 前掲・アイオン「十字架の勝利のために」三三二頁。

(21) 同志社大学人文科学研究所編『特高資料による戦時下のキリスト教運動』Ⅰ（新教出版社、一九七二年）九六～九九頁。

(22) 米国信徒調査団が東洋伝道にもとめた土着化路線とは対照的に、同時期の戦時下ドイツ教会闘争では、カール・バルト（Karl Barth）らがナチスに対し、バルメン宣言を発して、異教徒の民族や文化の尊重とは反比例するイエスに集中した危機神学を展開し、ドイツのエスノ・セントリズムに対抗していた。日本のバルティアンや危機神学信奉者らは、戦時下日本の国粋主義のまえに沈黙するか、菅円吉のように日本主義に迎合したのである。

(23) 森東吾「文部省側から見た日本キリスト教団成立の事情」『出会い』九巻一号、日本基督教協議会宗教研究所、一九八六年、四～六頁、八～一〇頁。以下、本文中に（森論文、pp.4-6, 8-10）と略記。

(24) 聖公会代表として日本基督教連盟と折衝した佐々木鎮次は、連盟主導の教会合同運動の特徴を四点指摘している。一、全教会の合同を策すことなく、もっとも似か寄るものからの合同運動であること。二、相異点を無視し、共通点の見極めを急ぐ傾向にあること。三、合同運動と協同伝道の不可分的強調の要因として、合同とは連盟の機関の延長のようなものを通じての実際的活動という認識があったこと。また、神の国運動が合同運動に反映し、全国的協同伝道に恒久性を与えようとする願望が教会合同の達成への熱望を熟成させたこと。教会合同が実現すれば、協同伝道はなくなり、唯一の伝道戦線があるのみのはずであるが、合同機運が協同伝道のなかに醸成されると提言するなら、合同は単なる機織り以外のなにものでもないこと。四、聖公会が譲歩し得ない監督制を不触問題としていること（佐々木鎮次『我邦に於ける教会合同運動の動向と日本聖公会の態度』日本聖公会教会一致促進中央委員発行、教会レユニオン資料第四揖、一九三六年）。

(25) 佐々木鎮次発信控九号五七五、岩佐琢蔵宛書簡、一九三九年七月一〇日、日本聖公会管区事務所蔵。以下、本文中に発信者、控番号、年月日を（佐々木鎮次書簡9号、575, 7/10/1939）と略記。

(26) Charles Hoskins Evans（以下、CHE) to CSR, 22 August 1940, JR, RG.71, Box 107, AEC. 以下、本文中に（CHE to CSR, 8/22/1940, 107)

と略記。

(27) "Report of the Committee on Foreign Missions Concerning Japan", *JOURNAL OF GENERAL CONVENTION*, 1940, pp.444-446.

(28) CSR to J. T. Addison, 18 March 1941, JR, RG.71, Box 125, AEC.

(29) *JOURNAL OF GENERAL CONVENTION*, 1940, op.cit., p.444.

(30) *FORTH*, September, 1940, p.20. 以下、本文中に（*FORTH*, September, 1940, p.20）と略記。

(31) 安部義宗編『日本におけるキリスト教学校教育の現状』（基督教学校教育同盟、一九六一年）二〇～二一頁。

(32) 「財団法人立教学院第三十五回理事会記録」一九四〇年一〇月四日。

(33) 大江真道「戦時下の日本聖公会問題――森東吾論文を読んで――」『出会い』九巻一号、日本基督教協議会宗教研究所、一九八六年、二一～二二頁。

(34) 「財団法人立教学院第四十二回理事会記録」一九四一年八月一日。

(35) 「財団法人立教学院第四十三回理事会記録」一九四一年八月九日。

(36) 「財団法人立教学院第四十四回理事会記録」一九四一年九月一一日。

(37) 詳しくは、以下を参照。ホーリネス・バンド弾圧史刊行会編『ホーリネス・バンドの軌跡』（新教出版社、一九八三年）。山崎鷲夫編『戦時下ホーリネスの受難』（上著出版、一九九〇年）。

(38) このとき、キリスト教会の犠牲を出さずには承知しない軍は、救世軍と聖公会の弾圧を決意していたが、当時の検事中村登喜夫は、再臨信仰の教義を理由にやむを得ずホーリネス系の犠牲によってキリスト教全体を救おうと尽力し、検事総長と軍との対立にまで発展しかけたようであるが、これにより聖公会と救世軍はなんとか延命したと述懐されている（久山康編『近代日本とキリスト教　大正・昭和篇』基督教学徒兄弟団発行、創文社、一九五六年、三五〇～三五一頁）。

(39) 西村敬太郎「日本聖公会の試練　嵐の跡を顧みて」直筆原稿、日本聖公会管区事務所蔵。『鴨川聖公会三〇周年記念文集』所収、一九六九年、三〇頁。以下、本文中に（西村文書 p.30）と略記。この西村文書は、のちに西村敬太郎一周忌記念として遺族から私家版で別冊刊行されている（発行年月不記）。

(40) キリスト教主義による教育の放棄については以下を参照。本書第二部第四章の大島宏「『基督教教育ニヨル教育』から『皇国ノ道ニヨル教育』へ」、および第三部第一二章の永井均・豊田雅幸「立教学院関係者の出征と戦没」。

(41)「陳情書(原案)」日本聖公会管区事務所蔵。
(42)野々目晃三「聖職者たちの群像——その二——」『桃山学院年史紀要』一四号、一九九四年、二二一〜二三頁。
(43)佐伯好郎は東京大久保教会信徒総代。明治大学教授、東京大学東洋文化研究所教授で景教の研究家。戦後、広島の寺で埋葬された。告訴については以下を参照。同志社大学人文科学研究所編『戦時下のキリスト教運動』Ⅱ(新教出版社、一九七二年)一九七〜二〇八頁。
(44)佐々木鎮次総裁代務者の要請で監督会の議案として提出予定であったが、周囲の情勢悪化により中止になった(前掲・西村「日本聖公会の試練」三一〜三二頁。佐々木鎮次発信控一八号二一一、須貝止宛書簡、一九四二年一一月二四日)。
(45)「財団法人立教学院第五十四回理事会記録」一九四二年九月二九日。
(46)「神戸教区解散聖餐式」一九四三年一月二七日。「九州教区解散会」一九四三年三月二五日。一九四三年四月一五日に出頭を命じられて上京した八代斌助(神戸教区主教、九州教区管理主教)と覚前信三(神戸教区常置委員長)と豊福浪雄(九州教区常置委員長)は、英米の教会から独立した日本的キリスト教樹立と、日本聖公会の合同教会加入を、吉田文部省宗教課長から要請されたが、科学の真理が全世界でどこにおいても同一であるように、日本的キリスト教、英国的キリスト教などありえないこと、貴官は信仰のことは判らないから、われわれをどう取りあつかおうと甘んじて受けるが、われわれの信仰のため、日本国家のためにならない合同教会加入は生命をかけてもしない、と返答している(日本聖公会九州教区歴史編集委員会編『日本聖公会九州教区史』一九八〇年、九一〜九二頁)。
(47)「中部教区解消臨時教区会」一九四三年五月二〇日では、共済会を解消している。
(48)八代斌助「日本聖公会稗史(抄)」八代欽一『神戸聖ミカエル教会百年史物語』一九八一年、二六二頁。
(49)佐々木鎮次は、一九四三年五月二〇日の中部教区解消にさいして、「監督は指揮者にあらずして信仰の父として之を仰ぎ」と聖職に呼びかけ(『日本聖公会中部教区解消臨時教区会決議録』一九四三年五月二〇日、五頁、日本聖公会中部教区資料室蔵)、終戦後の一九四五年一二月の日本聖公会再建臨時総会では、「主教制を、一つの機構と見て、その存続が、教会の生命の伝統を保持し、教会が賦与するその聖奠(サクラメント)の基礎たる重要性を明確に把握していなかった誤りがあると思います」と指摘した(前掲・西村「日本聖公会の試練」五六頁)。
(50)松本正雄「聖公会合同問題」『創立三十周年記念　三十年の歩み』(市川聖マリヤ教会、一九六四年)所収、六五頁によれば、合同予定教会の半数が合同取り消しをしている。以下、本文中に(松本文書、p.65)と略記。
(51)日基教団への「所属申込書」と「教会名申請」(日本基督教団宣教研究所所蔵)にもとづく各教区の合同教会数は、北海道七、東北

四、北関東三、東京一四、南東京一〇、京都一四、大阪一七、神戸五、九州一一、台湾伝道区四。計八九教会（大江真道「合同所属申込書と教会名一覧――新発見の史料にもとづいたリストと教会名申請教区別一覧――」『歴史研究』五号、日本聖公会歴史研究会、一九九四年、一～二二頁）。

(52) 佐々木鎮次は、一九四三年五月の中部教区解消臨時教区会でつぎのように述べている。「神の召命に基ずる教役者の同志的紐帯並にキリストの体たる信仰的統合は、召命を感ずる限り、キリストに在りて活くる限り、人為的に廃棄し難きものであります。私共は法律上教団としての一切の機構並にその運用を廃棄致します。然し信仰の内容に於てはキリストの生命に結合された生命を持ち同じ生命をもつ者が、祈を以て相互に近よる交際の存続を信じて行くことが出来るのであります。宗団法も行政官庁も之を禁止する意味の解消を要請しているのでは無いと存じます。斯る点はその教会が閉鎖なり解散を命ぜられて始めて廃棄され得るものと私は確信する者であります」（前掲『日本聖公会中部教区解消臨時教区会決議録』四～五頁）。

(53) この書簡は、第一章が敵国米英とそのキリスト教への攻撃、第二章が国体の精華と日本文化の自立性、第三章が日本のキリスト教の独自性と日本基督教団成立の意義、第四章がキリストにあるアジアの希望と一致を述べた構成となっている（序文三頁、本文二〇頁、奥付なしで印刷。前掲『教団史資料集』第二巻、一九九八年、三一三～三二六頁）。

(54) 佐々木鎮次は一九四四年一月の東京教区主教着座式後の歓迎会で、つぎのような挨拶をした。「私は病気の為に一つの事を学びました。それは胃と心臓との関係でありまして、御前は心臓が悪いから余り物を多量に食べてはいかん。胃が大きく成ると心臓を圧迫して働きを害するから成るべく八分目に食べて、胃が心臓を圧迫しない様にせよ、と申されて居ります。政府と教会の関係とは胃と心臓の様な関係で、或る時代には政府の力が強大に成って、心臓の領分までも指示する様に成ります。只今は政府の力が強大でありますから、我々はなるべく政府の近くに在ってその意図を察し、これに応じた活動をしなければならないので、そのためには東京に移って対策を講ずるのが良いと考え東京に参った次第であります」（水野智彦『信仰と職業』私家版、一九六二年、三一頁）。

(55) 佐々木総裁代務者を案じた信徒たちの憲兵隊への慰問があとをたたなかったという（大谷敬二郎『昭和憲兵史』みすず書房、一九六六年、四〇〇～四〇二頁）。

(56) 山口弘三「聖公会事件（東京憲兵隊司令部聴取書抜粋）」前掲『鴨川聖公会三〇周年記念文集』五七～五九頁。

(57) 「史料・佐々木鎮次主教の獄中記録」『歴史研究』四号、日本聖公会歴史研究会、一九九三年、二五～三三頁。須貝止主教の獄中記録としては、西村敬太郎「主教受難の記」（直筆原稿、日本聖公会管区事務所蔵）に、須貝主教獄中作の短歌二〇数首のうち一〇首などが記されている（前掲・西村「日本聖公会の試練」所収、五九〜六二頁）。

(58) 佐々木鎮次は終戦後の一九四五年一二月の日本聖公会再建臨時総会で、つぎのような告示をした。「国家と教会との関係について、明確な信仰的見識を有すべきであろうと思います。特に全体的国家観の抬頭せる時期において多くの教会人が潮流に押し流されて、教会が霊の世界の王位を如何なる意味において堅持し得るかを、忘れきった点に大いなる誤りがあったと思います」（前掲・西村「日本聖公会の試練」五五〜五六頁）。

(59) 日本聖公会歴史編集委員会編『あかしびとたち――日本聖公会人物史――』（聖公会出版、一九七四年）三五六〜三五八頁。

(60) 名出保太郎が「抑も我国の合同運動は単なる教派合同に非ずして国家の要望により日本精神に基礎を置き、其教派的に外国に立脚せざる皇国基督教の樹立を目的とせるもの」（「我が親愛する日本聖公会聖職信徒諸君に告ぐ」一九四三年一月二五日、日本聖公会管区事務所蔵）というように、合同派は教会合同問題における国家への迎合により、土着化から国粋化へ、外国からの独立志向が排外主義へと変質した皇国キリスト教を誇示したのに対し、戦時下に日本人キリスト者によって連呼された皇国キリスト教への共感をしめしながらも、佐々木鎮次ら非合同派首脳は、信仰次元での教会独立のために身をもって戦時日本国家と対峙したのである。

(61) 八代斌助「第八回ランベス会議の諒解を求めんとする日本聖公会総裁主教親書」一九四八年五月三日、日本聖公会管区事務所蔵。エピスコポス問題として知られる戦時下の一九四三年八月二四日の七監督按手は、イレギュラーな聖別ではあったが、日本聖公会の三監督による聖別、日本聖公会祈祷書の監督按手式の使用、聖餐式の併用という点で、正当性が認められた。これは、サクラメントの有効性は、それを執行する人や受ける人の信仰的・道徳的資質に左右されるという人効論（ex opera operantis）にではなく、形式と材質が整っていれば認めるという事効論（ex opera operato）の神学的解釈によるものであることを、八代崇が指摘している（『シンポジウム教会論』東京神学大学パンフレットXIX、一九七九年、四三〜四四頁）。

(62) 海外援助受け入れは、戦災復興に限定されるという戦後最初の二回の総会（一九四五年一二月、一九四七年五月）での議長（佐々木鎮次、八代斌助主教）の告示は、その後の戦後の歩みのなかで埋もれていき、一九七〇年代にカナダ・米国両聖公会から経済支援停止を一方的に通告される（柳城学院百年史編纂委員会編『柳城学院百年史』柳城学院、二〇〇四年、一八三〜一八四頁）まで、日本聖公会の外国母教会への財政依存はつづいたのである。

(63) 前掲『特高資料による戦時下のキリスト教運動』I、九七〜九八頁。

(64) National Archives, Washington D.C.USA, US State Department, 394.0063/1, J. Grew to Secretary of State, telegram, 24 August 1940.（前掲・

アイオン「十字架の勝利のために」三三三頁)。

(65) 大江満「明治期の外国ミッション教育事業」『立教学院史研究』創刊号、二〇〇三年、四〇～四二頁。

(66) 日本人キリスト者の天皇への親近性について、聖公会の事例としては、本書第一部補論の西原廉太「元田作之進と天皇制国家」を参照。

(67) 自治にかんしては、戦後の一九四七年一〇月に教区主教は全員日本人であることが日本聖公会独立の条件のひとつとして合意されている。Church Missionary Society Archive Microfilm. File 52: Japan Mission, 1935-49. G1J3 Nippon Sei Ko Kai; general correspondence and future policy 1935-49. CMS Secretary to Heaslett, 11 October 1947.(前掲・アイオン「十字架の勝利のために」三三五頁)。

第三章　学院首脳陣と構成員のアジア・太平洋戦争に対する認識と対応

山田　昭次

はじめに

本章は「満州事変」に始まるアジア・太平洋戦争に対する立教学院首脳陣ならびに構成員の認識と対応の解明を課題とする。ただし小論が考察の対象とする構成員は、主として大学教員に限定する。中学校教員は筆者の準備不足のために考察の対象から除外する。

立教学院の思想的動向を見ると、アジア・太平洋戦争が開始される以前に戦争認識や戦争への対応を一定の枠にはめ込んでしまう制約が、天皇制国家との対応関係で立教学院内部で形作られていたと思われる。主題の問題の考察に入る前に、この点を先ず検討しておきたい。

その制約とは、日本聖公会や立教学院がキリスト教は国体に反すると認定されることを恐れて天皇制国家への忠誠を積極的に誓ったことである。立教大学校長だった元田作之進は、一九一六年一一月三日付の『基督教週報』第三四巻第一〇号に寄稿した「立太子禮を祝す」と題する一文で、「世人は較もすれば基督教を誣ひて我国体に合致し能はざるものかの如く言はんとす。此際吾人は事実に於て基督教徒なるが故に他に優りて君と国とに誠忠なる所以を示めさゞるべからず」と述べた。これはその一例である。一九四〇年の皇紀二千六百年奉祝に当たって、聖公会の一聖職者は「福音の信仰が、肇国の理想の実現に、どの位、またどう云ふ点に必要欠くべからざるものであるか、その実証を見せなければならない。耶蘇教『にも』や『でも』ではない。耶蘇教『でなければ』、出来ない、皇国に対する『貢献』を、堂々と、見せることである」と力説した(1)。これも元田の態度と同じタイプである。

マルクス主義が日本社会に広がると、立教学院首脳部はさらに一歩進んで、キリスト教はマルクス主義に対峙する天皇制の同伴者であることも強調するようになった。一九二六年五月五日、立教中学の池袋校舎の新築落成式に際して立教学院総理ライフスナイダー（Charles Shriver Reifsnider）は「現下の日本の憂の一は種々の危険思想、過激思想の侵入である。畏くも聖上陛下を初め、為政者は勿論、その他心ある者は皆之を憂て居る。之が対応策は実に健全なる基督教の鼓吹である」と演説した(2)。一九三四年の立教中学校の入学式に際して校長小島茂雄も、「今日吾国の教育制度が整頓し普及するに及んで、却つて危険思想にかぶれたる非愛国者の出現を見るに至つたのは、恐らく教育と宗教を分離した結果ならんとは、現下の輿論であります。」と述べた(3)。これらの言説は、天皇制国家の下でキリスト教の地位を確保するためにマルクス主義に対してはキリスト教が天皇制国家の同伴者であることを強調したのであろう。

小島は天皇制とキリスト教との提携を一歩進めて、日本では「天皇のため」と「国のため」と「神のため」とは三位一体だと説き、かつ神社を宗教の外に置いてキリスト教徒の神社崇敬を合理化した(4)。そのためであろう、立教中学は早くも一九二五年四月二八日の靖国神社臨時大祭の日に休校し、以後これが慣例化した(5)。

一九二五年四月一三日、政府は「陸軍現役将校学校配属令」を公布し、中等学校以上の男子校に現役陸軍将校を派遣し、軍事教練を実施することにした。これに反対して同年一一月一五日付『立教大学新聞』には立教大学、早稲田大学、帝国大学の新聞学会の軍事教練反対の共同声明と、「軍事教育の撤廃を叫ぶ」と題する論説が掲載された。ところが立教大学当局は同新聞に対して発売禁止措置をとってこれを押収した(6)。また同月一七日午後一時から立教大学で開催予定の弁論部、新聞学会主催による「大学教育批判演説会」に対して、杉浦貞二郎立教大学学長事務取扱は前日の一六日に中止を命じた[7]。

杉浦は、「軍事教育は熟考の上決定してゐるのに学生が反対するのはよろしくない」というのみで、軍事教練反対を受け入れられない理由は何も説明していない[8]。立教大学当局が学生の軍事教練反対運動を抑圧したのは、立教学院首脳部がキリスト教をマルクス主義に対する天皇制国家の同盟軍として位置づけたことと深い関係があるように思われる。軍事教練反対運動を担った学生の指導部は、大学当局が排斥するマルクス主義の信奉者であった。

立教大学の軍事教練に反対する学生運動の指導者は、陶山俊介（一九二七年商学部商学科卒業）だったと思われる。彼は一九三一年一一月一九日付『立教大学新聞』に掲載した回想録「軍教反対運動を想起す」で三〇名の新聞学会員が結束して軍事教練反対運動の先頭に立ったことを語っている。一九二七年二月五日付『立教大学新聞』によれば、彼は「立教大学新聞の創業以来、編集部内の殊に編集局長として第一人者で通り切つた」という。

陶山は立教社会科学研究会の中心会員でもあった。同研究会は一九二三年三月に経済学研究会として発会した。マルクス経済学の研究を標榜して、河西太一郎、田辺忠男の両教授の下に四〇余名の会員を擁した。一九二四年五月に社会科学研究会と改称した。クロポトキン『青年に訴う』、マルクス『共産党宣言』、レーニン『国家と革命』などを原書によって講究し、その他、時事問題の討論、会報発行などを行った。「我等の目的は言ふまでもなく無産階級解放運動に微力を尽くす事にある」というのが、陶山俊介の主張であった[9]。新聞学会とマルクス主義を研究する社会科学研究会の会員はかなり重っていたのであろう。

とすれば、「危険思想」に対峙する天皇制国家の同伴者となってキリスト教の地位を確保しようとする立教学院または立教大学の首脳部にとっては、「危険思想」に基づいた学生の軍事教練反対運動はとうてい容認できるものではなかったろう。大学首脳部がこれを鎮圧したのはごく当然だった。

以上のように、立教学院首脳部は、天皇制国家に対して積極的に忠誠を示すことによりキリスト教の地位を確保しようとした。そのことは天皇制国家に対して抵抗できない体質を深く身につけてしまったように見える。アジア・太平洋戦争開始以前にそのような体質を身につけたことは、アジア・太平洋戦争に対する認識と対応を一定の枠に閉じ込める思想的条件となったと思われる。

一　「満州事変」と立教学院

一九三一年九月一八日夜半、奉天（瀋陽）北の郊外の柳条湖近くの南満州鉄道の線路が爆破された。これは関東軍が満州侵略の口実をつくるための謀略だったことは、今日では周知の事実である。関東軍はこれを中国軍の謀略だとして侵略を開始し、朝鮮に駐屯していた日本軍も国境を越えて満州に侵入した。翌年二月には日本軍は全満州を占領し、一九三二年三月一日には傀儡国家「満州国」をつくった。国際連盟総会は「満州事変」を日本の自衛行動と認めないリットン調査団の報告を採択したので、日本は一九三三年三月二七日に国際連盟から脱退した。

当初、立教学院の首脳部や構成員の多くが、これについてどのような見解をもったのか、史料からはあまり明らかにしえない。

立教大学経済学部経済学科長河西太一郎は『商学論叢』第六号（一九三二年一一月）に「満州問題の基礎的考察」と題して「満州事変」に対する見解を発表した。

彼はマルクス経済学者らしく、満州問題の背景にあるものを資本輸出、言い換えれば投資の問題だと考え、全満州における外国の投資総額中、日本のそれが七〇・四五％を占め、日本の対外投資額中対満投資額は五八・〇％に達することを指摘した。つまり、彼は「満州は日本の生命線」といわれることの経済的実態を指摘したのである。彼は資本の輸出が帝国主義的政策を助長することを分析したヒルファデイングの『金融資本論』の理論に依拠して、対外投資された部門の独占に対する最も良い保障は「当該地域の領有」であり、「かくして投資はその性質上、投資地域の領有若しくは領有近似の政治的関係即ち例へば保護国乃至勢力範囲の如きものを必然的に要求するに至る傾向を有するのである」といった(一一～一二頁)。つまり対外投資が侵略を呼び起こすというのである。河西は「今や満州国承認問題は、日本と満州の国運を賭して、世界の外交舞台に登場しつゝあるのである！」と記して「満州国」承認を肯定するような姿勢を示しているが(四〇頁)、これは弾圧を受けないための戦術的な言葉で、実質的文脈では日本の政策は傀儡国家をつくって投下した資本の独占的維持を図る帝国主義的政策であることを指摘したのであろう。

河西は一九三二年一二月八日付『立教大学新聞』に執筆した「世界の動き――満州問題を中心に――」でも、「経済的には満州は日本の対外投資総額の過半を占め、しかもその多くは重要資源に対する固定的投資であるから、その権益は日本の死活に関する問題である」と、日本にとっての満州の経済的意味を指摘し、さらに「政治的及び軍事的には満州は日本にとってサヴエート防衛の第一線的地位にある」と指摘し、この二つの面で「満州は日本のいわゆる生命線たる意義」があると結論した。

しかし、河西の見解は、立教学院の構成員を代表するものではなかったと思われる。一九三四年九月に刊行された『立教学院学報』第一巻九月号は「中根教授は学生の視察団と共に本学教授を代表して七月中旬に渡満した」と報じた(一六頁)。これは立教大学の構成員の多くが「満州国」の成立に抵抗感をもっていなかったことを示すものだろう。

二　日中戦争と立教学院

1　日中戦争の開始と「大東亜共栄圏」

一九三七年七月七日、北京郊外の盧溝橋付近で夜間演習中の日本駐屯軍の中隊に数発の弾丸が飛来し、一兵士が行方不明となった。この兵士はまもなく発見されたが、日本軍は翌朝早々中国軍に攻撃を始めた。一一日には現地軍の間で停戦協定が成立した。だがこの日、近衛内閣は中国への大軍派兵を決定した。七月二八日、日本軍は総攻撃を開始し、一二月一三日に南京城を陥落させた。一九三八年一〇月には武昌、漢口、漢陽、いわゆる武漢三鎮を占領した。

一九三八年一一月三日、近衛内閣は「東亜新秩序」声明を発した。この声明は「東亜新秩序」とは「日満支三国相携へ、政治、経済、文化等各般ニ亙リ互助連環ノ関係ヲ樹立スルヲ以テ根幹」とするものと説明した上で、中国国民政府に対して「従来ノ指導政策ヲ一擲シ、ソノ人的構成ヲ改替シテ更生ノ実ヲ挙ケ、新秩序ノ建設ニ来タリ参スル」ことを要求した。つまり「東亜新秩序」とは共産党との統一戦線によって抗日戦争を行っている国民政府を共産党から分離、屈服させ、満州を含む全中国を日本の支配下に置こうとするものだった。

一九四〇年七月二六日、近衛内閣は「基本国策要綱」を閣議決定し、八月一日に公表した。「東亜新秩序」構想はこれによって「皇国ヲ核心トスル日満支ノ強固ナル結合ヲ根幹トスル大東亜ノ新秩序」、つまり東南アジアも含む地域まで拡大された。松岡洋右外務大臣はこれを「大東亜共栄圏」と呼び、この呼称が一般化して行った。

2　立教学院の日中戦争論

一九三七年八月二四日、近衛内閣は「挙国一致」「尽忠報国」「堅忍持久」の精神を鼓吹しようとして、「国民精神総動員実施要綱」を閣議決定した。日本聖公会教務院は国民精神総動員実施に関する九月一〇日付文部次官通牒および同月一八日付の宗教局長の通牒を受けると、これら通牒を各監督に伝えると同時に、一〇月四日に「国民精神総動員日本聖公会中央委員」一一名を選任した[10]。他方、日本聖公会教務院は傘下教会に『支那事変特別祈願式』を印刷、配布し、一〇月一三日から一九日までの「国民精神総動員」週間の適当な日にこれに準拠して特別礼拝式を執行するようにとの指令を一〇月二日に発した。その祈願文の一節には「願くは斯の時に当り、我が国民、詔勅を遵奉し、上下挙りて忠誠を竭し、官民一体となりて其の責務を全うし、国家の基愈々固く、我が国威の発揚をなさしめ給へ」とある。これは国民精神総動員の趣旨を忠実に表現したものであった[11]。

南京が陥落すると、日本聖公会機関紙『基督教週報』第七五巻第一五号（一九三七年一二月一七日）の巻頭論文「南京陥落雑感」は、「南京陥落を我等は東洋平和建設への一踏石と見度い」と評した。つまり、日本聖公会は日本国家のイデオロギーを受け入れて日中戦争を東洋平和のための戦争として肯定したのである。戦争初期の立教学院の態度を示す史料は残されていないが、日本聖公会傘下の立教学院はこれと同じ見解であったろう。

一九三六年九月から一九三七年三月まで立教大学文学部長だった小林彦五郎は、一九三八年八月二九日に日本放送協会の委嘱によりアメリカ西部の日本人向けに放送をした。これは「日支事変と日本に於けるクリスチャン・スクール」と題して、日本のキリスト教学校を代弁して日中戦争の正当性を次のように説いたものである。

日本国民は東洋の平和及び世界の平和を望む。クリスチャンとして我々も固より之を望む。そして我々日本国民は支那人民に対して何等の敵意をもたないのみか、日支親善は年来の切望である。しかし蒋介石と共産党員とが日本に対してやって居る抗日運動と、ソヴイエット露西亜の後援をもつ共産主義者の共産主義拡張運動とは、全く此希望を破壊するものである。随て此両運動が徹底的に撃破されて、日本と手を執つて、共に日支間の福利発展を図つて行かうといふ政府が支那に建設されない限り、東洋の平和も世界の平和も断じて来ない。今回の日支事変に於て、日本が実現せんとする目的は即ち之れであって、日本の行動は、一方我国の安寧と利権に対する正当防禦の行動であると共に、他方東洋及世界永遠の平和建設のためでもある。

つまり、小林は中国国民政府の容共抗日運動を撃破し東洋及び世界の平和を達成するのが日中戦争の目的であるとして、この戦争の正当性を説いた。

この放送原稿は、『立教学院学報』第五巻第九号（一九三八年一〇月）の巻頭に掲載された。したがって小林の見解は立教学院の見解を代弁するものと見てよいだろう。

河西太一郎は一九四〇年六月二五日付『立教学院学報』に掲載した論説「国際政局と支那問題」で、「東亜新秩序」の推進論を説いた。彼は今後の世界および日本の運命を決定するのは、欧州戦争と「支那事変」の成り行きだという。欧州戦争は短期で終わればドイツの勝利となり、長期となれば背後にアメリカがいる英仏に有利になるだろうが、しかし結局両虎共に傷つき、その結果はいわゆる西欧の没落にほかならないと見た。つまりそれは、前世紀以来世界を指導してきた西欧中心の世界体制の崩壊を意味する。これに代わって「その後の国際政局を支配するのはアメリカとソ連、そして望むらくは日本」と見る。それならば次期国際政局の立役者たる米ソ両雄の間に挟まれて日本はどこに安心立命の地を見出せるか。「それは勿論所謂東亜新秩序の建設、東亞ブロックの確立以外にあり得ない」という。そして「その事の成否は支那事変の解決如何に掛る」。それでは、日中戦争をどう解決するか。親日政権である汪兆銘政権を助けて蔣介石政権を壊滅させ、新東亜の建設に成功するためには、「それに相当するだけに我国力を充実し、培養しなければならぬ」という。河西は、一九四一年一〇月一日付『立教大学新聞』に寄稿した「国際情勢の動向と我国の地位」では、「万代揺るぎなき東亜新秩序の実現に邁進すること、これが東亜に於ける道義の旗手たる我国の光輝ある使命である」と言い切った。このようにマルクス主義の立場から「満州事変」に対して批判的見解を示した河西も、日中戦争に対しては聖戦観に転じ、大東亜共栄圏推進論者となった。

一九三九年六月一一日、立教学院出身九名の「戦死者慰霊祭」が立教学院チャペルで行われた[12]。これが最初の「戦死者慰霊祭」である。その案内状によれば、主催者は立教大学、立教中学、立教学院校友会である。このとき戦死者名を刻んだ「名誉の戦死者記念牌」の除幕も行われた。これには戦死者名の上段に「名誉之戦死者　人その友のために己の生命を棄つる之より大なる愛はなし」という碑文が刻まれた。「人その友のために……」は「ヨハネによる福音書」第一五章第一三節から引用した言葉である。中国侵略戦争で戦死することが、隣人のための死と意義づけることはできない。しかし立教大学、立教中学、立教学院校友会は、日中戦争は中国人民を敵とするものでなく、容共抗日政権を倒して東洋平和を築くためのものであるという日本国家の日中戦争聖戦論をそのまま受け入れて立教学院出身兵士の死を友のための死と意義づけたのであろう。

3　立教学院と紀元二千六百年祭

一九四〇年は神武紀元によると、二六〇〇年に当たる。政府はこの年に皇国精神と戦意高揚を図り、一一月一〇日から一四日まで、各地で紀元二千六百年記念奉祝会、提灯行列、旗行列、音楽行進、花電車運転などの多彩な行事が行われた。

日本聖公会も、この年の紀元節に当たる二月一一日に盛んな祝賀行事を行った。東京教区では芝の聖アンデレ教会で「皇紀二千六百年奉祝記念大拝礼」が行われ、松井米太郎監督が「神と祖国のため」と題して説教をした。大阪教区、神戸地方区、九州地方部、北関東地方部でも祈念礼拝が行われた(13)。二月二一日奈良県八木教会で「皇紀二千六百年奉祝日本聖公会信徒大会」が開催された(14)。四月三日の神武天皇祭の日には立教学院チャペルで北関東地方部の皇紀二千六百年奉祝信徒大会が開催され、南東京地方部のそれは横浜市山手町クライスト教会で行われた(15)。立教大学では一一月一一日に「紀元二千六百年祝典」が校庭で行われた(16)。

立教学院では、学院総長ライフスナイダーがこの風潮の先頭に立って、同年一月二八日付の『立教学院学報』第六巻第一号に寄稿した「新年の辞」の冒頭で、「国民的緊張の当今の重大時局にあつては、凡ての忠良なる市民又『神と祖国の為』といふ立教の理想に忠なる我が学院の全学生・全校友は、必ず犠牲の精神をもつて新年を迎へるに相違な

い と我儕は信ずる」と、犠牲の精神の必要を強調した。彼がいう犠牲とは、「殊に、大君と国に一切をささげ、我が生命を惜しまずに国家的聖戦の目的貫徹のために第一線に出て奮闘活躍してをる我が同胞のために以上の決意を断行することを意味する」という。彼は「諸君の祖国は、新東亜建設のために一心合体して諸君の協力を要求する」と説き、「『神と祖国の為』といふこの偉大な理想が、皇紀二千六百年紀念の此の年に際し全学生・全校友の生活に於て実現せらるべきことを促さんと欲する」といった(17)。

この時期には「神と国の為」の名の下に国家に対する犠牲とともに「滅私奉公」が強調された。ライフスナイダーの「新年の辞」を掲載した『立教学院学報』第六巻第一号に掲載された立教大学学長遠山郁三の「新年の挨拶」は、皇紀二千六百年に当たって「肇国の精神に遵へる立教建学の精神たる神と国との為に滅私奉公誠心誠意精進」することを学生に求めた。

また立教大学予科教授武藤安雄は、一九四〇年の創立記念日に寄せて「創立記念日を迎へて毎年想起することはウィリアムス老監督の事どもである。滅私奉公といふ言葉は、此度の日支事変以来常用されるが老監督に於てはその日常生活がこの言葉の具現であった。我が立教の標語『神と祖国との為』に老監督は日本の青年を教育されたのである」と述べた(18)。

この年の八月二八日、「大東亜共栄圏」建設に対応した国内体制の樹立を目指す「新体制」運動発足のための第一回準備会が首相官邸で開かれた。この「新体制」運動を推進する大政翼賛会が一〇月一二日に近衛を総裁として発足した。この時の挨拶で近衛は「本運動の綱領は、大政翼賛の臣道実践といふことに尽きる」と言った。立教大学学長遠山郁三は、早くも九月一一日の第二学期始業式にあたり学生に向けて大政翼賛を呼びかける訓辞を発した。彼は「ウイリアムス氏は全く自己を犠牲にして本学を創め其一生を日本の為に献身し〔中略〕多くの人の為に生きるといふキリスト教の高い道徳を実践躬行した人」と評し、「外人さへ此道徳を持つてゐるから、〔中略〕我等は大君の為め皇国の為めにすべてを捧げて奉仕せ〔ママ〕では肇国の精神にもキリスト教の道徳に背くのではないか」と述べた。ここでも戦時体制国家への奉仕と犠牲が神のための奉仕や犠牲と同質化して強調された[19]。

この年一〇月四日の第三五回理事会で理事長および総長を辞任したライフスナイダーの後任として理事長に就任した松井米太郎は、一一月五日の第三六回理事会で全理事に一致協力を求めて次の「誓詞」に同意を求め、松井を含む七名の全理事がこれに署名した。

誓　詞

我等理事一同ハ現下内外ノ情勢ヲ稽ヘ教育報国ノ任務愈重大ナルヲ認識シ茲ニ態勢ヲ新ニシテ出発セムトスルニ方リ衷心立教学院創始者ノ理想ヲ銘記シ基督教的精神ヲ持シテ滅私公ニ奉ジ誠心事ニ膺リ神ト国ノ為ニ協心戮力セムコトヲ誓フ

皇紀二千六百年十一月五日[20]

この「誓詞」でも「神と国とのために」という名の下に天皇制国家への滅私奉公が強調された。

以上のように立教学院では、民族共同体としての祖国（fatherland）と権力機構としての国家（state）の区別のないままに皇紀二千六百年祭を迎え、「神と国のため」という名の下に「大東亜共栄圏」建設を目指す天皇制国家への滅私奉公や犠牲が強調されるようになった[21]。

三　太平洋戦争・学徒「出陣」と立教学院

1　太平洋戦争の開始と「大東亜戦争」肯定論

日本は一九四〇年九月二七日、日独伊三国同盟を締結した。他方、日本軍は九月二三日に北部仏印に進駐し、さらに一九四一年七月二八日に南部仏印に進駐した。アメリカはこれに対抗して、日本人の在米財産の凍結や石油禁輸を行った。イギリス、オランダもこれにならった。そして日本海軍は一九四一年一二月八日にハワイ真珠湾を急襲し、太平洋戦争が開始された。立教学院の首脳部や大学教員たちは、この戦争を大東亜共栄圏建設のための聖戦として肯定した。

立教学院総長兼立教大学学長の遠山郁三は、開戦の翌日の九日に学生に向けて左記の訓示を発表し、「大東亜戦争」聖戦論や国家への献身論を説いた。

謹んで大詔を拝読し誠に恐懼感激に堪えない次第である。既に我邦の精鋭は勇躍して起ち、捷報頻りに至り、快心の極みであると共に吾等の肉は躍り血は沸くの思ひがある。吾等学徒は克く心身を練磨し入りては学業を研鑽し出でゝは一心一家を捧げて尽忠報国の大義に殉じなければならぬ。

由来我邦は肇国以来の国是として萬邦をして各々其所を得、兆民をして各々其土に安ぜしむるを期してゐるのであつて、今次の事変も東亜の安定を確立し世界平和に寄与することにあつた。然るに米英を主とする諸国は我真意を解せず、吾人は只管和協の道を得んとして久しきに亙つて条理を尽くして反省を求むるに努力の限りを尽くしたに拘らず彼等は之を毫も省みず却つて我邦の包囲を策し遂に帝国の存立を危殆に陥らしめんとするに至つた。

事此処に至つては所謂矢は弦を離れ、骰子は投げられたのである。今こそ皇国隆替の秋光輝ある皇国の歴史的使命に鑑みて堅忍持久、一切を国家に捧げ大東亜建設の雄深なる意義を完ふすべく誓ひつつ、宸襟を安んじ奉らねばならぬ。[22]

経済学部教授松下正寿は「対米英戦の性格」と題する論説で「今回の対米英戦は徹頭徹尾自存自衛の戦争であるといふことである。〔中略〕米英は世界を支配せんとし、我は只管、帝国の自存と自衛を欲する。何れが侵略者であり、何れが防衛者であるか、自ら明らかであらう」と主張した。[23]彼の主張では、日本の東アジア支配を貫徹することが自衛と看做されているのである。

一九四一年に経済学部長となった河西太一郎は、「大東亜戦争は、その名の如く、大東亜共栄圏樹立のための戦争であり、過去三世紀半に亙る白色人種の圧政下から東亜の諸民族を解放するための聖戦である」と、「大東亜戦争」聖戦論を展開した。[24]

立教学院や立教大学の首脳部、教員がこのような方向に流されて行くことは、皇紀二千六百年祭を迎えた一九四〇年に確定していたことと言えよう。

2　学徒「出陣」をめぐる総長や教員

緒戦において日本は勝利したが、一九四三年二月のガダルカナル島の撤退以後、日本は敗退を続けた。五月にはアッツ島の守備隊が全滅、その後米軍は攻撃を強めた。

こうした状況下で同年一〇月二日に勅令第七五五号「在学徴収延期臨時特例」が公布され、全国の大学、高等学校、専門学校の文科系学生・生徒の徴兵猶予が停止された。蜷川寿恵の推計によれば、五万人に近い学徒たちが入隊した。[25]

国家主義教育にがんじがらめに縛られた彼らは徴兵を忌避することは考え及ばず、戦場での死を受け入れるほかなかった。しかし知識人である彼らのうちの少なからぬ者たちは、天皇のためにとか、東亜諸民族の解放のためにといった国家の宣伝には納得しきれず、自己を納得させるに足る戦死の意味を求めて哲学書や宗教書を読みふけった。しかし自己を納得させる意味をつかみうるはずもなく、苦悩しながら戦死した者が多かったと思われる(26)。

立教大学の総長や教員にはこうした学生の深刻な悩みを察した発言は見られず、学徒「出陣」を激励する、国家に忠実な発言のみだった。

立教大学総長三辺金蔵は同年一〇月二三日に学生に対して次のように訓辞を述べた。

此の戦ひ抜き勝ち抜くために取られた政府の発表は諸君に取つては何等突発的の事でもなく、むしろ諸君の待ちに待つたものであり、諸君の本懐であらう。諸君の持つて居る若き力は戦場においては尽忠報国の誠を致し以つて皇軍の戦果に輝きを増すであらう。併し又諸君は学徒である。続いて当局の発表があるまで冷静に勉学を続け御召が来たらば直ちにペンを銃に換える心構へを作つて置くやうに。米英の止めは必ず諸君のその手でして貰ひ度い。(27)

文学部講師根岸由太郎は一九四三年一一月一〇日付『立教大学新聞』に寄稿した「諸君の前途を祝す　身を挺して国恩に報ひん」で次のように述べた。

学徒諸君が一身を挺して国家の為に戦ふべき好機会を与へられたるは実に学徒として本懐であらう。多年練磨したる各自の腕力を以て軍の指揮に従ひ、自己の才能の全□を発揮し幾分なりとも皇軍活動に力を捧ぐる事が出来る現世に生まれたことは学徒諸君の一身の幸福のみならず一家の名誉であると私は確信してゐるのである。

予科教授武藤安雄は同日付『立教大学新聞』に寄稿した一文「此の大戦に終止符を打て」で「今回の学徒出陣は諸君学徒によつてこの大戦争に終止符を打つ為である。〔中略〕こうした要望の下にお召しに応ずる諸君は『一旦緩急アレハ義勇公ニ奉シ以テ天壌無窮ノ皇運ヲ扶翼スヘシ』と仰せられた有難き御言葉を実践躬行すべき秋に際会したのである。何たる名誉ぞや、何たる光栄ぞや、さらば征け、学徒諸君、征け」と叱咤した。

東京大学文学部長今井登志は、「出陣」学徒を送る最後の講義で「願わくは諸君、命を大切に、生きて再びこの教室に会せんことを」と涙と共に訴えた。同大学のフランス文学の教授辰野隆も、「諸君、生きて帰れ」と学生に語りかけた。(28) 同じく東大教授で労働法の権威だった末弘厳太郎は、教授団を代表した「出陣」学徒への送別の辞で「私としてはただ、一日も早く戦争が終わり、諸君が一人でも多く無事に帰ってきてくれることを、祈らずにおれない」と述べた。(29) 慶応義塾大学の国際法の教授板倉卓造は、「出陣」学徒に対する最後の講義で「諸君はこれから戦地に行く。そこで捕虜の権利について話す」といい、捕虜に生命を奪われない権利、衣食住の供給を受ける権利、戦後速やかに故国に送還される権利を話し、「お願いする、死に急ぐな」と講義を結んだ。(30)

管見の範囲では、「出陣」学生に生き抜くように訴えた立教大学教員がいたことは伝えられていない。ただし、東大医学部助教授緒方富雄は、一九四三年一一月一〇日付『立教大学新聞』に「はなむけに代へて　私を去った生活」と題する一文を寄稿して次のように記した。

　召されて征く諸君の今の心境はどんなであらうか。『いのち』の問題。『いかに生くべきか』の問題。それは現下の情勢にあつて、諸君もすでにはつきりした方向が示されてをり、また諸君もそれを立派に解決し、消化してゐるにちがひない。しかし私がそうきめてゐるだけでは、どんな文を諸君に書き送つても征く諸君と私とは何の内容的なつながりもない空虚なものであるといへる。私は私なりに、あゝであらうか、こうであらうかと、諸君の心境を想像し、そしてあやかりたいのである。

緒方は近づきつつある戦死に直面し、戦死の意味づけに悩む学生の心境を充分察していた。しかし緒方は自分がいかに察しても、戦死に直面している当事者と自分との間の距離を自覚していた。彼の発言は『立教大学新聞』に掲載された発言では異色であり、一人一人のかけがえの生命の貴重さを棚上げして戦争を賛美する教員たちとは一線を画した発言だった。

今井の発言をはじめとするこれらの発言は、言論に対する厳しい制約の下でも、かけがえのない一人一人の生命を惜しむ良心が真にあるならば、国家に迎合する以外に何も言えなかったのではないことを示している。

四　大学教員の戦時国家体制への随順と抵抗

以上、アジア・太平洋戦争の進展状況に対応して立教学院の首脳陣や構成員がこれをどのように認識し、どのように対応したかを見てきた。以下では戦争の進展に対応して人権や自由の統制を強化していく戦時国家体制に対して立教大学教員が自己の学説を奉仕させたのか、あるいは研究の自立性を確保しようとしたのか、その対応の仕方を検討する。

1　ナチス国家主義と文学部教授菅円吉

立教大学文学部教授で哲学科長だった菅円吉は、一九四一年一一月二日・三日両日、東京池袋の聖公会神学院で開催された日本聖公会全教区青年代表者協議会で「福音の再認識――国家への奉仕の観点より――」と題する講演を行い、ドイツの神学者フリードリッヒ・ゴーガルテンの所説に従ってナチスの国家主義を国家の本来の姿を示すものとし、個人の権利や自由を棄てて「国民道徳」を形成するために人間の魂の病を治すのがキリスト教の福音であると説いた。

菅は、ゴーガルテンの所説を次のように紹介した。

ドイツに於ける現在の国家の動きは今迄とは全然その事情を異にして来た。何処が異なって来たかと云へば、それは現在の新しい国家、即ち現在のナチスの国家は、人間の存在全体を統制する権利を要求すると云ふ点にある。今迄の国家組織はその根本に於ては、一個人としての私的な人間を完成する事を目的としたものに過ぎなかつたが、然し之はよく考へて見れば、国家が非国家化する事であつた。これに反して現在では〔中略〕国家と云ふものは、〔中略〕人間の存在の基礎であり土台であつて、それなくしては人間個人の存在はあり得ないと云ふ様なものとなり、従つて人間の存在全体は其の基礎である所の国家の動きによつて影響されずにはゐられないと云ふ事になつて来た。〔中略〕而して個人主義と自由主義とが主張される所では又、民族から、国家から、家庭から解放されようとする動きが起つて来て、而してそれは結局に於ては人間の存在の土台から解放されようとする恐ろしい危険と矛盾とに陥るのである。人々は今や此の危険を明白に感じて来た。而して其の結果としてドイツでは国家社会主義の運動が起つて来たのである。(31)

ゴーガルテンは、以上のように近代民主主義を国家にとっての危険物と見なすナチスの国家主義を肯定した。そのうえでキリスト教をこの国家主義に順応させようとした。つまり「若しキリスト教が十九世紀の個人的人間をのみ対象として取扱ってゐるならば」、教会は「国家がそういう権威を振ふ場合、それを野蛮的行為だとか、人間を奴隷視する事だとか見る」[32]。しかし教会は、国民道徳の他にキリスト教道徳を説くことを許されないという。もし許されるならば、「国家が人間の存在全体に対して持つ全体的権威が狭められ弱められると云ふ結果になる」からであるという。しかし教会が国民道徳のみを説けば、「教会は教会独自の働きとしての福音の宣伝者としての課題を失つてしまふ」というディレンマに逢着する[33]。そこでは罪人、つまり国民道徳に服従しない病気にかかっている人間の魂を癒す医者がイエスであり、国民道徳に服従しない「罪人は本当に国家に仕へ得る様になる為にはイエスに仕へねばならぬ」という。

菅は以上のようにゴーガルテンの所説を紹介した上で、「今又国家の本来の姿に帰らうとする新しい運動が起つて来た」ドイツの方向を日本に移せば、「我々日本人の踏むべき道は臣民の道より外ない」という。なぜならば、祖国の難局は生易しいものではなく、「我々は本当に自己中心をやめ、自分を犠牲にし、文字通りに自分の生命を投げ出さねば、此の難局は突破できない」からだという[34]。このように菅はナチス国家主義を礼賛し、権利や自由を否定して個人は国家の犠牲になるべきことを説き、キリスト教を天皇制国家の臣民の道に従属させることを肯定した。

菅は、一九四一年に刊行された『転換期の基督教』[35]の序文で、以上の趣旨を率直簡明に次のように述べて、天皇制国家を全面的に肯定した。

今や世界は歴史的大転換期に遭遇しつゝある。〔中略〕。新しき世界秩序とは何か。曰く全体主義、曰く何々、いろいろの合言葉が氾濫してゐるが、我ら日本人にとつては唯一つの明白な答がある。それは我が国独特の国柄に帰れである。しかし現在の新しき世界秩序建設の努力全体に共通な特徴の一つが、自由主義、個人主義の克服であることは既に自明の事に属する。従つて我国に於いても自由主義、個人主義の流れを汲むあらゆる思想と文化形態は、断じて許されない。基督教にしても然りである。

菅は一九三〇年に刊行された『基督教の転向とその原理』(36)では、『自己の救ひ』をのみ唱へた過去のキリスト教は、今や社会の救ひを高調すべき時がきたのではないか！」と力説した(六五頁)。その理由は、次のようである。

人間はルネサンスの時に『個人的個人』に眼ざめたが、現代に於ては『社会的個人』に眼ざめつつあると云ふ言葉に深い意味があると思ふ。農村問題、労働問題、失業問題、人口問題、共産党問題、大学改造問題等々、我等の周囲に巻き起つてゐる渦巻きは悉く社会問題である。(三九頁)

彼はまた、精神生活と経済生活とは深い関係があるが、「最近、宗教が方々から、而して特にマルキストから攻撃されるのは、此等の両者の間に調和が缺けて来たからだと私は信じてゐる」とも述べた(六九頁)。

彼のキリスト教の社会化の主張は、マルクス主義の挑戦に対応したものだった。しかし社会運動やマルクス主義者が弾圧され、ナチズムや天皇制ファシズムが台頭すると、彼はキリスト教の社会化の提唱を棄て、日本人キリスト教徒が天皇制国家へ奉仕すべきことを説いた。彼はそれぞれの時期の支配的潮流の変化に敏感に対応して考えを変えた。彼は、それがキリスト教を守るゆえんだと考えたのであろうか。

2　経済学部教授小山栄三の国家と大東亜共栄圏建設のための報道論

自由を否定して国家統制を肯定したのは、菅円吉のみではない。立教大学経済学部教授小山栄三も一九四二年に刊行した『戦時宣伝論』(37)で、戦時下のジャーナリズムに対する国家統制論を次のように展開した。

今日では最早自由主義的な体制を絶対的な、理想的な機構と考へ、それを基準として国策の方向を決定することは許されなくなつてゐる。自由主義の基礎には利益社会的意見の分立が横たはり、その自己中心的な営利態度は高度国防国家建設のために必須な、国民の有機的統一結成を阻害する要因をなしてゐるからである。(一～二頁)。

小山は以上の点を踏まえて「言論の自由を本質としたヂャーナリズムはほろび、民衆の指導を任務とした新しい類型のヂャーナリズムが発生してきたのである」と、当時の日本の状況を追認した(一八一頁)。もちろん、ここでいう民衆に対する指導の主体は国家である。

小山は同書で戦時宣伝の任務として三点を挙げる。すなわち「第一にそれは国民に必勝の信念を涵養し国論の統一を実現するための民衆に対する政治指導の手段でなければならず、第二に敵性国家及び民族層の結束を撹乱する神経戦の武器でなければならず、第三に占領地域及び中立民族層に同志的一体感を形成するための紐帯として作戦の一部となるものでなければならないのである」という(序文、三頁)。このように、報道は戦時国家の宣伝手段と見なされる。

彼が特に重視したのは占領地での宣伝である。「東亜新秩序の建設は外に対しては武力によって、内に対しては民族の心の把握によって決せられる」というのが彼の見解である[38]。つまり、アジアの諸民族の自発的服従を確保するのに宣伝が必要だというのである。

小山は「王道楽土や民族協和はスローガンとしては結構であるが、優秀な民族が然らざる民族を征服し、指導して行くのは厳然たる世界史的現実である」と、「東亜新秩序」の実態は日本によるアジアの支配であることを率直に言う[39]。福間良明は、小山のいう「宣伝は『大東亜共栄圏』としての『一体感』を創出することを可能にするとともに、『日本』と『彼等』の関係を位階構造のなかに秩序づけるものでもなければならなかった。」と評している[40]。小山は日本国家の内における言論の自由の抑制と、外に対しては東アジアに対する支配を肯定したのである。

3　文学を固守して戦時下の時流への迎合を批判した文学部教授富田彬

管見の範囲では、戦時国家体制への迎合をはっきり拒んだ教員が立教大学に一人いた。英文学専攻の文学部英文学科教授富田彬である。彼は一九四一年五月六日付『立教大学新聞』に「文学と実践」と題する論説を発表した。これは国家が学問研究に対する統制を強化し、これに研究者が迎合する風潮が強かった当時の状況の下で、政治に対する文学ないしは文学研究の自立性を主張した注目すべき論説である。

この論説によると、英文学を修めた後に陸軍士官学校に入った若者が、「僕が嘗て属していた職業圏内では相当厳しい嵐が吹いてゐることゝ思ひます。暇には情勢をお聞かせ願ひます」といってよこしたという。若者はイギリスと日本の関係が悪化していたので、英文学研究者に風当たりが強いだろうと憂慮したのであろう。富田の答えは次のようだった。

私は私の職業圏内で今どのやうな嵐が吹いてゐるか知らない。私はたゞ私自身を生き、そして与へられた私の職域において働いてゐるだけである。英語英文学をやつてゐることが、損か得かなどゝいふことを考へる暇もない。（中略）自分自身より外側の情勢に気をとられる人、精神的なことよりも物質的なことに動かされる人、世界を内側から感ずるよりも、外側から現象的に捕へようとする人、さういふ人は人間的価値よりもマーケット・ヴアリユーを重んずる人で、祖国愛といふやうな本質的に人間価値に関するモラルとは凡そ無縁な人である。（傍線は引用者）

この文は、深い内面性やそれによって把握した人間的価値を大切にせず、戦時国家体制の下でのマーケット・バリュー、すなわち時流へ迎合する者に対する痛烈な批判である。

一九四二年五月二六日、内閣情報局の指導によって文学者を「国策」に動員するために日本文学報国会が発足した。富田は一九四三年六月に発表した「文学と数寄」[41]で、この風潮に対して次のように厳しい批判を発表した。

文学は、直接に何かの役に立たうとする時に堕落し始める。またさういふ文学は、文学でない故に、何の役にも立たないのである。心の最も深いところで行はれる創造の営為が、何で当座の有用を目的となし得よう。〔中略〕文学報国とは筆で食ふ商売を時局向きに生かすことではない。文学に生き文学に死することに依つて、結果として日本を世界に顕揚することである。

富田は文学の無用の用を説いた。すなわち「文学と実践」では、「文学は直接の救用を意図しない。〔中略〕それは幾世紀かを隔てゝ万人の心に徹し、政治を動かし現実を変へていく」といった。

富田は、「この非常時に文学のことだけ考へてゐるのは我侭勝手で個人主義のやり方だと思ふ」考えを拒否した。理由は、「文学の道は人間の道に立つてゐる」ということだった[42]。「非常時」に文学の道を譲らなかったゆえんはここにあった。つまり、富田は政治に従属させることができない文学独自の価値を確信し、戦時下の時流に迎合しなかった。富田は戦時中も背広にソフト帽を着用して過ごし、防空演習にも参加しなかった[43]。戦後になって富田は戦時中の生活を回想して「私は一つは生来の不精から一つは経済観念から国民服も着ず戦闘帽も被らず通してしまつた」といったが[44]、不精と経済観念だけで戦時下の生活を背広とソフト帽で過ごせるとは思われない。この言い方は彼一流の謙虚さの現れであって、文学論から生活まですべての点で戦時体制迎合に背を向けたのが彼の生き方の実態だったのであろう。朝鮮人学生のなかには小石川植物園の近くにあった彼の家を訪ねる者もいたという[45]。富田に植民地支配に対する洞察があったとは思えないが、戦時体制下の時流に迎合しない彼の態度が朝鮮人学生に信頼されたのであろう。

彼がこの戦争の性格をとらえていたかどうかは、明らかでない。しかし当時の厳しい条件の下で戦時国家体制に迎合する潮流を批判し、文学の政治に対する自立を堅持したことは注目に値する。彼は敗戦後に、「今日口を開けば軍閥を攻撃し戦争責任を問ふのは世間のならはしみたいになってゐるが、それはそれで当然の事として、更に一段と掘り下げた倫理的問題として考へる時、ふり返るべき青春の思い出を持つ程の年輩の者は、必ず自責の念を持つのが当然のやうに考へられる」と述べた[46]。彼は自己の戦争協力を隠してすばやく民主主義者に転進し、他者の戦争責任を弾劾した敗戦後の時局便乗派にも迎合しなかった。彼は戦時中も戦後も一貫して時流への迎合を拒否した。

むすびに代えて

立教学院は、戦争を推進した日本国家の単なる被害者なのか。『立教学院設立沿革誌』[47]、『立教学院八十五年史』[48]、『立教学院百年史』[49]などが説くように、確かに一面において立教学院は、戦争を推進した日本国家の被害者である。しかし以上検討したように、他面では学院の内部に東アジアへの覇権を目指す天皇制国家のための犠牲を神のための犠牲と同質化させたり、あるいは個人の自由・権利や新聞報道の自由の放棄を推進する言説を積極的に発表した者もいた。それは、キリスト教学校が天皇制に譲歩しなければ存立できない条件にあったことに多大の原因があったろう。しかし、すべての原因をそこに求められるだろうか。富田彬は「非常時」に対して文学ないしは文学研究の自立性をいささかも譲らなかった。また、他の大学では、国家よりも学生の生命を惜しむ教員もいた。したがって戦争協力のすべての原因を外的条件のみに帰して、国家にどうしても譲り渡せない思想的立脚点を持っていたか、どうかという主体の問題の検討をおろそかにしてはなるまい。富田が一九二九年一〇月一五日付『立教大学新聞』に寄稿した「M君から貫った手紙」で、「底に抜き差しならぬ感情の伴わない理論程、馬鹿げて見えるものはない」といったのは示唆的である。彼は生活の中に根ざし、どうしても譲れない思想的立脚点を大切にした。これが彼をして他の人々と異なる道を歩ませた原因であろう。自己の行為のすべての原因を自己の外にある客観情勢のみに求めて責任を回避するならば、今日の抑圧と闘って未来を創造する主体を構築できない。

戦時下の厳しい制約の下でも、研究者・教育者の生き方がなぜこのように二つに分かれて行ったのか、今日の研究・教育の政治に対する自立性確保のために深く考察してみる必要がある。現在また日本の政治の右傾化がとめどなく進行し、東京都をはじめとする諸府県では、小学校・中学校・高等学校などの卒業式や入学式に際して日の丸掲揚・君が代斉唱の強制や、これと併行して職員会議の議決権の剥奪も行われている。この厳しい状況の中で、自己の歴史的体験やそれに根ざした、どうしても譲れない個性的な思想と良心に基づいて君が代斉唱時の起立と斉唱の命令に服従しない教員が少数ながらも存在している現在を顧みると、政治に対する自立と抵抗の思想的立脚点の考察の必要性は、単なる過去の回顧を超えて今日一層現実的意味を持っている。

注

(1) 慧円生「一聖職者の手紙　二千六百年奉祝記念事業」『基督教週報』第八〇巻第三五号、一九四〇年一一月二二日、三頁。
(2) 立教学院百二十五年史編纂委員会編『立教学院百二十五年史』資料編第一巻（立教学院）一九九六年、二六九頁。
(3) 前掲『立教学院百二十五年史』資料編第一巻、六五頁。
(4) 山田昭次「立教学院戦争責任論覚書」『立教学院史研究』創刊号、二〇〇三年三月、二二頁。
(5) 同前、二六〜三〇頁。
(6) 前掲『立教学院百二十五年史編纂委員会編』資料編第一巻、三九八頁。
(7) 同前。『立教大学新聞』一九二五年一一月一五日付。

(8)『東京日日新聞』一九二五年一一月一四日付。
(9)菊川忠男『学生社会運動史』(海口書店、一九四七年)二一九頁。
(10)日本聖公会教務院総務局『日本聖公会第十九回総会議決録』一九三八年、四四〜五二頁。
(11)日本聖公会教務院『支那事変特別祈願式』一九三七年、序文および八頁。
(12)『立教学院学報』第五巻秋季号、一九三九年一一月三〇日、四〜五頁。
(13)『基督教週報』第七九巻第二四号、一九四〇年二月二三日、六頁。
(14)『基督教週報』第八〇巻第二号、一九四〇年三月八日、六頁。
(15)『基督教週報』第八〇巻第六号、一九四〇年四月一二日、六頁。
(16)「遠山日誌」一九四〇年一一月一日の条。
(17)この「新年の辞」の全文は、前掲・山田「立教学院戦争責任論覚書」一四〜一五頁を参照。
(18)『立教学院学報』第六巻第二号、一九四〇年五月二八日。
(19)『立教学院学報』第六巻第四号、一九四〇年一〇月一七日。
(20)「財団法人立教学院第三十五回理事会記録」一九四〇年一〇月四日。同「三十六回」一九四〇年一一月五日。*FORTH-THE SPIRIT OF MISSIONS*, 1941, December, Vol.106, No.12, p.15.
(21)「神と国とのために」という標語が祖国と国家を区別しないで使われたことの問題点については、前掲・山田「立教学院戦争責任論覚書」一九〜二二頁を参照されたい。
(22)『立教大学新聞』一九四一年一二月一〇日付。
(23)同前。
(24)「時局と学生——新春に際し——」『立教大学新聞』一九四二年一月一日付。
(25)蜷川寿恵『学徒出陣——戦争と青春——』(吉川弘文館、一九九八年)六七頁。
(26)例えば、東大出身で一九四三年一二月に入隊した菊山裕生は、入隊前の一〇月一一日の日記に迫り来る死に悩んで次のように書いた。
「一体私は陛下のために銃をとるのであろうか。あるいは祖国のために(観念上の)、あるいは私にとって疑いきれぬ肉親の愛のために、さらに常に私の故郷であった日本の自然のために、あるいはこれら全部または一部のためであろうか。しかし今の私にはこれらのために自己の死を賭けるという事は解決されないでいるのである。」(日本戦没学生記念会編『新版　きけわだつみのこえ――日本戦没学生の手記――』岩波文庫、一九八九年、一八七頁)。

また大坂外国語学校を一九四三年九月に繰り上げ卒業し、海軍に入隊して特別攻撃隊に参加した古川正崇は、一九四五年四月八日付の手記に「人間の迷いは実にたくさんありますが、死に対するほど、深刻で悟りきれないものはないと思います」と記した(白鳳遺族会『増補版　雲ながるる果てに――戦没海軍飛行予備学生の手記――』河出書房新社、一九九五年、二六〇頁)。

(27)『立教大学新聞』一九四三年一〇月一〇日付。

(28)芝盛雄「海軍燃料廠」東大十八史会編『学徒出陣の記録――あるグループの戦争体験――』(中公新書、一九六八年)所収、一二一頁。

(29)吉田満「散華の世代」吉田満『戦艦大和』(角川文庫、一九六八年)一八四頁。

(30)白井厚「戦争体験から何を学ぶか――『太平洋戦争と大学』最終講義」、白井厚編『大學とアジア太平洋戦争――戦争史研究と体験の歴史化――』(日本経済評論社、一九九六年)所収、二八九頁。

(31)『基督教週報』第八二巻第三号、一九四二年一月二三日、二頁。

(32)前掲『基督教週報』第八二巻第三号、二頁。

(33)『基督教週報』第八二巻第四号、一九四二年二月六日、二頁。

(34)『基督教週報』第八二巻第六号、一九四二年二月二〇日、二頁。

(35)菅円吉『転換期の基督教』(畝傍書房、一九四一年)。

(36)菅円吉『基督教の転向とその原理』(基督者学生運動出版部、一九三〇年)。

(37)小山栄三『戦時宣伝論』(三省堂、一九四二年)。

(38)小山栄三『南方建設と民族人口政策』(大日本出版株式会社、一九四四年)二頁。

(39)小山栄三『民族と文化の諸問題』(羽田書店、一九四二年)三一七頁。

(40)福間良明『辺境に写る日本――ナショナリティの融解と再構築――』(柏書房、二〇〇三年)二九〇頁。

(41)富田彬『米英文学と日本文学』(績文堂、一九四八年)に収録されたものによった。初出の印刷物名は不明。

(42)富田彬「文学の研究」一九四二年八月(前掲・富田『米英文学と日本文学』二二三～二二四頁)。

(43)ご子息の富田虎男氏の証言による。

(44)　富田彬「私の民主主義」一九四六年三月（前掲・富田『米英文学と日本文学』二五七頁）。
(45)　「足もとの戦後責任を見つめる」（『前夜』三号、二〇〇五年春。後に拙著『植民地支配・戦争・戦後の責任――朝鮮・中国への視点の模索――』創史社、二〇〇五年、所収）で、富田の「自宅にはよく朝鮮人学生が集まっていた」と記した。しかしその後、ご子息の富田虎男氏から「自宅にはよく朝鮮人学生が集まっていたという件りは、（中略）家にくる学生もいた、というのが実情です。何につけ、群れるのを好まぬ父ですので、集まることはなかったと思います」という訂正の要請があったので、本文のように訂正する。
(46)　富田彬「現実をみつめて」一九四五年一二月（前掲・富田『米英文学と日本文学』二四九頁）。
(47)　立教学院八十年史編纂委員会編『立教学院設立沿革誌』（立教学院八十年史編纂委員会、一九五四年）。
(48)　立教学院八十五年史編纂委員編『立教学院八十五年史』（立教学院事務局、一九六〇年）。
(49)　海老沢有道編『立教学院百年史』（立教学院、一九七四年）。

補論　元田作之進と天皇制国家

西原　廉太

はじめに

元田作之進は、立教大学初代学長であり、日本聖公会において初の邦人主教となった初代東京教区主教である。元田は一八六二年久留米市に生まれた。幼い時に両親を失い、姉夫婦に育てられ、一六歳の若さで小学校の校長となる。一八八二年に大阪に赴き、そこで米国聖公会宣教師、セオドシアス・スチーヴンス・ティング（T.S. Tyng）司祭の影響を受け、一八八三年一二月二五日に受洗している。後に元田は渡米し、フィラデルフィア神学校で学び、米国で一八九三年執事按手、一八九六年司祭に按手された。同年に帰国後の九月、立教学校チャプレンに就任[1]。一八九九年八月、立教中学校長兼英語専修学校長[2]。左乙女豊秋辞任を受け、立教中学校長に就任。一九〇七年八月、立教大学が開設され[3]、初代学長は、中学校長の元田が兼任した。一九二〇年五月、元田は立教大学学長に専任することとなり、中学校長は当時大学チャプレンであった小島茂雄に委ねられる。一九二三年一一月、日本聖公会東京教区成立とともに、日本人初の主教として東京教区主教座に着座する。学長は辞任し、後任には杉浦貞二郎学長事務取扱が就任。教区に専念することになった後も、立教学院とは深く関係し続け、一九二八年四月一六日に六一歳で死去するまで立教学院校友会会長などを歴任している。

以上の略歴を見てもわかるように、元田は、立教大学、日本聖公会の形成期において、積極的な活動を展開し、決定的な影響を与えた人物の一人である。元田は多くの重要な文献を書き記しているが[4]、とりわけ、元田が創刊した、『基督教週報』は、当時の日本聖公会の事情を知る第一級の貴重な歴史的資料となっている。元田が死去するまで、二七年間にわたって一三一五号に至るまで論説を書き続け、毎週相当な量と質を維持した出版物を発行していたという事実は驚くべきことであり、元田の日本聖公会に対する深い思い入れを感じざるをえない。

立教大学や日本聖公会に大きな影響を与えてきた元田が、天皇制国家といかなるスタンスをとったのか、またどのような朝鮮観を持っていたのかを考察することは、立教や日本聖公会がその後、特に戦時下に辿った歩みを検証する上で不可欠なことであろう。本稿では、『基督教週報』の中から、元田の国家観、朝鮮観などを抽出できる記述を中心に紹介する[5]。

一　元田の天皇観

元田の天皇観はいかなるものであったのかを伺い知ることのできる記述を、まず日露戦争時前後に書かれたものから挙げてみたい。日露戦争は、「今の我が國の戦争は義戦なるを露ほども疑わず」[6]とまず義戦であると確認し、なぜ日本軍が勝ったのかという根拠は、「天皇陛下の威徳隆んなるが為なり」[7]であるとしているが、その背後には、元田の明治天皇に対する非常に強い思い入れがある。

疑もなく明治は二千五百余年中の尤も大なる年号なり。而して明治の天皇陛下は尤も大なる天皇なりと申し奉るも列聖に禮をかくこと無かるべしと信ず。即位以来三十七年間の栄光ある歴史は今更ら繰返すの要もあらず。明治第三十八年は其栄光更に光彩を加え、皇威の発揚真に空前の盛大を見たり。年々歳々回り来る天長の佳節、今年は幾十倍の喜悦と感謝とを齎らすことを覚ふ。君徳愈々渥くして、忠君愛國の誠いよいよ民心に深く刻まる[8]。

また、明治天皇の生涯をパウロの生涯となぞらえる記述も見受けられる。

基督の福音を世界の宗教とし、異邦人を照らす光とし、基督教を始めて欧羅巴に伝へて歴史の一紀元を作り、其熱烈の至誠、不屈不磨の精神、千古なほ治きて言へるパウロは、晩年に我れ已に善き戦いをなし、已に我が途程を尽くし、已に信仰の道を守れりと述懐をしてをる。我ら今、明治天皇陛下の御一生を回顧したてまつるに、基督教老聖徒の此言は、陛下の御生涯の御姿を美くも言ひあらはし、又御臨終の御胸中に無限の御慰めとなったところのものも、矢張この言に出てをる思想であったと、畏れながら御推察申上ぐるのである[9]。

さらに、「明治天皇は実に日本後史の神武天皇である。新國家を創設し給える聖天使である」[10]と規定し、したがって「世界の名君」であると明言している。また、「明治天皇は信教の自由を國民に与え給へる明君にてましませり」[11]とあり、「信教の自由」を与えた天皇ということで天皇を支持していたことがうかがえる。

その他、以下のような記述を見ることができる。

明治天皇の偉大なる御事業と御聖徳を吾人、臣民が記憶し欣慕し、又感謝し奉るべきは勿論の事なるが、吾人以後の臣民世世末代に至る迄之を記憶し、欣慕し、又之を感謝せしむべき方法を講ずることも亦吾人の希望なり。而して其方法として先帝御銅像の建立可なり、大帝紀念館の設置可なり、然れども更に確実にして、更に広く其目的を達し得るものは明細なる明治天皇の御一代紀の編纂是なり[12]。
謹て明治天皇の紀念に対して最高の崇敬と至切なる追慕の誠意を献げ奉り、且つ天皇の叡聖文武なる御宇の下に享楽したる幸福と鼓吹とに対して恭しく、再び感謝の至情を表出し奉る。皇室に対して倍旧の忠誠をぬきんでんと志すに至りぬ[13]。

大正天皇に対しても、「御還幸を奉迎す」「吾人は諸儀式に列りて親しく、御英姿を拝するの栄を得る能はざりし」「吾人は御即位の当日に於いて、吾人の信ずる神に向かって感謝を奉げ、高御座（たかみくら）の方位に向かって聖上の万歳を三唱したり」[14]とある。

このように、明治から大正にかけて元田は、一貫して強烈な天皇崇拝主義であったと言える。もっとも、元田に限らず、当時の日本キリスト教界の指導者たちが、おしなべて、とりわけ明治天皇を欽慕していた事実はあるものの、日本聖公会、立教学院の邦人指導者の頂点であった彼が、メディアを通じてこれほどまでの天皇讃美を行ってきたことが、その後の日本聖公会、並びに立教学院の天皇制に対するスタンスの土壌を形成したと言っても過言ではないだろう。日本聖公会は、一貫してその祈祷書の中に「天皇のための祈り」を保持し続け[15]、戦時下には、日本基督教団への合同派、非合同派問わず「皇国聖公会」を標榜することになるのである。少なくとも、元田は、「政府の圧力下に止むなく」というものではなく、むしろ自ら進んで天皇制を受容していたことは間違いない。

二　元田の朝鮮観

次に、元田が有していた朝鮮観を検討する。一九〇五年に書かれた「朝鮮の伝道」の中で、朝鮮は日本と最も密接な関係を持つべき国であると述べながら、朝鮮は「我が國の保護に頼るの外なかるべく」「早晩民族的自滅を免れず、彼らに福音を伝えるの必要はかえって大なり」[16]とし、また今後、朝鮮においてすべての方面で主要な位置を占めるのは日本人であるから、まず朝鮮内の日本人伝道から始めようとも言う。そして、在朝鮮日本人伝道を考えるにあたって、これを日本聖公会伝道局管轄で行うか、あるいは朝鮮を以て一地方とみなし、現在監督の一人を兼務させるのかという点について、元田は、明確に日本聖公会の事業として位置づけるためにも、伝道局管轄で行った方が良いとしている[17]。

一九一〇年の「朝鮮の伝道」の中では、伊藤博文を暗殺した安重根（安応七）について言及する箇所がある。

仮に安応七をして教徒の名簿に名を列するものならしむるも、朝鮮國のために尽くしたる元勲を暗殺したる罪は、安の罪にして基督教の責めを負うべきものにあらざるは言うまでもなき事なり。朝鮮における外國宣教師の中には日本に対して好意を有するもの少なからざれど、中には排日思想を抱くものもある由にて、陰に朝鮮人の誤れる愛國心を挑発するがごとき傾を有するものも有りと聞く。果たして然らんにはそれらの人々は猛省すべきなり、朝鮮人の永久の幸福は我國の指導の下に発展するに在ること疑を容れざるところにして、殊に韓国王既に現今の政治組織を裁可し居らるる以上は、基督教の宣教師たるものは其信徒をして國王の意を対して其命に順はしむるやう努力すること当然の務めなれ。然るにいやしくも其行動が政治上の意味を有して、単純なる宗教道徳教化の外に出づるが如きことあらば其は彼等の職務の範囲を脱したる有害の行為たるのみならず、又教祖の遺訓に戻るや勿論なり。吾人は是に於て朝鮮伝道が日本の基督教会の手を以て充分に実行せらるる日を速やかに来たらざるべからずと切に感ず[18]。

安重根批判は同時に反日運動を助長しているとして、宣教師批判へと連結し、それゆえに国家と同様、朝鮮のキリスト教も日本人キリスト者の手に拠らなければならない、という主張である。

一九一一年に出された「韓國伝道の将来(二)」では、「韓國の統治機関をして自由ならしむると共に、また、その伝道事業をして自由ならしむるの法を請することこれなり。しかして適当にこの任務に当たり得べきものは日本の基督教徒なりとす。日本の基督教徒は日本の臣民として統監の政治に忠実なると共に、また基督教徒として伝道事業には充分の同情を有するものなれば、彼らの視察最も公平なるべく、而して彼らの調停はまた最も、誠実なるべきは論を待たざるなり。故に吾人の希望する所はこの際、我が日本の教徒が適当なる人物を選びてこの使命を負わしめもって韓國に送らんことなり」[19]とし、そこには徹底した政府政策への無批判的追従姿勢しか見えてこない。

同年の、「日韓合邦と聖公会」では、次のような主張がなされる。

日本と韓國が或形に於て合一せられたらんには、最早二國にあらずして一國なり、二の主権者を有するに非らずして、一の主権者を有する事となる。斯かる政体の下に於ては両國の聖公会も亦或形に於て合一の態度に出づべきは最も自然にして双方の利益たらずんばあらずと信ずるなり[20]

日韓併合に合わせて、日本聖公会も朝鮮聖公会を併合すべきだという主張である。そこには朝鮮民衆や朝鮮キリスト者の視点はかけらもない。これは、やはり、当時の日本キリスト教界の一般的論調であるから止むをえない、という解釈も可能であろう。しかしながら、例えば、同時代のキリスト者である組合教会の柏木義円などは、明確に日本帝国主義と迎合した「朝鮮伝道」を否定し、批判した。柏木は、「若し福音伝道を以て帝国主義の方便と為す者があるならば断じて之を排斥せざるを得ない」[21]とし、組合教会総体へ朝鮮伝道の中止を要求している。元田が、柏木のような地平に立てなかったということが、後の日本聖公会が、日本の朝鮮植民地支配に対して預言者的に批判することなく、むしろ積極的に加担していく道筋となったと言わざるをえないであろう。

三　神社問題とキリスト教

元田は、「神社崇敬」は「宗教」か否かについて大きな関心を持っていた。一九〇九年の記述では、憲法第二八条は「信教の自由」を保障しており、したがって特別な宗教を国民に強いるのは矛盾であると述べ、政府は神道が宗教ではないことを明らかにすべきと主張している[22]。一方で、国家が皇室に敬意を表し、国家に功労ある者を追悼することは、「一定の儀式」であるから喜んで参加するとしている[23]。そして、政府があくまでも神道を宗教だとし、神道によって国家的儀式を行うと主張するなら、あくまでも矛盾だとは追及しないし、国家の秩序と安寧を重んずるのでキリスト者として国家の執行する神道的儀式に参加すべきであるとも書いている[24]。さらに、伊勢神宮には参拝するし、靖国神社に参拝するのに躊躇しないとも主張する。それらは「宗教的礼拝ではなく、倫理的敬礼」[25]であるというのが、元田の根拠である。

一九一二年に、第二五回日本基督教大会が開催され、小学校における神社参拝強要は信教の自由を侵害するものであるとの決議がなされた。このような動きの中で、元田は、神社とはいかなるものか、神道との関係はどのようなものであるのかという答えを求めている[26]。内務省神社局塚本参事から、「神社を宗教の機関とは認めていない」[27]との言質を得て、元田は安堵する。

「神社は神道の機関にあらず、故に宗教上の意味を有せざる國家の制度なることは、当局者の説明に依って明瞭となりたるが、是れ単に制度上の区別にして、神社に於て執行せらるる諸種の式典は果たして宗教上の意味を含まざるや、是れ亦吾人が世人と共に知らんと欲する所なり」[28]という問いを発したその同じ記事の中で、「吾人は修祓、神餅、玉串、守礼等の文字が歴史的に如何なる意味を有するかを知らざれども、当局者が今日神社を以て宗教的機関にあらずと主張せらるる以上は此等の文字に宗教的の意味なきものと断定して可なるべく、又拝礼なる語にも宗教家が其宗教的信仰の対象物を拝する如き意味を有せざるものと解釈して可なるべく、故に神社に於て如何に宗教的儀式に類似の儀式行はるるも、そは所謂類似の儀式にして、宗教的意味を有せさるものと云はざるべからず」[29]と、断じている。

元田が果たして心底このような詭弁を信じていたかどうかは不明であるが、この記事の結論は、「宗教家に対して公平なる政府は、神道家が神道の見解を以て神社に奉事するを喜ぶ如く、基督教徒が基督教の立場を以て神社に接近するを喜ぶなるべしと信ずるなり」[30]となっており、政府のその後のキリスト教に対する厳しい姿勢を予見することに失敗したことは間違いない。この結論は、要するに、キリスト者に対して神社参拝を促しているのであり、当時のキリスト教指導層の対応の中でも一歩踏み出たものとなっている。当時、元田は立教大学学長を務め、池袋校地への移転をタッカー（Henry St. George Tucker）と共に推進していた時期であり、こうした元田の理解がその後の立教の国家神道とのスタンスを規定した、ということも否定できないであろう。実際、「神社と学校」という記事において元田は、「國史上の祖先、恩人、英雄、有徳者を崇敬する事は如何なる宗教を奉ずる人も異存なかるべく、又此等の人々の事蹟を生徒に知らしむることは如何なる教育家も同意する所にして、吾人は内務省が神社参詣を奨励する精神においては何等異義をはさむものにあらず。況んや公然神社参詣を以て宗教的礼拝にあらざることを言明するに於てをや」[31]と述べており、この立場がダイレクトに当時の立教学院の方針に影響していた、とも言えよう[32]。

また、「神社の神」と題された記事の中で、元田は以下のように論じている。

日本には上古よりしてカミなる語ありき、支那文字を輸入するに至て神なる文字を用ひてカミを意味するものとなし、基督教が来るに及び、聖書のセオスを訳するに神なる語を以てし、カミなる片名を附するに至れり、然るに日本語のカミと支那語の神と希臘語のセオスとが果たして同一の意味を有するや否やは疑問なりとす、基督教信徒がカミと神とを以て、直に自己の信ずるセオスと同意味のものとなし、神社の神を非難することは寧ろ早計なりと云はざるべからず[33]。

元田は一神教的立場は担保しつつ、「神」と「カミ」は内容が異なると主張し、したがって、安直に神道の神を批判してはならないとする。これもまた、神社参拝が宗教的儀礼かどうかという議論と連動するものである。

一九一三年、学習院大学教授である松本愛重と山本信哉は神道には広義と狭義が存在し、狭義の神道は一宗教として宗教局に属しているが、広義の神道はどこにも属さない、すなわち神社も「国家の一制度」とは言えないのだとの論を展開する。元田はそれに反発し、政府は「信教の自由」と言っていること、そして神社はあくまでも宗教ではないと主張する[34]。その上で、神社は宗教目的ではないとする元田の論に疑問を持った読者に答えて、このように論じる。

全能の神に向かって我々の祖先にこれらの功労者を与えたまいしを感謝すべきなり。神社参詣の態度に至っては吾人は多くの心を悩ますの必要なかるべしと信ず。信者にして兵士なれば、招魂祭の時に軍規に従って他の兵士と共に同一の態度を以て靖國神社に参拝すべく、信者にして官吏なれば、國の規定に従って國葬に列するも、奉告祭に列するも差支えなかるべし。十誡の第二誡に汝偶像を作り之れに跪伏し事ふる勿れとあるは偶像を神として作り、偶像を神として跪伏し事ふるなかれとの意味なることは明白なり[35]。

偶像を「神」として造ってはいけないのであって、「人」として崇敬するのは良い。宗教的礼拝とはならないし、父母を敬えと同じである、靖国参拝も積極的に行うべきであると述べているのである。

一九一六年になると、元田は、当局者の言葉を信じて「神社」は「宗教」ではなく国家の一制度と確信していたものの、状況の深刻化に従い、いよいよ天皇制国家神道としての性格が前面に押し出されてきたことに不安を抱いてきたとほのめかしている。元田は、当局者、学者の意見を聴取しているが、内務省神社局、文部省宗教局の意見は、民間の思想信仰にかかわらず、政府は神社を宗教と見ていない[36]、とするものであった。しかし、東京帝国大学の哲学者、井上哲次郎は、「所謂、供え物その他の儀式は皆宗教の意味を豊かに持っている。故に神社崇敬を宗教でないなどといふ議論はどうしても成立しない。國が政策上『宗教』でないと言ったところで立派な宗教である」[37]とし、皇国法学者、筧克彦は、「神社を崇敬するところでは明らかに宗教。皇國の國教。宗教学上の見地から考へても疑ひもなく立派な宗教。憲法二十八条はこの國教の寛容性からくるもの」[38]との見解を語る。神道学者、加藤玄智もまた、「日本人の神は『人』。『人』だからと言って『宗教』ではないと言ふと、真言も禅も宗教ではないことになってしまふ。宗教ではないなどといふのは政府なりのやり方」[39]として、学者たちは元田の意に反し、一様に神社は立派な宗教であるとしたのである。

ところが、元田は、政府当局の発言を錦の御旗として、神社崇敬は宗教ではないから、キリスト者が神社崇敬すること、国家が神社崇敬を強要することには問題がないと首尾一貫して主張する[40]。元田にとって、「神社参拝」とは、キリスト教会が生き残るために、やむなく選択した事柄でもなければ、国家から強制されたものでもなかった。むしろ、積極的に、日本聖公会信徒、ひいては立教学院の構成員たちに神社参拝を促した、と言わざるをえないのである。

四　国家と教会

最後に、元田は、国家と教会の関係をどのような位相で捉えていたのかについて、簡単に言及しておきたい。

その代表的な考え方は、一九〇七年の「『吾國体と基督教』を読む」という記事に登場する。

世界共通の真理を応用して日本の幸福を増進すべき。國家の支配と基督教の支配とに衝突すべき点はない。宗教の権力と國家権力は両立する。基督の福音を信じると共に國家的信念に豊かであるべき。臣民として忠実に國家の法律命に服従すべき。國が戦争をすれば不義が我々にあったとしても基督者は進んで戦争すべき。基督教によりて国家のために尽くさん。教育勅語が天の父のことを言っていないからと言って、勅語と基督教が一致しないというのは誤り[41]。

また、「健全にして品位のある国家を造るには宗教は欠かせないこと」[42]、「キリスト者故に他にまさりて天皇と国とに忠誠を誓うこと」、「キリスト者故に他にまさりて社会秩序を守るべきこと」、「キリスト者故に他にまさりて教育勅語の主旨に基づいて行動すべきこと」も語っている[43]。

ここに見られるのは、完全に「国家」の側に立ち、「民衆」の視点などは微塵もない姿勢である。国家の内容がいかなるものであろうと、教会は無批判に国家の論理に従い、積極的、主体的にそれを補完すべきものであるとしたのである。もちろん、元田の置かれていた具体的状況を詳細に検討しない中での短絡的な断定は避けなければならないであろうが、少なくとも『基督教週報』を通して理解できる範囲ではそのように言わざるをえない。

このような元田の主張の背後にある聖書的、神学的根拠はどのようなものであったのであろうか。『基督教週報』に記されている中からいくつかのポイントを挙げてみよう。

使徒ペテロは王を尊ぶべしと教えた。聖パウロは上にあって権をつかさどる者全てに従えと教えた。キリスト自身もユダヤ人にカイザルの者はカイザルに帰せと給われた。ローマ人は帝国人民。ユダヤ人は、属領人民。このユダヤ人に対して、キリストも弟子たちも共に忠君主義を唱導した。キリスト教は従来王君に忠実な主義をとってきた。神は万世一系の君主を日本に立て、我々はその君主を尊び権威に従うのは神の摂理。「王を尊ぶ」ばかりではなく、その王の統治する国家の機関に服従すべき[44]。我々は霊肉合成の人間である故に国家と教会の両方に対して義務を有している[45]。

このような聖書理解、教会論のもと、社会において「指導的立場」にあるキリスト者の責任として、権力者から認知を受ける「臣民教会」を元田は説いたと考えることができる。

おわりに

『立教学院八十五年史』には、次のような記述がある。

元田校長は、明治二十九年九月、立教学院チャプレンとして就任した。立教中学校邦人第二代目校長として、明治三十二年八月、左乙女豊秋校長の後任として就任した。大正十二年関東大地震後、日本聖公会東京教区初代主教として就任するまで満二十八年間、立教中学校長並に立教大学初代学長として我国の私立学校のために又キリスト教教育のために非常な努力をした。師の聡明で温厚な容姿、学識、人柄などは当代に卓越していた。全国私立学校協会議長として、全国的にも著名であった[46]。

元田作之進に対する評価は、立教学院、また日本聖公会においてもこのようなものが一般的であろう。そしてまた、それは決して誤っているわけではない。冒頭でも述べたが、『基督教週報』は週刊新聞であるが、その分量たるや膨大なものがある。立教や教区の運営、また倫理学教授としての仕事の上で、これほどまでの言論活動を行うというのは、並みの努力では不可能である。また、指導力があったからこそ、当時の困難な時期を乗り切って、立教大学、日本聖公会の確固たる礎を築くことができたのであろう。そのような評価をした上で、私たちは、当時の元田に代表される立教学院、日本聖公会指導者の限界性を冷静に分析する必要がある。

以上、概観したように、元田の思想は、完全に「公」(国家、体制)に迎合するものであった。当時の時代状況の中で、組織を維持するために不可避的にとられた判断ではなく、むしろ自ら積極的に、天皇制国家主義の政策を支持し、朝鮮支配を正当化する立場を強調した。本来、キリスト教会、キリスト教学校は明確な「公共」(民衆、現場)性を有すべきはずであったが、後の日本聖公会は「皇国聖公会」と化し、また、戦時下の立教学院は、他のミッション系諸学校と比しても、格段に天皇制軍国主義に同化していったと言わざるをえない。その流れの根源の一つが、元田作之進の思想、神学にあったと指摘するのは、果たして言い過ぎであろうか。

注

(1)　「立教学院」が正式に成立するのは、一八九九年九月。

(2)　元田は英語専修学校長は兼務しなかった。同ポストには、翌年(一九〇〇年)九月にロイド総理が兼任。英語専修学校は、後(一九〇三年)に廃校される。

(3)　立教大学は、文科、商科、予科を設置。始業式は一九〇七年九月。

(4)　主要な著作は、『日本聖公会史』(普公社、一九一〇年)、『老監督ウィリアムス』(京都地方部故ウイリアムス監督紀念実行委員事務所、一九一四年)。

(5)　元田は『基督教週報』においては、元田本人の署名のあるもの、筆名である「良山」名のもの、そして無記名であるが編者である元田執筆が確実なものの三つの形式で記事を書いている。なお、本稿中に引用する際には、現代表記に改めて記載している箇所がある。

(6)　「吾人の戦争は義戦なり」『基督教週報』第八巻二五号、一九〇四年二月一九日。

(7)「我軍何故に勝ちしか」同前号。
(8)「天長節」『基督教週報』第一二巻一〇号、一九〇五年一一月三日。
(9)「國民にのこされし先帝の御遺産」『基督教週報』第二五巻二四号、一九一二年八月九日。
(10)「再び國家と宗教の関係を論ず」『基督教週報』第二五巻一五号、一九一二年六月七日。
(11)「明治天皇神社建設の説について」『基督教週報』第二五巻二六号、一九一二年八月二三日。
(12)「如何に明治の盛時を後世に伝ふべきか」『基督教週報』第二五巻二七号、一九一二年八月三〇日。
(13)「明治天皇御一年祭黙想」『基督教週報』第二七巻二二号、一九一三年八月一日。
(14)「御還幸を奉迎す」『基督教週報』第三二巻一三号、一九一五年十一月二六日。
(15)「天皇のための祈り」が日本聖公会祈祷書から削除されるのは、一九八六年のことである。経緯は以下の通り。一九八三年、日本聖公会第三八回総会(東京)、学生運動中央委員会が、『天皇のための祈り』等の取り扱い検討委員会設置の件」議案(第一八号)を提出。部落差別問題委員会は、現行(文語)祈祷書の嘆願、諸祈祷からの天皇・皇室祈祷文削除(議案第一九号)を提出。一八号は学生運動中央委員会が議案撤回。一九号は否決。一九八六年、日本聖公会第三九回総会(神戸)、祈祷書架医制委員会、初期等から「天皇のため」祈祷文を削除した改正案を提出。文語祈祷書については、部落差別問題委員会、学生運動中央委員会から第二八・二九号議案として削除議案提出。共同提案に整理された後、可決。
(16)「朝鮮の伝道(一)」『基督教週報』大一〇巻二号、一九〇四年九月九日。
(17)「朝鮮の伝道(三)」『基督教週報』第一〇巻四号、一九〇四年九月二三日。
(18)「朝鮮の伝道」『基督教週報』第二〇巻一一号、一九〇九年一一月一二日。
(19)「韓國伝道の将来(二)」『基督教週報』第二〇巻二四号、一九一〇年二月一一日。
(20)「日韓合邦と聖公会」『基督教週報』第二一巻一八号、一九一〇年七月一日。
(21)柏木義円「渡瀬氏の『朝鮮教化の急務』を読む」『上毛教会月報』第一八六号、一九一四年四月。
(22)「国家的儀式と神道」『基督教週報』第一七巻九号、一九〇八年五月一日。
(23)同前。
(24)同前。

(25) 同前。
(26) 「神社問題」『基督教週報』第二四巻一三号、一九一一年一一月二四日。
(27) 「神社と宗教」『基督教週報』第二四巻一四号、一九一一年一二月一日。
(28) 「神社の式典」『基督教週報』第二四巻一五号、一九一一年一二月八日。
(29) 同前。
(30) 同前。
(31) 「神社と学校」『基督教週報』第二四巻一六号、一九一一年一二月一五日。
(32) 当時の立教学院の指導者であったタッカーやライフスナイダーは、この元田の主張に対してどのような見解であったのかを検討する必要があるが、今後の課題としたい。
(33) 「神社の神」『基督教週報』第二四巻一七号、一九一一年一二月二二日。
(34) 「神道とは如何なるものか」『基督教週報』第二四巻一九号、一九一二年一月五日。
(35) 「神社問題に関する読者の声」『基督教週報』第二四巻二一号、一九一二年一月一九日。
(36) 「神社崇敬問題」『基督教週報』第三三巻三号、一九一六年三月一七日。
(37) 「神社崇敬問題　井上哲次郎氏談」『基督教週報』第三三巻四号、一九一六年三月二四日。
(38) 「神社崇敬問題　筧克彦氏談」『基督教週報』第三三巻五号、一九一六年三月三一日。
(39) 「神社問題に関して　加藤玄智博士の意見」『基督教週報』第三三巻一四号、一九一六年六月二日。
(40) 「神社制度について」『基督教週報』第三三巻一五号、一九一六年六月九日。
(41) 「『吾國体と基督教』を読む(一)」『基督教週報』第一六巻九号、一九〇七年一一月一日。
(42) 「神道とは如何なるものか」『基督教週報』第二四巻一九号、一九一二年一月五日。
(43) 「立太子礼の盛典を奉祝す」『基督教週報』第三四巻一〇号、一九一六年一一月三日。
(44) 「忠君思想と愛國心」『基督教週報』第四四巻二一号、一九二二年一月二七日。
(45) 「教会と國家」『基督教週報』第五四巻一七号、一九二七年七月一四日。
(46) 立教学院八十五年史編纂委員『立教学院八十五年史』立教学院事務局、一九六〇年、六三頁。

第二部　戦時への対応と教学政策

第四章　「基督教主義ニヨル教育」から「皇国ノ道ニヨル教育」へ

――寄附行為にみる学院の目的の変更――

大島　宏

はじめに

一九三〇年代に入ると、思想問題や国体明徴運動などを背景として、上智大学における「靖国神社参拝拒否事件」(一九三二年)などにみられるように、キリスト教主義の教育に対するまなざしは厳しさをますようになった(1)。また、思想問題に加えて、対外関係の悪化もキリスト教主義学校に影響を及ぼすようになる。このような状況のなかで、キリスト教主義学校のなかには、その教育目的を変化させる学校があらわれるようになった。

これまで、戦時下のキリスト教主義学校における教育目的の変化については、特に学則の変更を中心として多くの学校の沿革史で言及されてきた。また、キリスト教主義の私立専門学校における学則の変更と「御真影」の下付とを関連づけた考察もなされている(2)。これらは、キリスト教主義学校の学則変更を国内における軍国主義・国家主義の進展と関連づけて論じている点にその特徴がある。

しかし、多くのキリスト教主義学校は、ミッション・スクールとして外国人宣教師たちの手によって設立されたものであり、海外母教会と密接な関係にあった。その関係性は、資金援助などの財政面だけではなく、法的な設立者が宣教師個人であったり、あるいは経営母体である財団法人の理事の多くが外国人宣教師であることにも容易に見出すことができる。それゆえ、キリスト教主義学校における教育目的の変化を検討するにあたっては、国際関係の変化や日本国内におけるキリスト教の状況をふまえる必要があろう。そのためには、学則の変更だけではなく、海外母教会や国内キリスト教団体の影響をより直接的にうける位置にあった経営母体の根本規則、すなわち財団法人の寄附行為の変化を検討の対象とする必要がある。

本章は、以上の点をふまえ、立教学院を事例に、キリスト教主義学校が直面した戦時下の状況とそれへの対応という観点から、寄附行為における法人の目的の変化について考察しようとするものである。財団法人立教学院は、立教大学および立教中学校の経営母体であったが、同学院では一九四二年の理事会で可決された寄附行為の変更において、法人の目的として掲げていた「基督教主義ニヨル教育」を削除し、新たに「皇国ノ道ニヨル教育」を採用している。

この寄附行為の変更については、これまでも立教学院の沿革史において繰り返し言及されてきた[3]。また、中野実も戦時下における寄附行為の変更に注目した論稿を残している[4]。とはいえ、これらにおいては、戦時体制の進行に伴う動向のひとつとしてその事実が指摘されるのみであり、変更の過程やその要因についての考察はなされてこなかった。近年、このような研究状況を進展させたのが永井均である。永井は、立教学院の寄附行為における目的条項の変更を、学内で発生した「学生暴行事件」によってピークに達した教育方針をめぐる対立への対応であったと指摘している[5]。ただし、中野が「『基督教主義ニヨル教育』から『皇国ノ道ニヨル教育』への変更は、キリスト教系の学校にとって共通の関門であった」[6]と指摘しているように、このような変更は立教以外のキリスト教主義学校にもみられることである。そのため、各学校固有の課題とともに、キリスト教主義学校をとりまく共通の課題もふまえる必要がある。本章では、これらの点をふまえつつ、立教学院寄附行為における法人の目的の変更について検討してみたい。

一　寄附行為変更の経過

財団法人立教学院は、聖公会教育財団の名称変更によって一九三一年に発足した。それ以前の立教大学および立教中学校は聖公会神学院とともに財団法人聖公会教育財団によって経営されていた。しかし、聖公会神学院の経営母体として財団法人聖公会神学院が独立することに伴い、聖公会教育財団を引き継いで財団法人立教学院が発足したのである。その後、立教学院の目的が変更される(一九四三年二月一五日認可)までに、二度にわたる寄附行為の変更がなされている(一九四一年六月一〇日認可および同年一二月三日認可)(7)。

そこで、まずはじめに、一九三一年の発足時の寄附行為にみられる特徴が、いかなる要因により、どのように変化したのかを確認していこう。

1　発足時の寄附行為

学院発足にあたって認可された寄附行為(一九三一年八月七日認可)では、立教学院の目的は次のように規定されている(8)。

第二条　財団法人立教学院ハ日本ニ於テ基督教主義ニヨル教育ヲ行フヲ目的トシ学校令ニヨル立教大学及立教中学校ヲ維持経営ス

但本条文中ノ目的ハ変更スルコトヲ許サズ

ここには、立教学院の目的が「基督教主義ニヨル教育ヲ行フ」ことにあり、立教大学および立教中学校の教育が「基督教主義」にもとづく教育であるべきことが示されている。また、目的の変更を認めないと定めていることは、「基督教主義ニヨル教育」が立教学院の存在意義そのものであることを意味していると考えられる。

キリスト教主義を宣明したこの寄附行為には、目的条項以外の部分にもキリスト教（米国聖公会）との強い結びつきを確認することができる。たとえば、理事（七名）は「亜米利加合衆国プロテスタント　エピスコパル教会ヨリ日本ニ派遣サレタル監督、プロテスタント　エピスコパル　チヤーチ　ミツシヨン所属員中及日本聖公会ニ属スル聖職信徒中ヨリ此レヲ選ブ」（第五条）と規定されており、日米の聖公会関係者によって理事会が組織されていた。また、理事長については「亜米利加合衆国プロテスタント　エピスコパル教会ヨリ派遣サレタル日本聖公会北東京地方部監督ヲ理事長トス」（第七条）と規定されている（なお、北東京地方部は一九三八年に北関東地方部と改められる）。さらに、「立教大学及立教中学校ニ関スル一切ヲ統轄管理シ理事会ノ同意ヲ得テ立教大学長、立教中学校長ヲ任免シ又其ノ他ノ一般教職員ヲ任免ス」（第一二条）と立教学院における教学の責任者として位置づけられた学院総長については、理事から任命されることが規定されている（第八条）。学院総長の基礎資格である理事のすべてが聖公会関係者であることから、この規定は実質的にはクリスチャン・コードとして機能している。つまり、このような学院総長の資格と立場は、立教大学および立教中学校の教育がキリスト教主義に則ったものであることを担保するものであったといえよう。

なお、発足にあたって、理事長には、規定どおり、北東京地方部監督のJ・マキム（John McKim）が就任した。その他の理事には、C・S・ライフスナイダー（Charles S. Reifsnider・北東京地方部補佐監督）、S・H・ニコルス（Shirley H. Nichols・京都地方部監督）、N・S・ビンステッド（Norman S. Binsted・東北地方部監督）、R・B・トイスラー（Rudolf B. Teusler・米国聖公会医療宣教師、聖路加病院長）、松崎半三郎（日本聖公会信徒、校友会長）が就任した（発足時の理事は六名であった。役職は就任時）。また、学院総長にはライフスナイダーが就任している。

2　米国聖公会の影響力の排除

立教学院発足後、すなわち一九三〇年代以降の日本の対外関係は、一九三一年の満州事変や一九三三年の国際連盟の脱退などを契機として、悪化への途をたどっていくことになる。日独防共協定(一九三六年)に続き、一九四〇年には日本はドイツ・イタリアと日独伊三国同盟を締結。翌四一年七月の南部仏印への進駐に対してアメリカは石油の禁輸や在米日本資産の凍結などの措置を実施し、対米関係は最悪の状態へといたり、国内的には早期開戦論が高まりつつあった。このような情勢は、海外母教会と国内キリスト教団体との関係にも暗い影を落とすことになる。

たとえば、日本聖公会では、一九四〇年八月二〇日の教務院会議において、「『英米依存』を精算するためには英米ミッションからの経済的独立が断行されねばならないとの情勢判断から」、自給断行(海外母協会からの独立)が決議されている[9]。もちろん、このような海外母教会からの独立は日本聖公会だけの問題ではなかった。翌九月には、日本基督教連盟(日本聖公会は一九二九年加盟)が「我等基督教会は内外の状勢に鑑み此の際『外国ミッション』との財的関係を断ち自給独立を決意すること」を申し合わせるにいたっている[10]。また、プロテスタント系のキリスト教主義学校によって組織された基督教教育同盟会においても、同様の問題が生じていた。そのため、日本基督教連盟の申し合わせと同じ九月、学校長会議において「新体制下のキリスト教関係諸学校は如何に進むべきか」を協議し、次のような申し合わせを行っている[11]。

1. 学校長、学部長、科長は全部日本人であること
2. 学校経営主体は財団法人であること
　財団法人の理事長は日本人であること
　理事も過半数日本人であること

3．経済的に外国教会からの補助を受けることなく独立すること
4．青少年の教育を新体制に適応し精神教育を重んずること
5．興亜教育に対して具体的方策を樹てること

このような状況にあって、立教学院でも米国聖公会からの影響力を弱化することが課題となっていたはずである。一九四〇年八月当時の理事会は、発足当時からの理事であるライフスナイダー（理事長）、ニコルス、ビンステッド、松崎半三郎のほか、北関東地方部の長老であったC・H・エバンス（Charles S. Evans）、東京教区の監督であった松井米太郎、立教大学の元学長であった杉浦貞二郎によって構成されており、七名中四名の理事が外国人宣教師であった。そのため、基督教教育同盟会の申し合わせを達成するためには、日本人理事の比率を増加させることが必要であり、またライフスナイダーに代わる理事長を選任することが必要だったのである。

当然、このような課題を学院の首脳陣も認識していた。たとえば、立教大学の学長であった遠山郁三は、基督教教育同盟会の申し合わせに関連して、「基督教々育同盟より、来九月六日前九時、青山学院に於て校長会開催の通知来る。同会の件に就き大平、矢澤氏と相談の上、出席の返事と共に左の意味の返事す。／立教大学は財政的に既に独立せり、但し外人教師の俸給は米国聖公会伝道局より支給を受け居れり。／学長、学部長、予科長は全部日本人なり。／立教学院理事は日本人三名、外人四名より成るも外人中若干名を日本人に改むる様理事会に進言する予定なり」（／は改行を示す。以下、同じ）と、日誌（以下、「遠山日誌」とする）に記している。[12] また、理事長であり、学院総長でもあったライフスナイダーが同年九月二四日に開催された大学の部長会に出席し、この件に関する立教学院の対応を説明している。遠山によれば、その内容は「総長は米国プロテスタント　エピスコパール　チャーチより委任されたる如く総長を辞し、理事長も辞し、理事は邦人五名外人二名とすること。土地は宣教師団より借受けあるも、之を邦人に移

すこと等」[13]であった。ライフスナイダーは、外国人理事の減員とともに、自らの理事長辞任を表明したのである。

この結果、第三五回理事会（一九四〇年一〇月四日）では、エバンスとニコルスの二名が理事を辞任し、遠山郁三と立教中学校長であった帆足秀三郎が理事に就任することとなる。また、ライフスナイダーは理事長と学院総長を辞任し、理事長には東京地方部の監督であった松井米太郎が就任している（なお、学院総長については、後任が決定するまでの間、ライフスナイダーが事務取扱を務めることとなった）[14]。つまり、この異動によって、基督教教育同盟会の申し合わせに示された日本人理事長の就任と理事の過半数を日本人とすることが実質的に達成されたのである。

しかし、この実態変化は、米国聖公会から派遣された日本聖公会北東京地方部監督を立教学院の理事長とする寄附行為の規定（第七条）との齟齬を生じさせることとなった。第三七回理事会（一九四一年二月一九日）において可決された立教学院発足後はじめての寄附行為変更（一九四一年三月三〇日申請、同年六月一〇日認可）は、実態との間に存在するようになった齟齬を埋め、申し合わせとの整合性を図ろうとするものであったといえよう。この時になされた変更は、次のような内容であった。

第七条

旧・亜米利加合衆国プロテスタント　エピスコパル教会ヨリ派遣サレタル日本聖公会北東京地方部監督ヲ理事長トス

新・理事長ハ理事会ニ於テ理事中ヨリ此レヲ互選ス

第二三条

旧・本法人ノ寄附行為中変更セントスルトキハ理事総員四分ノ三以上ノ決議ニヨリ　ナシヨナル　カウンシル　プロテスタント　エピスコパル　チヤーチ　イン　ゼ　ユーナイテッド　ステート　オブ　アメリカノ承認

ヲ得、主務官庁ノ認可ヲ経ルヲ要ス

新・本法人ノ寄附行為中変更セントスルトキハ理事総員四分ノ三以上ノ決議ニヨリ主務官庁ノ認可ヲ経ルヲ要ス

第二四条

旧・理事総員四分ノ三以上ノ決議ニヨリ本法人ヲ解散スル場合其ノ残余財産ノ処分ハナショナル　カウンシル　プロテスタント　エピスコパル　チヤーチ　イン　ゼ　ユーナイテツド　ステート　オブ　アメリカノ承認ヲ得、主務官庁ノ許可ヲ要ス

新・理事総員四分ノ三以上ノ決議ニヨリ本法人ヲ解散スル場合其ノ残余財産ノ処分ハ理事総員四分ノ三以上ノ決議ニヨリ主務官庁ノ許可ヲ要ス

理事長の選出方法については、日本聖公会北東京地方部（北関東地方部）監督を充当することから、理事の互選による選出へと改められた（第七条）。また、寄附行為の変更や法人の解散にあたって、従来は米国聖公会の承認を必要としていたが、変更後の寄附行為ではその承認を必要としていない（第二三条、第二四条）[15]。

中野は、一九四一年六月に認可されたこの寄附行為変更について、立教学院の米国聖公会からの分離、「邦人化」と評価している[16]。たしかに、変更の内容や日本聖公会の自給決議、基督教教育同盟会の申し合わせをふまえると、この時の変更は米国聖公会からの分離や「邦人化」を志向したものであった。しかし、実態としては一九四〇年一〇月の外国人理事二名の辞任によって理事の過半数が日本人となったものの、依然として二名の米国人宣教師を含んでいた。また、理事選出に関する規定（第五条）でも、依然として米国聖公会の宣教師を選出母体としていた。この点をふまえれば、志向性はともかく、この変更によって理事会の「邦人化」がなされ米国聖公会からの分離が達成されたとは言い難い。むしろ、米国聖公会の影響力が弱められたというべきであり、中野が指摘したような米国聖公会から

の分離や「邦人化」は、実は一九四一年八月に行われた理事の異動とその後の寄附行為の変更とによって達成されたというべきであろう。

この二つの措置は、一九四一年夏の対米交渉の行き詰まりをうけて、ライフスナイダーが宣教師に向けて帰国命令[17]を発する状況において行われた。すなわち、ライフスナイダーの命令をうけ、残る二人の外国人理事であるライフスナイダーとビンステッドが辞任して、帰国の途につき、二人に代わって立教高等女学校の校長であった小林彦五郎と立教大学教授であった須藤吉之祐が理事に就任したのである[18]。これによって理事会の「邦人化」が実質的に達成されることとなった。

また、学院発足後はじめての寄附行為変更が認可された直後にもかかわらず、第四四回理事会（一九四一年九月一一日）において、二度目の寄附行為変更が可決されたのも（一九四一年九月一六日申請、同年一二月三日認可）、このような日本聖公会をとりまく状況の変化への対応であったと考えられる。それは、第五条（理事の選出）と第六条（理事の任期）の変更を内容とするものであったが、中心である第五条は次のように変更されることとなった。

第五条

旧・本法人ノ理事ハ亜米利加合衆国プロテスタント　エピスコパル教会ヨリ日本ニ派遣サレタル監督、プロテスタント　エピスコパル　チヤーチ　ミッシヨン所属員中及日本聖公会ニ属スル聖職信徒中ヨリ此レヲ選ブ

新・本法人ノ理事ハ日本聖公会聖職信徒中ヨリ之ヲ選ブ

米国聖公会宣教師と日本聖公会聖職信徒としていた理事の選出母体が、日本聖公会の聖職信徒のみに変更されたことよって、名実ともに理事会の「邦人化」・米国聖公会からの独立がなされたのである。

3 「基督教主義」から「皇国ノ道」へ

理事会の「邦人化」、米国聖公会からの独立を達成した立教学院は、その約一年後の第五四回理事会（一九四二年九月二九日開催）において、三度目の寄附行為変更を可決した（一九四二年一一月四日申請、一九四三年二月一五日認可）[19]。これは、目的条項の変更を中心とした次のような内容であった。

第二条

旧・財団法人立教学院ハ日本ニ於テ基督教主義ニヨル教育ヲ行フヲ目的トシ学校令ニヨル立教大学及立教中学校ヲ維持経営ス

但本条文中ノ目的ハ変更スルコトヲ許サズ

新・財団法人立教学院ハ皇国ノ道ニヨル教育ヲ行フヲ目的トシ学校令ニヨル立教大学及立教中学校ヲ経営維持ス

第五条

旧・本法人ノ理事ハ日本聖公会聖職信徒中ヨリ之ヲ選ブ

新・（全文ヲ削リ以下逐条ヲ繰上グ）

第八条（新・第七条）

旧・理事長ハ理事会ノ同意ヲ得テ本法人ニ必要ナル職員ヲ設クルコトヲ得

理事長ハ理事会ノ同意ヲ得テ理事中ヨリ立教学院総長ヲ、及立教学院付牧師並ニ会計ヲ任免ス

新・理事長ハ理事会ノ同意ヲ得テ本法人ニ必要ナル職員ヲ設クルコトヲ得

理事長ハ理事会ノ同意ヲ得テ理事中ヨリ立教学院総長ヲ任免ス

第二条の変化は明らかである。なかでも、学院における教育の根幹であった「基督教主義ニヨル教育」が「皇国ノ道ニヨル教育」に改められたことが注目される。いうまでもなく、「皇国ノ道」とは教育勅語に示された「斯ノ道」のことであり、「端的にいへば皇運扶翼の道」であった[20]。また、これに加えて、二度目の寄附行為変更で「本法人ノ理事ハ日本聖公会聖職信徒中ヨリ之ヲ選ブ」と改めたばかりの理事の選出に関する規定（第五条）は全文が削除され、形式的には日本聖公会からの影響も排除されることとなった。さらに、同日の理事会におけるチャペル閉鎖の決定[21]と軌を一にして、旧第八条（新第七条）中の「立教学院付牧師並ニ会計」という文言も削除されている。つまり、これらの変更によって、立教学院寄附行為のキリスト教的な特徴はことごとく払拭されるとともに、立教中学校と立教大学は「皇国ノ道ニヨル教育」を行う組織へ変質することとなったのである。

さて、立教学院発足時に「本条文中ノ目的ハ変更スルコトヲ許サズ」と規定された学院の目的の変更は、立教学院の存在意義に関わる重大な転換である。なぜこの変更がなされなければならなかったのだろうか。答えのヒントは、国立公文書館に残されている立教学院関係文書にあった。そこには、文部省担当者によるコメントの記された文書が収められている[22]。たとえば、一九四一年六月にはじめての寄附行為変更が認可される際の指令案には、次のような文言が残されている。

本財団寄附行為ニ就テハ第二條ノ目的ノ條文ヲ変更スル必要有之モノト思料セラル、ニ依リ之レガ改正方注意致シタル処現在小委員会ヲ設ケテ折角之レガ改正ニ就テ研究中ニテ何レ早晩更メテ変更申請提出ノ予定ナルモ今回ハ事業遂行上不敢取別紙ノ通ノ変更申請ニ止メタルモノトイフまた、一九四一年一二月になされた寄附行為変更認可に関する指令案にも、次のような意見が記されている。

本財団寄附行為ニ就テハ第二條ノ目的ノ條文ヲ訂正スル必要有之モノト思料セラル、ニ付此前ノ改正ノトキト同様財団当局ノ意向ヲ徴シタル処先ヅ以テ外国関係ヲ断チタル上根本的ニ改正ヲ行フモノナリトイフ

つまり、文部省は立教学院の目的を変更するように迫っていたのである。しかも、当然のことながら、このような文部省の意向は学院の首脳陣にも伝わっていた。たとえば、一九四二年一月一六日の「遠山日誌」には次のように記されている(23)。

○寄付行為の改正は十二月二日〔ママ〕認可済なり。依て東京府へ問合せしに右認可の旨通達ありしとの事、東京府の怠慢なるべし。二、三日中に東京府より通知ある筈。

○寄付行為第二條に就てハ研究すべしとの事。

このような文部省の指導が、「基督教主義ニヨル教育」から「皇国ノ道ニヨル教育」への転換要因のひとつであった蓋然性は高いと考えられる。ただし、残された文書には文部省が認識していた目的の問題点や変更によって目指すべき方向性をうかがわせるものは示されていない。

二　立教以外のキリスト教主義学校の動向

ところで、一九四二年当時、プロテスタント系のキリスト教主義学校のうち基督教教育同盟会の加盟校だけでも六一校があり(24)、カトリック系の学校も含めれば相当数のキリスト教主義学校が存在していたものと推測される。このことを考慮に入れると、文部省は、立教学院だけでなく、ほかのキリスト教主義学校に対しても、同じような意向を示していたとは考えられないだろうか。そこで、立教学院以外のキリスト教主義学校の寄附行為に示された法人の目的をめぐる動向を検討することで、文部省による意向の内容を検討したい。

ただし、すべてのキリスト教主義学校を検討の対象とすることは不可能である。そこで、ここでの検討は、これらのなかでも大学を擁していた学校の経営母体である財団法人の寄附行為に限定する。私立大学の設置を認めた大学令の公布(一九一八年)から敗戦までの間には、二八校の私立大学が認可された。そのうち、立教大学以外でキリスト教主義を掲げていた大学、あるいはキリスト教と関係の深い大学とその経営母体は、同志社大学(同志社)、関西学院大学(関西学院)、上智大学(上智学院)の三校である。

1　同志社

一九三五年にいわゆる「神棚事件」を引き起した同志社では、その二年後に再び学園を揺るがす事件が発生する。一九三七年二月の「勅語誤読」事件、三月の「上申書」問題、そして、七月の「チャペル籠城事件」である(25)。同志社では、これらの「事件」をきっかけに、内部にあったキリスト教主義への批判が顕在化し、それへの対応が迫られていた。

たとえば、一九三七年二月の「勅語誤読」事件への対応として、翌三月には新たに「同志社教育綱領」が制定され、「教育ニ関スル勅語並詔書ヲ奉戴シ基督ニ拠ル信念ノ力ヲ以テ聖旨ノ実践躬行ヲ期ス」ことが示された(26)。また、同じ時期に、同志社諸学校の学則第一条に規定していた教育の目的が変更され、「教育ニ関スル勅語ノ聖旨ヲ奉戴シ」という文言が採用されたのも、この事件への対応であったと考えられる(ただし、中学校は一九三五年三月)(27)。

このような状況にあって、寄附行為に規定された法人の目的や教育方針を変更しようとする動きも確認できる。たとえば、一九三七年七月一五日の常務理事会では、「チャペル籠城事件」に関連した人事案件や「学園粛正ニ関スル件」などとともに「寄附行為改正ニ関スル件」が議題として取り上げられ、次のように記録されている。[28]

時世ノ推移ニ伴ヒ寄附行為中第三十八条第一条及第四条等ヲ改正スヘキヤ否ヤニ付テハ慎重ニ研究ヲ重ヌルコトヲ申合セタリ

ここで変更が検討されている第一条は法人の目的、第四条は教育方針、第三八条は寄附行為変更手続に関する規定である。第一条および第四条は次のように定められていた。[29]

第一条　智徳並行ノ主義ニ基キ教育ノ業ヲ挙クルヲ以テ本財団ノ目的トス
第四条　本財団ノ維持スル学校ハ基督教ヲ以テ徳育ノ基本トス

また、第三八条では第一条（法人の目的）および第七条（使途指定寄附金の流用禁止）を「不易ノ原則」とし、それ以外の条項については理事会の三分の二以上の同意と主務官庁の認可を経たうえで変更すると規定している。つまり、第三八条の変更は第一条の変更にあたって必要とされたのであろう。

では、具体的に、第一条や第四条をどのように変更しようとしていたのだろうか。『同志社百年史』は、この時の寄附行為変更問題について、これ以上の言及をしていない。[30] ただし、同志社にはこの時期の寄附行為変更案の内容を知ることができる史料群が残されており、これによって変更案の具体的な内容を把握することができる。残された史料は次の通りである(31)。
①「七月常務理事会ニ附議スベキ同志社寄附行為改正私案」（一九三七年六月三〇日）
②「同志社寄附行為改正案」（日付不詳）
③「同志社寄附行為改正案」（一九三八年一月一五日）
④「秘　同志社寄附行為改正案」（一九三八年一月二五日）
⑤「同志社寄附行為改正案」（一九三八年二月一四日）
これらの寄附行為変更案に記された第一条および第四条の案文は、**表4-1**の通りである。

表4-1　同志社寄附行為変更案（第一条・第四条）

	第一条（法人の目的）	第四条（教育方針）
寄附行為（現行）	智徳並行ノ主義ニ基キ教育ノ業ヲ挙クルヲ以テ本財団ノ目的トス	本財団ノ維持スル学校ハ基督教ヲ以テ徳育ノ基本トス
変更案①	同志社教育綱領ニ基キ教育ノ業ヲ挙クルヲ以テ本財団ノ目的トス	削除　又ハ　本財団ノ維持スル学校ハ教育ニ関スル勅語ノ聖旨ヲ奉戴シ基督教ヲ以テ徳育ノ完成ヲ期ス
変更案②	同志社教育綱領ニ基キ教育ノ業ヲ挙クルヲ以テ本財団ノ目的トス	本財団ノ維持スル学校ハ教育ニ関スル勅語ノ聖旨ヲ奉戴シ基督教ヲ以テ徳育ノ完成ヲ期ス
変更案③	同志社教育綱領ニ基キ教育ノ業ヲ挙クルヲ以テ本財団ノ目的トス	本財団ノ維持スル学校ハ教育ニ関スル勅語ノ聖旨ヲ奉戴シ基督ノ真精神ヲ以テ徳育ノ完成ヲ期ス
変更案④	智徳並行ノ主義ニ基キ教育ノ業ヲ挙ゲ国家有用ノ材ヲ養成スルヲ以テ本財団ノ目的トス	本財団ノ維持スル学校ハ教育ニ関スル勅語ノ　聖旨ヲ以テ徳育ノ基本トシ基督ノ真精神ニ則リ人格陶冶ノ完成ヲ期ス
変更案⑤	本財団ハ教育ニ関スル勅語ノ聖旨ヲ奉戴シ基督ノ精神ニ則リ人格陶冶ノ完成ヲ期シ国家有用ノ材ヲ養成スルヲ以テ目的トス	（現行第四條ヲ省キ、現行第五條ヲ以テ第四條トス）

当時の寄附行為と五つの変更案との間にみられる大きな違いは、法人の目的(第一条)ないし教育方針(第四条)に「教育ニ関スル勅語ノ聖旨」という文言を明示しているか否かである。ただし、その位置づけは異なっている。変更案のなかでも①から④までは法人の目的にはキリスト教主義も「教育勅語」といった文言も直接的には明示されてはおらず、教育方針で用いられているのに対して、⑤では「教育ニ関スル勅語ヲ奉戴シ」という文言が法人の目的として採用され、第四条の教育方針が削除されているのである。

しかしながら、この変更案をめぐっては、いずれの常務理事会の記録でも「慎重ニ研究ヲ重ヌルコト」、「研究スルコトニ決定」等と記されているのみであり、どのような意見が開陳されたのかはわからない(32)。そのため、この変化のもつ意味を即断することはできないが、案文の推移からは「教育ニ関スル勅語ヲ奉戴シ」という文言の採用やその位置づけをめぐって議論がなされていたことが推測される。

ところで、この史料群には、文部省の意向の一端をうかがうことができる史料が含まれている。一九三八年二月一四日の変更案⑤である。そこには、文部省専門学務局の事務官である石井通則の名刺が添付されるとともに、各条文案に対する意見の記された箋が付されているのである。

たとえば、「本財団ハ教育ニ関スル勅語ノ聖旨ヲ奉戴シ基督ノ精神ニ則リ人格陶冶ノ完成ヲ期シ国家有用ノ材ヲ養成スルヲ以テ目的トス」という法人の目的(第一条)に関する変更案に対しては、「『基督ノ精神ニ則リ人格陶冶ノ完成ヲ期シ』ヲ削除スルカ其ノ字句ニ付再検討セラレ度キコト」との意見が付されている。また、変更案では、「総長ハ基督教信徒ニシテ本寄附行為第一条ノ主旨ヲ貫徹スルニ適当ナル者タルコトヲ要ス」と総長のクリスチャン・コードを定めていたが(第九条)、これに対しても「『基督教信徒ニシテ』ヲ削除シテハ如何」と記された箋が付されている。このことは、一九三八年二月の時点において、文部省がキリスト教主義学校の寄附行為からキリスト教的な特徴を払拭すべく働きかけていたことを示している。

しかし、このような文部省の意向にもかかわらず、この変更が実現することはなかった。法人の目的等に関する寄附行為の規定が変更されるのは、さらに三年を経た一九四一年のことである(二月二七日申請、四月一七日認可)。すなわち、この変更では、「智徳並行ノ主義ニ基キ教育ノ業ヲ挙クルヲ以テ本財団ノ目的トス」と定められていた法人の目的が「教育ニ関スル　勅語ヲ奉戴シ　聖旨ヲ遵守シテ教育ノ実績ヲ挙クルコトヲ以テ本法人ノ目的トス」(第一条)に改められるとともに、「本財団ノ維持スル学校ハ基督教ヲ以テ徳育ノ基本トス」と謳っていた教育方針が「本法人ノ維持スル学校ハ皇国民ノ錬成ヲ目的トシ基督教ノ精神ヲ採ツテ徳育ニ資ス」(第四条)と変更されたのである[33]。

法人の目的からキリスト教主義に関する文言が削除されたのは、文部省の意向と一致している。また、『同志社百年史』は、法人の目的および教育方針の変更に関する常務理事会での若松兎三郎の説明を引用し、「文部省、京都府庁などからの強い要請があったことが察せられる」と記している[34]。これらの点をふまえると、同志社が寄附行為の目的条項からキリスト教主義を示す文言を削除したのは、文部省の「要請」を反映した措置としてとらえることができよう。

ただし、一九四一年の変更では、文部省の意向が反映される一方で、一九三八年二月には削除の予定であった教育方針に、「皇国民ノ錬成ヲ目的トシ」という限定の下ではあるものの「基督教精神」という文言が残された(第四条)。また、総長に関しては従来どおり「総長ハ基督教徒ニシテ本寄附行為第一条及第四条ノ主旨ヲ貫徹スルニ適当ナル者タルコトヲ要ス」と規定され、クリスチャン・コードが残されている(第一四条)。

2　関西学院

一九三八年一一月、関西学院諸学校では、教育勅語の意義を徹底するために、学則中に示された教育の目的に「教育ニ関スル勅語ヲ奉体シ」との文言を加える変更を申請し、一九三九年三月から四月にかけて認可された[35]。しかし、これと同時に、寄附行為に示された法人の目的に「教育勅語」や「皇国ノ道」などの文言を加える変更がなされることはなかった。

一九四〇年以降における関西学院の寄附行為変更は、一九四一年（八月八日申請、九月二四日認可）と一九四四年（三月一日申請、認可日不詳）に行われている[36]。一九四一年の変更は、それまで二四名であった理事の総数を一六名に減じるとともに、選出母体とその人数、さらに選出方法を改めるものであった。これによって、理事の選出母体とその人数は、同窓・校友から六名（従来も六名）、日本基督教団第二部（従来は日本メソジスト教会）において推薦された者六名（従来も六名）、カナダ合同教会およびアメリカ・メソジスト教会に属する日本在住宣教師から各二名（従来は各六名）となり、日本在住宣教師から選ぶことができない場合には日本基督教団のなかから選ぶことができるとされた。また、日本メソジスト教会と米国メソジスト教会、カナダ合同教会から選出される理事については、従来の寄附行為では各団体における選挙によって選出されていたが、この寄附行為変更では理事会における選挙によって選出されることになった[37]。

この変更は、『関西学院百年史』によれば、「外国人宣教師教授が学院のすべての役職から離れて帰国するという非常事態」への対応であった[38]。また、文部省に提出した申請書の変更理由には、「今般米国及ビ加奈陀両教会ト本学院トノ関係変更シ且ツ財政ノ独立ヲ決行スルニツキ変更ノ必要ヲ生ジタルモノナリ」[39]と記されており、日本基督教連盟の自給独立に関する申し合わせ（一九四〇年九月）をうけたものであったと考えられる。さらに、基督教教育同盟会の申し合わせ（一九四〇年九月）によって理事の過半数を日本人にすることが迫られており、このことが理事構成の変更に影響を与えていることも想像に難くない。つまり、この変更の目的は、外国人宣教師理事の割合を従来よりも減じることで、海外母教会の影響力を弱めることにあったといえよう。

関西学院の理事構成の変化をめぐるこのような状況は、立教学院の寄附行為から米国聖公会の影響が払拭され、理事会が「邦人化」される際と同じであり、国際関係の変化を反映したものであったと考えられる。しかしながら、関西学院では、この変更から敗戦までの間においても、寄附行為の目的条項には手を加えていない。つまり、寄附行為に定められていた「本法人ハ基督教主義ニ基キ学校ヲ経営スルヲ以テ目的トス／但シ茲ニ云フ基督教トハ日本メソヂスト教会ノ基礎的教義ト一致スルモノヲ云フ」[40]という関西学院の目的（第三条）は、戦時下においても維持されたのである。同じような状況にありながら、立教学院が「基督教主義ニヨル教育」から「皇国ノ道ニヨル教育」へと法人の目的を変更したのとは対照的である。

ただし、法人の目的が変更されなかったということは、変更に向けた動きがなかったことを意味するわけではない。たとえば、一九四〇年度の「神崎驥一院長報告」には、「寄附行為ノ改正ニ関スル文部当局ノ意向ニツイテハ別ニ御報告致シ本理事会ノ御協議ヲ願フコトニ致シマス」と記されており[41]、関西学院の寄附行為に対して文部省からなんらかの意向が示されていたことがうかがえる。

一九四〇年といえば、文部省が立教学院に対して寄附行為の目的条項に対して変更を働きかけていた時期とほぼ一致する。また、同志社の事例からは、「文部当局ノ意向」が寄附行為中のキリスト教的な特徴の払拭を迫るものであったと推測される。さらに、このことが「院長報告」に記されているということは、関西学院にとっても「文部当局ノ意向」が重大な関心事であったことを示している。当然のことながら、関西学院においても文部省の意向になんらかの対応がなされていたと考えられるが、『関西学院百年史』ではこれに関する言及はなされていない。

ただし、関西学院に残されている『常務理事会記録』に、前述の理事構成の変更と並行して、この時期に法人の目的を変更すべく案文を整えていたことをうかがうことができる[42]。すなわち、一九四一年六月一三日に開催された常務理事会において、理事構成の変更とともに、神崎院長から次のような目的条項の変更案が示されているのである。

一、寄附行為改正ニ関スル件

(イ)　寄附行為第三條ノ改正参考案トシテ神崎氏ヨリ左ノ三案ヲ示サル
(1)　本法人ハ教育勅語ノ聖旨ヲ奉戴シキリスト教ノ精神ヲ採リ皇国民ノ練成《ママ》ヲナスヲ以テ目的トス
(2)　本法人ハ教育勅語ノ聖旨ヲ奉戴シキリスト教ノ精神ニ立脚シ信念アリ品格アル真ノ皇国民ヲ練成《ママ》スルヲ以テ目的トス
(3)　本法人ハ教育勅語ノ聖旨ヲ奉戴シキリスト教ノ精神ヲ採リ人格ノ陶冶ヲナシ以テ国家社会ニ有用ナル人物ヲ養成スルヲ以テ目的トス

いずれの案も「キリスト教ノ精神」に加えて「教育勅語ノ聖旨ヲ奉戴シ」という文言を採用するものであることがわかるだろう。しかも、この案は一九四一年六月一七日に開催された常務理事会において協議され、次のような案文とすることで意見の一致をみている(43)。

一、寄附行為改正ノ件
(イ)　第三條改正案　前回ノ常務理事会ニ於テ神崎氏ノ提示セル三ツノ参考案ヲ基礎トシテ協議ノ結果「本法人ハ教育勅語ノ聖旨ヲ奉体シ基督教ノ精神ニ則リ人格ノ陶冶ヲナシ以テ国家社会ニ有用ナル人物ヲ養成スルヲ目的トス」
ヲ改正案トナスコトニ意見一致ス

ところが、六月三〇日に開催された臨時理事会では、理事の構成を変更することについては可決したものの、「討議ノ結果目的ノ項ハ暫ク措」くことに決している（なお、このとき可決された理事構成の変更は、前述の一九四一年九月に認可された寄附行為の変更となる）[44]。その結果、文部省の働きかけにもかかわらず、これ以後も法人の目的が変更されることはなかった。つまり、関西学院では、キリスト教主義を維持しつつ、「教育勅語」や「皇国ノ道」といった文言を採用することはなかったのである。

なお、当時の常務理事会のメンバーはすべて日本人であったが、六月三〇日の理事会には外国人理事が一一名含まれていた[45]。日本人のみで構成された常務理事会が「教育勅語ノ聖旨ヲ奉体シ」を採用し、外国人宣教師が約半数を占めていた理事会が保留としたことは、外国人宣教師の強い影響力をうかがわせる。

3　上智学院

一九三二年の「靖国神社参拝拒否事件」で配属将校が引き上げられた経験をもつ上智学院の場合、寄附行為第三条に規定された上智学院の目的は次の通りであり、キリスト教主義的な文言も「教育勅語」や「皇国ノ道」といった文言も明記されていない[46]。

本財団法人ノ目的ハ青年男子ヲ教育シ其智力上道徳上社交上及体力上ノ幸福ヲ増進スルニ在リ此目的ヲ達スル為メ法令ノ規定ニ従ヒ学校ヲ設クベシ

しかも、興味深いことに、一九一一年の財団法人設立から一九五一年の学校法人への移行まで、この文言が変更されることはなかった[47]。ただし、一九三九年三月一日に申請された寄附行為の変更では、上智学院の目的を示した第三条に第二項として「本財団法人ハ第三条ノ目的ヲ達スル為メ大学令ニ依ル上智大学、専門学校令ニ依ル上智大学専門部及上智大学外国語専修学校ヲ経営ス」という文言が加えられている（四月二八日認可）[48]。これは、一九三六年四月の文部省による学事調査の際に法人の事業を明示するよう指示されたことをうけての変更であり、目的に関わる根本的な変更ではない。

むしろ、ここで注目すべきは、この第二項が追加されたのが一九三九年であるという点である。これは同志社の寄附行為変更案に対して文部省から意見が付された時期(一九三八年)よりも後のことである。しかしながら、国立公文書館所蔵の上智学院関係文書にはこの変更に関する文書が残されているものの、そこには立教学院の寄附行為変更の際に記されたような目的条項の変更を迫る文部省の意向を確認することはできない。つまり、キリスト教主義を示す文言も「教育勅語」や「皇国ノ道」といった文言も明記されていない目的に対して、文部省による公的な意向は示されていないのである。

その後の上智学院では、一九四四年五月三日に開催された理事会において、寄附行為中の目的条項の変更を決議している。理事会の記録によれば、第三条の「青年男子ヲ教育シ其智力上道徳上社交上及体力上ノ幸福ヲ増進スルニ在リ此目的ヲ達スル為メ法令ノ規定ニ従ヒ学校ヲ設クベシ」の前半の傍線部を「カトリック文化ヲ研究シ兼テ其ノ研究ニ従事スル青年ノ錬成教養ニ当リ以テ大東亜ノ発展ニ寄与」と改めるとともに、後半の傍線部を「上智学院研究所」と改めている[49]。しかし、この寄附行為変更案は国立公文書館の上智学院関係文書には残されていない。立教学院、同志社、関西学院の事例から、「カトリック文化」が問題視され、申請が取り下げられたと考えることも可能であろうが、おそらくそれは正しくない。

当時、上智大学では、「教育ニ関スル戦時非常措置方策」(一九四三年一〇月一二日閣議決定)への対応として、興亜工業大学との合併による東亜大学の設立(設置者・財団法人東亜大学)を計画していた。この計画は一九四四年二月には文部省の内諾を得ており、同年四月三〇日の理事会において「上智大学ト興亜工業大学トヲ統合シテ東亜大学トナス件」が全員一致で可決され、七月一三日には文部省に対して東亜大学の設置認可申請がなされている。また、これに伴い、

「上智学院ハ新ニ上智学院研究所ヲ設置スルコト」と理事会で決議されている。このことを考慮に入れると、右の目的条項の変更はこのような事態に対応した措置であったと思われる。しかしながら、東亜大学の設立計画は頓挫することとなり、認可申請も取り下げられることとなった。そのため、この寄附行為変更案が実現することはなかったのである[50]。

三　立教学院内の動向

以上のような同志社、関西学院、上智学院の動向は、キリスト教主義学校の寄附行為に対する文部省の意向がもっぱらキリスト教主義を示す文言の排除のみを目的としており、「教育勅語」や「皇国ノ道」といった文言の採用による天皇制教育の徹底を迫るものではなかったことを示している。しかも、同志社や関西学院がそれに従わなかったように、文部省の意向は必ずしも強制力を伴うものではなかった。これらのことから、立教学院にもキリスト教主義を法人の目的として維持することや「皇国ノ道」を採用しないという選択肢が残されていたといえよう。にもかかわらず、立教学院が寄附行為の目的条項から「基督教主義ニヨル教育」を削除し、「皇国ノ道ニヨル教育」を採用したのは、なぜなのだろうか。

1　医学部設置構想と幻の寄附行為変更——「基督教主義ニヨル教育」の削除——

立教学院を経営母体とする立教大学では、一九四一年から翌年にかけて聖路加メディカルセンター（現・聖路加国際病院）との合併による医学部設置構想が具体化していた。医学部の設置は、文部省の内諾を得て一九四二年二月に申請された。しかしながら、財団法人聖路加国際メディカルセンターの解散申請が厚生省によって却下されたため、頓挫することとなった（本書第五章参照）。

この時、最終的には実現にいたらなかったものの、立教学院では寄附行為の変更案が作成されている。一九四一年一二月の寄附行為変更認可から二か月後、そして「基督教主義ニヨル教育」から「皇国ノ道ニヨル教育」へと法人の目的を変更する七か月ほど前である一九四二年二月付の「改正サルベキ財団法人立教学院寄附行為」である[51]。この案は、一九四二年一月二三日に開催された第四七回立教学院理事会において、聖路加国際メディカルセンターとの合併に伴い寄附行為の変更の必要性が認識され、その調査研究のために任命された四名の委員（遠山郁三、松崎半三郎、橋本寛敏、大平芳男）によって作成が開始されたと考えられる[52]。その後、「遠山日誌」によれば、次のように、翌二月一二日に聖路加国際病院において開催された「立教学院理事会」において新たな寄附行為の「成案」が得られたようである（ただし、立教学院の理事会記録にはこの記録は残されていない）[53]。

×立教学院理事会、於聖路加病院、
寄付行為を新にすることを協議、成案を得たり。
医学部新設願の草稿脱稿せり。

さらに、二月一六日の聖路加国際メディカルセンターの理事会で「第二條中『医学部附属』……」の五文字を除く事」などの案文の修正が提起され[54]、最終的にまとまったものが、この「改正サルベキ財団法人立教学院寄附行為」（以下、医学部設置に伴う寄附行為案とする）であると考えられる。

さて、当時の寄附行為と医学部設置に伴う寄附行為案との大きな違いは、第一に法人の目的が変更されていることである。医学部設置に伴う寄附行為案では、法人の目的は「財団法人立教学院ハ立教大学、立教中学校並ニ聖路加国際病院ヲ経営維持ス」と規定され（第二条）、従来の目的から「基督教主義ニヨル教育」が削除されている。第二に、次のように、立教大学総長、聖路加国際病院長、立教中学校長が職権理事として理事会のメンバーとなっていることである。

第四条　本法人ニ理事拾名監事弐名ヲ置キ日本聖公会聖職信徒中ヨリ此レヲ選ビ其ノ任期ヲ四年トス
但立教大学総長、聖路加国際病院長及立教中学校長ハ職務上理事トナル〔以下略〕

注目すべきは、この規定のしかたでは、これらの職にある者が必ずしも日本聖公会の聖職信徒であることが担保されていないことである。つまり、従来の規定では理事は日本聖公会の聖職信徒に限定されていたが、医学部設置に伴う寄附行為案では、形式的には日本聖公会の聖職信徒以外の理事が選出されることが可能となったのである。

第三に、理事長の職務に関する規定が変更されるとともに、学院総長に関する規定が削除されていることである。従来、理事長の職務については「理事長ハ理事会ノ同意ヲ得テ本法人ニ必要ナル職員ヲ設クルコトヲ得／理事長ハ理事会ノ同意ヲ得テ理事中ヨリ立教学院総長ヲ、及立教学院付牧師並ニ会計ヲ任免ス」（第八条）と定められ、学院総長については「立教大学及立教中学校ニ関スル一切ヲ統轄管理シ理事会ノ同意ヲ得テ立教大学長、立教中学校長ヲ任免シ又其ノ他ノ一般教職員ヲ任免ス」（第一二条）と定められていた。しかしながら、医学部設置に伴う寄附行為案では、理事長の職務について「理事長ハ本法人ヲ代表シ其ノ事業一切ヲ総理ス」（第五条）、「理事長ハ理事会ノ同意ヲ得テ立教大学総長、聖路加国際病院長及立教中学校長ヲ任免ス」（第六条）と規定している。つまり、従来の学院総長の役割を理事長が担うことになっているのである。その結果、その資格と立場によって立教大学と立教中学校の教育がキリスト教主義に則ったものであることを担保していた学院総長に関する規定（第一二条）が削除されたのであろう。また、

「立教学院付牧師並ニ会計」の任免規定も寄附行為から削除されていることもここで指摘しておこう。

このように、医学部設置に伴う寄附行為案からは、理事選出規定以外の条文からキリスト教を示す文言が削除されているのである（なお、理事選出規定のクリスチャン・コードについても、その存廃が問題となっていたことが「遠山日誌」一九四二年三月一四日の条に記されている）。このことをふまえたうえで、七か月後に決議される目的条項からの「基督教主義ニヨル教育」の削除と「皇国ノ道ニヨル教育」の採用に関連して、医学部設置に伴う寄附行為案の目的条項には注目すべき点が二つあることを指摘しておきたい。

ひとつは、一九四二年九月の理事会において目的条項の変更が可決されるのに先立って、すでに「基督教主義ニヨル教育」の削除がなされていることである。先にみたように、一九四二年一月一六日の「遠山日誌」には、文部省から「寄附行為第二条に就てハ研究すべしとの事」という意向が立教学院に対して示されたことが記されていた[55]。これが、一月二三日の第四七回立教学院理事会で医学部設置に伴う寄附行為変更案を作成するための委員四名が任命される一週間前であったこと考慮すると、文部省の意向が法人の目的に関する案文作成に影響を与えたことは想像に難くない。くわえて、かつて文部省が法人の目的に対して変更を働きかけた際、立教学院は「先ヅ以テ外国関係ヲ断チタル上根本的ニ改正ヲ行フ」と回答していた[56]。この「外国関係ヲ断」つこと、すなわち理事会を「邦人化」し、米国聖公会の影響力を排除することは、先に述べたように一九四一年八月の外国人理事二名の辞任と一九四一年一二月の寄附行為変更認可によって実現された。このようなかたちで「外国関係ヲ断」つことが、文部省の意向を反映し、法人の目的から「基督教主義」を削除することを可能にしたのである。

もうひとつの注目すべき点は、一九四三年に認可される寄附行為の変更において採用された「皇国ノ道」がここでは採用されていないことである。これまでの寄附行為変更への文部省の指導をふまえれば、この寄附行為案は医学部設置をめぐる文部省との交渉の際にも提示されていたと考えられる。そして、文部省が医学部設置に内諾を与えていたことを考えれば、ここで示された法人の目的についても内諾を与えていたと考えるのが妥当であろう。つまり、この時点において、文部省は「教育勅語」や「皇国ノ道」といった文言を明示しなくても問題ないという判断をしていたと考えられるのである。

2　「皇国ノ道ニヨル教育」採用の経緯

では、医学部の設置申請時には明示しなかった「皇国ノ道ニヨル教育」を、なぜ立教学院は採用しなければならなかったのだろうか。

繰り返しになるが、立教学院の目的を「基督教主義ニヨル教育」から「皇国ノ道ニヨル教育」に改めることを理事会が可決したのは、一九四二年九月二九日のことである。このころ立教学院内外ではキリスト教排撃運動が高揚し、キリスト教主義か「皇道主義」かをめぐって教育方針の対立が起きていた。永井によれば、法人の目的が変更されたのは、このような教育方針の明確化をめぐる争いへの対応であり、より直接的にはこの「争い」がピークに達した「学生暴行事件」への対応であったという（本書第一二章参照）[57]。

「学生暴行事件」が発生したのは、キリスト教排撃運動が高まっていた一九四二年九月初旬のことであった。この「事件」の詳細は不明であるが、キリスト教主義と「皇道主義」をめぐる学生同士の対立であり、なおかつ大学教授と教練教官を巻き込んだものであったという。結果的には、事件に関与した学生が停学処分をうけ、学生課長の阿部三郎太郎教授も責任を問われ学生課長の職を解かれることとなった。しかし、本書第一二章で詳述されるように、「事件」はそれにとどまらない広がりをもった。「事件」直後の九月一五日に開催された大学部長会において、「事件」に関与した学生が在籍していた経済学部の河西太一郎学部長から、学則第一条に示された大学の目的にある「基督教主義」を削除することが提案されたのである。部長会で提案された学則の目的条項の変更は、九月二六日の大学部長会において決定をみることとなる。さらに、この三日後の九月二九日の理事会では、大学学則の変更だけでなく、寄附行為の変更とチャペルの閉鎖が正式に決定されたのであった。「遠山日誌」には、学則の変更や寄附行為の変更、そしてチャペルの閉鎖が、「学生暴行事件」と関連する案件として記されている(58)。また、大学部長会での学則の変更が決定される前日には、「皇道主義」を唱えていた教員らが遠山総長を訪ね、この「事件」に関わってなんらかの対応を迫っていたことも記されている(59)。

このような状況や経緯をふまえると、「学生暴行事件」を契機として寄附行為の変更がなされたという蓋然性は高いと考えられる。ただし、法人の目的に関する変更という点に限れば、これよりも七か月前の医学部設置に伴う寄附行為案において、目的条項からはすでに「基督教主義ニヨル教育」が削除され、キリスト教的な特徴の払拭が図られようとしていた。このことをふまえるならば、実態はともかくとして、この「事件」が寄附行為にもたらしたものは、文部省の意向にみられたキリスト教主義の払拭というよりも、むしろ「皇国ノ道ニヨル教育」の採用であったといえよう。

おわりに

立教学院寄附行為における法人の目的に関する規定から「基督教主義ニヨル教育」が削除され、代わりに「皇国ノ道ニヨル教育」が採用される過程を考察してきた。

寄附行為の目的条項を変更することが立教学院の課題となったのは、文部省によってその必要性が示されたことを契機としていた。文部省の意図は寄附行為からのキリスト教主義的な文言を削除することにあった。しかし、立教学院からキリスト教主義を払拭すること、それは一筋縄ではいかない事柄であった。なぜなら、法人の目的に関しては「変更スルコトヲ許サズ」と規定されていたからである。しかし、それ以上に変更を困難にさせたのは、立教学院がその影響を強く受けていた米国聖公会との関係であった。本書第一章で明らかにされているように、米国聖公会は立教学院に対して莫大な財政援助を行っていた。それは立教学院のキリスト教的性格を維持し、教会にとって有益な機関らしめるためであった。そのため、キリスト教教育を行わない立教学院に対しては、米国聖公会からの財政援助は望むことはできない。もしそのような事態になれば、財政的に逼迫していた立教学院はその存続すら危うくなったはずである。こうして、立教学院は文部省と米国聖公会との間で板挟みの状況に置かれることになったのであった。文部省の働きかけに対して、立教学院が「外国関係ヲ断チタル上」で目的の変更を行うと応じたのは、このような理由によるものであった。

この「外国関係ヲ断」つことは、国際関係の変化に伴う海外母教会と国内のキリスト教団体との関係の変化によって、期せずして可能となった。立教学院には米国聖公会からの独立、「邦人化」が迫られ、理事長や外国人理事を日本人に変更するとともに、二度にわたる寄附行為変更によって、立教学院は人的にも財政的にも米国聖公会から独立し、「邦人化」を果たしたのである。このことは、文部省と米国聖公会との間での板挟みの状態から、立教学院が解放されたことを意味している。それゆえ、医学部設置にあたって、寄附行為の目的条項からキリスト教主義を削除することが可能となったのである。米国聖公会からの独立と「邦人化」を志向した二度の寄附行為変更は、結果としてではあるが、立教学院の目的を変更するための布石として位置づいていたといえよう。こうして、立教学院では寄附行為から「基督教主義ニヨル教育」が削除されたのであった。

他方、法人の目的として「皇国ノ道ニヨル教育」を採用することは、「基督教主義ニヨル教育」の削除とは異なる要因によってなされたと考えられる。すなわち、それは、一九四二年九月に突然なされたのであり、直前に発生した「学生暴行事件」に象徴される教育方針をめぐる対立やキリスト教排撃運動・「皇道主義」の圧力などの学内情勢への対応としての意味合いが強い。文部省と米国の母教会という学院外部の力の間での板挟みの状況から解放された立教学院は、今度は学院の内部で生じたキリスト教排撃運動・「皇道主義」の圧力を受けることになったのである。キリスト教主義の教育を謳った立教学院の根幹が内部の力によって変質させられてしまったのは皮肉なことであった。

ただし、法人の目的に関する変更を「指導」した文部省の意図は、キリスト教主義的文言を削除することにあり、「教育勅語」や「皇国ノ道」といった教育勅語に基づく理念の明示を迫るものではなかった。しかも、同志社や関西学院がそれに従わなかったように、文部省の意向は必ずしも強制力を伴うものではなかったとみられる。このことは、立教学院が「基督教主義ニヨル教育」を維持したり、「皇国ノ道ニヨル教育」を採用しないという選択をすることが可能であったことを意味している。つまり、戦時下において立教学院の目的が変更されたのは、必ずしも強制によるものではなく、国際関係の変化に伴う米国聖公会からの独立・「邦人化」や文部省からの目的条項に対する変更の働きかけ、そして教育方針をめぐる学院固有の問題とが複雑に絡み合うなかで、むしろ立教学院自らが生き残りをかけて選択した結果なのである。

注

(1) たとえば、久保義三「大学と配属将校の行動」久保義三編『天皇制と教育』(三一書房、一九九一年)所収や久保義三『昭和教育史』(三一書房、一九九四年)などを参照のこと。

(2) 米田俊彦「私立専門学校への『御真影』下付と学則改正——キリスト教主義学校を中心に——」前掲・久保編『天皇制と教育』所収。

(3) 立教学院八十五年史編纂委員編『立教学院八十五年史』立教学院事務局、一九六〇年、一九九頁。海老沢有道編『立教学院百年史』立教学院、一九七四年、三七一頁。

(4) 中野実「昭和戦前期の私立大学」『立教大学教育学科研究年報』第三五号、一九九一年。中野実「戦時下の私立学校——財団法人立教学院寄附行為の変更を中心として——」『立教大学教育学科研究年報』第三九号、一九九六年。

(5) 永井均・豊田雅幸「立教学院関係者の出征と戦没に関する若干の考察」『立教学院史研究』創刊号、二〇〇三年。なお、これに加筆・修正を加えた本書第一二章「立教学院関係者の出征と戦没——戦時下の学内変動に関する一考察——」も参照のこと。
(6) 前掲・中野「昭和戦前期の私立大学」。
(7) 立教学院百二十五年史編纂委員会編『立教学院百二十五年史』資料編第一巻、立教学院、一九九六年。なお、同書には、第四回理事会(一九三二年十月二二日)において可決された寄附行為変更が申請・認可日不詳のまま掲載されている。しかし、国立公文書館所蔵の立教学院関係文書によれば、この変更はなされていない。
(8) 前掲『立教学院百二十五年史』資料編第一巻、四〇三頁〜四〇七頁。以下、特に断らない限り、立教学院寄附行為の内容は同書(四〇三頁〜四一二頁)による。
(9) 日本聖公会歴史編纂委員会編『日本聖公会百年史』日本聖公会教務院文書局、一九五九年、一八三頁〜一八四頁。
(10) 「教会合同と自給に関する総幹事報告」日本基督教団宣教研究所教団史料編纂室編『日本基督教団史資料集』第一巻、日本基督教団宣教研究所、一九九七年、二七四頁〜二七六頁。
(11) 阿部義宗編『日本におけるキリスト教学校教育の現状』基督教学校教育同盟、一九六一年、二〇頁。
(12) 「遠山日誌」一九四〇年八月二九日の条。
(13) 同前、一九四〇年九月二四日の条。
(14) 「財団法人立教学院第三十五回理事会記録」一九四〇年一〇月四日。なお、ライフスナイダーは、日本聖公会の自給断行決議をうけ一〇月一八日に北関東地方部監督を辞任しており、このこともライフスナイダーの理事長辞任に影響を与えていたと考えられる。
(15) この変更にあたっては、旧第二三条に定めるように、米国聖公会の承認が必要であった。そのため、国立公文書館所蔵の認可申請書には、ライフスナイダーの名による次のような文書が添付されている(『東京ローンテニスクラブ・立教学院(昭六・一〇〜昭和三一・一二)』国立公文書館所蔵)。

昨年九月ニューヨークを出発日本に帰任するに際し此の非常時局に適応する様適宜の処置を執る全権を一任され居るに依り今回の財団法人立教学院寄附行為改正に対し承認をなしたるもの也。

これは二月一九日付の文書であるが、「遠山日誌」(一九四一年五月二九日の条、同年六月三日の条)によれば、一九四一年五月二九日に文部省より指示があり、六月三日に提出されたようである。

(16) 前掲・中野「戦時下の私立学校」。
(17) 「帰米命令に服せず」『基督教週報』第八一巻第三九号、一九四一年一一月一四日。「又逢ふ日まで‼ 学園を去った外人教授の動向」『立教大学新聞』一九四一年一〇月一日付。
(18) 「財団法人立教学院第四十二回理事会記録」一九四一年八月一日、「財団法人立教学院第四十三回理事会記録」一九四一年八月九日。
(19) 国立公文書館所蔵の立教学院関係文書（前掲『東京ローンテニスクラブ・立教学院』）には、この変更に係わる文書は収められていない。
(20) 文部省普通学務局編『国民学校制度ニ関スル解説』内閣印刷局、一九四二年、一三頁〜一四頁。
(21) 「遠山日誌」一九四二年九月二九日の条。
(22) 前掲『東京ローンテニスクラブ・立教学院』。
(23) 「遠山日誌」一九四二年一月一六日の条。
(24) 前掲『日本におけるキリスト教学校教育の現状』三四二頁。
(25) これらの「事件」については、同志社社史史料編集所『同志社百年史』通史編二、同志社、一九七九年、一〇九四頁〜一一三六頁を参照のこと。
(26) 前掲『同志社百年史』通史編二、一一一三頁〜一一一六頁。同志社社史史料編集所『同志社百年史』資料編二、同志社、一九七九年、一六九一頁。
(27) 前掲『同志社百年史』通史編二では、この学則の変更が文部省の要請にもとづいていたとしている（一一六六頁）。
(28) 前掲『同志社百年史』資料編二、一六九〇頁。
(29) 同前、一一八〇頁。
(30) 前掲『同志社百年史』では、この時の寄附行為変更に関しては、先に引用した常務理事会の記録を資料編に掲載しているのみであり、通史編ではまったく言及されていない。
(31) 『寄附行為改正資料　昭和一三年』同志社社史資料室所蔵。なお、②案のみが印刷されたものであることや、①案との共通性が高いことから、一九三七年七月一五日に開催された常務理事会での配付資料と思われる。
(32) 『同志社理事会書類綴（理甲）昭和十二年度』同志社社史資料室所蔵。
(33) 前掲『同志社百年史』資料編二、一一八六頁。

(34) 前掲『同志社百年史』通史編二、一一六六頁。

(35) 関西学院百年史編纂事業委員会編『関西学院百年史』資料編Ⅱ、関西学院、一九九五年、一一頁～一二頁、二九頁～三一頁、三五頁～三六頁。ちなみに、関西学院大学にはこの前年に「御真影」が下付されている。

(36) 一九四一年の変更は前掲『関西学院百年史』資料編Ⅱ、八五頁～九〇頁および「関西学院（設立）昭和一六年度」国立公文書館所蔵、一九四四年三月一日申請の寄附行為変更は「関西学院（設立）昭和一八年度」国立公文書館所蔵、による。なお、四四年三月の申請内容は、「教育ニ関スル戦時非常措置方策」（一九四三年一〇月一二日閣議決定）への対応として、関西学院専門部と関西学院高等商業学校を専門学校令による関西学院専門学校へと改組したことに伴う寄附行為第四条の変更である。

(37) 関西学院百年史編纂事業委員会編『関西学院百年史』資料編Ⅰ、関西学院、一九九四年、二一〇頁～二一六頁。前掲『関西学院百年史』資料編Ⅱ、八五頁～九〇頁。

(38) 関西学院百年史編纂事業委員会編『関西学院百年史』通史編Ⅰ、関西学院、一九九七年、五六五頁。

(39) 前掲『関西学院百年史』資料編Ⅱ、八六頁。

(40) 前掲『関西学院百年史』資料編Ⅰ、二一二頁。

(41) 前掲『関西学院百年史』資料編Ⅱ、六四頁。

(42) 『常務理事会議事録』一九四〇（昭和十五）～一九四四（昭和十九）年度、関西学院学院史編纂室所蔵。

(43) 同前。

(44) 同前。

(45) 同前。なお、関西学院では、一九四二年一月一七日の理事会において、理事のすべてを日本人とすることが決定された（前掲『関西学院百年史』通史編Ⅰ、五六五頁）。

(46) 上智大学史資料集編纂委員会編『上智大学史資料集』第一集、上智大学、一九八〇年、一一六頁～一一八頁。

(47) 立教学院史資料センターの問い合わせに対する上智学院の回答（二〇〇三年二月）および『東京家政学院、昭和洋画奨励会（解散）、昭和医学専門学校、東京女子経済専門学校、上智学院（昭二・七～）』、国立公文書館所蔵。

(48) 前掲『東京家政学院、昭和洋画奨励会（解散）、昭和医学専門学校、東京女子経済専門学校、上智学院』。

(49) 立教学院史資料センターの問い合わせに対する上智学院の回答（二〇〇四年八月二四日）に添付された理事会記録による。

(50)「東亜大学」設立の計画とこの間の経緯については、上智大学史資料集編纂委員会編『上智大学史資料集』第三集、上智大学、一九八五年、一六三頁〜一七二頁を参照のこと。

(51)「改正サルベキ財団法人立教学院寄附行為」財団法人立教学院『医学部設置認可願』所収、立教学院史資料センター所蔵。なお、この『医学部設置認可願』については、医学部の設置認可申請にあたって文部省に提出された書類と同一の書類か否かは現状では確認できない。ただし、その内容は設置認可申請に必要な書類を一覧化したものと考えられる「医学部設置申請ニ関スル書類目録」(立教学院史資料センター所蔵)に記された項目と一致し、かつ書類の書式・形式等も認可申請と同様の体裁が整えられている。これらのことから、筆者は、この書類が文部省に提出された文書の控えか、あるいはそれに近い資料だと判断している。

(52)「財団法人立教学院第四十七回理事会記録」一九四二年一月二三日。ちなみに、遠山郁三と松崎半三郎は立教学院の理事(松崎は理事長)であるとともに聖路加国際メディカルセンターの理事であり、橋本と大平は聖路加国際メディカルセンターの理事であった。なお、本書第五章でも指摘されているように、この四名は医学部設置委員も委嘱されている。

(53)「遠山日誌」一九四二年二月一二日の条。

(54)同前、一九四二年二月一六日の条。

(55)同前、一九四二年一月一六日の条。

(56)前掲『東京ローンテニスクラブ・立教学院』。

(57)前掲・永井・豊田「立教学院関係者の出征と戦没に関する若干の考察」。本書第一二章も参照のこと。なお、前掲『立教学院百二十五年史』資料編第一巻にも、当時の状況を記した資料が掲載されている。

(58)「遠山日誌」一九四二年九月二九日の条。

(59)同前、一九四二年九月二五日の条。当時教員であった縣康もインタビューにおいて、教員の一部が「遠山学長に対して学則の変更、寄附行為の変更を迫ったわけです」と発言している(「縣康インタビュー記録」立教学院史資料センター所蔵)。

【付記】　なお、本章は大島宏「『基督教主義』から『皇国ノ道』へ——財団法人立教学院寄附行為の変更にみるキリスト教主義と天皇制イデオロギーの相克——」『立教学院史研究』第二号、二〇〇四年に大幅な加筆・修正を加えたものである。

第五章　医学部設置構想と挫折

老川　慶喜

はじめに

戦時下の一九四一年の暮れから四二年にかけて、立教学院と聖路加国際病院は医学部の設置を企て、文部省や厚生省と交渉を繰り返していた。ともに米国聖公会のミッションとして設立された立教学院と聖路加国際病院[1]が合併し、これまで文学部と経済学部の文科系学部のみからなっていた立教大学に、医学部を新設しようというのであった。しかし、医学部設置構想は一九四二年一一月に厚生省の指令によって事実上挫折し、年明けの一九四三年一月には立教学院理事長の松井米太郎が文部大臣に医学部設置認可申請の取り下げを願い出た。同時に、立教学院総長の遠山郁三が辞意を表明し、翌二月に辞任した。遠山は、一九四〇年一一月にC・S・ライフスナイダー（Charles S. Reifsnider）に代わって立教学院総長に就任し、立教大学学長も兼務していたのである。

立教学院の戦時下における「存続の危機」への対応としては、立教理科専門学校の設立と文学部閉鎖問題がよく知られているが、医学部設置問題は立教学院総長の辞任という大きな問題に発展したにもかかわらず、これまでほとんど検討されてこなかった。わずかに『立教学院百年史』が、つぎのように記述しているのみである[2]。

一九四三年の正月はまだ空襲もなかったせいか、街にはなお新春気分もただよっていたが、この月に高等学校（大学予科）の修業年限を短縮して二年とすることが決定され、大学では遠山総長の聖ルカ国際病院を中軸とする医学部創設計画の挫折が伝えられ、またはキリスト教主義に基づく教育を行なうという建学の精神を守り得ないことと医学部創設計画の挫折と、年末に北支の戦場に令息を失った失意の遠山総長は、ついに一月二六日の第五七回理事会に辞表を提出し、二月三日には大学教職員に対して総長引退の挨拶が行われ、大学の前途の困難を思わせるものがあった。

一九四一年になると戦時体制は一層強化され、諸学校の修業年限を短縮して戦時の要員を確保するという非常措置がとられた。一九四一年一〇月の勅令によって、大学学部、予科、高等学校高等科、専門学校、実業専門学校などの学生の在学期限は、当分六か月を限度に短縮するとされた。文部省は、この勅令にもとづいて大学、専門学校、実業専門学校の就業年限を三か月短縮し、一九四二年三月卒業予定の学生を四一年一二月に卒業させることとした。そして、一九四二年度からは師範学校をのぞくすべての高等教育機関の学生の修業年限が六か月短縮されて九月卒業となり、大学の学部生の入学は一〇月に改められた(3)。

当時、キリスト教系の私立大学には立教大学のほか、同志社大学、上智大学、関西学院大学などがあったが、戦時体制が深まっていくなかで「キリスト教に基づく教育」という建学の精神そのものが危機に瀕し、新学部の設置など生き残り策を模索していた(4)。それは、立教大学においても例外ではなかった。とくに立教学院では、学院財政のなかで大きな比重を占めていた米国伝道教会補助金が削除され、財政的にも大きな困難に直面していた。立教学院は、こうしたいわば学院存亡の危機の中で、大東亜共栄圏の形成という戦時国策に乗じながら、立教大学に聖路加国際病院を合併させて医学部を設立するという構想を描いたのであった。

しかし、立教大学の医学部設置構想は文部省の認可は得られたものの、厚生省の認可が得られず、紆余曲折を経たのち一九四二年一一月に最終的に挫折し、当時立教学院総長であった遠山郁三は辞任に追い込まれたのである。医学部設立構想が挫折したのちは、農学部や理科専門学校の設立が構想され、農学部の設立構想は実現しなかったが、一九四四年三月に理科専門学校の設立が認可され、立教大学は何とか戦時下の困難な時代を切り抜けたのであった(5)。

本章では、立教学院と聖路加国際病院の「理事会記録」および当時立教大学の総長であった遠山郁三の「遠山日誌」を素材に、医学部の設立が構想されてから挫折していくまでの経緯をたどりながら、その構想と挫折の論理を明らかにし、戦時下における立教学院の「存続の危機」への対応の一端を垣間見ることにしたい。

一　立教大学拡張計画と医学部設置問題

立教大学に医学部を設置しようという構想がいつ頃からあったのかは定かでないが、一九二八(昭和三)年一二月五日付の『立教大学新聞』において、当時の学長杉浦貞二郎は医学部の設置構想について、法科のそれとともに次のように語っていた(6)。

一体立教に医学部の出来る話は昔からあつた事で今の日本医大等は立教のものとなるばかりになつてゐたものである。又聖路加病院と本学との関係からしても医学部新設の可能性は十分であつた。聖路加は三百五十万で日本有数の大病院を作るが、アメリカと日本で百万円集めて医科を作ればこれは当然合一するものだ。文商もよくして行けるのでこゝ数年を経ずして立教は実大発展をするだらう、だが立教は世間ありふれの医科は作らぬ。ドイツ流の病理学も大切だ。アメリカ流の予防法も大切だ。法科等も作りたいがこれとても権利と義務の争ひをする法科はしない。人間は人道に住むのだ（傍点引用者）。

杉浦によれば、医学部の設置構想は「昔から」あった。この「昔から」がいつのことを指すのかは不明であるが、医学部の設置構想は一九二三（大正一二）年の関東大震災前後には相当具体化していたものと思われる。立教大学は、一九二二年五月二五日に大学令に基づく大学に昇格したのであるが[7]、その頃には後援会設立の動きも具体化し、大学拡張の動きが活発となっていたのである。医学部の設置は、法科（法政学部）とともに、立教大学拡張の動きのなかで企てられたてきたのであった。

実際、関東大震災後の一九二四年一一月、学長の杉浦貞二郎は、立教大学は「苟も大学と名のる以上、商学部と文学部のみの現状を何時までも続づけるべきでない」という認識を示し、「真の総合大学」を目指して医学部と法政学部（法学部）の設置を構想しているとした。そして、医学部の設置について「医学部の問題は学校当局多年の希望で現に築地の聖路加国際病院長トイスラー博士と協議□《（不明）》中で、聖路加病院を付属病院とした医学部が設置されるのも近い将来の事だらう」[8]という見通しを述べていた。

また、一九二八年一月五日付の『立教大学新聞』も、医学部の新設は「遅くもこゝ三年以内に実現する模様」と報じ、米国聖公会書記長のJ・W・ウッド博士（John W. Wood）の来日が「この方面にも多大の光明を與へ」たとしていた。なお、聖路加国際病院長のトイスラー博士（Rudolf B. Teusler）は、「専門程度の高等看護婦学校」の設立を希望しており、この準備も着々と進められていた[9]。そして、一九二八年五月一五日付けの『立教大学新聞』は、「［立教学院：引用者］当局も、今や□《（不明）》天の勢ひで向上しつゝある大学の発展を更に促進するの意味においても大学拡張の急務なるを痛感し、いよ〳〵医学部新設案の実現は確定的のものとなつた模様である」と伝え、五月二四日には総理のライフスナイダーが医学部設置の準備のために渡米し、帰国後ただちに校舎などの建設に着工、一九二九年四月から医学部第一期予科生の募集を開始するものと思われるとしていた(10)。

ところで、米国聖公会のなかでは、医学部の付属病院には聖路加国際病院をあてるのではなく、新設してはどうかという意見もあった。しかし、聖路加国際病院があるにもかかわらずわざわざ無駄な投資をする必要もあるまいという議論が次第に優勢となった(11)。聖路加国際病院は関東大震災の被害を受けたが、院長のトイスラー博士は一九二五年末に渡米し、ロックフェラー財団や富豪・篤志家に改築費一一〇〇万円の寄付を募り、一九二六年七月一〇日に帰国したのち一四〇〇万円の予算を組んで同病院を改築した(12)。また、立教学院も立教大学医学部の建築費を含む一〇〇〇万円の大予算を組み、学院の充実を図っていた(13)。そして、一九二九年二月五日にライフスナイダー総理の叙勲祝賀会が日本工業倶楽部で開催された際、同総理はアメリカでの立教大学および聖路加国際病院に関する募金活動もうまくいっているので、医学部の新設も無理ではないと語っていた(14)。

しかし、立教大学の拡張計画は必ずしも順調に進展したわけではなかった。一九三三年に作成された「立教学院拡張計画案摘要」は、立教大学の現状を次のように捉えていた(15)。

先是大正十一年十二月大学令による立教大学設立認可の申請をなし、翌月五月二十五日、文部省の認可を得爾来大学内容の充実と設備の完成とに力を致したりしが、教授職員学生の数著しく増加し、それに伴ふ設備の尚未だ備はざるものあるを遺憾とす。昭和七年の日本に於けるキリスト教育調査委員の報告及レイマンスアプレーザル委員の報告に依り立教大学は二大問題、即ち立教大学は一流の大学たる地位を捨てゝ中流以下の地位を占むることに忍ぶか、或は今後数年を期して一流の大学たる地位に進展するに必要なる施設を完成すべく其資金の募集に奮闘するかの問題に直面せり。於是吾が立教大学は今後五十年を期して日米両国に於て、基督教大学として最も誇るべき模範的学園を実現すべく其の校舎、設備、基本金、教授団を完備すること必要を痛感す。

この「立教学院拡張計画案摘要」では、立教大学の目的について「立教大学は我が国の教育精神及方針に順応し、基督教主義により教育を施すものにして、人格の陶冶と学問の研究指導とに力を致し、我国各方面に活躍する人材を養成する」としていた。そして、そのための設備の充実を図る必要があるとし、「物質的後援」を仰ぐのであるが、医学部の設置についてはまったくふれられていない(16)。

しかし、一九三七年に発行された『教育思潮研究』（第一一巻第三輯）には「立教大学に医学部新設計画」という記事が掲載され、日本聖公会創立五〇年を記念して立教大学に医学部を創設する計画が進んでいることが報じられている。それによると、元立教大学総長であったH・S・タッカー（Henry St.George Tucker・北米バージニア州聖公会監督）が来日するが、それは日本聖公会五〇周年祝賀会（四月二八日から三日間にわたって池袋の日本聖公会神学院で開催）に出席すると同時に、医学部創設の重要使命を帯びているとされていた。

また、同誌は立教大学医学部の計画についても記していた。それによると、医学部の校舎敷地は京橋築地明石町の聖路加国際病院の隣接地で、数百万円の創設資金は米国聖公会、立教大学卒業生、および一般から募集する。そして聖路加病院を付属病院とし、専任教授と職員には同病院の医師と職員を充当し、「最善の設備をほどこし名実ともに備はる医学部を創設しようといふ」ものであった(17)。

その後、医学部の設置構想がどのように進展していくのかは不明であるが、戦時下の一九四一年の暮れから四二年にかけて、立教大学と聖路加国際病院との間で医学部新設にかかわる交渉が活発に行われた。そこで、まず立教大学医学部の設立認可申請書が文部省と厚生省に提出されるまでの経緯と、医学部設置構想の概要を検討することにしよう。

二　立教大学医学部設置認可申請書

立教学院の「理事会記録」によると、同理事会がはじめて医学部設置問題を取り上げたのは、日米開戦から間もなくの一九四一年一二月一六日に開催された第四六回理事会においてであった。総長の遠山郁三は、理事会の席上、医学部設置問題は多年の懸案であったが、このたび「各方面ヲ調査シ又意向ヲモ確カメタルトコロ現下ノ情勢ヨリシテ新時代ニ適応スル医師養成ノ最モ急務ナル事ヲ痛切ニ感ジタルニ依リ聖路加国際病院トモ密接ナル連絡ノ上」、医学部を設置したいと提案した[18]。医学部の設置問題は、いわゆる立教学院拡張計画の一環として関東大震災前後からの懸案となっていたが[19]、戦時体制が深まるなかで、新時代に適応する医師の養成を目的に、立教大学と聖路加国際病院との間で医学部の設置が改めて構想されたのである。

第四六回理事会には聖路加国際病院の理事で病院長でもあった橋本寛敏が同席し、医学部設置の必要と医学部案の内容について詳細に説明した。同理事会では、種々の質問がなされたのち、医学部設置案を了承し、聖路加国際病院と協力して立教大学に医学部を設置することに同意した。そして、遠山郁三、松崎半三郎、橋本寛敏、大平芳雄の四人の理事が医学部設置委員を委嘱された[20]。彼らは、立教学院の理事であるとともに、聖路加国際病院の理事でもあった[21]。

一方、聖路加国際病院においても一九四一年一二月二〇日の理事会で、「財団法人聖路加国際メデカルセンターハ興亜聖業ノ達成ニ最モ重要ナル一部ヲ荷負フベキ健全ナル医師養成ノ急務ナルヲ認メ立教学院ト協同シテ同大学ニ医学部新設ノ事」を決定し、その認可申請の手続きを立教学院に一任するという決議文を採択した[22]。一九四〇年頃から聖路加国際病院では時局の進展とともに外国人理事がつぎつぎと更迭され、一九四一年七月二八日の理事会では寄附行為の一部が改正され、理事会は邦人のみで構成されることになった。そして、同年八月一六日現在の理事は、松井米太郎、遠山郁三、小林彦五郎、須貝止、橋本寛敏、松崎半三郎、大平芳雄の七名となった。この決議文は、この日本人理事の総意によるものであった[23]。

しかし、聖路加国際病院のなかで立教大学医学部の設立と聖路加国際病院の解散について意見が一致していたわけではなかった。病院長の橋本寛敏は、のちに「立教大学医学部設立出願ニ付、メチカルセンターは昨冬已ニ解散を決議し、医学部設立と同時に本院は解消せられ付属病院となるべし、然る時は本院の継続不可能なるべしと申され、一同の意見を求めしに、多数(或は全員?)之に反対の意を表したり」と回顧している[24]。

日本の医療制度は自由開業医制を基調としてきたが、その結果医療機関が都市部に集中し、農漁山村では無医地区が多く見られた。こうした医療機関の地域分布の不均衡を是正するため、一九四二年一月から帝国議会で国民医療法案の審議が始まり、日本医療団の設立構想が明らかにされた。日本医療団は、政府出資の特別法人で政府保証の債券を発行する権能をもち、政府から毎年予算の範囲内で国庫補助金の交付を受けることができ、一般体系と特別体系の二本立てで医療体系の整備をはかろうとするものであった。すなわち、一般体系とは東京と大阪に中央総合病院を設け、道府県の中枢地に道府県総合病院、そのもとに地方総合病院、そしてさらに町村、特に無医地区に地方診療所を置くというものである。また、特別体系とは結核対策として既存の道府県、市町村立の結核療養所を統合し、病床を五年間で一万七〇〇〇床から一〇万床に増やすというものであった。国民医療法は一九四二年二月二五日に法律第七〇号として公布され、四月一六日には勅令第四二七号により「日本医療団令」が公布され、四月一七日から施行された[25]。戦時下、医療制度に対しても国家統制が及ぼうとしていたのである。

こうしたなかで、一九四二年一月に医療団が聖路加国際病院を接収するのではないかという問題が起こった。聖路加国際病院は日本医療団に接収されるのを避けるために、立教大学と合併して立教大学医学部を設立し、その付属病院となる道を選んだのである[26]。その後、一九四二年二月一六日の聖路加国際病院の理事会では、このときの立教学院との合併決議は「本財団ガ立教学院ト合併後ニ於テモ聖路加国際病院現状ノマ、ニテ存在セシメ殊ニ国際医療、医療社会事業、興健女子専門学校ニ対スル補助等ヲ継続シテ経営スル事ヲ条件トシテ」いたことを確認している[27]。興健女子専門学校(現在の聖路加看護大学)は、一九四一年七月三一日に聖路加女子専門学校を改称したもので、もっぱら実地臨床勤務につく、優秀な看護婦を養成することを目的にしていたが[28]、聖路加国際病院は立教学院との合併後も同病院の現状を維持することを強く求めていたのである。

立教学院総長の遠山郁三は、一九四二年一月二三日の立教学院第四七回理事会において医学部設置問題に関する経過について報告し、聖路加国際病院では医学部の設置が認可されるならば、それと同時に「其ノ全財産ヲ挙ゲテ立教学院ニ合併スル用意」があると述べた。立教学院理事会も、これに呼応して「財団法人聖路加国際メデカルセンタート合併スル用意ノ為メ寄附行為変更ノ必要アル」ことを認め、遠山、松崎、橋本、大平の医学部設置委員が、寄附行為の変更に関する調査・研究にあたることになった[29]。

聖路加国際病院も一月二三日に理事会を開き、前述のように国民医療法案が帝国議会に上程され、日本医療団の構想について審議していたが、種々協議の上、同病院としては「医学部設置ノ途ニ進ムベキ事」に意見が一致した。そして、遠山、松崎、橋本、大平の四人が「医学部設置ニ関スル一切ノ委員」に定められ、立教大学医学部の設置を推進していくことになった。なお、政府当局から日本医療団について何らかの交渉があったときには、理事で聖路加国際病院長の橋本寛敏が折衝の任にあたり、医学部設置委員と協議をして「適宜ノ態度」を決定することとした[30]。

その後立教学院理事会は、一九四二年二月一二日に聖路加国際病院で寄附行為の変更について協議し、成案を得て「医学部新設願の草稿」を脱稿した[31]。すなわち、一九四二年二月の日付で「大正七年勅令第三八八号ニ依リ設立シタル立教大学ニ医学部ヲ増設致度候ニ付御認可相成度大学規程ニヨリ別紙書類ヲ具シ此段及申請候成」と、財団法人立教学院理事長松井米太郎の名で文部大臣橋田邦彦宛ての「医学部設置認可申請」が著され、二月一九日に申請したのである。[32] 松井は、一九四〇年一〇月、ライフスナイダーに代わって立教学院理事長に就任し、一九四三年一月までその職にあった。同申請書によれば、「立教大学医学部設立趣旨」は次のようであった。[33]

立教大学と聖路加国際病院とは均しく崇高なる精神を以て東京市築地に創立せられ発展拡張するに伴ひ其の一を池袋に移せしも幾十星霜の間常に相互扶助の下に相提携して経営し来り従つて其間医学部設立の議を断たず殊に昭和四年には其筋の内諾を得て基金を募集し業将に成らんとせしも時会々我邦に施設内容共に完備せる国際的病院の絶無を歎するもの少なからず其の設立特に緊急を要せし余り遂に実現を見るに至らずして今日に及べり。

然るに今や時勢は急転して興亜の大業を完遂し民族の悠久なる発展を期すべき曠古の秋に際会し邦家万全の策として国民体力の強化と我民族人口の優生増殖の急愈々切迫し来れるあり更に大東亜戦の発展に従ひ共栄圏内移住開拓者の生活指導住民の医療保護の必要之に加はるに至れり而して是等の目的を達成するの途一に済民に兼ねて教化あるのみ、然るに此重要なる国家の要望に応へ積極的協力を尽すべき医師殊に人格高潔にして学識技能を具へ実践力旺盛なるものは俄に極度の不足を告ぐるに至り現在養成しつゝある医療機関のみにては到底現下並に将来に於ける国家社会の要求を充し得べくもなし。

茲に於て立教大学と聖路加国際病院と相謀り決然立ちて多年の宿志たる医学部新設を断行し人格の陶冶に兼ね心身強健にして大東亜建設に参加し得る気魄の養成に重点を置き医道昂揚の精神を練成すると共に治療医学並に予防医学に関する学術技芸を併せ教授し以て我国民並に汎く東亜民族の医療及保健指導の第一線に活躍し国家の要求に応じ得べく鍛錬せる実地医家を養成し以て国策の達成に資し興亜医業の遂行に協力せんとす。

これ即ち現下の国家的要請に即応し茲に本大学に医学部を設立せんとする所以なり。

「立教大学医学部設立趣旨」によれば、立教大学と聖路加国際病院との間にはこれまでにも医学部の設置構想があり、一九二九年頃にはそのための基金の募集にまで着手していた。この点は、本章の第一節においても検討してきたところであるが、立教学院は学院拡張計画の一環として立教大学に医学部を設置しようとしていたのである。

立教学院拡張計画の一環としての立教大学医学部設置構想は一九三〇年代の前半には一時頓挫するが、その後日中戦争がアジア太平洋戦争へと拡大していくなかで、立教大学医学部設置構想が再び持ち上がってきたのである。日本が大東亜共栄圏の構想を掲げてアジア諸国への侵略を進めていくのに伴い、東亜民族の医療・保健指導の第一線で活躍しうる人格高潔な医師を養成するとともに、治療医学や予防医学に関する学術・技芸を発展させていく必要が増し、医学部設立が現実味を帯びてきたのである。このように、立教大学では、戦時体制が深まっていくなかで積極的に国策に協力していくという立場から、医学部の設置が構想されたのである。

ところで、「医学部設置要綱」によれば、立教大学医学部は予科と医学部からなり、前者は一九四二年四月に豊島区池袋三丁目に開設され、後者は予科の卒業生が出る一九四五年四月に京橋区明石町に開設されることになっていた。なお、予科は三年制で定員は一〇〇名、医学部は四年制で定員は八〇名であった。予科の入学資格は「大学予科」と同じであったが、医学部の入学資格は①立教大学予科理科修了者、②高等学校高等科理科卒業者、③医学専門学校卒業者となっていた。予科の授業料は年一八〇円、医学部のそれは二五〇円であったが、入学金および入学検定料は予科、医学部ともそれぞれ一〇円であった。ただし、立教大学予科の「理科卒業者」については入学検定料を徴収しないとしていた(34)。

予科の教員数は専任四〇名、兼任一一名の合計五一名で、そのうち有資格者は三五名、体操教員は六名、無資格者は一〇名であった。医学部の教員折衝委員には東龍太郎、遠山郁三、野邊地慶三、橋本寛敏(いずれも医学博士)の四人が選ばれ、開設年度の一九四五年までに教員を厳選して願い出ることになった。そして、医学部長には立教大学総長で医学博士の遠山郁三が就任することになっていた(35)。

立教大学医学部予科の設置に関する経費は、供託金一〇万円、理科教室建築費一三万六一六五円、設備費一八万四五七九円六〇銭、図書購入費七五〇〇円、合計四二万八二四四円六〇銭と見込まれ、財団基金中からの繰り入れ三〇万一一九一円六〇銭と大学経常費予備金からの繰り入れ一二万七〇五三円で賄われるとされていた(36)。一方、医学部および付属病院の財政規模は、一九四二年度一三九万六一〇〇円、四三年度一三八万六〇〇〇円、四四年度一三九万二一〇〇円、四五年度一五一万一五〇〇円、四六年度一五四万二〇〇〇円、四七年度一五九万一五〇〇円、四八年度一六四万と見込まれていた(37)。一九四一年度の立教学院の財政規模が五三万五六三六円三九銭（立教大学の財政規模は三四万四三九二円二一銭）であったことを考えると、医学部および付属病院のそれはきわめて大きかったといえる(38)。

なお、一九四二年度における医学部および付属病院の収入をみると、患者勘定一三二万円、基本金・その他の利子一万四七〇〇円、寄付金一二五〇円、雑収入四万五一五〇円、前期繰越金一万五〇〇〇円とされていた(39)。そして、医学部の経費は「経常費ハ基本財産ヨリノ収入及授業料及病院収入、其他ヲ以テ支弁、臨時費ハ学院基金及寄付金ヲ以テ支弁」することになっていた。また、供託金については立教大学の既納供託金六〇万円（地方債券）があるが、医学部分として別に一〇万円（地方債券）を供託するとしていた(40)。

三　聖路加国際病院の声明書

こうして、立教大学医学部の設置構想が明らかにされたが、立教大学と聖路加国際病院の間には次第に軋轢がみられるようになった。聖路加国際病院は、立教学院と合併後の同病院のあり方に敏感になっており、一九四二年二月一六日の理事会では合併後の病院の名称から「医学部付属」の五文字を除くこと、事務所の所在については立教学院理事会と連合会を開いて協議すること、医学部長と病院長の二つの機構について創立委員会で立案すること、などを求める決議を行っている[41]。遠山郁三は、一九四二年三月一四日の日誌に「医学部開設に就き、聖ルカの方、横暴に過る傾ありとの事、直ちに大平氏に抗議し口論となる」と記しており、立教学院と聖路加国際病院との間で、医学部の設置構想をめぐって軋轢が生じていたことをうかがわせている[42]。

しかし、一九四二年三月一四日の三時から、遠山、橋本、松崎、大平の四人が集って開催された小委員会では、「聖ルカ病院は学院管理の下に置くが、医学部には別に附属医院を設置する希望にて、成るべく現在の侭で経営する事」という方針のもとに機構図が作られた[43]。立教大学医学部の付属病院の構想は、聖路加国際病院の主導で作成されつつあったのである。

その後、一九四二年五月一六日の午前一〇時から総長記念館で医学部創立委員会が開催され、基本金六〇万円は理事松崎半三郎の寄附という形式をとり、毎年立教学院維持会、その他から六万円ずつ一〇年間支出し、不足があれば松崎が補填するという決議をした。ただし、これについては立教学院が土地や建物の一部を処分して充填することになっていた[44]。

注目すべきは、この決議が総長の遠山を疎外する形で進められていたことである。総長の遠山は、この間の経緯について「此に至るまでに大平橋本氏等と松崎氏との間に交渉ありしやと疑はれ、甚面白からず、余は総長、学長辞任申出辞表提出せしも受理されず」と、日誌に記している[45]。立教大学医学部設置構想は聖路加国際病院の主導で進められ、その間の経緯に不満であった総長の遠山は、受理されなかったとはいえ辞表まで提出したのであった。

聖路加国際病院理事会は、一九四二年五月二九日につぎのような「声明書」を発表しているが、この声明書には聖路加国際病院の意図が端的に現れている[46]。

時代ハ飛躍的ニ一大急転シタ、大東亜共栄圏建設ニ邁進スル我邦ハ国内ニ於ケルアラユル機構ニモ画期的変革ヲ要請スル、而シテ急務中ノ急務ハ質実剛健ナル人的資源デアル。コレガ為メニハ国民ノ保健ト体力ノ増進トガ緊急欠クベカラザル一大国策トナラザルヲ得ナイ。

聖路加国際病院ハ、完備セル最新ノ設備ヲ整ヘテ国民保健ノ事業ニ微力ヲ致シテ来タノデアルガ、此ノ国策ニ順応センガ為メニ、従来ノ一般診療、予防医学、公衆衛生看護婦養成等ノ外更ニ根本的ナル国民保健ノ重責ヲ担当スベキ練達堪能ニシテ優秀ナル医師ノ教育ヲ新ニ創始シテ飛躍的ナル改革ヲ断行センコトヲ企図スルニ至ツタ而シテ此ノ企画ヲ完成センガ為メ、創立以来同一ノ崇高ナル目的ノ為ニ協同シテ諸般ノ経営ニ当リ来レル立教大学ト相謀リ、多年ノ懸案タリシ立教大学医学部ヲ新ニ創設シ、本院ニ於テ同学部ノ責任ヲ分担センガ為メ、聖路加国際メデカルセンターヲ発展的に解消シテ財団法人立教学院ニ併合センコトヲ理事会ニ於テ議決シタノデアル勿論聖路加病院ノ事業、機構、人事、財政等ノ一切ハ従来ト何等ノ変革ヲ来サズ更ニ一層人的要素ノ強化拡充並ニ機構整備ノ完備センコトヲ期スルモノデアル。

茲ニ聖路加国際メデカルセンターノ発展的解消スル所以ヲ満天下ニ声明スル次第デアル。

このように、聖路加国際病院理事会は、大東亜共栄圏の形成に邁進する医師を養成するために発展的に解消し、立教学院と合併して立教大学医学部を設立するとしたのである。しかし、同時に聖路加国際病院の事業、機構、人事、財政などはこれまでとまったく変わることなく、むしろ人事面の強化・拡充を図り、機構もいっそう整備していくとしていた。

また、立教学院が立教大学医学部を設置しようとしているのに対し、「聖路加国際病院ノ幹部医員ガ万難ヲ排シテ其ノ完遂ニ協力セント決意」したのは、同医学部が実施しようとしている「医育教育」が「時勢ノ変遷ニ適応シ、国家ノ要望ニ答ヘテ、医育刷新ニ微力ナリトモ貢献スルト思惟」されるからであった[47]。立教大学医学部の教育の特徴とは、次のようなものであった[48]。

一、新シキ国民医療法ノ規定スル医師ノ本分ヲ全ウシ得ル実力アル医師ノ養成。従来ノ医育ニ於テハ医療ニ関スル医学ノ教育ニ偏シテ居タガ新シキ国民医療法ハ医師ガ医療ノミナラズ保健指導ヲモ掌リ国民体力ノ向上ニ寄与スルコトヲ要求シテ居ル。立教大学医学部ハ速カニ之ニ適スル教育ヲ授ケントスル。

二、実際医学ニ関スル学術ノ蘊奥ヲ極メル大学。

従来大学ニ於テ学術ノ蘊奥ヲ極ムルニ、基礎医学、倫理医学ヲ攻究スルヲ重視シ、実際医学ノ学ト術トヲ深ク研究スルヲ怠ル傾向ガアッタ。

医学研究者ノ養成ト実地医家ノ養成スラモ混合セラレテ居ル。

立教大学医学部ニ於テハ国民ヲ医療シ保健指導スルニ必要ナル実際医学ノ学理ト其ノ応用ノ術ニ関シテ蘊奥ヲ極メントスル。

三、精神教育ヲ最重視シ滅私報国、挺身難ニ赴ク気魂ヲ練成スル。

国内ニアツテ国民体力強化ヲ図ルノミナラズ勇躍東亜共栄圏ニ進出シテ建設戦士トナル医師ヲ立教大学医学部ハ養成セントスル。国外ニ出デ、ハ日本人ノ医療保険指導ヲ行ウニ止マラズ、地方住民ニ之ヲ実施シツ、八紘為宇ノ大御心ヲ宣べ伝ヘル。

こうして、立教大学医学部の設置構想は聖路加病院を中心に作成され、教育方針については「病院ヲ基礎トスル実地医学ヲ尊重スルモノ」とされた[49]。そして、聖路加国際病院の幹部は、医学部設置にあたって次のような条件を満たさなければならないとした[50]。

一、院長ハ医学部長ヲ兼務スヘキモノトス
二、病院ノ現行ノ理想、習慣、事業、人事等ハ従来ノ儘トスル事
三、名称ハ立教大学医学部附属聖路加病院トス
四、経常費ニツイテハ病院ノミニ依頼セズ他ノ資源ヲ求ムル事ニ努力スル事
五、理事ノ数ハ聖路加病院ノ院務ニ直接タヅサハルモノ全理事ノ半数タルベシ
六、財団ノ名称ハ立教聖路加病院ト改称スル事

聖路加国際病院理事会は、このように立教大学医学部の設置にあたって、同病院が中心になって設置することを主張した。聖路加国際病の病院長が医学部長を兼ね、立教学院の理事の半数は聖路加国際病院の院務に直接携わる者から選ばなければならないとした。また、病院の名称については「立教大学医学部付属聖路加病院」、財団の名称は「立教聖路加病院」とし、「聖路加」の名を残すことを主張した。そして、聖路加国際病院の理想、習慣、事業、人事などはこれまでと同様に尊重することを求めていた。

以上のような聖路加国際病院理事会の提案に対して、立教学院理事会は基本的に同意した。すなわち、上記の一～四および六についてはそのまま承認し、五についても「新法人寄附行為実施ト同時ニ病院ヨリ理事一名ヲ増員シ尚将来補欠選挙ノ場合ニ考慮スル事」と、修正して承認したのである[51]。

しかし、問題は、こうした立教学院理事会と聖路加国際病院理事会との合意が、その後厚生省によって否定されて

いくことであった。以下では、その経緯と厚生省が立教大学医学部の設置を否定する論理について検討しよう。

四　厚生省の対応

立教学院と聖路加国際病院が合併して医学部を設置するためには文部省の認可だけでなく、ほかにもいくつかのクリアすべき問題があった。その一つは「聖ルカは恩賜金頂きあり、之を立教と合併するには、宮内省の諒解を必要とすべし」という問題であった[52]。ただし、宮内省の了解については、「遠山日誌」にも記述されていないし、立教学院および聖路加国際病院の理事会でも取り上げられたような形跡はみられない。したがって、宮内省の了解をめぐって何かトラブルが発生したというようなことはなかったようである。問題は、むしろ厚生省の認可をめぐって現われた。

一九四二年三月一六日の「遠山日誌」には、医学部の設置申請と厚生省、文部省との関係について「厚生省で許されねは実行遅延するから、予め厚生省と交渉をつけて置く方宜しからんとの注意に対し、矢沢氏は、学長が文部省認可を得てから交渉する筈と答へしよし」と記述されている。立教大学医学部は聖路加国際病院と合併して設置されることになっていたので、文部省ばかりでなく同病院の管轄官庁である厚生省の認可も必要であったのであるが、文部省の認可を得てから厚生省に認可申請をするという方針を立てていた[53]。

文部省の認可は比較的早く得られた。「遠山日誌」によれば、一九四二年三月一九日には早くも文部省の山岸調査官から、「文部省では医学部新設認可に内定せるを以て、成るべく督促して会計財産上の書類を提出せよ」という電話があった[54]。また、四月一六日の「遠山日誌」にも、大平と矢沢から「大体左の条件にて認可の形勢なり」という医学視学委員会の医学部設置に関する報告があった旨が記されている。なお、ここで指摘されている「左の条件」とは次の五項目であった[55]。

（一）予科に就てハ別に問題なし、医学部各教室合計八百坪なれど、其約三倍二千坪に拡張せるプランを提出のこと、新築は出来ぬから改築とし、其費用は一坪二百五十円位の単価を要すべし

（二）一教室当り約百五十坪を必要とす、現在プランの約五十三坪では規模過小なり

（三）臨床教室を記載せされとも、之は明示するを要す（基礎、臨床の教室を総て含んて二千坪以上が必要なるもの、如しと後に聞けり）

（四）創設費として建築二十万円、設備二十万円なれども、之は少くとも三十万円乃至四十万円を要すべし（基金百万円は十年後に準備すれは可なるを以て、現在所持する基本金の一部を流用しても可ならんとの意見あり）

（五）聖ルカ病院は治療本位（面会時間其ノ他種々の拘束あり）なれは研究実習用としては不適当なれは、臨床に使用し得る形に明かに現はせ

その後の「遠山日誌」では、立教学院と聖路加国際病院の医学部設置委員や関係者が、文部省から提示された条件を念頭において、医学部教室の拡張の費用を捻出するための会合を開いたり[56]、文部省と折衝したりしている様子をうかがうことができる[57]。

こうして、文部省の認可はほぼ得られる目途が立ったが、遠山は一九四二年五月九日、聖路加国際病院に「医学部新設に関し厚生省の諒解を得ること困難なる事情」を通告し、午後三時に大平、橋本、川西、矢沢などの関係者と会合を開き、加藤衛生課長や文部大臣への訪問の件を打ち合わせた[58]。そして、六月二日の午前一一時頃には文部省から「昭和七年度よりの医学部開始」は或は困難ならん」という連絡が入った[59]。それでも、なるべく早く学生募集に着手し、六月末、できれば二〇日には医学部を開設したいと考え、入学試験の準備に入っていた[60]。

文部省および厚生省の訪問は、六月三日に実現した。同日の『遠山日誌』には次のように記されている[61]。

> 文部省に伊藤学務課長を訪ふ、文部省は医学部認可手続申請□《(不明)》と全く完せしも、厚生省の諒解完全ならさる事は、月曜日に専門局長、学務課長、厚生省衛生局長、医務課長会合によって判明せり、一両日中に諒解せされは今年度開校は出来さるべし、来年度は更に改めて申請する事となる由、依つて矢沢氏同道、聖ルカ病院に橋本院長、大平事務長を訪ひ、直に厚生省訪問、諒解運動を希望せり、蓋し病院内の歩調不一致が諒解を困難ならしめる趣による

こうして、医学部の設置について文部省の認可は得られる見通しが立っていたが、聖路加国際病院を管轄する厚生省の了解を得られないでいた。もし、厚生省の了解が得られなければ、年度内の医学部開設は不可能となる可能性が高かった。そこで、厚生省を訪問し、了解を求める運動を起こしたが、聖路加国際病院内での意見の不一致が厚生省の了解を得るさいの妨げとなった[62]。聖路加国際病院理事会が前述のような「声明書」と医学部設置にかかわる提案を作成し、立教学院理事会が同意をしたのはこうしたなかでのことであった。

しかし、厚生省は聖路加国際病院理事会の声明書や医学部構想に難色を示した。評議員会の議を経ていないからであったが、何よりも厚生省が聖路加国際病院の解散を望んでいないからであった。遠山総長は、野辺地慶三と協議し、「法人各個独立は不賛成なれども、国際医療、厚生事務は厚生省の管理に残し、他は文部省へ移管せしむる」のが適当であるとし、聖路加国際病院長を訪問した[63]。しかし、厚生省の安富医務課長は、一九四二年六月一七日、二重管理はできないので、国際医療および厚生事業のみを厚生省の管理下に置くことはできないとした[64]。

その後、一九四二年七月一七日、遠山総長が聖路加国際病院の橋本院長を訪問すると、橋本は永井柳太郎の談話を

紹介した。永井は、拓務大臣、逓信大臣、鉄道大臣などを歴任した大物政治家であるが、一九四〇年に聖路加国際病院の評議員に就任し、四三年六月一六日に理事、同年六月二一日には理事長となり、同病院の発展に貢献した[65]。永井は遠山にも電話をしたが通じなかったので、橋本のみを呼び出し、おおよそ次のように厚生大臣との交渉の内容を報告した[66]。

①聖路加国際病院は医療団中には加えない。必要があれば資材を供給して病院を新築して利用すべきである。
②聖路加国際病院は保健婦、高等看護婦、医員教育、社会教育に特色があるので、これを長く保存させたい。とくに、聖路加国際病院には東亜に存在する二〇余の病院の指導を委嘱したいので、同病院を医療基地とする必要がある。
③聖路加国際病院を大学付属病院にして、これまで培ってきた特色を失はしめる事は希望しない。

一九四二年八月二四には、聖路加国際病院で評議員会が開かれ、全員一致で医学部の新設と、これに伴う財団法人聖路加国際病院の解散を決議した。ただし、そこでは聖路加国際病院の特色を損なわないことが条件とされていた。しかし、永井柳太郎の談話によれば、厚生大臣は「聖ルカ病院を医療団に買収する意志ハ毛頭なし、数日前医療団関係者より同病院を買収し度き旨申出ありしも、之を拒絶せり、但し右病院特に興健女学校並ニ看ゴ婦に就ては益々発達させ度し、大東亜共栄圏内で英米国風の病院十余を収容したか、之は軍部で経営するようて、聖ルカのやり方にナラハセ度し、即大東亜共栄圏の医療の中心としたく思ふから、其特質を没却するか如きは賛成し得す」というのであった[67]。

なお、一九四二年八月二八日の「遠山日誌」では、聖路加国際病院のなかでは多くの者が同病院の解散に反対していることが伝えられていた[68]。また、一一月一二日の「遠山日誌」では、橋本院長の「立大に医学部新設の希望なきことより、病院としては興健女学校を振起すること、医員の補修機関として厚生省より指定されると医学教育に益すること此方面に発展を期す」という談話が紹介されている[69]。そして、一一月一七日には厚生大臣小泉親彦から聖路加国際病院常任理事松井米太郎にあてて、「昭和十七年五月三十日附申請財団法人聖路加メデカルセンター解散並ニ解散後残余財産処分ノ件認可シ難シ」という指令が下された[70]。

一九四二年一二月一四日の立教学院第五六回理事会では、「予テ申請中ノ医学部設置手続ノ一部タル聖路加法人解散ノ件ハ厚生省ヨリ不許可ノ指令アリタル」という報告がなされた[71]。こうして、厚生省は聖路加国際病院の解散を許可せず、立教大学の医学部設置構想は挫折することになった。年が明けて、一九四三年一月二五日には、立教学院理事長松井米太郎が文部大臣橋田邦彦に宛てて、「当法人経営ニ係ル立教大学ニ医学部設置ノタメ昨年二月十九日付御認可方申請書提出中ノ處今般別紙写ノ通リ厚生大臣ノ指令有之候ニ就テハ該申請書一旦御取下被成下度此段及御願候也」と、医学部の設置認可申請書の取り下げを願い出た[72]。翌日の一月二六日には立教学院理事会が開かれたが、遠山総長は学院内外の情勢を述べて、この際総長および学長、理事の職を辞するという意思を示し[73]、一月三〇日の理事会で受理された[74]。

おわりに

立教大学医学部設置構想は、立教大学の池袋移転後の大学拡張計画のなかで生まれたものであったが、聖路加国際病院との間で医学部設置に向けての本格的な議論がなされるようになったのは戦時下の一九四一年の暮れから四二年にかけてのことであった。これは、戦時下の立教学院が、ともに米国聖公会を母教会とする聖路加国際病院と、大東亜共栄圏の形成に貢献できる医師の養成を目指すという形で戦時協力を表明しながら、学院の存続を模索したものであった。医学部設置の問題は、大学の「拡張」から「存続」へと局面を大きく変えることになったのである。

しかし、立教学院と聖路加国際病院の間に、付属病院の構想をめぐって軋轢が生じた。その軋轢は、聖路加国際病院の主導性に立教学院が譲歩するという形で収束されていった。

しかし、厚生省も大東亜共栄圏の形成にふさわしい医療体制を構想するなかで、聖路加国際病院を大学の付属病院にするのは好ましくないと判断し、医学部設置構想を否定するのであった。戦時協力を目指した立教大学と聖路加国際病院の医学部設置構想は、同じく戦時体制下の医療体制の構築を目指す厚生省によって否定され、もろくも挫折していくのであった。

注

(1) 聖路加国際病院の歴史は、米国の宣教医師ルドルフ・B・トイスラーが一九〇二年二月に聖路加病院を開院したのに始まる。その後、聖路加病院は一九一七年四月に聖路加国際病院と改称し、一九三六年一〇月に財団法人聖路加国際メディカルセンターとなった。そして、戦時体制が深まるなか、一九四三年六月には財団法人大東亜医道院と名称変更したが、戦後の一九四五年九月一〇日に再び聖路加国際病院と改称し今日に至っている（聖路加国際病院八十年史編纂委員会編『聖路加国際病院八十年史』聖路加国際病院、一九八二年。なお、同病院一〇〇年史編集委員会編『聖路加国際病院一〇〇年史』聖路加国際病院、二〇〇二年も参照のこと）。このように、聖路加国際病院の名称は時期によって変更されているが、本章では時期を問わずに聖路加国際病院として扱うことにする。

(2) 海老沢有道編『立教学院百年史』立教学院、一九七四年、三七一頁。したがって、医学部置構想を資料にもとづいて取り上げたのは、立教学院百二十五年史編纂委員会編『立教学院百二十五年史』資料編第一巻（立教学院、一九九六年）が最初であった。

(3) 文部省『学制九十年史』大蔵省印刷局、一九六四年、八四頁。

(4) 戦時期におけるミッション系大学の動向については、さしあたり今井譲「関西学院とアジア太平洋戦争」、浅野健一「戦時中の同志社」、平山勉「靖国神社事件と戦時下の上智大学」いずれも白井厚編『大学とアジア太平洋戦争——戦争史研究と体験の歴史化——』（日本経済評論社、一九九六年）所収を参照のこと。
(5) 本書の第六章「教育における戦時非常措置と立教学院――理科専門学校の設置と文学部閉鎖問題を中心に――」を参照のこと。
(6)「うれしげに　学長抱負を語る　医学部も新設間近い　類のない立教を発展さそう」『立教大学新聞』第七二号、一九二八年一二月五日付。
(7) 立教学院八十五年史編纂委員会編『立教学院八十五年史』立教学院事務局、一九六〇年、九八頁。
(8)「近く開設される　医学部及び法政学部　杉浦学長の意見」『立教大学新聞』第六号、一九二四年一一月五日付。なお、学長の杉浦によれば、法政学部の設置は「クリスチャン・ゼントルマンを養成して社会の第一線に送り出すと云ふ立教大学の大使命」であった。
(9)「機漸く熟して　医学部設立せん　ト院長と学長の意纏り　近く公式に発表の段取」『立教大学新聞』第六〇号、一九二八年一月五日付。
(10)「学院多年の懸案　医学部創設に確定　総理の帰朝後直ちに起工　第一期生募集は来春か」『立教大学新聞』第六四号、一九二八年五月一五日付。
(11)「付属病院には　聖路加をあてるか　建築費一千万円で　思ひ出の築地の園に」『立教大学新聞』第六四号、一九二八年五月一五日付。
(12)「立教将来の　医学部　聖路加病院の改築近し」『立教大学新聞』第三九号、一九二六年七月二五日付。
(13)「付属病院には聖路加をあてるか　建築費一千万円で　思ひ出の築地の園に」『立教大学新聞』第六四号、一九二八年五月一五日付。
(14)「医学部新設は　諦るに及ばず　祝賀会でラ総理　盛に嬉しがらす」『立教大学新聞』第七四号、一九二九年二月一五日付。
(15)「立教学院拡張計画案摘要」（一九三三年）学校法人立教学院本部事務局所蔵。
(16) 同右。
(17)「立教大学に医学部新設計画」教育思潮研究会編『教育思潮研究』第一一巻第三輯、一九三七年三月、一九四頁。
(18)「財団法人立教学院第四十六回理事会記録」一九四一年一二月一六日。
(19) 前掲『立教学院百二十五年史』資料編、第一巻、七二九、七三五頁。
(20) 前掲「財団法人立教学院第四十六回理事会記録」。
(21) 前掲『聖路加国際病院八十年史』三〇七頁。
(22)「財団法人国際メデカルセンター第四十七回理事会記録」一九四一年一二月二〇日。

(23) 前掲『聖路加国際病院八十年史』二九〜三一頁。
(24) 「遠山日誌」一九四二年八月二八日の条。
(25) 厚生省五十年史編集委員会編『厚生省五十年史』記述編、中央法規出版、一九八八年、三五一頁、四三一〜四三六頁。なお、大瀧由太郎「医療団の性格と食糧営団」『統制経済』第七巻第三号、一九四三年、一三〜二〇頁も参照のこと。
(26) 前掲『聖路加国際病院八十年史』三一〜三二頁。
(27) 前掲「財団法人聖路加国際メデカルセンター第四十七回理事会記録」。
(28) 前掲『聖路加国際病院八十年史』三一頁。なお、聖路加看護大学の前史については、聖路加看護大学創立七〇周年記念誌編集企画委員会編『聖路加看護大学の七〇年』（一九九〇年、一三頁）に簡単な記述がある。
(29) 「財団法人立教学院第四十七回理事会記録」一九四二年一月二三日。
(30) 「財団法人聖路加国際メデカルセンター第四十八回理事会記録」一九四二年一月二三日。
(31) 「遠山日誌」一九四二年二月一二日の条。
(32) 立教学院百二十五年史編纂委員会『BRICKS AND IVY —立教学院百二十五年史図録—』立教学院、二〇〇〇年、八四頁。
(33) 「立教大学医学部設立趣旨」財団法人立教学院『医学部設置認可願』（一九四二年二月）所収、立教学院史資料センター所蔵。
(34) 「医学部設置要項」前掲『医学部設置認可願』。
(35) 同右。
(36) 「立教大学医学部予科設置ニ関スル予算案」前掲『医学部設置認可願』。
(37) 「医学部竝附属病院予算案」前掲『医学部設置認可願』所収。
(38) 「概括表（一九三二〜四七年度）」前掲『立教学院百二十五年史』資料編第一巻、四三〇頁。
(39) 前掲「医学部竝附属病院予算案」。
(40) 前掲「医学部設置要項」。
(41) 「遠山日誌」一九四二年二月一六日の条。
(42) 「遠山日誌」一九四二年三月一四日の条。
(43) 同前。なお、同日の「日誌」には、「寄付行為第　条の聖公会聖職及信徒云々の字を削りたし、文部省で異議なき場合将来任用の範囲狭く不都合ならんとの事、松井理事長も他の理由にて少しまたる方宜しとの事なれは、果して然らは強いて此文字なくも宜しからんも、松井監督の発議を待って決定するを可とするに決せり」との記述があり、聖職者・信徒条項が問題となっていた。

(44)「遠山日誌」一九四二年五月一六日の条。なお、同一九四二年五月一五日の項も参照のこと。

(45)同前。そのため、遠山郁三は総長および学長の辞任を申し出て辞表を提出したが、受理されなかった。

(46)「財団法人立教学院第五十一回理事会記録」一九四二年六月八日。

(47)同前。

(48)同前。

(49)同前。

(50)同前。

(51)同前。

(52)「遠山日誌」一九四二年一月二八日の条。

(53)「遠山日誌」一九四二年三月一六日の条。

(54)「遠山日誌」一九四二年三月一九日の条。

(55)「遠山日誌」一九四二年四月一六日の条。

(56)「遠山日誌」一九四二年四月一九日の条。

(57)「遠山日誌」一九四二年四月二八日の条。

(58)「遠山日誌」一九四二年五月九日の条。

(59)「遠山日誌」一九四二年六月二日の条。

(60)「遠山日誌」一九四二年五月二六日の条。

(61)「遠山日誌」一九四二年六月三日の条。

(62)「遠山日誌」一九四二年六月四日の条。

(63)「遠山日誌」一九四二年六月一六日の条。

(64)「遠山日誌」一九四二年六月一八日の条。

(65) 前掲『聖路加国際病院八十年史』三四頁。
(66)「遠山日誌」一九四二年七月一七日の条。
(67)「遠山日誌」一九四二年八月二四日の条。
(68)「遠山日誌」一九四二年八月二八日の条。
(69)「遠山日誌」一九四二年一一月一二日の条。
(70)「(厚生大臣小泉親彦による聖路加国際病院解散に関する指令)」(一九四二年一一月一七日)『官公署往復書簡(二)』。なお、遠山がこのことをはじめて日誌に記述したのは一一月三〇日であった(「遠山日誌」一九四二年一一月二〇日)。
(71)「財団法人立教学院第五十六回理事会記録」一九四二年一二月一四日。
(72) 松井米太郎「立教大学医学部設置認可申請書取下ニ関スル件」一九四三年一月二五日『官公署往復書簡(二)』。
(73)「財団法人立教学院第五十七回理事会記録」一九四三年一月二六日。
(74)「財団法人立教学院第五十八回理事会記録」一九四三年一月三〇日。

第六章　教育における戦時非常措置と立教学院

——理科専門学校の設置と文学部閉鎖問題を中心に——

豊田　雅幸

はじめに

アジア太平洋戦争開戦以後、戦局の悪化・泥沼化に伴い、教育における戦時体制化はより一層強化され、高等教育においても、修業年限の短縮、学徒勤労動員の常態化、徴兵猶予の停止による「学徒出陣」などにより、学生の戦時動員もその極限を迎えることとなった。

一方、満州事変・日中戦争期からみられた理科系教育拡充の方向性は、これまでの理科系教育機関の新増設にとどまらず、既設校の組織および教育内容の再編をも迫るものとなった(1)。私立大学にも、戦争遂行上有用である理科系教育を拡充するため、文科系大学を統合整理するという方針が定められたことにより、各文科系私立大学にとっては、これら戦時非常措置への対応が、大学としての存続をかけた、死活問題として認識されることとなった(2)。

このような状況下、文科系の文学部と経済学部のみから成る立教大学をめぐり、経営法人である立教学院は、その対応を迫られることとなる。

従来の立教学院史においては、学院および大学を存続・維持するために、立教理科専門学校(以下、理科専と略記)を新設し、大学の文学部を閉鎖したことなどが指摘されている(3)。しかし、このような学院および大学の生き残りをかけた重要な問題でありながら、その選択に至る学内の議論や経緯等に関する研究は、十分になされているわけではない。(4)例えば、理科専の設置については、その設置にあたって一部の校友の関与があったことはふれられているものの、具体的な経緯は述べられていない。また、文学部の閉鎖についても、文学部の教員側からみた当時の状況にはふれられているが、その選択を下した学院側の動きや、教員および学生の処遇についてはほとんど言及されていない。

そこで、本章においては、理科専の設置と文学部の閉鎖という、立教学院の下した選択を中心としながら、戦時非常措置への対応の経緯と、その特徴について検討することとする。なお、考察にあたっては、学院の意思決定機関である理事会における議論等を中心に検討し、その上で、他大学の動向を踏まえつつ、立教学院の対応の歴史的意味について考えてみたい。

一　理科系教育拡充・文科系教育抑制への対応

1　理科専門学校設置への動き

日中戦争からアジア太平洋戦争という戦線の拡大、そしてその後の戦局の悪化は、科学技術教育の立ち遅れを解消しようとする戦時体制の強化と相まって、高等教育においても理科系拡充・文科系抑制の流れを増大させた。私立大学に対してもこうした国家の教育計画への従属が求められていくことになるが、そうした影響は、藤原工業大学（一九三九年）や興亜工業大学（四二年）といった工業系大学の新設などに見ることができる。また、戦局が決定的に悪化した一九四三年以降においては、大阪理工科大学の新設（三月一六日）、日本大学農学部の設置（五月五日）など、文科系の定員を理科系に転換する例などもみられるようになった。(5)

こうした状況下、財団法人立教学院の下、立教中学校とともに運営されていた立教大学は、一時、聖路加国際病院を合併して医学部を設置する構想を本格化させたが、最終的には頓挫してしまい(6)、依然として、文学部（英文・哲・宗教・史学科）と経済学部（商・経済学科）という従来の体制のままであった。一方、首脳陣については、対米開戦前に米国人宣教師が帰国したことにより、学院理事会は全員日本人となっていたが、一九四三年の初頭、学院理事長に森永製菓社長の松崎半三郎を迎え、大学学長には、事務取扱として慶應義塾大学教授であった三辺金蔵が就任し、大きく様変わりしていた(7)。

その三辺学長事務取扱は、一九四三年三月二九日、就任の挨拶のため文部省を訪れたが、その際の懇談内容を報告した同年四月六日の第六二回理事会において、「現下国家ノ要求スル人材養成ノタメ大学ニ理工科又ハ之ニ代ル学科新設」が「急務」であること、そして、「目下研究中」であるとの発言を行っており(8)、就任早々から、医学部に代わる理科系拡充への対応策の模索が課題となっていた。

その後、一部の校友の熱心な活動もあり、新たに理科専門学校を設置する構想が浮上した(9)。当時、その活動に校友として精力的に尽力した佐伯松三郎（後、立教学院理事）の回想によれば、次のような経緯をたどったようである(10)。

……陸軍省に平井大佐〔佐伯の親友―筆者注、以下同様〕を訪ね、同君からこのままでは第一番に閉鎖されるから自分も出来るだけ応援し陸軍の方は押さえるから、今年中にも早く理工学科を作れといってくれた。今ここで立教の名が消えるのは吾々校友の努力が足りないとみられるので一生懸命だった。同級生の大野信三〔元経済学部講師〕君にも相談した。また立教の卒業生ではないが常に立教のことを考えているといっておられた元先生にも会ったが当時の世相から立教に関係があると肩身が狭いと思われるのか全然相談にのって貰えなかった。これでは自分等の力で努力するより他に無いと思い、昵〔昵〕懇で今の能率大学を創立した上野陽一氏に電話したところ、統制会の委員をしておられ、すぐ私の店へこられた。

実状を話し、早くしかも金のかからない理工科系をつくる相談をした。親切に相談にのってくれ、工業経営科と、数学科をつくれと、今委員会で数学の藤森良蔵君に会ってきたが、紹介するから頼めと言ってくれた。早速電話連絡をして下さり、一つ橋にある事務所へ伺った。藤森先生は浅越〔金次郎〕先生〔立教と商船学校の数学の教師〕が存命なら当然先生が当たられると思うが、私は先生の弟子で、自分も立教中学の教師で、「考え方」の本で成功した浅越先生の代りに私がやりましょうと快諾して下さり、「百万人の数学」を著わした今野〔武雄〕先生や息子さんにも協力するよう話された。私は涙のこぼれるほどうれしかった。また数日経て東大の掛谷〔宗一〕先生、気象台長の藤原〔咲平〕先生、理化学研究所の新田先生、文部省の専門家二名を一ツ橋学士会館に集めて下さり私から学校の現況を説明し、藤森先生と共に御援助をお願いした。私には科学的知識も無く、最も重要な文部省とも係わりあいが無いので松崎理事長に相談し、理研の仁科〔芳雄〕博士の高弟で、現予科長の曽弥〔禰〕〔武〕博士が最も適任として設立委員長をお願いした。私の事務所で校友会有志と度々協議会を開き農科の話もでたが南方占領地鉱山資源開発のために地質探鉱科をつくることにした。幸い日本石油の専務大村〔一蔵〕氏、北海道炭鉱社長嶋田氏、住友鉱業専務三村〔起一〕氏らが大学の父兄であるのが分ったので曽弥〔禰〕先生と大村氏のお宅を訪ねてお願いした。

大村氏は非常にご協力下され鉱山統制会から三十万円〔当時の三十万円は如何に多額であったか驚く〕の寄付を受け、社員の専門家大炊御門〔経輝〕氏を貸して下さり感激した。

この回想からは、校友がかなりの危機感をもって取り組み、各方面の実力者にも働きかけていたことがわかる。しかし、大学への学部・学科新設ではなく、専門学校の新設となった経緯については判然としない。「早くしかも金のかからない理工科」というのがその理由であろうか[11]。また、資料的な制約から、これら一連の動きも逐一裏づけることはできない。しかし、一九四三年七月一日付で藤森良蔵が「財団法人立教学院企画委員」を嘱託されていることや[12]、後に、大村一蔵（日本地質学会々長）、掛谷宗一（東京帝国大学理学部教授）、上野陽一（立教大学教授）が次年度以降の教員選定にあたる詮衡委員に名を連ね、また、予定された学科担当者には、大炊御門経輝をはじめとした帝国石油の関係者（当時、日本石油の鉱業部門は帝国石油に譲渡されていた）が多く含まれており、概ね当時の状況を表しているものと考えられよう[13]。

同年七月二二日、予科長であった曽禰武に「専門学校設立委員」を嘱託する辞令が発せられ[14]、続く八月一日、佐伯を含む校友・教員・職員、計一〇名に同委員が嘱託され[15]、設置計画が本格的に練られることとなった。

立案された設置計画は、八月三一日開催の理事会（第六六回）において全会一致で承認され、同日付で申請された。その設置認可申請書には、校名を「立教理科専門学校」とし、地質探鉱・工業数学・工業理学・工業管理（後、工業経営）の四科を設け、一学年四〇〇名を収容し、一九四四年四月一日に開設するとされていた[16]。そして、佐伯の回想にもみられた、大村一蔵および帝国石油との関係を機軸とした地質探鉱科が、いかに国策に沿うものであるかということが、強く打ち出されているという特徴も有していた。

その後、九月一六日には、従来の専門学校設立委員中の六名に新たなメンバー五名を加え、「立教理科専門学校開校準備委員」の嘱託がなされ[17]、その認可を待ちつつ、具体的な準備が進められることとなった。

2　学生定員減少問題と農学部設置構想

学院・大学の存続策として理科専の設立を承認した前述の一九四三年八月三一日の理事会においては、同時に二つの問題が提起されていた。一つは、理科専設立にかかわる大学の学生定員の問題、もう一つは、農学部設置問題であった。

これらの問題が具体的に議論されたのは、同年九月六日開催の理事会（第六七回）であった。まず、大学の学生定員の問題については、三辺から「当面ノ問題トシテ理科専門学校設立ニ伴ヒ其ノ生徒定員ト関聯シテ大学ニ於ケル定員減員ノ已ムヲ得ザル事情並ニ諸方面ヨリ得タル情報ヲ綜合シテ文部当局ノ抱ク其ノ目標ガ専ラ現在ノ文学部ニアル」との指摘がなされた。理科専の設立と大学の学生定員減少が法的にどのような関係にあるのか、また、文部省の意図がどのようなものであったのかなど、具体的な状況はわからないが、立教にとって新たな問題の生起として認識される事態であるのは確かであった。

同理事会においては、対処方法について協議がなされ、次のような結論に至った。

専門学校設立ニ関聯シテ大学ガ直面スル学生々徒定員ノ件ニツイテハ現状若シクハ其ノ減員ヲ最少限度ニ止ムル様極力努力シ尚且已ムヲ得ザル場合ト雖モ此際ハ其ノ犠牲ヲ払ツテモ専ラ専門学校設立認可ヲ得ルコトヲ建前トシテ進ムコト……

この結論からは、理科専の設立認可を得ることが第一義であり、大学の学生定員減少、すなわち、文学部の学生定員減少も止むをえないとの決意が示されている。

次の、農学部設置問題については、他の理事より、「現在ノ文科系ニ属スル経済学部ノ如キモ何日何時如何ナル状態ニ急変ヲ見ルヤモ知レザルニ付此際予而計画立案ヲ提出セラレ居ル農学部ニ転換ノ許否」について提案がなされた。文学部の定員減少問題だけでなく、経済学部の行く末も懸念されており、その解決策として農学部への転換が提起されたのであった。

農学部の設置に関する理事会における議論はこれが初めてであるが、その計画立案が提出されているという発言にもあるように、設置へ向けた動きは以前からなされており、三辺総長事務取扱のもとには、確認できる範囲でも、一九四三年八月上旬からは、農学部設置に関する提議を行う校友がたびたび来訪している(18)。

また、作成者や作成時期が不詳のため、理事会において言及されているもの、との確証はないが、「農学部新設ニ関スル意見書」という資料が残されている。来歴についても不明であるが、「小生ノ如キ第三者」という記載もあり、校友などの学外者によって起草されたものと推測される。内容的には、現在の大学教育に対する痛烈な批判とともに、立教の使命として、「『直チニ役立ツ確乎タル方針ト理想ヲ持ツタ人間』ヲ養成シテ非常時国家ニ貢献スベ〔キ〕デアル」とし、新設学部は、「単ナル理想主義ハ今日ノ時世ガ受ケ入レズ従ツテ此ノ設立ハ許サルベクモナイ故ニ財政ノ範囲デ開設可能ノ学部タルコトニ帰一セラルベク農学部ガ此ノ場合其ノ第一候補タルコトモ間違ノナイコト、考ヘル」と述べられている[19]。また、「農業科（または拓殖農業科）」と「農業経営学科（または農業経済学科、拓殖農業経済学科）」からなる学科構成（うち、農業科は南方拓殖農学科・北方拓殖農学科・拓殖畜産学科の三分科）をはじめ、学科目、農場および付属施設、教科目名、教授陣、学科課程表などについて、かなり具体的な提案がなされている。

この意見書には、「経済学部ニ於テモ歩調ヲ合セ得拓殖科ノ新設ナド併行シテ行ハル、ナラバ一層効果的デアル」とも記載されているので、ここでは農学部の新設が意図されており、経済学部から転換するという前提は存在していない。

このような、校友（またはそれ以外の第三者）の動きに端を発した農学部新設計画が、理事会における経済学部存続の危機感と結びつき、経済学部を農学部へ転換してはどうかとの議論に進展したのではないだろうか。

最終的に一九四三年九月六日の理事会では、「学院トシテハ理科専門学校創設ニ一意邁進シ一科ナリト十月ヨリ開校出来得ル様一層努力シ農学部ニ付テハ出来得ル丈速カニ当局ニ接渉《ママ》検討シ其結果ニヨリ直チニ理事会ヲ招集シ善処スル」ことが決定された。ここにおいても、最優先事項とされたのは、理科専の設置認可であった。その一方で、経済学部の農学部転換への道も残されることとなったため、校友から三辺総長事務取扱への働きかけがその後も行われていたようである[20]。そうした動きを受けてか、同年九月二七日付で農学部開設企画委員九名（半数は、立教理科専門学校設立委員経験者）、農学部開設委員会幹事二名の委嘱がなされた[21]。しかし、その後の理事会においては、農学部転換問題に関する議論は一切行われていない。

資料的な裏づけはないが、恐らく文部省との折衝が不調に終わったか、その後の教育行政への対応の中で必要がなくなったか、あるいは、実現不可能と判断されたかによって、この問題自体が立ち消えになってしまったものと思われる。

二　教育に関する戦時非常措置方策への対応

1　学校統合整理問題

理科専の設置認可に活路を見出していた矢先、立教の首脳陣にとって思いもかけぬ事態が発生した。一九四三年九月二〇日、三辺が文部省の永井浩専門教育局長を訪ねた際、理科専設置については、『ヨリ大ナル問題』生起シタレバ何トモ申上ゲ難シ」との返答を受け取ったのである[22]。文学部の定員減少をも覚悟し、理科専設置へ「一意邁進」していただけに、その失望と困惑は大きかったようで、翌日、三辺は、総長の補佐役である学監の須之内品吉を文部省に送り、「ヨリ大ナル問題」の真意を探らせた[23]。

しかしその答えは、早くも、翌二二日に明らかとなった。東条首相による国内決戦体制を声明するラジオ放送がそれである。この中で、国民動員の徹底を図るために教育体制を全面的に見直し、文科系学生の徴兵猶予停止、大学・専門学校を統合整理するとの方針が明らかにされたのである[24]。この放送を聞いた三辺は、「永井局長ノ言ヲ思合セテ合点シ得ルト共ニ差当リ如何ニ処置スベキカ沈思黙考ス」と、同日の「学事日誌」に記している。

以前から理科系教育拡充の流れはあったものの、文科系大学を統合整理するという方針がはっきりと打ち出されたことにより、文科系からなる立教大学の存続について「最悪ノ場合ヲ想定シテ善後処置ニ関スル腹案ヲ討議」することになった[25]。

同年一〇月六日、理事会（第六八回）においてその腹案をもとに、現在大学が直面している諸問題について協議がなされたが、「未ダ当局ノ具体案発表若シクハ通牒ヲ見ザルタメ何等決定ニ至ラズ更ニ当事者ニ於テ研究ヲ重ネルコト」となった。

その「当局ノ具体案」は、一〇月一二日の閣議決定、「教育ニ関スル戦時非常措置方策」（以下、「戦時非常措置方策」と略記）という形で現れた。その中で、文科系の大学および専門学校に対しては、①理科系への転換を図る、②徴集猶予の停止に伴う授業上の関係並に防空上の見地に基き必要あるときは適当なる箇所へ移転整理を行う、③私立はその教育内容の整備改善を図ると共に相当数の大学はこれを専門学校に転換させる、という方針が打ち出された[26]。また、これと同時に、「本要綱実施ノ為必要アルトキハ学校及学科ノ廃止、授業ノ停止、定員ノ減少、学校ノ移転等ヲ命ジ得ル如ク法制上必要ナル措置ヲ講ズ」とも定められた。

この方針の実施にあたっては、各大学に対し、一九四三年一〇月二一日付で「教育ニ関スル非常措置方策ニ関スル件」（以下、「非常措置方策ニ関スル件」と略記）という通達が送付され、理科系への転換や統合整理に関する「意見」「希望」等の回答が求められた[27]。

このように、閣議決定による既定方針である「転換」や「統合整理」について、わざわざ各大学にその対応策を出させるという文部当局の姿勢は、ある種「踏み絵」を踏ませるような行為ともとれるが、方針を実施するための具体的なプランを明確に持ち得ていなかったことの裏返しでもあった。

事実、同月二五日に文部大臣官邸で開かれた、統合整理の主たる対象とされた私立大学二七校の代表者との懇談会において、文部当局は「今次の非常措置方策の具体的方針はおそくも十一月中には提示し明年三月末までは諸般の措置を完了する如くする、それまでには学校側とも十二分に連絡協力を求める」「今次の整理統合は慎重検討中で学校の歴史事情を考慮して合併或は一校に吸収等の方策がとられるだろう」[28]との見解が示されている。すなわち、統合整理の実施は、各校との折衝を通じ、「歴史事情」を考慮した上で行われるというのである。

このような状況下において、立教も、文部省の永井専門教育局長との懇談や理事会における審議を行い、この通達への対応を模索したが、最終的に回答文案の作成は三辺総長に一任されることとなった（第六九回理事会）。

作成された文案は、一九四三年一一月二九日に開催された理事会（第七一回）で審議に付されたが、二、三の質疑応答の後、全会一致で原案可決となった。そこで出された結論は、転換も統合整理も望まず、「立教大学ハ存続ヲ希望ス」というものであった。その理由としては、①在学生のみで大学を維持しうること、②「出征」した学生の心境を考えて大学の名称を存置する必要があること、③「大東亜共栄圏」からの留学生を教育する機関として適任であること、の三点があげられている。この中で注目されるのは、七項目にわたってその説明がなされている③の留学生教育に関する点である。

大学の存続理由としてこの点が挙げられているのは、「先般閣議ヲ通過シ且　陛下ノ特別御下問ヲ賜リタル留日学生輔導教育要項ハ早晩文部省ニ於テ適当ナル学校ニ委嘱シテ之ヲ実行セラル、コトナリト信ズ、此ハ先般立教大学総長ガ文相ニ面会シタル際其ノ趣旨ノ御話アリタリ」と記されていることから、文部省サイドとの懇談の中から出てきた発想だといえる。そして、留学生教育を担う機関としての適性については、次のように述べられている。

文相ノ御意見ニテハ右ノ留学生教育ヲ委託スベキ学校ハ勿論皇国ノ道ニ則ルモノナラザルベカラズ（当大学ハ皇国ノ道ニ則リ大学教育ヲ行フ）然レドモ所謂極右翼的ナル遍《ママ》狭ノモノハ勿論不適当ナリト、此ノ点ヨリ見テ従来紳士的穏健中正ニシテ且国際的ニ最モ信用アリ、古ヨリ其ノ名ノ広ク知ラレタル本校ノ如キハ極メテ適切ナリ、文相ニ於

カレテモ本校ガ斯ノ如キ資格ヲ備ヘオルコトハ充分御承知ノ御事ト信ス

すなわち、立教大学は、「皇国ノ道ニ則ル」教育を行っており、「従来紳士的穏健中正」で「国際的ニ最モ信用」があり、「古ヨリ其ノ名ノ広ク知ラレ」ているため適切である、と主張されているのである。立教がいかに国策に沿う大学であるかを精一杯強調し、何としても大学を存続させようとする姿勢が読み取れよう。

こうした主張は、先にも触れたように、文部省側が、統合整理にあたっては「歴史事情」を考慮するとの見解を示していたことへの対応ともとれるが、同時に、大学の生き残りのため、自らの歴史とそれに由来する教育理念を完全に払拭してしまっていたことを意味する。というのも、すでに前年には、これまで立教学院の教育目的として掲げられてきた「基督教主義ニヨル教育」は、「皇国ノ道ニ則ル教育」へと変更され[29]、また、この「戦時非常措置方策」に先立つ九月二五日、創設以来の簡単な沿革史を送付するようにとの文部省の通達に対し、本国母教会である米国聖公会との関係や、キリスト教とのかかわりを注意深く取り除いたものを回答していたのである[30]。

以上のような大学の「存続ヲ希望」する意思表示とともに、回答事項とは関係のない、理科専の一日も早い認可が同時に訴えられており、その設置が、立教首脳陣にとっての最大関心事であったことも示している。

2　学校整備要領と理事会の対応

「戦時非常措置方策」の決定以後、その実施にあたっては、個々にその要領が定められていったが、高等教育については、「教育ニ関スル戦時非常措置方策ニ基ク学校整備要領」(以下、「学校整備要領」と略記)が、一九四三年一二月二三日に明らかにされた。この中で、私立大学に対しては、理科系大学の整備拡充を図るとともに、文科系大学への措置として、①組織、教育内容の刷新整備、②統合可能な場合の実施、③学部・予科の入学定員は従来の三分の一、

④理科系専門学校への転換可能な場合の実施（在籍学生の卒業までは存置し、必要に応じ学生の教育を他大学に委託する）、⑤学生の教育を必要に応じ他大学に委託、などの点が定められた。そして、これらを実行する場合には、国庫の補助が得られるということも明記されていた[31]。

ここでは、先の「戦時非常措置方策」において強く打ち出された学校の統合整理については、可能な場合の実施とされており、そのトーンは一歩後退している（詳細については後述）が、理科系拡充・文科系縮小という方針に変わりはなかった。さらに、この「学校整備要領」の実施に際しても、一二月三一日付で「教育ニ関スル戦時非常措置方策ニ基ク学校整備ニ関スル件」（以下、「学校整備ニ関スル件」と略記）という通牒が、文部省から各校へ送付され、その対応案の提出が求められた。具体的な回答事項は、①学部、予科及専門部（学科別）の入学定員、②学部及専門部の組織（例えば学部、学科の整備及名称変更等）、③学科内容の大要（学科課程改正の要点等）、④整備後の教員数（総数及専任兼任の別）、⑤使用すべき校舎及校地（併せて供出できる建物及其の延坪数）、⑥特に理科系へ転換する場合は施設教員等の確保に関する見込、⑦授業の委託を為す場合に於ては希望の委託先学校、というものであった[32]。

この通牒への立教の対応策は、これに先立って行われた一二月二七日の文部省側との懇談を踏まえ、一九四四年一月八日の理事会（第七二回）において審議された。その結果、主に次のような対応策が可決された[33]。

①「文学部ヲ休止若シクハ廃止シテ其ノ定員八十名ヲ減ジ以テ文部省ノ要望ニ応へ、残ル経済学部ヲ以テ大学ヲ存置シ其定員一六〇名ノ確保ニ努力ス」

②「経済学部ヲ工業管理学科ト改メ此レヲ強化シ学科内容ニツイテハ昨年九月改革セルモノヲ踏襲必要ニ応ジテ此レガ改善ヲ行フ」

③「授業委託ニ関シテハ現実ニ其ノ必要ヲ見ルニ至リタル際文学部学生ノ希望ヲ斟酌シテ決定ス」

この決定事項からわかるように、やはり、他校との統合や理科系への転換はせず、大学を存置させるということが大前提となっている。しかし、入学定員を三分の一に減じなければならないという現実に対しては、文学部を「休止若シクハ廃止」することで対応しようとしたのであった。その一方で、経済学部については、学科名や内容を変更しつつも、その定員一六〇名の確保が図られることとなった。

その後、経済学部の定員については、「既ニ当局ノ決定方針」によって、八〇名となったことが理事会（第七三回）で報告されているが、「休止若シクハ廃止」とされた文学部の処遇については、その後、一度も言及されることはなかった。[34]

三　文学部「閉鎖」への動き

1　文学部教員の処遇と財政問題

文学部を休止または廃止するというこうした動きは、理事会の議論を見る限り、「学校整備要領」（一九四三年一二月二三日）および「学校整備ニ関スル件」（一九四三年一二月三一日）への対応策として理解することができる。しかし、実際には、教員の処遇を含め、それより早い段階から始動していたものと思われる。

というのも、当時、文学部の教員であった宮本馨太郎講師の日記には、一九四三年一一月二四日の文学部教員会において、「十一月二十二日を以つて授業一切停止し、学生は他へ転校せしめ、教員全部休職で俸給は十一月限り支払はず」との学校当局の見解が示された、と記されているのである。[35] また、この時のものと思われる教授会記録のメモには、次のように記されている。[36]

三辺学長　ライフスナイダー館（当時　ライフスナイダー（強制的ニ）帰国サレシタメ、空家トナリタルヲ会議ニ使用ス）一階ニ、教授、助教授　時間講師全員ヲ招集シ、文学部閉鎖ヲ宣言ス（井出文学部長ハ欠席）……ツヅイテ文学部閉鎖ニ関シ、白鳥教授（史）藤本了泰講師（史）ヨリ反対ノ発言アリ、議場混乱シ収拾ツカズ。三辺学長　進退窮シ閉会ヲ宣ス。

このように、文学部を「閉鎖」し、教員を休職させ、学生を転校させるという方向性は、最初の通牒である「非常措置方策ニ関スル件」（一九四三年一〇月二二日）への対応策が練られている時期に、すでに固められていたことになる。

こうした学校当局の方針を伝えられた文学部では、その対応をめぐり、一九四三年一二月四日に議論を行っている[37]。残されている記録はかなり断片的ではあるが、文学部「閉鎖」という学校当局の判断が、当の文学部の意向をまったく勘案せずに決定されたことを示唆している。また、七月の段階で、文部省が文学部を「止メロ」と言っていたことなどが紹介されているが、この段階では、「私大ニ関スル文部省ノ態度ハ不明デアル」とされている。したがって、文学部を「閉鎖」するとの学校当局の方針は、文部省に先んじて採られた選択であるとの認識を、文学部側に抱かせている。このような学校当局側の動きについて手塚隆義教授は、「……当時の責任者よりは、文学部の処理に対する抗議的質問に対し、『時局、万止むを得ぬ故、文学部を休止する』とも、『一学部の存廃などを問題にするなど、時局を弁へざるも甚しきもの』との言を受けとっている……。このような決定に至るまでの当局の経緯については、教員はまったく知らされていない。知りたくも、聞かされたのは前記の言でしかなかったのである」と回想している[38]。

そして、文学部を「閉鎖」する理由については、「ソロバンノタメダロウ」との指摘が、井出文学部長よりなされており、文部省側の意向を反映させたという側面に加え、財政問題を考慮した学校当局側の主体的な判断という側面を示している。

そもそも、立教大学においては、文学部の学生数は経済学部に比して極少数であり、例年定員割れの状態であったが、教員数は文学部の方が上回っていた（**表6-1**、**表6-2**参照）。つまり、財政的には、経済効率のよくない文学部を経済学部が支える、という構図であったといえる。

対米開戦以後、本国母教会からの補助金は途絶えており[39]、加えて、大学の学生定員減少と「学徒出陣」による授業料の減収は自明のことであった。それゆえ、文学部の「閉鎖」とそれに伴う文学部教員の休職という選択が、当の文学部との協議もなされぬまま強行されたのではないだろうか。それは、一学年四〇〇名を収容し、大学の授業料（一七〇円）より高い、二二〇円と設定された理科専の設置が、絶えず第一義とされていたことからも明らかであろう[40]。

文学部教授会がとったその後の具体的な対応については判然としないが、やはり、学校当局が示した文学部「閉鎖」の方針には反対の姿勢を示していたようであ

表6-1　学部学科別卒業生の推移

卒業年月	文学部					経済学部*			合計
	英文	哲学	宗教	史	計	商学	経済	計	
1931/3	12	0	9	5	26	49	68	117	143
1932/3	21	1	6	3	31	68	56	124	155
1933/3	14	3	8	12	37	75	67	142	179
1934/3	30	16	0	13	59	132	56	188	247
1935/3	20	4	7	8	39	125	49	174	213
1936/3	16	7	8	6	37	110	40	150	187
1937/3	13	3	12	4	32	108	55	163	195
1938/3	6	4	5	7	22	148	49	197	219
1939/3	13	2	13	7	35	122	63	185	220
1940/3	10	4	7	1	22	113	86	199	221
1941/3	15	3	9	8	35	143	92	235	270
1941/12	8	6	6	5	25	143	116	259	284
1942/9	2	2	1	2	7	145	135	280	287
1943/9	4	6	2	8	20	97	203	300	320
1944/9	4	4	2	6	16	98	167	265	281
1945/9						14	24	38	38

＊1931年～1933年までは商学部
出典）立教大学教務部学務課作成「1998年度 教務部学務関係統計資料」より作成。

る[41]。しかし、一九四四年一月一日には、対象とされた教員のもとに休職（無給）の通知が届けられることとなった[42]。その後、休職の対象となった教員たちは、辞職願の提出と退職金の受領をすませ、学園から姿を消した。そして、二月二二日には、この結果「依願解職」となった教員五三名に関する通知書が、学内で回覧された[43]。このうち、文学部の教員は、実に三六名を占めていた。

2　文学部の扱いと学生の処遇

ところで、文学部の扱いについては、学院理事会において「休止若シクハ廃止」とされたが、教員に示されたのは「閉鎖」というものであった。はたして、その後の文学部の扱いはどのようなものであったのだろうか。

本来、学部の設置や改廃については、学則の変更手続きが行われるため、その申請書類や認可書類によって跡づけることができる[44]。しかしながら、文学部廃止の申請書および認可書は、現在のところ確認されていない。授業料の改正に関する、一九四四年一二月二三日付「学則改正認可申請書」において、「尚文学部ハ廃止セシヲ以テ学則中文学部ニ関スル規程ハ凡テ控除致度」という添え書きが確認されるのみである[45]。この申請書は、理事長名で

表 6-2　学部別教員数の推移

調査年月日	文学部			経済学部			合計
	専任	兼任	計	専任	兼任	計	
1931/5/25	24	26	50	16	18	34	84
1932/5/17	23	28	51	16	17	33	84
1933/6/27	25	26	51	17	17	34	85
1934/5/22	26	25	51	17	17	34	85
1935/6/5	25	29	54	18	18	36	90
1936/6/11	25	30	55	17	20	37	92
1937/6/30	24	33	57	16	19	35	92
1938/6/8	18	33	51	11	24	35	86
1939/7/5	18	33	51	10	20	32	83
1940/8/26	21	33	54	14	19	33	87
1941/7/2	21	34	55	15	17	32	87
1942/6/23	19	33	52	14	20	34	86
1943/5/31	19	40	59	15	22	37	96

出典）「昭和六年度起 教員数並学科配当ニ関スル調査事項報告綴 庶務課」より作成。

出されており、学院首脳陣の認識としては、もはや文学部は「廃止」している、ということになる。

では、この添え書きの通り、学則から文学部の記載が削除されたのかというと、どうもそうではないようである。戦後になって提出された「学則改正認可申請書」(一九四六年三月二九日付)には、「学則変更事由」として次のように記されている。(46)

現下及将来の国内並に世界状勢の推移に鑑み本大学に於ては平和的新文化国日本建設に必要なる人材を養成し以て世界人類に貢献せんが為め昭和十九年以来募集中止中なりし文学部を再開し其の内容たる英文学、哲学、史学、宗教学を英米文学、基督教学の二科に改変し其の定員を弐百四十名とし且つ経済学部定員を昭和十七年度の四百八十名に復帰せしめ……

この記載からは、文学部は「募集中止」であり、戦後になっても、学則中においては文学部が四学科体制で存在していたことになる。事実、文部省に提出した入学・在籍者の報告書には、入学者は一九四四年度まで確認できるし、在籍者は、全員入営者ではあるものの、一九四五年度(九月八日現在)においても存在していた(表6-3参照)(47)。つまり、「廃止」という既定方針のもと、学生の募集を止め、その活動は停止したが、入営中の在籍者が存在していたため、文学部というその存在自体が完全に消滅したわけではなかったのである。いわば、在籍者の卒業に伴う「廃止」を待つ、実質的な「閉鎖」状態であったといえる。

一方、文学部の「閉鎖」に伴い、学生はどのように処遇されたのだろうか。宮本講師の日記には、一九四四年一月一一日に哲学科の生徒に民俗学の講義を行ったことが記されており、この段階での在学生の存在が確認できる。しかし、同年一〇月三一日現在の在学生数調査では、一〇月の入学者を含め二九名の在籍者が記録されているが、全員

表 6-3　入学・在籍者の推移

入学期	文学部															経済学部								
	英米文学科			哲学科			宗教学科			史学科			計			商学科			経済学科			計		
	A	B	C	A	B	C	A	B	C	A	B	C	A	B	C	A	B	C	A	B	C	A	B	C
1936年4月																1			1			2		
1937年4月																			1			1		
1938年4月							1						1											
1939年4月				1						1			2			1						1		
1940年4月							1						1			3			3			6		
1941年4月	1			1						3			5			7			15			22		
																	3 (3)			2 (2)			5 (5)	
1942年4月	6			5			2			6			19			109			185			294		
					1 (1)						1 (1)			2 (2)			37 (17)			189 (168)			226 (185)	
1942年10月	4			4			3			7			18			111			211			322		
		2 (2)			4 (4)						3 (3)			9 (9)			38 (32)			199 (170)			237 (202)	
			1 (1)						2 (2)			2 (2)			5 (5)			?			?			79 (39)
1943年10月	2			15						3			20			50			221			271		
					4 (4)			1 (1)			4 (4)			9 (9)			38 (38)			102 (102)			140 (140)	
			2 (2)			4 (4)						2 (2)			8 (8)			?			?			314 (295)
1944年10月																								
		2 (2)			2 (2)						5 (5)			9 (9)			37 (23)			227 (177)			264 (200)	
			2 (2)			6 (6)			1 (1)			4 (4)			13 (13)			?			?			167 (143)
1945年4月																								
																		?			?			218 (198)
										学部別計			66	29	26					学部別計		919	872	778
																				総計		985	901	804

凡例)
1) 本表は、「立教大学庶務課文書」に収められた、3通の文部省への報告書類から作成した。
2)「A」は1943年10月10日現在、「B」は1944年10月31日現在、「C」は1945年9月8日現在調査の数である。
3) (　) 内の数字は、入営者を示す。
4)「C」の「1943年10月の数値は「二学年相当者」、「1942年10月」の数値は「三学年相当者」を示す。

が入営者となっている（表6－3参照）。したがって、一九四三年一二月一日の「学徒出陣」以後も学内に残った学生は、この間に立教を離れたことになる。

従来、これらの学生については、三辺総長が経済学部長を務めたこともある慶應義塾大学の文学部へ移ったことが、関係者の回想などにおいて指摘されている。例えば、手塚教授は、「……都内の大学には、かかる際にも、なお文学部を存続しているものが、いくつかはある。それに委託するか転学せしめて学業を続けさせるほかはない。たまたま当時の三辺学長は慶応義塾の出身者であったために、このあたりで話し合いがついたと思う。数名の文学部学生は慶応大学へ転じた。はじめは委託して卒業はあくまで立教大学とすることはできないか、との話もあったが、もとより実現はしなかった」と回想している[48]。その一方で、当時、予科の職員であった佐藤由蔵は、「予科の文科に入ったもので、文科を続けてやりたいものは、慶応に委託学生として向こうで単位をとったものを立教大学の名において卒業させたんです……うちの委託学生という形でしたから転学じゃないんです」と述べている[49]。

このように、慶應へ移ったという点においては一致しているものの、その学籍上の扱いについては食い違いを見せている。この点について、その受け入れ側である慶應の『慶應義塾百年史』には、「大学学部では経済学部に上智大学商学部学生五十五名を、また文学部に立教大学文学部学生七名を委託学生として編入し」た、と記されている[50]。

ここに記された上智大学の場合、慶應大学との間で「「戦時非常措置」ニ基ク学生依託《ママ》ノ件」（一九四四年五月一一日付）を、総長名で取り交わしている[51]。その中の委託条項では、学生の学籍は上智大学とし、卒業証書も上智大学より交付するとされている。しかし実際には、「卒業時には、ある学生は慶応の卒業となり、あるものは上智の卒業となり、卒業大学の選択は学生自身の意思によって決められた」ようである[52]。

一方、立教の場合、上智のような学生の委託に関する資料が確認されてこなかったこともあり、その学籍上の扱いがどのようなものであったのかという点は明らかではなかった。そこで、双方の学籍簿における記載を比較検討してみると、立教の学籍簿からは、一九四四年四月三〇日付で「慶應義塾大学文学部転学の為(退学)」と記載された七名の学生が確認された[53]。このうち六名については、慶應の学籍簿においても「立教ヨリ編入」との記載や、立教大学予科を経て一九四四年四月に入学した旨の記載が確認された。残る一名については、該当する学生は確認されなかったが、新たに一名の存在が確認され、いずれも慶應大学卒業であることが判明した[54]。

したがって、これら七名ないし八名の学生が、手塚教授が回想したように、「委託」ではなく、立教から慶應へと学籍を完全に移すことを余儀なくされたものといえる。

このように文学部が実質的に「閉鎖」されたことにより、教員のみならず、学園に残った文学部学生までもが、立教を去らざるをえない状況となった。そして、創設以来、キリスト教およびキリスト教主義に基づく教育を標榜してきた立教大学は、その教育理念の中核ともいえる文学部の「閉鎖」という大きな代償と引き換えに、一九四四年三月一日、ついに首脳陣の最大の関心事であった、立教理科専門学校の設置認可を受けたのであった。

四　他大学の動向

先述したように、一九四三年一〇月一二日付の「非常措置方策ニ関スル件」と、同年一一月三一日付「学校整備ニ関スル件」は、関係各校に送付され、それへの回答が要請されていた。この時期、文科系学部を持つ私立大学は二二校を数えていた[55]が、はたして、これらの大学はどのような対応をとったのだろうか。

各校の既刊の年史類とアンケート調査[56]をもとに、それぞれの対応(回答および決定事項)と実際の変化を、大学の存続、学部・学科レヴェルの動きを中心に一覧化すると、**表6-4**のようになる。

まず、理科系への転換、移転整理、専門学校への転換などが予想された、「非常措置方策ニ関スル件」への対応については、立教以外に、明治・国学院・立命館・関西・東洋の五校の回答内容が明らかとなっている。

このうち、明治・国学院・東洋の三校は、立教と同様に大学の存続を希望した上で、学部の統合(明治)や学科の統合(国学院・東洋)によって、文科系縮小の要請に応えようとしている。関西も、大学の存続を希望している点は同じだが、自発的な対応策は示さず、文科系私大全部が専門学校に転換する場合は文科系・理科系専門学校へ転換する、統合整理させられる場合は京都帝大への統合を希望する、と回答し、政府の方策に従う姿勢を示している。

また、正式な回答内容ではないが、関西学院も理事会において、「大学部ハ学院将来ノタメ其ノ存続ヲ希望スルモノナルモ万一政府ノ方針トシテ停止或ハ廃止ノヤムナキモノトミテ綜合研究所ヲ設ケ国家文教ノタメ研究ヲ維持センコトヲ期ス」との方針を、一九四三年一一月一日に決定している[57]。

しかし、残る立命館の場合は、学部の「授業ヲ廃罷」し、大学附属専門学部を独立した専門学校として設置する、との回答を行っている。すなわち、専門学校への転換を申し出たのである。こうした選択の背景には、中川小十郎総長の意向が強く反映されたようで、「文部省に対する積極的な協力」と、「一五〇〇名に上る専門学校新定員の確保」という、経営上の現実的判断などがその理由とされている[58]。

このように、積極的に国策に沿う選択を下した立命館を例外として、ある程度の文科系縮小策を示しつつも、大学自体の存続を望むというのが大勢であったといえる。事実、いくつかの大学においては、その存続を望む声が、「運動」という形で表面化していたという。例えば、『中央大学七十年史』には、「あくまでも本学六十年の歴史を守るために、断乎文部省とたたかわねばならないとの重大な決意」のもと、軍および文部省と折衝し、他の私立大学へ結束を促して、出身議員を動かすよう働きかけたことが記されている[59]。また、『法政大学八十年史』には、「竹内総長は直ぐ明治、中央、青山、立教など同系統の私立大学に喚びかけて猛烈に反対を唱え、その実現を喰い止めることに奔走した」とある[60]。さらに、こうした私学側の運動について、唯一専門学校への転換を申し出た立命館の中川総長は、一九四四

表6-4　各校の対応

		回答		回答(決定)内容		結　果	依拠文献
		①	②	大学(学部・学科)	その他		
1	慶應義塾	?	?	?	?	学部・学科に関する変更はなかったと思われる。ただし、入学定員は半減した模様。なお、大学経済学部に上智大学商学部学生55名、文学部に立教大学文学部学生7名を委託学生として編入。高等部は生徒募集を停止し、在学生の卒業をまって廃校。商工学校(昼間)と商業学校(夜間)は生徒募集を停止し、工業学校に転換して昼間部・夜間部を設ける。文科系の入学定員はほとんど半減。	『慶應義塾百年史　中巻(後)』
2	早稲田	?	?	?	?	商学部を産業経営学部と変更する申請をしたが、すぐに認可されず、敗戦後に取り下げ。専門部の商科と専門学校の商科はそれぞれ経営科と名称変更。	『早稲田大学百年史　第三巻』
3	明治	11月15日	1月10日	①法・商・政治経済学部を法経学部へ統合し、定員を3分の1にする。理科系学部の新設。②3学部存置し、商学部を経営学部、政治経済学部を政経学部と改称。	①専門部の学科を整理統合し、定員を2分の1にする。②専門部の2科は募集停止、それ以外は存置(うち2科は名称変更)。	学部に関する名称変更は実施されず、募集停止とした専門部の2科は存置。理科系学部については、東京明治工業専門学校として設置。	『明治大学百年史　第四巻通史編Ⅱ』、『明治大学百年史　第二巻史料編Ⅱ』
4	法政	?	?	?	?	法政大学航空専門学校を設置。	『法政大学八十年史』
5	中央	?	?	?	?	中央工業専門学校を設置。	『中央大学百年史　通史編　下巻』
6	日本	?	?	文科系学部は存置。	専門部の文科系は学生募集停止。	大学の学部は存置されたが、商経学部を経済学部と改称し、商業学科を経営学科と改称。専門部の文科系は廃止。	『日本大学九十年史　上巻』、『日本大学百年史　第二巻』
7	国学院	11月2日	?	学科は国学一本建。	大学予科、付属神道部専門部を大学専門部として統合。	学部の3学科(道義・国史・国文)を統合し、専門部も単一。	『國學院大學百年史　下巻』
8	同志社	?	1月10日	法学部の3学科を単一学科とし、文学部の文化学科を厚生学科と名称変更。	高等英語部と法律経済部を統合して興亜専門学校とする。	法学部・文学部を法文学部とする。工業専門学校の設置。高等英語部と法律経済部を外事専門学校へ。高等商業学校を経済専門学校と改称。	『同志社百年史　通史編二』、『同志社百年史　資料編二』

9	専修	？	？	政府当局の指示により学部はそのまま存置。	専門部の経済科・法科を経法科として、商科・計理科を経営科として合併。	学部学科に変更なし。予科と専門部の定員減少。夜間部は専門部のみ存続。	『専修大学百年史　下巻』
10	立教	11月29日	？	大学の存続を希望→文学部を休止もしくは廃止。	立教理科専門学校の設置認可を希望。	文学部の学生募集停止。経済学部は商学科を国家経済科、経済学科を経営経済科工業管理班へ名称変更し、定員を2分の1に減員。また、立教理科専門学校を設置。	『立教学院百年史』、『立教学院百二十五年史 第1巻』、『立教学院百二十五年史 第3巻』
11	立命館	11月15日	？	大学の授業は廃罷（専門学校への転換）。	立命館大学附属専門学科を独立の専門学校とする。	立命館専門学校が新発足したが、大学も授業を継続し、44年10月に入学者を受け入れており、実際には継続していた模様。	『立命館大学百年史通史一』、『立命館百年史　資料一』
12	関西	11月18日	？	政府が文科系私立大学を存置する場合は存続を希望。文科系私立大学を全部専門学校に転換させる場合は文科系並びに理科系専門学校に転換することを希望。統合させられる場合は京都帝大への統合を希望。		法文学部の文学科と政治学科を廃止し法学部と改称。経商学部の商業学科を廃止し経済学部と改称。専門部は二部の英語専攻科の募集停止。専門部一部の高等商業学科と同二部の商業学科を経営科と改称。関西工業専門学校を設置。	『関西大学百年史　通史編　上』、『関西大学百年史　資料編』
13	東洋	11月3日	1月10日	文学部の5学科を東洋哲学科と古典科の2科とし、入学定員を概ね5分の2とする。	専門部は4学科から倫理国漢科と経国科の2学科とし、入学定員を半減する。	回答通りの変更。	『東洋大学百年史　通史編Ⅰ』
14	上智	？	1月10日	興亜工業大学と統合して昭和大学（後、東亜大学）を設置。		統合の認可申請は取下げ、文学部のみ継続。募集停止をした商学部の学生については慶応大学の経済学部へ委託。	『上智大学五十年史』、『上智大学史資料集 第3集（1928～1948）』
15	関西学院	？	？	大学の存続を希望するが、止むを得ない場合は総合研究所を設置し、研究の維持を図る。	専門部と高等商業学校を合併し、新学部へ改組。	商経学部の募集停止。専門部文学部と高等商業学校を統合して政経科とし、新設の理工科とともに専門学校を設置。	『関西学院百年史　通史編Ⅰ』、『関西学院百年史　資料編Ⅱ』

凡例）
1）本表は、各校の年史類およびアンケート調査（2004年7月7日付）を参照して作成した。当初は、文科系学部をもつ私立大学22校を対象としたが、最終的には、ここに示した15校に関する情報しか収集できなかった。
2）回答①：「非常措置方策ニ関スル件」への回答書の日付。
3）回答②：「学校整備ニ関スル件」への回答書の日付。
4）回答（決定）内容：「回答」に日付のない場合の記載は、学内の決定事項。また、①②の記載は、「回答」における日付と対応している。

年三月一八日の講演で次のように述べている[61]。

……大学存置論が起った。鵜澤聡明君〔明治大学総長〕がこれを云うた。鵜澤君は僕の親友だけれども、天下の大勢を見ずして突如運動を起した。其の運動の為に私学が追随した。殊に甚しきに至っては宗教の学校迄が尾を振って付いて行った。実に醜い話で昨日迄アメリカ式の教育をしてゐたのであるから謹慎して静かに運命を政府の方針に従ったら良いのに、それが新聞にも雑誌にも出て居ったから皆見たかも知れないが、大勢の有力者を引張って来て日比谷で大講演会を開く、京都でも講演会をする等醜態を極めた。

これらの記述からは、中央・法政・明治などが主導的な働きをしていたことがうかがわれると同時に、キリスト教系の学校の関与も示唆している。また、「アメリカ式の教育」とされているので、立教・同志社・関西学院のいずれかと思われるが、立教の学内資料からは、こうした動きにかかわる情報は得られず、どの程度関与していたのかは不明であるが、こうした大学側の運動が、ある程度の広がりをもって展開されたことを示している。

このような大学側の働きかけが、実際にどれほどの効果を発揮したのか定かではないが、先に触れたように、その後の文部省の姿勢には明らかな変化があった。すなわち、「戦時非常措置方策」では、統合整理を含む学校体系の建て直しが強く意図されていたが、「学校整備要領」においては、その実施は可能な場合とされ、私大側の自主性を重視するという姿勢になっている。それは、「学校整備要領」公表直後に行われた、菊池文部次官と『朝日新聞』記者の次のようなやり取りにもよく表れている[62]。

問（『朝日新聞』記者）　私立大学の統合は最初の計画では「相当数の大学が専門学校に転身する」とあつたが実際はど

うなるのか

答（菊池文部次官）　私立大学の統合については自発的統合を慫慂することにしたのである、決して竜頭蛇尾に終つたのではなく、各校がその伝統をいよいよ輝かさんことを期待してゐるのである、統合してゆかうといふ学校があれば、一肌脱ぐ

問　すると私立大学の統合を文部省が手を下して行ふといふことはなくなつたわけか

答　今後は各校と個別的に話合ひ文部省は斡旋役、産婆役の立場だ

問　学校当局がもし統合する気がなければ統合しなくてもいゝわけか

答　さうだ、統合するしないは学校それぞゝの自由である、しかし実際問題として定員が三分の一となり一方どしどゝ在校生が出陣することとなれば学校経営が成立せず勢の赴くところ統合するより他に道はなくなる学校も生じよう

問　では来春相当数の統合校が誕生するとみてよいか

答　早速来年一月から三月まで個別的折衝をつゞけ四月から実施の予定だから相当数は統合することになるであらう、しかし繰返すやうだが統合はもつぱら各校の希望に基いて行はれる

〔略〕

問　大学が専門学校へ転身することも自由か

答　結構である、大学が専門学校になり、あるひはその上で統合するといふやうなことは望ましい

〔略〕

問　結局私立大学、高専としてのゆくべき道は統合するか、やり抜いてゆくかの二つであるか

答　それにもうひとつの道転換が残されてゐる、文科から理科への転換は最も望ましい

このように、文部省側は、強権の発動によって統合整理するのではなく、あくまで私学側の自主的な判断で行うべきものとの見解を示している。こうした文部省側の見解は、一九四三年一二月二八日、関西の四私立大学に対し、大学の存置を認めると言明している[63]ことや、一九四四年一月一八日の専修の評議会において、「其ノ後事情緩和ヲ見タルモノ、如ク」との情勢認識が小泉総長から報告されている[64]ことなどから、現実のものとなったと思われる。

しかしながら、「学校整備要領」においても、依然として文科系縮小という大枠は存在しており、可能な場合とされたとはいえ、統合整理や転換の可能性も残されており、「学校整備ニ関スル件」においては、その対応が迫られていたのである。

それでは、その「学校整備ニ関スル件」への回答はどうであろうか。その内容が明らかなのは、明治・同志社・東洋・上智の四校である。このうち、明治・同志社・東洋の三校は、学科の統合や名称変更にとどまっており、当初学部の統合を申し出ていた明治も、既存の三学部を存置すると回答している[65]。立教のように学部を閉じるとの意思表示をしているところは確認されない。

しかし、上智は、興亜工業大学と統合して、文学部・経済学部・工学部からなる昭和大学（後、東亜大学）を設置するとの回答をしている[66]。このような選択を下した理由が、文部省による外圧なのか、経営問題等の学内的な事情なのか、その動機は明らかではないが、きわめて特異なケースといえる。

こうした各校の対応は、最終的にどのような結果に至ったのだろうか。まず、専門学校への転換を申し出た立命館は、立命館専門学校を新発足させ、寄附行為から大学関連条項を削除し、大学の門標を降ろした。しかし、その後も大学の授業は継続し、一九四四年一〇月には新入生を受け入れており、実質上は継続していたようである[67]。

また、他校との統合を選択した上智の場合は、当初文部省は、「興亜工業大学トノ統合ニ付テハ別途考慮スルモノトシ取敢ヘズ各大学ニ於テ夫々入学募集ヲ行フコト」とし、文学部の新たな入学定員と経済学部の募集停止を指示した[68]。その後、統合を行う両校から認可を求める動きがなされ、文部省もこれに応じたが、一九四四年八月二八日、上智側は、「尚調査研究ヲ要スル事項生ゼシヲ以テ之を中止スル」との決定を下し、申請書を取り下げている[69]。したがって、結果的に大学は文学部のみで継続することとなった。

このように、当初は、大学の存続にかかわる危機的な状況と認識されたものの、実際には、最も危惧された専門学校への転換も、他校との統合という事態も、今回筆者が調査した学校については起きていない。大学の基幹部分を成す学部レヴェルについても、募集停止となったのは、立教（文学部）・上智（経済学部）・関西学院（商経学部）の三校、既存学部の統合となったのは、同志社（法学部と文学部を法文学部へ）の一校のみであった。また、学科レヴェルでは、国学院と東洋が回答通りに複数の学科を統合し、その経緯は不明ながら関西が三学科を廃止している。それ以外は、大学の体制自体への大きな変化はなかったものと思われる。

こうした結末の背景には、大学の整理統合の命令権を法制化する際の、枢密院の慎重意見が大きく影響していると思われる。先述したように、「戦時非常措置方策」に示された大学の整理統合を行うためには、別途「法制上必要ナル措置ヲ講」じる必要があった。その法制化のため、大学の整理統合に関する事項を含んだ「国民学校令等戦時特例」が、一九四三年一二月一四日に閣議決定された。しかし、その後の枢密院審査委員会において、強い反対意見や慎重意見が多く出されたため、一九四四年二月一六日に公布された段階においては、「学校ノ整理及統合」「学部、学科又ハ課程ノ設置及廃止」を命令する際は、「公私立大学戦時措置委員会」の諮問と、文部大臣の勅裁が必要となり、そのことが実施に際しての足かせとなっていたのである[70]。

それゆえ、私学は若干の学科の統廃合はあったものの、大学の存廃にかかわる統合整理や学部の廃止という事態は、現実のものとはならなかった。とはいえ、入学定員の減少は避けられない状況であり、立教と同様に理科系の専門学校を設立（明治・法政・中央・同志社・関西・関西学院）し、国策に沿う姿勢をしめしつつ経営上の危機を打破しようとしていたところも多かった。また、大学の学部・学科レヴェル以外の、専門部・夜間部・専門学校等に関する組織変更などは行われており、それぞれの法人単位で捉えるならば、大幅な文科系縮小を余儀なくされたところも少なくなかったのである。

しかし、それぞれの学校の回答内容と最終的な結果を比較すると、学校によって若干の差があることに気づく。例えば、国学院や東洋は回答と結果が一致していると思われるが、明治の場合、最初の回答では学部を統合する意向を示し、次の回答では学部を存置した上で専門部の二科を募集停止するとしていたが、結果としては、学部も専門部も存置され、組織面・教育内容ともに「大した改変はなく推移した」という(71)。

一方、学部の募集停止となった関西学院や学部の統合となった同志社は、そのような回答をしていたわけではなかった。また、統合を希望した上智も、最終的にはその申請を取り下げたが、回答にない経済学部の募集停止という結果となっている。

このように、各校における具体的な文科系縮小の過程は、それぞれの個別的な折衝という形で進展していることもあり、きわめて不透明な点が多い。しかしながら、現象面を見る限り、学部レヴェルでの変更があったのは立教を含めすべてミッション系の学校であり、文部省の言う、各校の「伝統」や「歴史事情」に影響された可能性は否定できないのではないだろうか。

おわりに

教育における戦時非常措置によって文科系私立大学が直面した存続の危機は、文部省側の対応の変化によって、文部省の強権発動による制度上の危機から、学生数減少による経営上の危機へとその意味合いを変えたといえる。

この危機的状況を、立教は、理科専門学校を設置し文学部を「閉鎖」することで乗り切ろうとした。それは、まさに立教学院および大学の存続をかけたものであったといえるが、その背景には、文部行政への対応という受動的な側面に加え、私学としての財政問題という、より積極的な側面も強く存在していたことも事実である。学院理事会が選択した大学の存続と理科専の設置が、文学部を「閉鎖」することで可能となるのであれば、文部省の意向にも応え、同時に、財政的なデメリットを軽減できることになり、私学経営という観点からすれば、きわめて合理的な選択と認識されたのかもしれない。

しかし、ミッション・スクールとして発足した立教にとって、そのルーツともいえる宗教学科を含む文学部の「閉鎖」は、これまで培ってきた伝統をも捨て去ることを意味していた。にもかかわらず、理事会の記録などからは、そうしたことを議論した様子はうかがえず、また、当の文学部との協議も行われてはいなかった。

この時期、長年にわたって学院を維持し、大学を経営してきた米国人宣教師たちの姿はなく、また、米国聖公会からの財政援助も途絶え、経済的自立も果たしていた。そして、教育目的から「基督教主義」を削除し、自らの歩みである沿革からもキリスト教色を完全に払拭していた。こうした学内環境からは、文学部という「伝統」を堅守するという発想は、もはや学校経営という現実問題に太刀打ちできるほどの力を持ちえていなかったのであろう。もちろん、その歴史的評価については、文部省サイドが統合整理にあたって「伝統」や「歴史事情」の考慮を前面に出していたこと、結果的に学部レヴェルの変動があったのはミッション系の大学であったことを考えあわせると、当時のミッション系大学が置かれていた状況を、より多角的に把握する必要が求められよう。

結果的に、立教の下した選択は、一九四五年三月一八日に「決戦教育措置要綱」が閣議決定され、四月以降の授業が完全に停止されたことにより、さほど意味をなさなかった。また、敗戦に伴い、文学部はほどなく再開され、経済学部も学生定員を旧に復し、学園再建へ向けた大学の取り組みは一歩ずつ進められていくことになるが、その一方で、「立教」存続の命運をかけて開設された理科専は、学生数が激減するなど、かえって経営上の問題をかかえる存在となり、その廃止が議論されるほどであった。しかしその反面、一九四九年の新制大学への移行においては、さまざまな学部構想が浮上しながらも、最終的に実現したのは理学部の新設のみであり、その母体として、理科専の存在が大きな役割を果たすこととなった(72)。

教育における戦時非常措置への立教学院の対応は、危機に直面した際の舵取りとして、現在、そして将来における大学のあり方、存在意義を考える上で、教訓としての意味は大きいのではないだろうか。

注

(1) この時期の高等教育政策に関する先行研究としては、伊藤彰浩『戦間期日本の高等教育』(玉川大学出版部、一九九九年)や、米田俊彦「教育審議会の研究　高等教育改革」『野間教育研究所紀要』第四十三集、財団法人野間教育研究所、二〇〇〇年などがある。

(2) この問題に対する各校の認識については、本章においても引用しているそれぞれの年史を参照されたい。

(3) 立教学院八十五年史編纂委員編『立教学院八十五年史』学校法人立教学院事務局、一九六〇年。海老沢有道編『立教学院百年史』学校法人立教学院、一九七四年。

(4) 文学部の閉鎖問題に関するものとしては、永井均・豊田雅幸「閉ざされし文学部――ある教員の日記にみる戦時下の一断面」『立教』第一七七号、二〇〇一年、六八～七五頁がある。本章における文学部閉鎖にまつわる論旨は、基本的にこれに依拠している。

(5) 『学制百年史』資料編(文部省、一九七二年、五二八頁)および、『朝日新聞』一九四三年五月六日付(夕刊)。なお、新設の大阪理工科大学は、大阪専門学校の法・商学科の定員の一部をあてたようである。

(6) 立教に医学部を設置する構想は、以前より聖路加病院との間で考えられていたが、遠山郁三・前立教学院総長兼大学学長のもと、一九四二年二月に認可申請を行った。しかし、財団法人聖路加国際メディカルセンターの法人解散申請を厚生省が却下したため、申請書は取り下げられ、実現には至らなかった。詳しくは、本書第五章「医学部設置構想と挫折」を参照のこと。

(7) 就任時の三辺金蔵の肩書きは「学長事務取扱」であったが、一九四三年六月以降は「総長事務取扱」、一九四四年七月二四日からは「総長」と変遷する。詳しくは、永井均・豊田雅幸「学長と総長――錯綜する呼称をめぐって」『立教』第一七四号、二〇〇〇年、六四～六七頁を参照のこと。

(8) 「財団法人立教学院第六十二回理事会記録」一九四三年四月六日。

(9) 前掲『立教学院百年史』(三七一～三七二頁)には、次のように記されている。「このころ世上に文科系大学の廃統合が噂されていたが、これを伝え聞いた校友たちの間に理科専門学校を設立して立教学院の存続をはかるべきだという話が進められ、同窓会は副会長杉山孫之助を送って大学側に理科専門学校の設立を提案し、練成主事田口利吉郎・元講師大野信三の両氏はともども大学側の計画推進に協力した」。

(10) 佐伯松三郎『想い出』私家版、一九八三年、九～一一頁。

(11) 同時期に理科系の専門学校を設立した大学はいくつかあるが、そのうちの関西大学の場合も、当初は理科系学部の設置を模索したが、学部設置は設備が多岐・複雑であり、困難と判断されたため、専門部での申請を行ったが、文部省から「別個の学校として申請し直すように指示」があり、専門学校の設立に至ったという(関西大学百年史編纂委員会『関西大学百年史』通史編上巻、学校法人関西大学、一九八六年、八六五～八六六頁)。

(12) 「起昭和十八年四月　発令簿　財団法人立教学院」立教学院史資料センター所蔵(以下、注記のない原史料については、同センター所蔵)。

(13) 「理科専門学校設置認可申請書」(一九四三年八月三一日)「東京都　第二七冊　立教工業理科専門学校設置廃止　第二教育門　を五ノ二」、国立公文書館所蔵。

(14) 「昭和十八年三月起　学事日誌　立教大学総長秘書」一九四三年七月二二日の条。

(15) 前掲「発令簿」。

(16) 前掲「理科専門学校設置認可申請書」。なお、工業管理科については、後の文部当局との折衝を経て工業経営科に変更されたものと思われる。

(17) 前掲「発令簿」。

(18) 前掲「昭和十八年三月起　学事日誌　立教大学総長秘書」一九四三年八月五日の条。

(19) 「農学部新設ニ関スル意見書」立教学院百二十五年史編纂委員会編『立教学院百二十五年史』資料編第一巻、立教学院、一九九六年、七六一～七六七頁。

⒇　前掲「昭和十八年三月起　学事日誌　立教大学総長秘書」一九四三年九月一四・一七・二一日の条。

(21)　前掲「発令簿」。

(22)　前掲「昭和十八年三月起　学事日誌　立教大学総長秘書」一九四三年九月二〇日の条。

(23)　前掲「昭和十八年三月起　学事日誌　立教大学総長秘書」一九四三年九月二一日の条。

(24)　『朝日新聞』一九四三年九月二三日付。

(25)　前掲「昭和十八年三月起　学事日誌　立教大学総長秘書」一九四三年九月二三日の条。

(26)　近代日本教育制度史料編纂会編『近代日本教育制度史料』第七巻（大日本雄弁会講談社、一九五六年）二二二～二二四頁。

(27)　『官公署往復書類（二）』。

(28)　『読売新聞』一九四三年一〇月二六日付。

(29)　財団法人立教学院寄附行為の第二条には、従来「基督教主義ニヨル教育」がその目的として明記されていたが、一九四二年九月二九日の第五四回理事会において、「皇国ノ道ニヨル教育」へと変更し、さらに、一九四三年二月二二日の第六〇回理事会において、「皇国ノ道ニ則ル教育」へと変更した。詳しくは、本書第一二章「立教学院関係者の出征と戦没」、第四章「「基督教主義ニヨル教育」から「皇国ノ道ニヨル教育」へ――寄附行為にみる学院の目的の変更――」を参照のこと。

(30)　詳しくは、永井均・豊田雅幸「歪められた「自画像」」『立教』一七六号、二〇〇一年、七〇～七三頁を参照のこと。

(31)　前掲『近代日本教育制度史料』第七巻、二三〇～二三四頁、『朝日新聞』一九四三年一二月二四日付。

(32)　立教宛の通牒については、現段階では確認されていない。ここでは上智大学宛の通牒に依拠した。上智大学史資料集編纂委員会編『上智大学史資料集』第三集、学校法人上智学院、一九八五年、一六三～一六四頁。

(33)　文部省への回答書の存在は確認されていない。

(34)　後に経済学部の学科構成は、商学科を国家経済科、経済学科を経営経済科工業管理班と変更された。

(35)　「宮本日記」一九四三年一一月二四日の条、宮本記念財団所蔵。なお、当日の教員会の模様は、宮本自身は欠席したため、手塚隆義教授からの伝聞として記されている。

(36)　「文学部教授会記録　自昭和十六年五月至昭和十八年一月――教授会成立ヨリ　文学部閉鎖ニ至ル――」。この記録によると、文学部教授会は、一九四三年一月二三日以降開催されていない。したがって、正式な議事録はこれ以後存在していないが、ここで引用した三辺による文学部閉鎖宣言の会合と、その後、この問題をめぐって開かれた会議の、計二回分の「メモ」も存在している。このメモは、教授会記録作成中のメモを、後年になって原文どおり転記したものとの注記がなされている。

(37) 同前。なお、この会議の開催日は、「四日(土)」とのみ記載されているが、その内容および前出の「宮本日記」の記載などから、一二月四日と判断した。

(38) 手塚隆義「かくて文学部は消える」立教大学史学会編『立教大学史学会小史』(『史苑』第二八巻第一号)一九六七年、九〇〜九一頁。

(39) 一九四〇年度の立教学院収支決算書には、経常部収入の決算額において、「アメリカンチャーチミッション補助金」として二五、四二五・二五円が計上されている。収入合計四五一、三七五・八二円に占める割合は、およそ五・六%、大学学部の授業料(一二〇円)に換算すると約二一二人分に相当する(「財団法人立教学院昭和十五年度事業報告」)。なお、一九四一年度については、一四、四二三・〇〇円が予算計上されているが、決算額には計上されていない(「財団法人立教学院昭和十六年度事業報告」)。

(40) 「学則改正認可申請書」一九四三年一月一一日(同年三月一日付認可)『立教大学諸申請書・認可書綴(Ⅱ)』、前掲「理科専門学校設置認可申請書」。

(41) 前掲「宮本日記」一九四三年一二月二四日の条には、「来る一月八日からの授業につき学監より説明あり。是によれば史学科は手塚氏と自分の二人きり授業あり、科長以下過日の申渡しの如く休職になって居るので、新時間表による授業は此の日の出席者一同承諾せず一応文学部長、各科長の承認を要する旨返事して分れる」との記載が見られる。

(42) 前掲「宮本日記」一九四四年一月一日の条。「伊東日記」(伊東淑子氏所蔵)一九四四年一月一日の条。

(43) 『立教大学庶務課文書』。

(44) 前掲「宮本日記」には、伝聞ながら、三月一七日の文学部教授会で「文学部の廃止が正式に文部省より命令された由の報告があった」と記されているが、それを裏づける資料は確認されていない。

(45) 『立教大学諸申請書・認可書綴(Ⅱ)』。

(46) 『文部省公文書　立教大学学則等許認可文書(三)』国立公文書館所蔵。

(47) 「学部入学志願者入学者学生数及卒業者数調ノ件」(一九四四年一一月二九日)、「昭和廿年入学志願者入学者並現在学生生徒数調ニ関スル回報ノ件」『立教大学庶務課文書』。

(48) 前掲・手塚「かくて文学部は消える」。
(49) 『ニュース セントポール』第一九七号、セントポール発行所、一九六八年七月二五日。
(50) 『慶應義塾百年史』中巻(後)、慶應義塾編・発行、一九六四年、八五二頁。
(51) 前掲『上智大学史資料集』第三集、一七六頁。ここでは学生数が五六名とされており、慶應の記述とは一名の誤差がある。
(52) 上智大学『上智大学五十年史』上智大学出版部、一九六三年、一三六〜一三七頁。
(53) 各年度の「学籍簿」(立教大学教務部所蔵)を参照した。なお、閲覧にあたっては大学教務部教務課の理解と全面的な協力を得た。
(54) 慶應の学籍簿の確認については、慶應義塾福澤研究センターに調査を依頼した。快く対応していただいた三瓶美和子氏をはじめ、ご協力をいただいたスタッフの方々に、記して感謝の意を表する次第である。なお、慶應の学籍簿で確認できなかった一名は、一九四六年四月に戦没しており、実際に慶應へ移籍したのかどうか定かではない(立教大学戦没者調査有志の会「立教学院関係戦没者名簿」『立教学院百二十五年史』資料編第三巻、一九九九年)。また、新たに判明した一名については、立教の学籍簿において一九四三年一一月三〇日に入営したとの記載がなされているが、その後については不明である。おそらく、除隊後、立教の文学部が「閉鎖」していたため、慶應へ移籍したものと思われる。さらに、これ以外にも「立教ヨリ編入」と記載された三名の学生が確認されたが、このうちの二名は、予科在学中に徴集され、在営のまま経済学部へ進学した扱いとなった学生で、当該ケースとは状況が異なるものである。残る一名については、立教の学籍簿では該当者を特定することができず、また、慶應大学の経済学部卒業となっていることなどから、当該ケースとは異なるものと思われる。
(55) 文部省編『文部省第七十一年報 昭和十八年度』(財)印刷局朝陽会、一九七九年、二九五〜三一〇頁。
(56) 立教学院史資料センターが、二〇〇四年七月七日付で行った「戦時下の動向」に関するアンケート調査。立教を除く二一校中、担当部署が明らかな一九校を対象に実施し、そのうち一一校(慶応義塾・明治・国学院・専修・立命館・関西・立正・駒澤・東洋・上智・関西学院)から回答を得た。
(57) 関西学院百年史編纂事業委員会編『関西学院百年史』通史編Ⅰ、学校法人関西学院、一九九七年、五八九頁。
(58) 立命館百年史編纂委員会編『立命館百年史』通史一、学校法人立命館、一九九九年、七七六頁。
(59) 中央大学七十年史編纂所編『中央大学七十年史』中央大学、一九五五年、一六三〜一六七頁。
(60) 法政大学編『法政大学八十年史』法政大学、一九六一年、三〇二頁。

(61) 立命館百年史編纂委員会編『立命館百年史』資料一、学校法人立命館、二〇〇〇年、一五九四〜一六〇四頁。なお、この講演の中で、「拓殖大学が拓殖専門学校として」と述べられており、専門学校への転換を示唆している。しかし同時に、「立命館は唯一人専門学校になった」とも述べており、また、拓殖大学の年史からもそのような記述は見当たらず、真偽のほどは不明である。
(62) 『朝日新聞』一九四三年一二月二四日付、三面。
(63) 前掲『関西学院百年史』通史編Ⅰ、五九〇頁、前掲『関西大学百年史』通史編上巻、八六四頁。
(64) 学校法人専修大学編『専修大学百年史』下巻、学校法人専修大学、一九八一年、一三一二頁。
(65) 明治大学百年史編纂委員会編『明治大学百年史』第四巻通史編Ⅱ、学校法人明治大学、一九九四年、二八八頁。
(66) 前掲『上智大学史資料集』第三集、一六四〜一六六頁。
(67) 前掲『『立命館百年史』通史一、七七七〜七七九頁。
(68) 前掲『上智大学史資料集』第三集、一六七頁。
(69) 前掲『上智大学史資料集』第三集、一七一〜一七二頁。
(70) 前掲『明治大学百年史』通史編Ⅱ（二八七〜二八八頁）。
　前掲学校法人専修大学編『専修大学百年史』下巻（一三〇八〜一三一一頁）を参照した。
(71) 前掲『明治大学百年史』通史編Ⅱ、二八八〜二九〇頁。
(72) 新制大学への移行については、豊田雅幸「立教学院における新制大学への移行——理学部開設問題を中心に——」『立教学院史研究』第三号、二〇〇五年、一一六〜一三七頁を参照のこと。

【付記】　本章は豊田雅幸「教育における戦時非常措置と立教学院——立教理科専門学校の設立と文学部閉鎖問題——」『立教学院史研究』第二号、二〇〇四年に大幅に加除・修正を加えたものである。

第七章　アメリカ研究所と戦争——活動の軌跡と関係者たちの群像——

永井　均

はじめに

立教大学の起源は、アメリカ聖公会から派遣されたアメリカ人宣教師、チャニング・ウイリアムズ（Channing M. Williams）が明治の初期（明治七年）に東京・築地に開いた私塾に求めることができる。そこでは英語と聖書が教授された。開校の翌日、一八七四年二月四日に、彼は本国の聖公会本部に宛てて次のように書いている。「我々は昨日、八名の生徒で我々の学校をスタートした。我々の日本人友人たちは、間もなく我々が収容出来るよりも多くの生徒らが押寄せるだろうと思っている」[1]。

ニューヨークに本部を置くアメリカ聖公会は、その後も財政・人材両面から立教を支え続けた。池袋の大学本館の建設に際して、立教とアメリカ聖公会の首脳たちが、キリスト教信仰を呼び起こさせるような外観にこだわり、また一九三一年八月に立教学院が立教大学と立教中学校を経営する財団法人として出発する時、法人存立の根本規則である「寄附行為」の目的条項（第二条）に「日本ニ於テ基督教主義ニヨル教育ヲ行フ」と書き、この目的は「変更スルコトヲ許サズ」と明記したように、ニューヨークからの立教支援は対日伝道の一環という側面が色濃いものであった[2]。

歴代の理事長にはアメリカ聖公会本部が派遣した主教（Bishop）——財団寄附行為第七条にいう「日本聖公会北東京

地方部監督」――が就任するなど、戦前の立教の経営は多くのアメリカ人たちの手によって担われた。日本人に混じってアメリカ人教員も教壇に立ち、「語学が出来ること」がいつしか立教の看板の一つになった。大学図書館の蔵書はアメリカ聖公会所属のチャーチ・ピリオディカル・クラブが寄付した一万五〇〇〇ドルをもとに収集され、それらはアメリカ式の図書分類法（デューイ十進分類法とカッター式著者名記号の併用）に従って整理された。大学内のチャペルからはパイプオルガンの音色が漏れ聞こえてきたし、キャンパス周辺では構内洋館に暮らすアメリカ人教員とその家族たちの姿も見かけられた。このような出自と校風に照らしてみれば、アメリカ理解のための専門機関を立教に設けようとの発想は、必ずしも牽強付会なものでないことがわかる(3)。

一九三九年に立教大学アメリカ研究所が始動し、その存在が公のものとなった時、「デリケートな日米の国際関係の中にも孜々として文化的握手を企図してゐる」として周囲の注目が集まった。当時はもとより、戦時中を通して、大学付属の研究所は少なくなかったけれども（例えば、帝国大学・官立単科大学に設置された付属研究所は一九四五年までに四五を数えたが、そのほとんどは理工系分野だった）、立教大学のようにアメリカ研究を真正面に据えた研究所は他に類なく、その存在は極めてユニークなものであった(4)。

それでは、そもそもアメリカ研究所はなぜ、どのような経緯と動機から創設されたのであろうか。また、いかなる陣容と体制の下で、具体的にどのような活動を展開していたのだろうか。一九四一年一二月の日米関係の破綻は、アメリカ研究所に何をもたらしただろうか。本章は、日米開戦をはさんで、アメリカとの「親善」と「敵対」の狭間に置かれた立教の動態を、アメリカ研究所の軌跡と関係者たちの群像を通して描こうとするものである。

一　創設時代

1　創設の文脈

立教学院総長チャールズ・ライフスナイダー（Charles S. Reifsnider）の邸宅で「アメリカ歴史文化文庫（Library of American History and Culture）」の設置について協議がもたれたのは、一九三九年一月二八日のことであった。出席者はライフスナイダー総長のほか、立教大学の遠山郁三学長、図書館長ハロルド・スパックマン（Harold C. Spackman）教授、そして経済学部のポール・ラッシュ（Paul F. Rusch）教授の四名であった。会合の冒頭、遠山学長から、大学当局がアメリカの歴史と文化の分野を網羅する専門文庫（a special library）の設置を望んでいる旨の意向表明があった。遠山学長の提案を審議した結果、立教大学にアメリカの歴史、社会学、科学、芸術、商業、文学など諸分野を網羅するアメリカ文庫の設置に向けて手続きをとる方向で一致した(5)。

二八日当日の会合記録によれば、出席者の間では、おおよそ次のようなことが話題に上った。一九三二年にまとめられた在日外国ミッションの伝道と教育に関する二つの調査報告書――国際宣教協議会の調査団による報告書と、アメリカ・プロテスタント諸派の東洋伝道に関する外国伝道信徒調査団が作成した報告書『伝道再考（*Re-Thinking Missions*）』――では、日米両国の文化的紐帯に関わる諸問題について、アメリカのキリスト教信徒が日本に設けた機関において、国際的に著名な権威による専門教育を継続していく必要がある、と強調されている。もし、日本全国の大学の学生や学者が利用できる文庫が首都東京にあれば、日本国民のアメリカ国民に対する理解増進に寄与するであろう。かかる見地からすれば、建学以来のアメリカとの深い関係やアメリカ式の図書分類法を採用する立教大学のメーザー記念図書館こそが、アメリカの歴史文化の専門文庫を設置するのに最もふさわしい。遠山学長の提案に他の出席者は総じて好意的であり、以上のような筋道を立てながら、「アメリカ歴史文化文庫」の実現に向けて日米両国に委員会を設置することで一致した。

会合では具体的な人選についても話し合われ、日本側委員として立教大学評議員で貴族院議員の樺山愛輔やアメリカ大使館参事官ユージン・ドゥーマン（Eugene H. Dooman）、アメリカ側委員として元立教学院総理でアメリカ聖公会総裁主教のヘンリー・タッカー（Henry St. George Tucker）、ラッセル・セイジ財団理事長のジョン・グレン（John M. Glenn）らの名前が挙がった。日本側委員については遠山学長が速やかに接触を図ることになり、アメリカ側委員については、同年三月から五月まで渡米する予定のスパックマン、ラッシュ両教授が組織化の任に当たることとなった。さらにラッシュ教授が渡米する三月九日までに、スパックマン図書館長が、大学図書館所蔵のアメリカ関連の蔵書目録と現時点での寄贈依頼図書リスト、そしてアメリカ図書協会等の援助の下で将来収集すべき図書の編成リストという、三種類のリストを準備することも申し合わされた。会合の席上ではまた、遠山学長から一九三九年の文庫図書費として三〇〇〇円の計上が可能である旨の発言もあり、ライフスナイダー総長からは、図書費は逐年増額していき、いずれ年額で一万円程度支出するつもりだ、との付言があった。一九三九年度の大学図書館の図書予算（新聞・雑誌費を含む）が一二〇〇円であり、経済学部の図書費割り当てが三五八八円、文学部のそれが二三九二円だったことを思えば(6)、アメリカ歴史文化文庫の創設に大学当局がいかに力を入れていたかが理解できる。

日本側委員への就任依頼書である「立教大学附属『米国文化研究所』設立計画」と題する一九三九年二月付の総長・学長名の文書には、立教首脳の意図と経緯が簡潔に記されている。

日米両国親善の必要は今日に於て益々大であつて、其基礎をなすのは相互の完全なる理解に外ならない。立教大学は明治七年高徳の米人ウイリアムス監督によつて創立せられ、爾来六十余年に亙つて米国有志から多大の資源と人材とを供給せられ、米国と因縁浅からぬ最高学府たることは周知の事実である。其特殊なる地位に鑑み、本学が米国の政治、経済、文学、歴史、哲学其他一般の文化に関して科学的調査並に研究を遂げ、その正確なる認識を普及し、以て両国間の眞の理解と親善の増進に寄与せんことを期するのは蓋し当然の使命であらう。嚮に立教学院理事会は十五年計画なるものを樹て、其中には「図書館の改善」、交換教授による「米国文化講座の設立」、「大学院」等の諸項目を含んでゐるが、是等は未だ全く緒に就かない。而かも今日の時勢は一日の苟且偸安を許さないものがある。

此に於て目下事変下に於て適当な当面の着手として立教学院幹部は「米国文化研究所」を建てやうと企てゝ「米国文化文庫」の完成をその第一歩としたのであるが、之は此種の広汎なる文庫は現在本邦に見ざる所であつて、之れが完成の暁には本邦朝野学徒のみならず一般社会の需要を盈し、延いては米国文化を正しく理解せしめるに非常に貢献するだらうと考へたのである。更に又立教大学附属のメーザー記念図書館は米国流の分類法を採用し、米国文化に関係ある文献が蔵書の中心をなしてゐるから、本文庫の設置には此所が最も適切であらうと確信してゐる[7]。

このように立教首脳は、「米国文化研究所」と「米国文化文庫」の創設は、日本国民にアメリカ文化を「正しく」理解させ、ひいては日米両国間の「眞の理解と親善の増進」にも寄与するであろうこと、そしてその設置先は、アメリカとの深い関係を持ち、環境も整っている立教大学こそが「最も適切」であり、「当然の使命」ですらある、と考えたのだった。右の文書にはまた、立教学院理事会が策定した一五年計画には「『図書館の改善』、交換教授による『米国文化講座の設立』」などが含まれているが、いずれも実現されておらず、それゆえ「適当な当面の着手として立教学院幹部は『米国文化研究所』を建てやうと企てゝ『米国文化文庫』の完成をその第一歩とした〔傍点永井〕」とも書かれており、この「『米国文化研究所』設立計画」が、「立教学院拡張一五年計画」――一九三二年にまとめられた先の二つの調査報告書を受け、立教学院理事会が三三年七月頃に素案を策定、ニューヨークの本部と折衝しながら修正・検討を重ねて、一九三六年一一月の理事会で可決――に刺激され、そこから派生したアイデアだったことを示唆する[8]。そのことは、ライフスナイダー総長が一九三九年四月一九日に米本国に宛てて、自分たちは学生や研究者がアメリカ文化の様々な側面について疑問が生じた時、立教に行けば調べることができる、そんな「研究文庫(a research library)」の創設を目指しているが、このような計画の短期実現は無理で、一五年はかかると見ており、その意味では実質的に(in reality)「拡張一五年計画」の目玉の一つになるだろう、と書き送ったことからも窺えよう[9]。

前述の「設立計画」文書でなお興味深いのは、一九三九年一月末のライフスナイダー邸で提議された「専門文庫(米国文化文庫)」にとどまらず、研究機能をも兼ね備えた「米国文化研究所」への発展までが見据えられていたことである。総長邸での会合からわずかの時日で、専門文庫構想が研究所の創設にまで拡大された背景には、大学側、特に経済学部の働きかけがあったと考えられる。例えば、経済学部が経済学関係のアメリカ図書リストの作成依頼に応じて準備した『経済学、政治学、法学関係のアメリカ文献リスト(未定稿)』に添えられたスパックマン図書館長宛の書簡(一九三九年二月四日付)には、次のような記載がある。「此度学校当局の間にアメリカ図書の蒐集充実の計画がありまして、当研究室に経済学関係の図書リストの作製の依嘱がありました。お手許に別送致しましたものがそれであります。……吾々は立教大学の特殊性に着目して将来本大学に附属してアメリカ研究所を設立することを念願として居ります。この図書蒐集がその実現の一段階となることを切望して居ります」[10]。もちろん、早くも「アメリカ研究所」なる名称が用いられていること自体、注目に値するのだが(管見の限り、これが初出の使用例である)、ここではむしろ、アメリカ関連蔵書を充実させた上で、これを研究所創設の基礎にするという、二月の計画文書と同様の道筋が示されている点に着目したい。経済学部の初動と熱意が、元来、専門文庫の設置に主眼を置き、これに執着している観さえあった立教首脳を、研究所創設の方向へと導いた可能性が読み取れるからである[11]。

かくして我々は、文部省や外務省、あるいは軍部の意向ではなく、立教独自の発想と人脈、そして行動が交差した結果、立教大学アメリカ研究所の礎が築かれた史実を目の当たりにする。立教の指導者たちは、日米両国間の理解と親善への寄与という公共性を掲げながら、立教独自の特色を最大限に発揮し、自校の存在価値を高めるという動機を抱いて、アメリカ歴史文化文庫の設置を構想したのであった。

一九三九年の新年度に入ると、より一層の進展が図られていった。ライフスナイダー総長が、知人でアメリカ駐日大使のジョセフ・グルー（Joseph C. Grew）――自身もアメリカ聖公会の信徒だった――とドゥーマン参事官に対して、「アメリカ歴史文化文庫」の設置計画を話した際、二人はそのプロジェクトに深い関心を寄せ、「〔そのようなプロジェクトは―永井注〕我々も長く考えていたことでもあり、全面的な協力と奨励を惜しまない」旨、伝えていたことも、立教にとって追い風となった。大学当局からの働きかけも功を奏し、一九三九年四月一八日のドゥーマン邸での会合で「日本側賛助委員会」が誕生した(12)。ドゥーマン参事官、ラッシュ教授のほか、日米協会幹部の樺山愛輔、浅野良三、国際文化振興会理事長の永井松三など「アメリカ関係に深き縁故を有する」一三名が委員に選ばれた（他方、四月末に寄贈依頼図書リストを携えて渡米したスパックマン教授が、アメリカ図書館協会はじめ各方面と接触した結果、アメリカ側賛助委員会の設置が決まったのは一一月一四日のことであった）。

外部の援助組織として日米の賛助委員会が結成に向かうなか、大学内でも事業計画を検討する学内組織が初めて設けられた。一九三九年五月三〇日の大学部長会で委員の委嘱が可決された「米国文化研究所（仮称）文庫学内委員会」がそれである。ライフスナイダー総長がニューヨークのタッカー総裁主教に宛てて、専門文庫のアイデアが表面化した時、「大学内の日本人関係者たちは熱い支持を表明し、快く協力を申し出た」と書き送ったように、首脳陣の呼びかけに大学教員たちも積極的に応じたのだった。文庫学内委員は将来「研究員として研究所の中枢をなすもの」と位置づけられ、同じ五月三〇日に副図書館長を委嘱された経済学部の山下英夫教授と、もう一人の副図書館長ダグラス・オーヴァトン（Douglas W. Overton）予科教授のほか、経済学部から商学科長で国際法学者の松下正寿と新聞学・宣伝研究の第一人者、小山栄三の両教授、文学部からフランス革命思想家の十河佑貞とアメリカ文学者・富田彬の両教授、予科から曽禰武予科長と大学チャプレンでもある高松孝治教授、これに大学当局者としてライフスナイダー総長と遠山学長が加わり、計一〇名で出発した[13]。第一回文庫学内委員会は同年六月一三日に開かれ、各委員はアメリカ関係重要洋書の寄贈依頼第二次リスト（チャーチ・ピリオディカル・クラブ宛のもので、春先に作成された第一次リストはすでに発送済み）と重要和書リストの作成、さらにアメリカ関連の新刊和洋書の選定に協力することになった[14]。図書の調査には学生たちも協力し、例えば松下教授の教え子が手伝う様子は、「アメリカ……なる横文字を発見するやピンとその意識を働かせるぐあいである」などと、学内新聞で報じられている[15]。課題となっていた上記諸リストのうち、寄贈依頼の第二次リスト（*The Institute of American History and Culture: Second List of Needed Books*）は一九三九年七月に完成した[16]。かくして、ライフスナイダー総長と遠山学長、スパックマン図書館長、ラッシュ教授による、内外各方面への個別の働きかけという準備段階を経て、一九三九年度に入ると実質的に組織としての活動を開始したのである。

2　初期の陣容と活動状況

一九三九年一〇月の学内委員会の第二回会合では、六月一三日の第一回会合以後、寄贈依頼の第二次リストが完成したとの報告や、委員に対するアメリカ関係和書リストの原稿依頼などとともに、組織の名称問題が審議された。活動に伴い、内外との交渉が次第に頻繁になってきたことがその理由であった。議論の結果、それまで用いていた「米国文化研究所（仮称）」に代わり、「アメリカ研究所」――既述のように、一九三九年二月初旬に経済学部研究室の書簡で一度使われたことがある――に統一することに決定し、英語名として「Institute of American Studies」が採用された（理由は定かでないが、英語名は翌一九四〇年頃から「The Institute for American Studies」に変更されている）。同時に「文庫学内委員会」も「図書委員会」に改称された[17]。第二回会合ではまた、「アメリカ研究所の将来の構成、特に各研究部門の専門別、研究員、書記等の問題につき隔意なき懇談を遂げ」、近く具体案を作成することも申し合わされた。オーヴァトン教授によれば、当時、委員会では(1)歴史、文学、経済、外交政策の諸分野の研究に資する北アメリカおよび南アメリカ関係の専門参考資料室を一般公開し、(2)将来的には、公開講座やアメリカ研究季刊誌の発行などを通じて、アメリカに関する知識を広める、という二つの目的を兼ね備えた「研究所(an Institute)」を創設すべきだ、との結論に達したという[18]。このような議論・見解が名称にも反映されたのであろう、「アメリカ合衆国の文化」に特化せず、南北のアメリカ大陸をも包括しうる、より広範で総合的なものが選ばれた。このように、一九三九年五月に学内委員会が設置されると、組織のあり方に関する議論は、専門文庫の領域を飛び越えて、研究機関に発展させる方向へと傾斜していった。

一方、所期の目的であったアメリカ関係文献の収集は、各方面への働きかけも奏功し、充実が図られていった。一九三九年五月頃から、チャーチ・ピリオディカル・クラブやアメリカ図書館協会は立教大学への関連図書の寄贈に便宜を図り、また同年一一月にはカーネギー国際平和財団が立教大学図書館を寄託図書館に指定する旨を通知してきた[19]。さらに、アメリカ政府文書の寄贈について、ライフスナイダー総長がグルー大使に懇請した結果、一九四〇年五月に政府刊行物の寄託図書館としてアメリカ研究所を指定する内諾があった。同年九月には第一回分として一九〇八年以降のアメリカ議会議事録を含む政府文書約九〇〇冊が研究所に送られてきたが、当時にあって「政府文書はその一部分が日本政府に送られてゐたゞけ」であった点からも、合衆国政府の計らいが破格なものだったことがわかる[20]。

一九三九年一〇月の学内委員会第二回会合で話題になった、アメリカ研究所の「将来の構成」に関する具体案がまとまったのは翌一九四〇年度に入ってからのことである(この間、スパックマン教授が一九三九年一一月に大学を辞職)。一九四〇年四月二六日、アメリカ研究所の設立を学内関係者に報告するため、遠山学長が保護者代表、校友会、同窓会の幹部を上野精養軒に招いた。その真意は、出席幹部にアメリカ研究所への理解を求めるとともに、研究所の財政支援組織として大学維持会を設立することにあった（維持会は同年五月一六日に設立の運びとなり、校友の松崎半三郎が初代会長に選出された）[21]。招待会の席上、学内委員会の書記として事務を執ってきた山下教授から、アメリカ研究所の設立経緯や事業計画等について説明があったが、この時示された機構案は、研究事業の推進系統として研究部、図書部、調査部、事業部、出版部の五部局と、事務系統として総務部、庶務部、会計部の三部局、計八部局からなる組織体制であった[22]。とはいえ、これはあくまで暫定案であり、その後、山下教授、そして同教授と懇意の経済学科長・河西太一郎教授らを中心に人選を含めた検討が重ねられ、同年五月二六日に学長以下、文・経両学部長と予科長、および各研究部門の長の就任予定者、計一〇名が出席して開かれた「アメリカ研究所組織に関する会合」で最終的に決定された[23]。

一九四〇年六月現在のアメリカ研究所の陣容は**表7-1**の通りである。事業計画と予算案を審議する最高決定機関

表 7-1　立教大学アメリカ研究所の陣容（1940年6月）

本部委員会	名誉研究所長	C.S. ライフスナイダー総長	研究部	主任	河西太一郎教授 *
	研究所長	遠山郁三学長	図書部	主任	高垣松雄教授 **
	委員	田辺忠男経済学部長 *		委員	曽禰武教授
		小林秀雄文学部長 **			高松孝治教授
		曽禰武予科長			松下正寿教授 *
		武藤安雄教授			小山栄三教授 *
		阿部三郎太郎教授			富田彬教授 **
		高松孝治教授			十河佑貞教授 **
		河西太一郎教授 *			牛島義友教授 **
		高垣松雄教授 **			D. オーヴァトン教授
		宮川実教授 *			山下英夫教授 *
		松下正寿教授 *	調査部	主任	宮川実教授 *
		久保田正次教授	事業部	主任	松下正寿教授 *
		D. オーヴァトン教授	出版部	主任	久保田正次教授
	幹事	山下英夫教授 *	庶務課	課長	中曽根正三郎［職］
			会計課	課長	矢沢賢一［職］

注）学部等の所属について（総長・学長以外）、* は経済学部、** は文学部、無印は予科、［職］は大学本部職員を示す。
出典）『昭和十五年六月　立教大学アメリカ研究所―組織、事業計画及研究部研究大綱』より作成。

の本部委員会（総長、学長、二学部長、予科長など大学幹部と各研究部門の主任ら一〇名で構成）の下[24]、研究部、図書部、調査部、事業部、出版部という五つの研究系統と庶務課、会計課という二つの事務系統からなる体制であった。人事を一瞥するならば、研究所が総長・学長はじめ、文・経両学部および大学予科の長とそれぞれの教授陣（所属間の人数バランスは概ね均衡であった）、そして事務部局の長をも網羅した、文字通り立教全学挙げてのプロジェクトだったことがわかる。研究、調査、事業、出版の各部が主任一人の体制だったのに対し、図書部が主任の高垣松雄・文学部英文学科長――アメリカ文学研究者で『アメリカ文学』（研究社、一九二七年）などの著書がある――のほか、九名の委員（牛島義友教授以外、いずれも旧学内委員会のメンバー）を置いていたのは、「本来研究所がその設立の趣旨並に経過から見て図書部の充実に意を用ひて」いたからだろう[25]。初代研究所長には遠山学長が就任した。

具体的な研究事業については、研究部の「研究大綱」からその概略が窺える[26]。研究部は経済、政治、文学の三部門に分かれており、第一部門では、アメリカ経済および経済学を歴史的、「現段階的」な観点から分析を加える手法により、例えば、植民地時代の経済やアメリカ資本主義の発達とその経済構造の特殊性、第一次世界大戦期の戦時経済、日米・米中経済関係等の解明を目指した。第二部門では、アメリカ建国の思想的、経済的背景やアメリカの政治機構、対外政策、さらにはニューディール、フィリピン独立問題など「現在の重要政治問題」を研究課題に掲げた。そして第三部門では、文学・歴史・宗教・哲学という人文諸科学の側面から、アメリカ文化の特質への接近を試みようとした。以上のように、研究課題の設定自体に、教授たちの個性や専門性が色濃く反映されており、何よりもアメリカ社会を総合的かつ学術的に研究しようとする姿勢に満ちた意欲的な研究計画であった。なお、研究部以外では、図書部はカーネギー財団寄贈図書やアメリカ政府文書の整理を継続し、調査部は『アメリカ大観』『日米年鑑』『英文日本年鑑』の編纂、事業部は月一回の公開講演会や夏期大学、アメリカ講座の開設と、様々な企画が盛り込まれていた。

3　研究所内部における不協和音

アメリカ研究所の基盤整備に向けて牽引役を務めてきた経済学部の山下教授は、当然のように本部委員会の委員に加わり、また幹事にも就任した。山下教授はアメリカ研究所の見通しが立ったことを、早速、恩師のマルクス経済学者・河上肇（元京都帝国大学経済学部教授）に研究所の関係書類を添えて知らせている。河上は一九三三年一月に治安維持法違反の容疑で検挙・収監され、一九三七年六月まで東京の小菅刑務所で服役生活を送った。出所後しばらくは杉並区天沼で暮らしていたが、一九三八年一〇月に中野区氷川町に転居していた。京都帝国大学経済学部出身で河上門下の山下教授――立教では「日本経済史」を担当、ホランダー『リカードウ研究』（有斐閣、一九三一年）などの訳書がある――は、一九二四年から奉職中だった「立命館大学を追れ《ママ》、東京に来て専修大学も思想で再び追放され」、その後、三二年九月から立教大学に移っていた。河上を慕う山下教授は、出獄まもない河上を励まそうと、中野の河上邸に東京六大学野球や職業野球の招待券を送り続けた[27]。その河上は、一九四〇年五月一一日付の山下教授に宛てた礼状で次のように述べている。

かねて新聞紙上でもその事を承知いたし、ひそかにお喜び致して居たのですが、アメリカ研究所の御計画愈々緒に就きました御様子にて、大慶至極に存じます。申すまでもありませんが、アメリカは最後まで残る資本主義国として、ソヴェート聯邦と正に対蹠的な立場に立つ世界の大国ですから、それ自体極めて重要な研究対象ですが、それに加へて日米間には特殊の過去及び現在にわたる親善的＝敵対的関係が結ばれてゐることですから、日本の立場からは特に興味あり重要性の大きな研究題目だと存ぜられます。しかも此の研究は現在のところさして軍部的＝国策的牽制に煩はさるゝことなく行はれ得る余地が多いので、研究が科学的＝進歩的性格を有ち得る余裕があり、その点も非常に善いかと存ぜられます。そしてそれは自然に立教大学の一つの大きな特色となり、数多い私立大学の中で、学問的に立教大学の立場が非常に鮮明になり、洵に喜ばしい事と存ぜられます(28)。

立教のアメリカ研究所に、軍事的な意図の下に遂行する国策研究ではなく、アメリカ社会を学問的に研究する姿勢を見て取った河上の指摘は適切であろう。河上はまた同じ書簡において、愛弟子の宮川実と長谷部文雄（ともに山下教授の親友だった）がアメリカ研究所に関与する見通しであると知り、素直に喜んだ。特にマルクスの『資本論』や『政治経済学批判』を共訳した宮川については、宮川が一九三九年春に和歌山高等商業学校教授の職を辞し、その後、満鉄調査部入りも首尾よくいかず、河上自身いたく心配していたから、喜びもひとしおであったろう。そんな宮川が一九三九年一〇月に立教大学教授に就任した陰には「学生時代からの知巳〔ママ〕」だった山下の骨折りがあった(29)。宮川が立教への着任早々、アメリカ研究所の調査部主任に収まったのも、恐らくは山下幹事の働きかけによるものと思われる。

このように、アメリカ研究所の態勢が整い、本格的な活動に乗り出そうとした頃、研究所内部で亀裂が深まりつつあった。一九四〇年六月七日にオーヴァトン教授がライフスナイダー総長に書き送った手紙の次のくだりには、摩擦の痕跡がはっきりと読み取れる。「ここ三週間、私は心配でなりません。というのも、研究所があたかも田辺（忠男）、山下、河西、そして松下の間での政争の具と化しているからです」(30)。オーヴァトン教授が内報したように、当時、アメリカ研究所内では水面下で不協和音が響いていた。対立軸の一つは研究所幹事の山下教授と経済学部長・田辺忠男教授――東京帝国大学経済学部教授を長く務め、いわゆる「平賀粛学」(31)で一九三九年二月に同帝大を辞した経済学者で、『経済原論』（明善社、一九三五～三六年）の著者として知られる――であった。例えば、一九四〇年六月一三日、田辺教授は遠山学長に対し、アメリカ研究所について「主義は極めて賛成」だとしながらも、「山下教授専断に過ぎ自分には少しも相談されない」「種々の計画は山下案では遂行不可能なるべし」などと苦言を呈していた。さらに「山下氏案は余り事業に熱中し過きて学究的でないから却って立大の名誉を挙け得まい」「アメリカ年鑑は長谷部氏〈同じ河上肇門下生として山下、宮川両教授と親友で、エンゲルス『反デューリング論』や日本評論社のマルクス『資本論』の訳者として知られた長谷部文雄のことを指すと思われる—永井注〉担任でYear Bookの翻訳だが、之は版権かあって立大では之を釈明することか出来ぬ。アメリカ大観としても一月下旬に〆切らねハならぬが到底間に合ふまい」「年鑑等の仕事で教授研究の妨をなす。一人五五〇枚の原稿を要すが、今の教授の力量でハ不可能なり」と付言するなど、まことに辛辣であった[32]。

田辺教授は山下案の骨子である『アメリカ年鑑』や『アメリカ大観』などの出版事業の推進より、研究重視の立場だったようだが、その発言内容から判断すると、組織のあり方をめぐる見解の相違とは別に、アメリカ研究所という全学的なプロジェクトが、学部長の自分をさしおいて山下教授の「専断」の下で展開していた現状を快く思っていなかったように見える。田辺教授はこれより先、一九四〇年五月中旬に、アメリカ研究所内の職制権限を明確にして欲しいと遠山学長に求めていたように、山下教授の「専断」にかねてから不満を抱いていたようである[33]。このような感情的な問題に加えて、山下教授の思想的立場——マルクス経済学者を批判的視座から見ていた田辺教授は、後日、より明確に言明するのだが、河西教授と山下教授に「左傾」（マルクス主義などの左翼思想へのコミットを示す当時の用語）の傾向を感得していたふしがある[34]——への嫌悪感も作用していたかもしれない。

そんな田辺教授の不満を遠山学長は聞き置くにとどめ、別段何か行動に移すわけでもなかった。一九四〇年度の卒業生が、卒業アルバムに「アメリカ研究所の発展に専心努力せらるる」と紹介したように[35]、山下教授が幹事として研究所の発展に心血を注いでいたことは周知だったし、財政的な基礎が固まっていないなか、六月初旬に河西教授と二人で外務省を往訪して一九四〇年度の補助金二〇〇〇円の約束を取り付けるなど、遠山学長はその働きぶりを評価し、好意的に見ていたのだろう。その山下教授が当時、アメリカ研究所に情熱を傾けていたことは「アメリカ研究所は立教のものだ!!」と題するエッセイの次の一節にもにじみ出ている。

立教大学は帝国大学でないのは勿論、早稲田、慶應大学でもない筈である。それは自明の理でありながら各大学は創立当初の理想や特色を忘れて一様に官立化への傾向を辿つてゐるのが現状である。まるでそれはわが国の政党を思はせるものがある。それでよいのか。少くともわが立教大学はかやうな現状に抗して、断じて他の官私の大学と異る特色を発揮して独自の道を進むべきではないか。さうしてこそ立教の将来は期して待つべきものが生れるのではないか。立教復興の鍵はかゝつて茲に在るのではないか。

これがアメリカ研究所の生れた眞実の理由である。或は外部の人には理解を求めても無理かも知れない。然し飽くまでアメリカ研究所は立教大学のためのものである。吾々立教人にとつては立教大学なきアメリカ研究所は考へられないのである。遠山学長のアメリカ文庫設立の提唱に端を発し、同じく学長の犠牲的献金によつて昨一ヶ年間の□〔ママ〕備期を経過した立教大学アメリカ研究所は遂に起ち上つた。内外に支持の声が翕然と昂つてゐる。立教復興の大業は遂に軌道に乗つた。期して待つべし!![36]

　このように、山下教授は、立教の独自色を打ち出して他大学との差異化を図り、埋没を避ける一つの好機として、アメリカ研究所の創設を位置づけたのであった。

　ところで、アメリカ研究所が外務省から補助金を受けるに際しては河西、山下両教授の人脈が重要な鍵となった。このことは、遠山学長の執務日誌の次のような記載から窺える。「アメリカ研究所の件ニつき河西、山下二氏外務省訪問。河西氏同窓の調査第二課長、重松宣雄氏、外務書記官、官房会計課長石井康氏、藤村〔信雄〕アメリカ第一課長と相談の上、今年度二千円補助の許可を得たり」（一九四〇年六月七日）。「×山下氏来訪。○昨日河西氏外務省に行き二千円受領。学長より石井官房会計課長、藤村アメリカ第一課長（二氏は河西、山下氏とクラスメートのよし）へ礼状発送」

（一九四〇年七月一三日）。

他方、外務省内では、河西教授と同じ東京帝国大学法学部出身の藤村信雄アメリカ局第一課長が主任となって本案件が検討され、七月五日には省内での決裁が下り、一二日に石井会計課長から補助金が手交された。「本邦ニ於テハ米国研究ハ相当盛ナレドモ、本研究所ノ如キハ全ク他ニ類ナク之ヲ指導拡大セシムルコトハ此際最モ機宜ニ適スルモノ（傍点永井）」と認められた結果であった[37]。アメリカ研究所への補助決定に際しては、人脈や機宜の問題、希少性[38]だけでなく、グルー大使から政府文書寄贈方の了解を取り付けていたことなど、アメリカ大使館という合衆国政府の後ろ盾があったことも奏功したのかもしれない。

田辺経済学部長と小林秀雄文学部長が遠山学長を訪れ、アメリカ研究所について不満を述べたのは、一九四〇年の年の瀬迫る一二月一一日のことである。遠山学長は一二月一五日に河西、山下両教授と、一六日には田辺教授と個別に会い、その結果、「善後処置を田辺、河西二氏に托す」ことになった[39]。一二月一九日、山下教授は「不健康の為」との理由で副図書館長と研究所幹事の辞職を申し出たが、遠山学長は「一時保留の約にて受領」し、実質的に慰留に努めた（辞職願は翌年三月中旬に返却[40]）。一二月二一日には、研究所関係者の会合が開かれ、一九四一年度に研究所を「改革する事」が申し合わされ、特に機構面については四一年三月に改めて協議することとなった[41]。不穏な空気が本格始動したばかりのアメリカ研究所を覆うなか、一九四〇年はこのように、あわただしく過ぎていった。

年が明けて一九四一年二月三日、『アメリカ大観』の出版が不可能との見通しが判明、かねてからの田辺教授の予想が的中した格好となり、以後その発言力が重みを増した[42]。三月に予定していたアメリカ研究所の機構に関する協議日程は前倒しされ、二月一八日の午後三時に開催された。遠山学長から「研究所予算は決定しないが、先以て機構改正の希望、田辺氏より申出あり」との前置きがあったように、組織再編をめぐる審議は田辺教授のイニシアティヴの下で進められた。

田辺教授によれば、「傍観者の立場で見るとアメリカ研究所に三つの不都合」があるのだという。第一に、研究所と大学維持会との関係が不完全であること、第二に、研究所が全学から支持されていないこと、そして第三に、研究所が学校行政との円滑な連絡を欠いていること、の三点である。このような不都合を取り除くため、教授は次のような機構改正案を示した。研究所長は従前通り学長とし、その下に大学幹部と維持会代表者で構成する「総務部」を置いて、予算事業の企画、各部長と補佐の任命を司らしめる。このほか、従来の五部二課体制――研究部、図書部、調査部、事業部、出版部の五部と庶務課、会計課の二課――から、三部体制――図書部と調査研究部、庶務部――へとスリム化を図り、活動の力点を事業から図書収集・研究にシフトさせるなど、「山下案」を軌道修正するものであった。加えて、調査研究部の第一部（政治経済社会）は経済学部長、第二部（文芸）は文学部長、そして第三部（自然科学、宗教哲学）は予科長がそれぞれ担当するとされたように、主導権を山下教授の手から田辺、小林両学部長の手元に引き寄せる意図も透けて見える。審議の結果、この田辺案は異議なく出席者の賛同を得るところとなった[43]。一九四一年三月二九日、学期末試験の終了後、遠山学長は小林、田辺両学部長を招き、引き続き学部長の任に当たって欲しいと希望を述べて内諾を得るとともに、田辺教授に対してアメリカ研究所の規則立案を依頼した[44]。

その田辺教授が遠山学長の私宅を訪れ、企画院の職務多忙ゆえ（同年二月に企画院調査官に任じられていた）、経済学部長を辞任したいと伝えてきたのは一九四一年四月二七日の昼過ぎのことである。後任として田辺教授は経済学科長の河西教授を挙げたものの、「思想問題」が気がかりだったらしく――かつて大原社会問題研究所に勤務し、『経済学全集第26巻―マルクス経済学説の発展（上）』（改造社、一九二九年）などの著作がある河西教授に「左傾の傾向」を感じていたのだろう――、将来の人事に際しては「思想問題に注意」するよう遠山学長に釘を刺した[45]。五月一日には曽禰、松下、河西、そして須藤吉之祐の各教授と遠山学長との間で後任人事について話し合いがもたれ、河西教授を推挙することに決まった。翌五月二日に臨時部長会が開催（出席者は遠山学長と小林文学部長、曽禰予科長の三名）、まず田辺教授の学部長辞任の申し出が承認され、次いで学長から経済学部は後任として河西教授を推す意向である旨が伝えられると、小林文学部長から「思想問題の為後日を考へると心配なり」と、田辺教授と同様の懸念が表明された。遠山学長は河西教授を重ねて推した上で、将来の教授任用等の学内行政の諮問機関として新たに「教授会」を設け、教授会には学長も出席し、最終責任を負うと提案し、結局この線でまとまった(46)。以上の文脈からすれば、教授会の設置案には、河西教授の学部長就任で助長が懸念される「左傾」教授の任用に歯止めをかける意味合いが込められていたと考えられる。

田辺教授が一九四一年四月に突然、経済学部長を辞職したこともあり、教授に託されていたアメリカ研究所の規則立案は後任の河西教授——五月一日付で経済学部長に就任——の手に委ねられることになった。五月一六日の午後、遠山学長によって研究所の新組織が発表、同時に新メンバーによる「本部委員会」が開かれて、河西教授起草の「アメリカ研究所内規」案が審議され、異議なく承認された。新組織は研究部と図書部、庶務部の三部体制となり、各部主任立案による事業計画と予算案は上部決定機関である本部委員会に提出され、同委員会がこれら原案を審議した上で最終案を研究所長に提出、決裁という決定過程を経ることになった(47)。人事面では、田辺教授の提案通り、本部委員会に大学維持会の幹部（松崎会長）が加わる斬新さが見られる一方、長く研究所に関わってきたオーヴァトン教授の名前が消えていた（オーヴァトンは教員の任期が満了となり、またグルー大使の帰国勧告もあって、一九四一年春に帰米(48)）。

しかし、ここで注目すべきはむしろ次の点であろう。それは、これまで幹事として研究所の運営を主導してきた山下教授が図書部委員に留まったとはいえ本部委員会から外れ、さらに宮川教授——旧組織では調査部主任であった——も主要ポストから完全に排除されるなど、河上肇門下の二人が揃って冷遇されたことである。彼ら二人のマルクス経済学者が疎外されたという角度から見れば、研究所組織の再編劇は、学内における思想対立の影を帯びていたと指摘できるかもしれない。かくして、二月一八日に田辺教授が披瀝した案が基本的に踏襲された形となり、従来の山下色は極度に薄められた。むろん、以上のような舞台裏のやりとりが表に出ることはなかったが、当時（一九四一年六月）の大学新聞は微妙な表現で組織の再編を伝えている。「昨年末以来暫く沈黙を続けてゐたアメリカ研究所は本学年度に入ると共に資金難その他種々の困難を克服し組織の一部を変更、新たなる研究活動に入ることゝなつた」(49)。

ところで、アメリカ研究所は国内外の文献収集の面で成果を上げつつあり、出発時に約二〇〇〇冊だったアメリカ関係の蔵書は、一九四一年一〇月末現在で一万冊を数えるまでになった。その内訳は洋書七〇〇〇、和書一〇〇〇、そして合衆国政府文書二〇〇〇というものである。他方、研究部では研究会を催し、一九四一年六月二九日に第三部会で牛島教授が「アメリカの教育」について報告、第一部会では同年七月一日と一〇月二八日にそれぞれ、宮川教授が「アメリカの経済抗戦力」、松下教授が「海洋自由より国際警察へ」と題して報告を行った。九月頃には、それまで大学図書館の一部に保管されてきたアメリカ研究所の蔵書が、図書館一階の旧講師室に新設された研究所図書室に収納、隣の旧学長室は特別閲覧室、さらに図書館旧事務所が研究所の新聞・雑誌閲覧室として、それぞれの利用に供されることとなった。研究室や事務所こそなかったものの、アメリカ研究所に曲がりなりにも専用の施設が与えられ、また研究所の表札が図書館前に掲げられるなど、組織と人事に加えて施設も定まったことで、創設への動きから約二年を経てようやく体裁が整ったといえよう(50)。一九四一年一〇月二二日、理事会（財団法人立教学院）の席上で「アメリカ研究所ガ時局ノ接迫《ママ》ニモ係ハラズ相当成績ヲ納メテ進展シツ、アル事」が報告され、会議終了後、「理事一同ハ図書館ニアメリカ研究所ノ設備ヲ視察」し、さらに一一月七日には大学維持会と学内外の関係者がアメリカ研究所披露式に招待された。アメリカ研究所の図書閲覧規程が定められ、一般公開にも踏み切った(51)。「研究所もこれで独立の体面を保つことになりました。設立以来二年を経過して漸く此所まで辿りついたわけです。アメリカ研究所もこれで漸く初期の創設時代を脱して軌道に乗り出した。これからは内容の充実と研究の時期です。この部屋と図書とからよい研究が続々と生れ出ることを確信します。今後一層の努力によつてその御期待に沿ひ、立教大学の特色たらしめ度いと念願して居ります」[52]。図書部主任の高松教授が胸を張ってこう語った時、日米関係は国家間で最悪の事態を迎えようとしていた。

二　対米開戦という試練

1　閉塞感に包まれて

今朝六時、西太平洋にて我陸海軍と英米との間ニ戦争状態起れりと放送された。……Paul Rusch を招き、高松〔孝治〕氏通訳の下に謹慎を命じ、授業は休みとせり[53]。

一九四一年一二月八日、遠山学長は執務日誌にこう記している。日米関係の緊張の高まりなどを受けて、すでにライフスナイダー総長は、一九四〇年一〇月に立教学院理事長と学院総長という要職を辞し（後任理事長は松井米太郎、総長は遠山学長が兼務）、さらに翌一九四一年八月にはノーマン・ビンステッド（Norman S. Binsted）とともに立教学院理事をも辞任――ここに全理事が日本人で構成されるという立教史上、前例なき事態となった――、離日しており、立教に残る米英人は当時ラッシュ教授ただ一人になっていた。ラッシュはライフスナイダー前総長からの引揚勧告を固辞し、「日本青年の力になりたい」との理由で日本に留まる決意を公言する一方、アメリカ研究所の「名誉書記」としてアメリカからの図書購入に尽力することになった。一二月四日には遠山学長を往訪して、週三回立教で講義するほか、「アメリカ研究所にて助力する」との意向を伝えたばかりだった。一二月九日の早朝、そんなラッシュのもとを警官数名が訪れ、「敵国人」として身柄を拘束し、菫女学院（現在の田園調布雙葉学園）に連行の上、抑留した[54]。

対米開戦の余波は、ごく自然のうちにアメリカ研究所にも及んだ。アメリカ人スタッフはいまや皆無であり、何よりもそれまでオーヴァトン教授らの手で担われてきた洋書の入手が困難だと考えられた。一二月一六日開催の立教学院理事会では「アメリカ研究所、今後発展一時停止するやも知らぬ」との報告があり、学内でも「アメリカ研究所は終熄又は閉鎖するのではないか」との憶測が流れた。(55)そんな折、アメリカ研究所では一九四二年一月、「単に立教大学だけのための研究所たるの域を脱して、国家の為の研究所たる使命に転化邁進する」との立場を明らかにし、「敵性国家としてのアメリカの実体、或はアメリカの交戦能力を理論的に実証的に余すところなく論証」する方針を鮮明にした。(56)もちろん、対米姿勢をめぐる軸足を「親善」から「敵対」へと移し、国策協力の意思を内外に示してみせたことは明らかなのだが、それと同時に、アメリカをあくまでも学問的見地から捉えようとする従前の立場を堅持していた点は看過すべきでないだろう。このように、戦時下という緊迫した情勢に対して、アメリカ研究所は国策協力の方針を闡明にすることで応えたけれども、さりとて、研究所が開戦直後から目覚ましい活動を展開していたことを示す証拠は見当たらない。むしろ、ある種の閉塞感が研究所全体を支配していたように思われる。

一九四二年二月一日付の大学新聞で謳っているように、当時、アメリカ研究所では「外部への積極的な働きかけ」を通して、戦争という難局を乗り越えようと試みていた。働きかけの一つに、経済学部長の河西教授による外務省へのアプローチがある。同年五月八日、外務当局から河西教授に「補助費は立大のみと限定するより一般的施設として支出したき希望」が伝えられた。実は河西教授はこの時、三万八〇〇〇円という巨額の補助金を申請していたのだが、彼の聞くところ、外務当局としては「『立大ア研究所』では他大学でも同様の企かあって要求せられし場合に困る」というのであった。そこで河西教授は「立教大学アメリカ研究所」という名称から「立教大学」を削除して単に「アメリカ研究所」とし、「全日本的に拡大強化」する組織再編案を外務当局に提示し、先方から好感触を得た。外務当局からの色よい反応を踏まえて、河西教授は五月一五日に遠山学長に外務省との折衝状況を報告するとともに、研究所の組織再編問題についても相談、執行機関として理事会と評議会を新設する案を具申した。人選については、理事は四名とし、アメリカ史研究者の藤原守胤と国際政治学者の神川彦松・東京帝国大学教授、外務当局、そして山下教授の名前を挙げ、そのうち特に山下教授を「常任理事」に据えたいとの希望を述べた。他方、評議員については、学外者として、『米国政治史序説』(有斐閣、一九三一年)の著者でアメリカ研究のパイオニアともいうべき高木八尺や英米法学者の高柳賢三(いずれも東京帝国大学教授)ら有識者の名前を挙げ、学内者として文・経両学部長と予科長、高松教授、松下教授、そして根岸由太郎教授を推薦した[57]。明らかなように、河西案は山下教授を軸にした組織再編案でもあった。換言するならば、一九四一年五月、田辺教授らの強い意向が働いて、アメリカ研究所の要職から外されていた山下教授が、研究所で再び主導権を握る道筋をつける試みでもあったといえよう。そういえば、一九四二年四月半ば、山下教授は河西学部長の推挙で図書館長と経済学科長という要職に就いており、この頃、その地位が急上昇していた[58]。

河西案はしかし、遠山学長の内聞には達したものの、その後、本格的な進展を見せることなく、長く棚上げ状態に置かれた。むしろ、このような河西教授の果断な行動ぶりが、経済学部、ひいてはアメリカ研究所の内部対立を激しく再燃させる引き金になったように見える(四月一七日に遠山学長の耳に入った秘密情報、「宮川教授左翼事件に連座し、宮城県に拘禁中のよし」との思想問題に絡むニュースも[59]、その対立に拍車をかけたに違いない)。例えば、一九四二年五月一五日に松下教授は遠山学長を往訪し、「河西、山下氏等の協同は欲せず」としてアメリカ研究所委員――松下教授は当時、図書部委員であった――を辞めたいと内意を伝えた。「思想上の問題」に加え、事務員らをスパイとし、外務省アメリカ局員らと勝手に会合するなど、「自分を出し抜いて」アメリカ研究所をあたかも自家薬籠中の物とするような諸行動、さらには「自家関係のものを細胞組織として居り、長谷部某(山下教授の親友である長谷部文雄のことを指すと思われる―永井注)の如きは本学へ時々出入し、朝鮮人を近附けてゐる」ことなど、河西、山下両教授のふるまいに、松下教授は不満を募らせていた。松下教授は五月二〇日にも学長を訪問し、「海軍方面で聞く所によれば、宮川教授は於研究室、金員(金銭の意―永井注)を受授《ママ》して朝鮮共立党又は独立に関与せし形跡あり。参考人以上に深入りせしものゝ如く、研究室をアヂト（アヂテーションステーション）とせし疑いあり。他の教授中にも容疑者ありとの事なり」と内報した[60]。『米国戦争権論』（有斐閣、一九四〇年）などの著書がある松下教授は、当時、有識者として海軍省と外務省の嘱託も兼務していたから、これら各方面の内部情報に接する機会があったのだろう。ちなみに、宮川教授は、和歌山高商教授時代の教え子（当時、東北帝国大学二年生）が関わったとされる「東北帝国大学内左翼学生事件」の中心的指導者として、一九四二年三月一五日に治安維持法違反の容疑で宮城県にて検挙、取り調べを受けていた[61]。

かくして、二日後の五月二二日に開かれた経済学部教授会において、その直前に依願解職された宮川教授の後任人事[62]や宮川研究室の後継使用者をめぐって協議がなされたが、その過程で対立構造がより一層浮き彫りとなった。遠山学長は、その日の執務日誌に次のように書いている。「松下、田辺、大の（大野信三）、福田（光愛）氏、他方河西、山下、河野《こうの》（神野璋一郎[63]）、鈴木（圭介）氏と対立あるものゝ如し——阿部（三郎太郎）教授も亦之を認むといへり」[64]。遠山学長は対立の原因と処方箋を探るためであろう、翌五月二三日に当事者の一人である田辺教授から意見を聴取している。遠山は東京帝国大学医学部卒で、同帝大教授を停年まで務めた後、一九三七年四月に突然、立教大学の学長に抜擢されたのであり、敬虔なキリスト教徒だったものの、学長就任まで立教とは無縁の人であったから[65]、学内人脈や力学の機微について十分には精通していなかったものと思われる。田辺教授が遠山学長に語った対立の背景と対処策は、「要は河西、山下二教授横暴なること、左傾の傾向あること、党派を作ることなとの欠点を挙け、矯正案として対抗すべき教授団の一員として大野信三氏抜擢されたし」というものだった[66]。一九四二年五月二七日には、今度は松下教授が遠山学長を訪れ、「海軍省で聞く所によれは、宮川事件には関係者多きも、今審理中に付内容人名発表し難きを以て、特に報道する所なく、且自分も心境に変化ありたれは一時保留して積極的行動取らず。他人を排斥する運動をなすとの説あれども然らす」と伝えた。その一方で松下教授は、「教授任免につきては容喙せさるも、河野（神野）氏は研究室を持つことは断りたし。蓋し研究室を事ム室として用ひ、アヂトとなし『アメリカ研究所』の称呼の下に山鹿氏、半島人二名程出入し犯則往々集会し、研究用に供せす。元来河野（神野）氏は宮川氏の子分として書記の如き人なり」と辛辣に述べるなど、神野助教授への不信感と警戒心をあらわにして、神野が宮川研究室を使用することや宮川教授の代講を務めることに強く異を唱えた[67]。真偽は不明ながら、松下教授が耳にした、このような一連の話によれば、宮川教授、神野助教授ら立教の一部教員たちは、朝鮮独立運動への関与が疑われ、アメリカ研究所をいわば「抵抗の拠点」[68]にしていた形跡があるというのである。松下教授は六月一日にも学長を往訪、この時、「神野助教授近く収容される可能性あり。調査捗らさる為、特高より憲兵に其調へが移るよしなり」との情報が話題に上った模様である[69]。以上のように、遠山学長のいう「経済学部紛争」はアメリカ研究所を直撃し、研究所の舞台裏では、松下、田辺両教授らと、河西、山下両教授、神野助教授らの間で感情と思想的な対立が複雑に絡み合った派閥抗争が展開されていたのである。

一方、遠山学長は河西教授の推薦を受けて、一九四二年六月六日に藤原守胤と面会し、アメリカ研究所の「主事又は専務理事として尽力方希望」と述べた[70]。藤原は慶應大学法学部出身、ハーヴァード大学大学院に留学し、一九四〇年に有斐閣から『アメリカ建国史論』という上下二巻の浩瀚な研究書を刊行したばかりの気鋭のアメリカ史研究者であった。当時、外務省アメリカ局主催のアメリカ研究会のメンバー（立教大学から松下、根岸両教授も参加）でもあった。河西、山下両教授から直々にアメリカ研究所への参加を要請され、また父親が立教大学出身で母親が立教女学院出身という「両親に関係のある学校に勤められるということ、自分の専門分野が多少でも生かせればと思い」、藤原はこのオファーを受けることにしたのだという。水面下では、松下教授が藤原の参加に「信念上」強い難色を示す一幕もあったが、結局、先の個人的な理由や外務省当局の賛意もあって、藤原はアメリカ研究所入りの決意を固めたのだった[71]。

一九四二年七月一四日、アメリカ研究所本部委員会が開かれ、研究部、図書部、庶務部の各主任から報告があった。

このうち図書部主任の高松教授からは、前年度にオーヴァトン教授に託した図書の購入について、開戦前に約二〇〇冊が送付されたが、開戦以後、音信不通となっているとの報告がなされた。また庶務部主任の須藤教授から一九四一年度決算書が配布、約一万三〇〇〇円のバランスシートが示され、承認された。続いて、一九四二年度は「特別ノ事業計画無キニ付キ」、研究助成金の申請に関する審査へと移った。審査の結果、研究部第一部（山下英夫「ペリー遠征記ノ翻訳並ニ出版」、鈴木圭介「アメリカ経済史研究序説」）、第二部（杉木喬「現代アメリカ戯曲ノ研究」、中川一郎「アメリカ語」）、そして第三部（富田美彦「アメリカ文化ノ宗教的背景並ニ思想的背景」、古谷郁郎「アメリカ精神史序説」）の計六件に対する研究助成の交付が決まった[72]。上記交付の決定結果からは、富田美彦（当時、三三歳）や鈴木圭介（二九歳）ら若手研究者を育成しようとする研究所幹部の配慮も窺える。

その後、ほどなく八月二〇日に日米交換船で野村吉三郎駐米大使や立教の校友、前田多門らがアメリカから帰国したが（ラッシュ教授やグルー大使も交換船で帰米）、鈴木圭介助教授――山下教授の教え子で、早くからアメリカ研究所に関わり、一九四三年四月より正式に研究員となる――によれば、この船でアメリカ関係の書籍も搬送され、立教大学に届けられたのだという。オーヴァトン教授への依頼分とも考えられるが、戦時下のアメリカ関係図書の充実ぶりについて、鈴木圭介は次のように明かしている。「当時一番新しい本が立教に届けられました。そのころはもう本が手に入りにくくなっておりましたから、立教の図書館は、一番新しい本がいくらか揃っているという点での稀少価値があり、当時としては、かなりいい図書館になったと思います」[73]。とはいえ、一九四二年一二月一四日に庶務部主任の須藤教授が、「アメリカ研究所何等の仕事せす、ボーナスを請求し難し」と遠山学長に伝えたことが物語るように[74]、対米開戦直後のアメリカ研究所は時局の激変にうまく対応できず、また峻烈な内部対立とも相俟って、活動自体に支障をきたしていたようであった。

2　国策協力への急接近

対米開戦後におけるアメリカ研究所の活動状況を解き明かす資料は極めて少ない。このような資料状況にあって、一九四二年初夏頃の描写と思われる山家豊の回想は、当時の閉塞感漂う研究所の雰囲気を知る上で貴重である。

当時、私は立教大学のアメリカ研究所というところに勤めていたのですが、まだその頃は、研究所とは名ばかりで、特定の建物もなく、専任スタッフもいないに等しい状態でした。これという仕事もないまゝ、同僚の高妻靖彦、川端益博の両君と大学図書館の書庫に埃にまみれて、アメリカ関係の文献カードをつくることで時間をつぶしていたのです。[75]

このように、図書館でアメリカ関係文献カードを作成していた山家と高妻靖彦、川端益博の三名は、一九四二年の夏頃から一年間、山下教授の指示で長谷部文雄の自宅に通い、長谷部が手がけていたアメリカ政府発行の統計書『スタティスティカル・アブストラクト（*Statistical Abstract of the United States*）』一九四〇年版の解析を通じたアメリカ資本主義分析の仕事を手伝うことになった。山家らは一九四〇年から四二年に立教の経済学部を卒業したばかりの若き学究であり、他方、長谷部は山下教授に協力して「アメリカ研究所を充実させるプランづくり」にも関わっていたようであるから、この仕事もあるいはその一環だったかもしれない。実際、長谷部らの研究成果は、立教大学アメリカ研究所編『アメリカ経済図表』として日本評論社から出版される予定であったが、結局、実現を見ずに終わった。[76]

ところで、本書第一二章でも紹介したように、一九四二年九月初旬の学生暴行事件――遠山学長の執務日誌では「学生騒擾事件」や「学内不祥事件即ち学生闘争」などの表現で出てくる――を契機として、立教内でのキリスト教排撃運動が増長し、「軍の影」もちらつくなか、法人寄附行為と大学学則からキリスト教主義という教育目的条項が削除、チャペルも閉鎖されるなど、立教からキリスト教的色彩が払拭される事態にまで発展していた[77]。このような立教内の激変と重なり合うかのように、この時期、軍部と官憲の関心の目がアメリカ研究所に向けられつつあった。例えば一九四二年一〇月三日の朝、警視庁特高第一課員が遠山学長を往訪し、「此度の騒擾事件〔前述した九月初旬の学生暴行事件を指す──永井注〕、アメリカ研究所等につき、相当の予備知識を備へて質問」がなされた[78]。特高の動きにも刺激されたのだと思われるが、その一〇日後、一〇月一三日の大学部長会で突如、「アメリカ研究所を拡大し、学外をも収容し、国策と合致すべく組織変更の必要あり。北米の外南米をも包括させたし」との「希望」が遠山学長と河西経済学部長から伝えられる[79]。研究所の発展計画ともいえるこの申し出は、前述のように、五月中旬に河西教授が外務省への補助金申請の折衝過程で先方に示し、遠山学長の内聞にも入れたものの、その後長く棚上げにされていたものであった。そして、本案件に絡んで、河西教授が同じ部長会の席上、外務省関係者子弟の大学予科から経済学部への転科方の取り計らいを求めていたことは、この提案が、外務省との折衝を念頭に置いたものだったことを暗示している（同年一一月六日、外務省員二名が「アメリカ研究所の件」で来学し、山下教授と打ち合わせを行った[80]）。

一〇月一五日、今度は山下教授が陸軍の参謀本部から呼び出され、参謀・恒石重嗣陸軍少佐から「研究所の機能を発揮し、本部に助力せよとの下命」を受けた。二〇日に山下教授から参謀本部の意向を伝え聞いた遠山学長は、アメリカ研究所長としてこれを承諾した。国策協力との関連でいえば、詳細はなお不明なのだが、一九四二年一〇月にはアメリカ研究所内に「戦時協力部」が存在していた形跡がある[81]。先の恒石少佐は、翌一九四三年の一月中旬に彼の仕事を「情報局第二部〔陸軍関係〕並河〔亮〕情報官に引継」ぐために立教を訪れた[82]。年度が改まり（一九四三年）四月一九日には、三辺金蔵学長事務取扱──二月に辞職した遠山学長の後任──が情報局に呼び出され、奥村喜和男次長から以後、アメリカ研究所に対して毎月五〇〇円の補助金を下付すること、そして「アメリカ研究所ヲ通ジテ情報局ニ利便ヲ供セラレタシトノ希望」が伝えられた。三辺所長は情報局への「協力ヲ吝マザルベキ旨」を答え、併せて謝辞も述べた[83]。

以上のように、アメリカ研究所は一九四二年秋頃から、軍部・官憲への協力姿勢をより一層鮮明にしていく。軍部・官憲からの意向や要請に従うという体裁こそとっていたものの、立教側がこれに前向きに応じた内部の事情もあった。第一に、特高による事情聴取（一九四二年一〇月初旬）を境に、国策協力への動きが活発化した過程に鑑みて、外部の攻撃から研究所――ひいては立教全体――を守るという、いわば組織防衛の心理が働いた可能性がある。『特高月報』一九四三年三月号の「共産主義運動の状況」欄にある「日本共産主義者団批判的再建集団」の組織図に「立大アメリカ研究所」が含まれ、宮川元教授や高妻靖彦らの名前も書き込まれていたように、アメリカ研究所はその後も特高からマークされていたから[84]、関係者が不安を抱いていたとしても不思議ではない。一九四三年一一月に研究所に加わったアメリカ史研究者・清水博が「アメリカ研究所というのは親米的な機関じゃないだろうかといったような疑いを持たれることを恐れ」た、と回顧したように、様々な観点からの「細かい用心」が意識されたのだろう[85]。

第二に、研究所財政が当時なお不安定だった点も考慮すべきであろう。アメリカ研究所の主な財源は立教大学維持会からの補助金であり、会計決算書によれば、一九四〇年度の収入は一万二二〇〇円一一銭（外務省補助金二〇〇〇円を含む）、一九四一年度のそれは一万三三二二円四八銭（外務省からの補助金は前年度と同額）だったが、対米開戦後の一九四二年度には一万一三八円四三銭と落ち込んだ。一九四二年度は大学当局と外務省からの補助金がなく、収入の内訳は前年度の繰越金三〇六六円六八銭と大学維持会からの補助金六〇〇〇円、山本実彦・改造社社長の寄付金一〇〇〇円、銀行預金利子七一円七五銭というものだった[86]。鈴木圭介が、「山下教授が、アメリカ研究所の財政的基礎を確立しなければいけないというので、外務省と参謀本部に連絡をして、補助金を獲得しようと努力をしておいでになりました」と述懐したように[87]、国策協力は研究所の財政を支える上で有効な手立てと考えられたのである。軍のお墨付きという宣伝効果も手伝って、「いろいろの軍需産業機関から寄附をもらう」際、研究所にとって好都合でもあった[88]。

さて、この間、研究所内では、一九四二年一〇月中旬の大学部長会で遠山学長と河西経済学部長が提案した将来の発展計画が策定中だった模様で、一九四三年一月二六日の立教学院理事会で研究所長の遠山学長が「アメリカ研究所ノ名称、同所ニ対スル補助金、将来ノ計画等ヲ説明」した。遠山学長は同じ理事会の席上、研究所の事務所として構内五号館――ラッシュ教授の旧宅であった――を考えていると述べ、理事会は学院総長でもある遠山学長に一任した[89]。遠山は迷うことなく五号館を研究所の事務所に充てることに決め、一月三〇日の朝、その旨を理事会に伝達する手続きをとった。そしてこの手続きが彼の立教での最後の仕事になった。その日の午後、松崎半三郎理事長（松井米太郎の後任として一月二六日に理事長に就任）らが遠山を往訪、数日前に遠山本人から提出された立教学院総長、理事、立教大学長の全要職の辞表を学院理事会が受理した旨を伝え、ここに解職が本決まりとなったからである[90]。

発展計画をめぐるその後の動きは不明である。鈴木圭介によれば、一九四三年六月頃、この計画が挫折した話が漏れ伝わってきたという[91]。立教学院理事会の記録には、アメリカ研究所が当時、債務問題を抱えていたことが記されており、相当に行き詰っていたように察せられる[92]。この行き詰まりを暗示するかのように、六月中旬にアメリカ研究所との関係を断ち、教授職をも辞した山下教授が、六月二五日に自らその命を絶つという悲報が学内をかけめぐった[93]。「山下教授急逝さる　全学の哀悼深し」――七月一〇日付の大学新聞はその訃報をこう伝えている。後を追うように、経済学部長の河西教授もほどなく辞表を提出し、七月七日付で立教大学教授を辞した[94]。

その後、七月二三日にアメリカ研究所本部委員会が招集、債務は学院で処理すること、本部委員会を同日付で解散することが宣言され、次いで八月二一日の学院理事会の席上で、三辺所長からアメリカ研究所の新機構改革案が説明、研究所を以後、財団法人立教学院が経営する学院直属の機関とすることが決定された[95]。研究所の閉鎖や廃止という選択肢が議論された形跡がないのは、すでに外務省や参謀本部、情報局との協力関係が構築されていたことが大きいである。国策に貢献する付属機関の存在は、立教全体の組織防衛の上でも一種の保険となりうるからである[96]。

顧みれば、一九三九年一月にライフスナイダー邸に参集したアメリカ研究所の創設者たち——ライフスナイダー総長、遠山学長、スパックマン教授、ラッシュ教授——の姿はすでに立教になく、また研究所の発展に心血を注いだ推進者・山下教授も不帰の客となり、さらには研究所の重鎮で「経済学部紛争」の当事者でもあった松下、河西、田辺の各教授も一九四三年八月下旬までに相次いで辞職し、立教を去っていた[97]。一九四三年八月末から立教大学の所管を離れ、立教学院の直属機関として再出発することに決まったアメリカ研究所では、相次ぐ重鎮の辞職などで世代交代が急速に進み、以後、藤原守胤（当時、四一歳）や森分謙一（四二歳）、神野璋一郎（三一歳）、鈴木圭介（三〇歳）、高妻靖彦（三〇歳）、山家豊（二八歳）、川端益博（二三歳）ら中堅・若手を中心に活動を展開していくことになる。

3　戦時下の研究活動と蔵書疎開

アメリカ研究所本部委員会が解散された翌日、一九四三年七月二四日に立教大学総長事務取扱——四三年三月末、従来の「大学長」の職制は廃され、「大学総長」に変更[98]——の三辺金蔵・研究所長が発令した所員の辞令書が残っている。前述のように、アメリカ研究所は一九四三年八月末の立教学院理事会で、大学の所管を離れて学院直属となることが正式に決定を見たのだが、その決定を前に新体制が動き出していた可能性がある。残された辞令書によれば（それゆえ暫定的な情報である）、その陣容は三辺所長以下、常務理事・藤原守胤、理事・根岸由太郎、主事・中曽根正三郎の役員のほか、経済学部助教授の神野璋一郎と鈴木圭介、ニューヨーク総領事館の元嘱託・森分謙一（ハワイ育ちで、ハーヴァード大学大学院で修士号を取得、一九四二年八月に日米交換船で帰国）など一〇名の研究員、事務員三名の合計（延）一七名であった（**表7-2**を参照）。その後、一九四三年一一月に予科講師・清水博（当時、三六歳）、翌一九四四年二月に飯島淳秀（元立教中学校教諭、三〇歳）が研究員として加わる一方、逆に応召、疎開その他の理由で退職する者もいるなど、人的な流動性が見られた。その清水博が「私が所員に加わった昭和18年秋には専任研究員は経済班が最も多く10名前後であったが、政治外交班、文化班は各1、2名であったと思う」と書いているように、一九四三年一一月頃の研究員の数は一〇名を超える程度で、経済班、政治外交班、文化班の三つの研究班で編成されていた模様である(99)。

一九四三年七月二六日、三辺所長が藤原常務理事に「アメリカ研究所募金担任者ニ関スル書類」を交付したように(100)、立教学院の経営になってから研究所がまず手がけたことは、外部からの資金を積極的に募ることであった。研究所の会計簿、一〇月二七日の項目には「募金運動関係者打合せ会費、会食費」と「事業一覧表印刷代」の支払いが並んで記されており(101)、この「事業一覧表」が募金運動との関連で作成されたことを示唆する。「事業一覧表」は、アメリカ研究所に現存する類似資料、「アメリカ研究所機構及事業一覧表」を指すものと考えられる。同一覧表を冒頭に掲げるアメリカ研究所『趣意書及役員』という冊子(102)には「アメリカ研究所規約」も収録されており、その第一条に「本所ハアメリカ研究所ト称シ財団法人立教学院之ヲ経営ス」とあることから、学院直属の機関になって以後、名称は大学名を外した「アメリカ研究所」に変更したものと推定される(事実、一九四五年一月作成の調書では、すべて「アメリカ研究所」の名称が用いられている)。また、規約の直後には役員名簿が掲載され、顧問として荒木貞夫陸軍大将など陸軍軍人四名と山本英輔海軍大将ら海軍軍人二名、校友の前田多門・新潟県知事(103)など計一〇名、評議員

表7-2　アメリカ研究所の陣容
(1943年7月)

所長	三辺金蔵
常務理事	藤原守胤
理事	根岸由太郎
主事	中曽根正三郎
研究員	朝野勉 藤原壽子 藤原守胤 川端益博 神野璋一郎＊ 森分謙一 鈴木圭介＊ 立入廣太郎＊ 高妻靖彦 山家豊
事務員	小林文子 國井千鶴子 宅間聖智

注）研究員中、＊印は立教大学教員(助手も含む)との兼務を示す。
出典）学校法人立教学院本部事務局所蔵の辞令書より作成。

として東京帝国大学の高柳賢三、高木八尺両教授ら一一名、理事として同じく東京帝国大学教授の神川彦松や元外務省アメリカ局第一課長の藤村信雄・情報局諮議ら三名の名前が挙げられている。役員に陸海軍の高級将校や情報局高官を加えることで、国策色をアピールしたかったのだろう。

先の「アメリカ研究所機構及事業一覧表」で示された研究所の機構は、顧問、評議員会、理事会などの役員関係のほか、研究所長の下に総務部（庶務課・会計課）、戦時協力部（宣伝対策研究室・宣伝関係資料室、各種委員会室）、研究部（政治外交班・経済班・文化班）、図書部（資料課・出版課）の四部編成であった。事業一覧表中の「各部ノ業務又ハ昭和十八年予定事業」欄には「米州関係ノ戦時情報ノ蒐集分析」や「対米宣伝対策ノ立案」（以上、戦時協力部）、「陸海軍部、情報局、外務省等ノ関係官庁ヨリ随時提出サレル課題ヲ常ニ優先的ニ調査報告ス」「アメリカ講座ノ開設」「アメリカ経済統計図表（全九巻）ノ編纂」（以上、研究部）など、様々な事業内容が列挙されており、これら諸事業を推進する「各部予定人員」は、例えば研究部だけで専任研究員一五名、兼任研究員一五名、助手一五名、嘱託一五名の計六〇名を数えるなど、四部全体で一六二名という壮大な組織が構想されていた（既述のように、現実には、当時の研究員はわずか一〇名ほどであった）。

もっとも、趣意書には「抑々敵を識るは戦捷の要諦である。特に吾等が最大の敵アメリカの眞相を識るの急務今日より大なるはない」との認識に立って、アメリカ研究所は「民間に於ける対敵思想及び宣伝戦の参謀本部的使命を愈々活発強力に遂行せんことを期する」ために「一大拡充を断行」する旨が記され、また末尾も「冀はくば……事業内容御参看の上、奮つて御賛同御後援を賜はらんことを」と結ばれていることから、この冊子は研究所の実情を必ずしも正確に反映するものではなく、募金運動との関連で作られた、いわば宣伝用の冊子と見るべきだろう。鈴木圭介が「一所懸命宣伝しながらやっていたんです。宣伝しないとお金が入ってこないというので、宣伝しながらやった」と語り、会計簿に「募金運動費」の支出がしばしば記録されているように、当時にあっては外部資金獲得の「宣伝」も重要な活動の一部だったのである[104]。ちなみに、立教学院の収支決算書によれば、アメリカ研究所の一九四三年度の収入は二万一三七八円三九銭（外務省と情報局から各三五〇〇円、参謀本部から六六〇三円の助成金と、寄付金七六五五円八二銭を含む）で、一九四四年度のそれは五万八七七円二四銭（外務省三五〇〇円、情報局三二五〇円、参謀本部七五二八円の助成金と、三万六〇九九円一七銭の寄付金を含む）、そして一九四五年度は一万九四九八円五一銭（外務省四五〇〇円、情報局一〇〇〇円、寄付金四九五〇円を含む、参謀本部からの助成金はなし）であった(105)。

それでは、研究員たちは、実際にどのような研究活動を行っていたのだろうか。一九四三年初旬にラッシュ教授旧宅（五号館）に研究所の事務所を構えてから、しばらくそこで活動していたが、同年一二月頃、かつてアメリカ人教員が居住していた洋館二棟――二号館と三号館（オーヴァトン教授の旧宅）――に移った(106)。鈴木圭介が「研究所の建物には、アメリカ人たちが帰った後の、彼等の校宅があてられ、その一棟に図書室が、また別の一棟の二階に経済関係の何名かが入ることになりました。『アメリカ研究所』という看板を家の前にかけておきますと、子供たちがやってきまして、『アメリカだ！』といって、石を投げこむ、そういう雰囲気の中でアメリカ研究をするという状況でした」と明かした逸話は(107)、したがって一九四三年末以降の出来事であろう。

反米的な空気が漂うなかでのアメリカ研究であり、組織として国策色も出さなければならなかったのだが、研究員はあくまでもアカデミックな研究を心がけ、互いに理想論を出し合いながら「理想的な研究所にしよう」と情熱を傾けていた。一九四三年四月から正式に研究所に加わった鈴木圭介によれば、研究員たちはフランスのパストゥール研究所――一八八七年創設、パリに拠点を置き、生物学・医学研究の専門研究機関として名高い――が採用していた研究者カード・システムに着目し、アメリカ研究所でも取り入れようと試みていたという。鈴木は次のように回想する。

パスツール研究所では、みんなの研究成果がカードになっていて、そのカードを引くと、他の研究所員がいま何を勉強していて、どういうデータが集まったかということが、一目瞭然になっているのを知りました。われわれの研究所でもこのカード・システムをとり入れようという意見がありました。しかし本気でやろうとするとなかなかむずかしくて、たとえば農業生産物や工業生産物の量的なデータはカードにしやすいけれども、その社会関係はデータにしにくいものですから、全部をカード・システムにすることはできませんでした。社会科学関係の研究所では、カード・システムはうまくいかないんじゃないかという異論も出たり何かしまして、なかなか成立しませんでしたけれども、みんながいろいろ理想論を出して、いい研究所をつくろうという気持はあったと思います[108]。

研究方法については個人研究を基本とし、研究所内や外務省等の研究会で各人のテーマに沿って報告、議論していくというスタイルであった。例えば、朝野勉がアメリカの農業調整法（AAA）について、高妻靖彦はニューディール時代の労働問題を報告し、あるいは外部講師として、藤原常務理事との共著『アングロサクソン民族』（六盟館、一九四三年）で「アメリカ合衆国史」を論じた世界経済調査会の菊池謙一を招いた。さらに、研究員たちは都留重人らが外務省で開いていた「ニューディール研究会」に出席することで知的刺激を受け、同省で配られた『アメリカ経済の構造（*The Structure of the American Economy*）』（アメリカ内務省資源委員会産業部編、一九三九年）のリプリント版を持ち帰って研究所内で分析報告を行ったりした[109]。一方で、研究所の事業は大学の教育プログラムとは切り離されていたのだが、学生からの相談には気軽に応じたようである。一九四三年一二月に銀座の松屋デパートで開催される「学徒海洋展」の準備をしていた国防研究会海洋班の部員が、展示課題の「アメリカ政戦両略の一致」について、藤原常務理事に相談したところ、藤原は部員の話を聞いた上で、自分は「外務省の嘱託をしておりますので、そこの部下に紹介状を書きますから外務省に行きなさい」とアドバイスしたのは、その一例である[110]。

日米開戦後の研究活動として個人研究以外に特筆すべきは、軍も含めた外部からの委託研究であろう。具体的には、例えば軍から手交される『フォーチュン（*Fortune*）』などアメリカの雑誌等を読解し、先方から委嘱された特定事項の調査研究を実施して、それら情報を提供する、というものである(111)。これら委託研究との関連で作成されたと見られる調書が五冊現存するが(表7-3を参照)、いずれも一九四五年一月の作成で、そこでの分析対象はアメリカ政府・軍の諸施策や戦略、世論動向などに向けられ、研究員・清水博の言葉を借りるならば、いわば「アメリカの弱点を探す仕事」であった(112)。とはいえ、資料の批判的考察に努めた形跡があり、また反米感情をいたずらにかきたてるような筆致は抑えられていた。学問的な立場からアメリカを見る姿勢は研究員たちの言動にも投影され、軍に迎合的なアメリカへの著しい過小評価とは一線を画していたように思える(113)。他方、ほとんどの調書には「極秘」「秘」「取扱注意」などの押印が付されているが、提出先や作成経緯を伝える情報はほとんど記されていない。「ハンソン・ボールドウィン著『米国の防備と戦略』(紹介と批判)」については、その表紙に「参謀本部に提出のものと思う(清水)」と、清水博が(恐らく戦後に)手書きで書いており、参謀本部からの委託研究の成果だったことを窺わせる。また、「米国民の対戦感情」と題する調書には、表紙に「調査研究動員本部第六委員会報告」、内表紙に「担当　アメリカ研究所」とあるから、首相所管の国策機関である調査研究動員本部の委託研究だったことがわかる。調査研究動員本部は一九四四年の春、閣議決定に基づいて創設された財団法人で、「政府ト緊密ナル連繋ノ下ニ主トシテ民間ノ行フ調査研究ノ成果ヲ綜合的ニ動員スル」ことがその任務であった。興味深いことに、一九四三年七月に立教大学教授を辞職した河西太一郎が動員本部の業務局次長という要職に就いており、アメリカ研究所への委託の背景には、あるいは彼の存在があったかもしれない(114)。なお、委託研究との関連だと思われる

表7-3　アメリカ研究所作成の調書

	表　　題	作成年月	押　印
1	米国民の対戦感情	1945. 1. 15	「極秘」
2	米国戦後通貨案の性格	1945. 1	「取扱注意」
3	ボールドウィン著『米国の防備と戦略』(紹介と批判)	1945. 1	—
4	戦局・国内生活・政府輿論の諸動向一覧表	1945. 1	「秘」
5	フォーチュン誌輿論調査—自1941年8月至1944年3月	1945. 1	「秘」

注)調書4・5のみ作成・編者の個人名(飯島淳秀研究員)が記されている。

出典)調書1～3は学校法人立教学院本部事務局、4・5は立教大学アメリカ研究所が所蔵する。

が、アメリカ研究所の会計簿には「翻訳料」の支出が頻出し（特に一九四四年一二月まで）、片倉藤次郎――『世界をどうする――独英米巨頭の咆哮』（新興亜社、一九四一年）などの訳書がある――らに対して原稿料が支払われたことが記録されている。

一九四四年の春頃から、研究員や事務員の間で、応召、疎開などによりアメリカ研究所を後にする者が出始めた。すでに前年九月二三日には「悲愴な空気」が漂うなか、いわゆる繰上げ卒業式（第二〇回）が行われ[115]、徴兵猶予の特典が停止された文科系の学生たち――立教大学の場合、文学部と経済学部の二学部だったため、両学部の学生がこれに該当する――は軍隊に入営するために次々と母校を去っていた。アメリカ研究所でも、その会計簿には一九四四年五月二五日、応召する研究員に「餞別」を支出した旨が記され、六月一二日には川端益博研究員、一二月二三日には事務方の宮崎一弥・総務部庶務課長に「応召ニ付」餞別が手交されたと書かれている。他方、飯島淳秀研究員は、空襲が激しさを増していた一九四五年五月に研究所を辞め、家族と東京を出て静岡県の千頭に疎開した[116]。

興味深いことに、一九四五年に入ると、研究員だけでなく研究所の蔵書までが疎開の対象となった。会計簿の一九四五年四月の項目に初めて「交通費　上野原分室行定期券」として一〇〇円が計上されたのは、研究所蔵書の疎開と関係があろう。実は山梨県上野原町には当時、研究員の鈴木圭介と朝野勉が疎開しており、彼らはそこから池袋の立教に通勤していた[117]。経済史家で立教の教壇にも立った東京帝国大学の大塚久雄助教授の紹介で、上野原に疎開先の居を定めていた鈴木圭介によれば、この「蔵書疎開」ともいうべき営みは次のような形で実施されたのだという。

ぼくの疎開先のすぐそばに、農家の鶏小屋の跡があって、そこへ研究所の本を疎開しようということになりました。ところが、大学側は、その疎開に賛成しませんでした。それなら自分たちだけでやろうということになりまして、大学の援助なしに、研究所員だけで、リュックに本を詰めて、両手に大きなふろしき包みを持って、満員電車の中を上野原まで、何回も何回も本を運びました。

リュックを背中に担いで、重いふろしき包みを両手に持って電車に乗っていまして、満員で人がいっぱいになってきますと、それが重たいものですから、リュックが下へ押し下げられて、だんだんのけぞって、あおむけになっちゃうんです。ふろしきの結び目がとけて、満員の乗客の足元に本が散らばっちゃったりしました。人をかき分けながら本を探したりしました。時には、空襲警報が鳴って、列車から降りて、重い荷物を担いで、八王子の駅の近くを走り回ったり、河原の方まで逃げていったりしました(118)。

当時の苦労が偲ばれるとともに、彼らが研究の基盤である蔵書を守ろうと自ら蔵書疎開を着想し、危険をも顧みず地道に、そして粛々と行動に移したその献身的な態度には、アメリカ研究に対する彼らの熱意と責任感が投影されている。

一九四五年三月一〇日に浅草、深川界隈を襲った東京大空襲に続いて、四月一三日には池袋も空襲に見舞われた。立教の近所に居を構えていた探偵作家・江戸川乱歩が書き留めた「立教大学はアメリカの出資で出来た学校なので、巧みに同校だけ焼夷弾攻撃をしなかったのだ」との当時の噂(119)が神話であったことは、四月一三日の空襲でアメリカ研究所を含む立教の施設七棟が焼失した事実が示している。被災状況について鈴木圭介は次のように回顧する。

池袋の空襲は、ちょうどぼくが当直の晩でして、夜中だったんですけれども、あたりがだんだん明るくなってきて、いつの間にか夜が明けたのかと思いましたら、そうではなくて、周りが全部火の海になっていました。そして、空襲の最中に、アメリカ研究所の一部が焼けてしまいました。

その当時、立教大学の1棟を、陸軍の工兵隊が徴発しておりまして、ぼくがちょうどそこを通りかかったときに、工兵隊の部隊長が兵隊たちに訓示をしておりました。「立教大学の本館が焼けてもやむを得ない。放置しておく。ただし、自分たちの方へ類焼してきたときには、ここは死守せよ」というものだったので、ひどいことをいっていると思って、ちょっとびっくりしました。そこを通り抜けてアメリカ研究所の方へ行ってみましたら、ぼくたちの研究室の建物が燃え始めておりました。初めは、バケツで水をかけたりしておりましたけれども、とてもそれではだめだ、これはやっぱりあそこの兵隊さんたちに助けてもらうほかはないと思いまして、ぼくは、そこへ飛んで行きまして、消火をやってほしいと頼みました。そうしたら、さっきの訓示があったためか、渋っておりましたけれども、ぼくがかなりしつこく頼んだもんですから、とうとう出てきてくれました。消火器のホースを運んだりしましたけれども、ホースというのはとっても重いんでびっくりしました。それで水をかけたりしました。その噴射は強力でしたけれども、そのときはもう手遅れで、研究所の1棟が焼けてしまいました。ぼくの書棚とか、デスクとか、原稿なんかも、そこで大分焼けました。ただ、幸いなことに、書庫になっていた研究所の別の建物は燃えませんでした。ですから、ぼくたちの疎開の努力は、いわばむだな努力だったわけです(120)。

当時、アメリカ研究所は二号館と三号館の二棟を事務所として使っていた。松崎理事長が豊島区長に提出するために準備した「建物焼失証明書」には「三号館(アメリカ研究所)」が延焼したと記されているから(121)、焼けたのは研究室(三号館)であり、二号館の書庫は焼失を免れたことになる。池袋空襲後、アメリカ研究所では、一九四五年七月に「講演会」(内容や規模は不明)を催した形跡はあるが、調査や研究活動は非常に困難な状況に追い込まれていた(122)。

おわりに

創設から敗戦にいたる七年という歳月は、アメリカ研究所の関係者にとって決して平坦な道のりではなかった。アメリカ聖公会が作り育てた学校――この生い立ちこそが、立教大学にアメリカ研究所が創設される機縁となった。創設に携わった立教の日米関係者たちは、かかる機縁を生かして自ら一九三九年にアメリカ研究所を立ち上げ、もって立教の独自色を打ち出すとともに、より大局的には、学術的な見地から日米両国間の相互理解と親善を深める一助にしようと試みたのであった。このような、いわば実践的地域研究ともいうべき側面を含む高邁な理念は、ニューヨークの母教会の共感を呼び、またこれに賛同する駐日大使を介して合衆国政府の好意的な支援をも引き出した。

立教大学アメリカ研究所が立教の全学的なプロジェクトだったことは、その陣容が学院総長、大学長、文・経両学部長、予科長など立教の幹部と各学部、予科の看板教授で構成されていた事実からもわかる。研究所初期の主要事業の一つであったアメリカ関係文献の収集は、アメリカの政府、民間（教会等）からの援助のお陰で充実が図られ、出発時に二〇〇〇冊だった関連蔵書は、日米開戦前には約一万冊を数えるまでになった。もう一つの事業の柱である研究面については、アメリカ社会を総合的、学術的に研究する姿勢を基調に据え、一九四〇年初夏には、教授陣の個性を反映した意欲的な計画案も策定された。さらに、一九四〇年七月、日本外務省はその希少性や機宜の問題などを考慮して、アメリカ研究所への補助金の支給を決定した。このように、その活動が緒に就いたばかりの、まさにそうした時期に、日米両国が敵対関係に入ってしまったことはアメリカ研究所にとって不幸であった。

一九四一年一二月の真珠湾攻撃により、日米両国民と同様、立教大学アメリカ研究所もまた国家間の衝突の激流に押し流されていった。アメリカとの「親善」を旨に創設されただけに、日米開戦後のアメリカ研究所の立ち位置は微妙なものとなったが、関係者たちは「国策協力」を標榜しながらアカデミックな研究を追求するという、したたかな身の処し方でこの苦境を乗り越えようとした。彼らが掲げた「国策協力」という名分はアメリカ研究所に「全日本的」な位置づけを与え（それゆえ、名称から大学名を外した）、広い意味での組織防衛の一手段としても機能したように見える。戦時中に真正面からアメリカ研究を行う、その希少性と専門性を評価したのであろう、外務省に続いて、参謀本部、情報局も一九四三年度から相次いで補助金を支給するようになり、アメリカ研究所は文字通り「国策機関」の衣を身にまとうことになった。もっとも、戦時中も「アメリカ研究所」の名前と活動を維持していく過程では陰の辛苦があり、例えば財政問題はたえず関係者の頭を悩ませたし、さらに開戦前からその兆しが見えていた関係者同士の確執は様々な局面で深刻化していき、研究所の運営にも暗い影を落とした。わけても、確執の一角である思想問題は、左翼事件に関連した宮川実教授の逮捕を機に、研究所の水面下で波紋を広げていった。アメリカ研究所の発展に情熱を捧げてきた山下英夫教授が一九四三年六月、自ら非業の死を遂げたことは、研究所の裏側で確かに伏在した「陰の辛苦」を悲劇的な形で象徴する出来事であった。

債務問題などで揺れるアメリカ研究所が立教大学の所管を離れ、財団法人立教学院による経営の下で再出発したのは一九四三年八月末のことである。研究所は従来のような各学部の重鎮を中心とせず、鈴木圭介ら若手・中堅を軸に再編され、研究所の発展を願った山下教授の遺志は、教授の働きぶりを間近で見ていた彼ら若き研究員によって引き継がれた。常務理事の藤原守胤ら幹部が、研究所財政の安定化に苦慮を重ねながら尽力したことにも支えられ、若手研究員たちは学問的な見地からアメリカに向き合い、研鑽を積むことができた。彼らは軍から回される、当時入手が困難だった諸資料の分析などの委託研究に当たる一方で、外務省の若手官僚や都留重人ら所外の研究者との交流を通して知的刺激を受けた。さらに、日ごとに空襲が激しさを増すなか、蔵書を都外に避難させることを着想し、これを敢行することによって、先達が残した財産であり研究の糧でもある蔵書を身を挺して守った。このように、日米開戦という歴史が与えた試練に対して、研究員たちは学術的なアメリカ研究を深めるべく模索を続けることで応えた。そして、時局に翻弄されながらも、地道な知的努力を重ねた研究員たちの真摯な営みが、戦後直後のアメリカ研究所の鮮やかな再生への道を用意し、戦後のアメリカ研究の礎を築き上げる地下水脈ともなったのである(123)。

注

(1) 海老沢有道編『立教学院百年史』学校法人立教学院、一九七四年、一四二～一四三頁。

(2) Wood to Murphy & Dana, 1 July 1913, Japan Records, microfilm, Reel 17-1-163. 日本聖公会管区事務所所蔵複製版で、原文書はArchives of the Episcopal Church, Austin, Texas, USAが所蔵する。『財団法人立教学院寄附行為』一九三一年八月七日認可、立教学院史資料センター所蔵。

(3) 例えば、財団法人立教学院の理事長・理事一覧を参照（立教学院百二十五年史編纂委員会編『立教学院百二十五年史』資料編第三巻、学校法人立教学院、一九九九年、一八〇～一八一頁）。「早慶明法立大学生気質」『受験と学生』一九三三年一一月一日、一二三頁。『立教大学一覧　昭和十四年度』立教大学、一九三九年、六一頁。武藤重勝「自由の園の知識と魂の母」『受験と学生』一九二七年一月一日、一四六頁。芙蓉生「立教予科生活点描」『受験旬報』第八巻第一八号、一九三八年、九六頁。

(4) 『東京朝日新聞』一九三九年一二月二〇日付。米田俊彦『教育審議会の研究――高等教育改革』（野間教育研究所、二〇〇〇年）四一五～四二四頁。大島宏氏のご教示による。なお、一九五八年に同志社大学アメリカ研究所が、そして一九六七年に東京大学アメリカ研究資料センター（現・アメリカ太平洋地域研究センター）が設置されたように、他大学にアメリカ研究の専門機関が設けられたのは戦後に入ってからのことである。

(5) 一九三九年一月二八日の会合に関する叙述は、ラッシュ教授作成の議事録に依っている（Minutes of Meeting, 28 Jan. 1939.「スパックマン・オーヴァトン文書」立教大学図書館新座保存書庫所蔵）。

(6) 「昭和十四年度図書館費」「スパックマン・オーヴァトン文書」所収。

(7) 『アメリカ研究所／立教大学維持会関係文書』立教学院史資料センター所蔵。

(8) ここで示されたアメリカ研究所の存在理由――立教の独自性の発揮と日米親善という公共性への寄与――は、その後も受け継がれ、例えば、一九四〇年四月二六日、校友会・同窓会など学内関係者に対しても、「独り吾立教大学の特色を生かすのみに止まらず、進んで日米両国間の理解と親善とに寄与するところ大なる」と説明されている（立教大学『立教大学アメリカ研究所概要』立教大学アメリカ研究所所蔵)。現在、アメリカ研究所が所蔵する関係文書は、清水博氏(立教大学名誉教授、故人)の尽力で収集・保存が図られたものであり、このうち特に草創期関連のものについては、研究所長を長く務められた富田虎男氏(立教大学名誉教授)の手で編纂・復刻されている(清水博・富田虎男編『創設期の立教大学アメリカ研究所——資料集』立教大学アメリカ研究所、一九九四年)。なお、一九三二年の二つの調査報告書と「立教学院拡張一五年計画」については、本書第一章の大江満「戦時下外国ミッション教育の危機——立教首脳の動揺と米国聖公会の決断——」参照。また、豊田雅幸氏からも助言を得た。

(9) Reifsnider to Wood, 19 Apr. 1939, Japan Records, Reel 30-3-276.

(10) 立教大学経済学部研究室のスパックマン教授宛書簡、一九三九年二月四日、「スパックマン・オーヴァトン文書」所収。

(11) ライフスナイダー総長と遠山学長が、専門文庫の創設に主眼を置いていたことは、当時の発言や書簡からも看取できる。Overton to Reifsnider, 7 June 1940.「スパックマン・オーヴァトン文書」所収。Reifsnider to Tucker, 15 Feb. 1940, "Annual Report of the Bishop of the Missionary, District of North Kwanto, Japan, for 1939," Japan Records, Reel 30-3-276. 大江満氏のご教示による。

(12) Reifsnider to Wood, 19 Apr. 1939, op. cit; Wood to Spackman, 8 Nov. 1939.「スパックマン・オーヴァトン文書」所収。Spackman, "The Institute for American Studies." 第四回アメリカ研究所委員会記録、一九四〇年一月二五日、『昭和十五年　自一月　至六月　アメリカ研究所議事録』立教大学アメリカ研究所所蔵。前掲『立教大学アメリカ研究所概要』。ライフスナイダー総長は、一九三九年四月一八日のドゥーマン邸での会合後にアメリカ研究所の設置計画を公にしようと考えていたが、「例の如く」それより先に報じられてしまったのだという(報道したのは一九三九年四月一五日付の『ジャパン・ニューズ＝ウィーク』であった。See clipping from *Japan News-Week*, 15 Apr. 1939, Japan Records, Reel 32-4-294(2); Reifsnider to Wood, 19 Apr. 1939, ibid)。

(13) Reifsnider to Tucker, 15 Feb. 1940, op. cit. 立教大学「部長会記録」一九三九年五月三〇日。

(14) 第一回米国文化研究所(仮称)文庫学内委員会記録、一九三九年六月一三日、『アメリカ研究所／立教大学維持会関係文書』所収。

(15) 『立教学院学報』第六巻第二号、一九四〇年五月二八日。

(16) St. Paul's University Library, *The Institute of American History and Culture: Second List of Needed Books*, July 1939. 立教大学アメリカ研究所所蔵。

(17) 第二回アメリカ研究所図書委員会記録、一九三九年一〇月一〇日、『アメリカ研究所／立教大学維持会関係文書』所収。英語名については、一九四〇年一月二五日開催の第四回アメリカ研究所委員会の席上、スパックマン教授が「The Institute for American Studies」

と題して報告し(『アメリカ研究所議事録』所収)、一九四二年二月発行の研究所図書目録でも同様の名称が使用されている(立教大学アメリカ研究所『立教大学アメリカ研究所図書目録 CATALOGUE OF CLASSIFIED BOOKS OF THE INSTITUTE FOR AMERICAN STUDIES, ST. PAUL'S UNIVERSITY, 1942』一九四二年二月、立教大学アメリカ研究所所蔵)。

(18) Douglas Overton, "The Institute of American Studies," *The Foreign Teacher*, Nov. 1939. 同記事は、立教大学図書館所蔵のアメリカ研究所に関するスクラップ・ブックに収録されていたものである。文庫学内委員会が組織全体の政策立案に際して推進役を務めた背景には、ラッシュ教授の助言もあったと考えられる(Rusch to Reifsnider, 21 Aug. 1939, Japan Records, Reel 30-6-279)。

(19) Milam to Spackman, 23 May 1939; Thomas to Spackman, 23 May 1939.「スパックマン・オーヴァトン文書」所収。「アメリカ研究所事業報告(昭和十四年度)」『アメリカ研究所議事録』所収。

(20) Grew to Reifsnider, 11 May 1940.「スパックマン・オーヴァトン文書」所収。正式な通知があったのは一九四〇年一〇月のことである(『立教学院学報』第六巻第五号、一九四〇年一一月一八日)。前掲『立教大学アメリカ研究所概要』も参照。

(21) 遠山郁三「日誌」一九四〇年四月二六日の条(以下「遠山日誌」と略記)。「遠山日誌」の解読に際しては、浅見恵氏からご教示を得た。アメリカ研究所設立学長招待会記録、一九四〇年四月二六日、『アメリカ研究所議事録』所収。立教大学維持会創立役員会記録、一九四〇年五月一六日、同前所収。

(22) 立教大学「立教大学アメリカ研究所――本年度事業計画並ニ予算及ビ研究部研究大綱」一九四〇年四月、『アメリカ研究所/立教大学維持会関係文書』所収。

(23) 立教大学アメリカ研究所組織に関する会合記録、一九四〇年五月二八日、『アメリカ研究所議事録』所収。

(24) 「遠山日誌」一九四〇年五月三〇日の条。

(25) 『立教学院学報』第六巻第四号、一九四〇年一〇月一七日。

(26) 『昭和十五年六月　立教大学アメリカ研究所――組織、事業計画及研究部研究大綱』立教大学アメリカ研究所所蔵。

(27) 山下知慧子「友情」宮川實編『回想の長谷部文雄』(八潮書店、一九八一年)所収、二一九～二二〇頁。『立教大学新聞』一九四三年七月一〇日付。野球招待券の寄贈にまつわる話については、河上肇の山下英夫宛書簡(『河上肇全集』第二六巻、岩波書店、一九八四年)や河上の日記(同第二三巻、岩波書店、一九八三年)に散見される。

(28) 河上肇の山下英夫宛書簡、一九四〇年五月一一日付、『河上肇全集』第二六巻、四二二～四二三頁。

(29)　宮川實『河上肇――その人と思想』(学習の友社、一九七九年)四七頁。『立教学院学報』第六巻第一号、一九四〇年一月二八日。「経済学を講ずる人々(9)」『ダイヤモンド』一九四一年九月一日、八〇～八一頁。老川慶喜氏のご教示による。山下教授と宮川、長谷部の親密な関係については以下を参照。長谷部文雄「弟子をめぐつて」堀江邑一ほか編『回想の河上肇』(世界評論社、一九四八年)所収、二五一～二五二頁。東京大学アメリカ研究資料センター編『鈴木圭介先生に聞く』(一九八一年)四頁。

(30)　Overton to Reifsnider, 7 June 1940, op. cit.

(31)　詳しくは、竹内洋『大学という病――東大紛擾と教授群像』(中央公論新社、二〇〇一年)参照。山中一弘氏のご教示による。

(32)　「遠山日誌」一九四〇年六月一四日の条。

(33)　「遠山日誌」一九四〇年五月二二日の条。

(34)　田辺教授がマルクス経済学者に不信感を抱いていたのは、一九四一年二月に発表した「昭和十六年度の経済学部」と題する文章からも窺える。教授は、国民教育における大学の役割は「国家に須要なる学術の蘊奥」を究めることにあると指摘する一方で、「徒らにマルクスの独断をもつて科学の眞髄なりと誤認し、凡ゆる批判検討を拒否し、煩瑣哲学的解釈論に終始する如きは断じて許す可からざるものである。我々は我学界よりかゝる残滓を一掃し、眞に国家の進運に貢献する学術の振興を志さねばならぬ」と述べている(『立教学院学報』第七巻第六号、一九四一年二月一〇日)。田辺教授が河西、山下両教授に「左傾の傾向」を看取していたことは「遠山日誌」一九四二年五月二三日の条に出てくる。「左傾」については、前掲・竹内『大学という病』一五頁、参照。

(35)　『芙蓉　紀元二千六百一年』立教大学芙蓉会、一九四一年三月、立教大学図書館所蔵。

(36)　『立教学院学報』第六巻第三号、一九四〇年六月二五日。

(37)　「立教大学『アメリカ』研究所補助方ノ件」一九四〇年六月一七日起案、七月五日決裁、『本邦ニ於ケル文化研究並ニ同事業関係雑件』外務省外交史料館所蔵、外務省記録 I.1.0.0.1。

(38)　外務省の指摘通り、一九四〇年当時、日本国内には、「アメリカ研究所」の看板を掲げるなど、アメリカ研究を真正面に据えた公的な研究機関は立教以外には存在しなかったようである(斎藤眞「日本におけるアメリカ研究――その歴史と今後の課題」『立教アメリカン・スタディーズ』第二二号、二〇〇〇年、七頁)。なお、鶴見祐輔が海軍の協力を得て一九三八年に作った太平洋協会内に「アメリカ研究室」が設置されたのは一九四三年のことであった。当初の中心メンバーは日米交換船で帰国した坂西志保や都留重人、阿部行蔵、鶴見和子らであり、『アメリカ国民性の研究』を嚆矢として、一九四四年二月から「アメリカ研究叢書」を刊行している(松尾尊兊「児玉誉士夫と二十世紀研究所」『丸山眞男手帖』第三七号、二〇〇六年、豊田雅幸氏のご教示による）。

(39)「遠山日誌」一九四〇年一二月一一日、一七日の条。

(40)「遠山日誌」一九四〇年一二月一九日、四一年三月一八日の条。

(41)「遠山日誌」一九四〇年一二月二一日の条。

(42)「遠山日誌」一九四一年二月三日の条。

(43)「遠山日誌」一九四一年二月一八日の条。

(44)「遠山日誌」一九四一年三月二九日の条。

(45)「遠山日誌」一九四一年四月二七日の条。

(46)「遠山日誌」一九四一年五月一日、二日の条。

(47)「遠山日誌」一九四一年五月八日の条。アメリカ研究所本部委員会会議録、一九四一年五月一六日、立教大学アメリカ研究所庶務部「昭和十六年四月起　記録」立教大学アメリカ研究所所蔵。

(48)「遠山日誌」一九四一年二月一二日、一八日の条。『立教学院学報』第七巻第七号、一九四一年五月六日。Columbia University, Oral History Collection, microfiche, ORL-1, Part II, Overton, Douglas W. 国立国会図書館憲政資料室所蔵。

(49)『立教学院学報』第七巻第九号、一九四一年六月三〇日。

(50)『立教大学新聞』一九四一年一〇月一日、一一月一日、一二月一〇日付。「遠山日誌」一九四一年六月二六日、九月二九日、三〇日の条。「アメリカ研究所図書室蔵書内容並ニ概表（昭和十六年十月末現在）」「立教大学庶務課文書」立教学院史資料センター所蔵。

(51)「財団法人立教学院第四十五回理事会記録」一九四一年一〇月二二日。披露式案内状や発送先一覧などの立教大学アメリカ研究所披露式関係文書、「立教大学庶務課文書」所収。「遠山日誌」一九四一年一一月八日の条。『立教大学新聞』一九四一年一二月一〇日付。ちなみに、一九四〇年の外部閲覧者は一〇名であった（「遠山日誌」一九四一年二月一八日の条）。

(52)『立教大学新聞』一九四一年一一月一日付。

(53)「遠山日誌」一九四一年一二月八日の条。

(54)ライフスナイダーの要職辞任については、一九四〇年一〇月四日開催の第三五回理事会記録、および一九四一年八月一日の第四二回理事会記録を参照。『立教大学新聞』一九四一年一〇月一日付。「遠山日誌」一九四一年九月三〇日、一二月四日の条。山梨日日新聞社編『清里の父ポール・ラッシュ伝』（ユニバース出版社、一九八六年）二五一～二五二頁。
(55)「遠山日誌」一九四一年一二月一六日の条。『立教大学新聞』一九四二年一月一日付。
(56)『立教大学新聞』一九四二年一月一日付。
(57)「遠山日誌」一九四二年五月八日、一五日の条。
(58)「遠山日誌」一九四二年四月一一日、一四日の条。
(59)「遠山日誌」一九四二年四月一七日の条。
(60)「遠山日誌」一九四二年五月一五日、二〇日の条。
(61) 内務省警保局保安課編『特高月報　昭和十七年三月分』六、三四頁。
(62) 宮川後任人事について、山下教授は一九四二年九月一七日の経済学部教授会の席上、ハーヴァード大学経済学部出身で、日米交換船で帰国したばかりの都留重人を推したが（「遠山日誌」一九四二年九月一七日の条）、この話はいつしか立ち消えになった。都留の立教着任が実現しなかった背景には、一説によれば、「都留は好ましくないイデオロギーの持主だ」との田辺教授の反対があったという（都留重人『いくつもの岐路を回顧して』岩波書店、二〇〇一年、一九〇～一九一頁）。
(63)「遠山日誌」には「河野」と「神野」が混在して出てくるが、当時の教職員名簿である立教大学『昭和十七年六月現在　教職員住所録』（立教学院史資料センター所蔵）には、「河野」（「こうの」もしくは「かわの」）は存在せず、「コ之部」に神野璋一郎の名前が見出せるだけである。この事実と「遠山日誌」当該箇所の文脈から、「河野」は「神野」の誤記と考えるのが妥当であると判断した。以下、本文中で「河野〔神野〕」とある場合も同様の理解に基づく。
(64)「遠山日誌」一九四二年五月二二日の条。
(65) 永井均「遠山郁三——戦時下の難局に向き合った一医学者の肖像」『立教学院史研究』第三号、二〇〇五年を参照のこと。
(66)「遠山日誌」一九四二年五月二三日の条。遠山学長は同じ日の日誌に、教授間の対立を「経済学部紛争」と表現している。
(67)「遠山日誌」一九四二年五月二七日の条。
(68) 松下教授の一連の発言は、「ここ〔アメリカ研究所—永井注〕を抵抗の拠点にしようという動きも当然あったでしょう」と見た、渡辺一民氏の推論（『座談会　研究と教育の場としての立教——その歴史を語る』立教大学、二〇〇五年、一七頁）を裏づけている。
(69)「遠山日誌」一九四二年六月一日の条。

(70) 「遠山日誌」一九四二年六月九日の条。
(71) 「遠山日誌」一九四二年五月二一日、六月九日、一二日の条。東京大学アメリカ研究資料センター編『藤原守胤先生に聞く』(一九七八年)八頁。
(72) アメリカ研究所本部委員会会議録、一九四二年七月一四日、前掲・庶務部「記録」所収。
(73) 前掲『鈴木圭介先生に聞く』七頁。
(74) 「遠山日誌」一九四二年一二月一四日の条。
(75) 山家豊「幻の『アメリカ経済図表』」前掲『回想の長谷部文雄』二三八頁。
(76) 同前、二三八〜二四二頁。
(77) 永井均・豊田雅幸「立教学院関係者の出征と戦没——戦時下の学内変動に関する一考察」本書第一二章参照。
(78) 「遠山日誌」一九四二年一〇月三日の条。
(79) 「遠山日誌」一九四二年一〇月一三日の条。
(80) 「遠山日誌」一九四二年一一月七日の条。
(81) 「遠山日誌」一九四二年一〇月二〇日の条。一九四三年七月二四日付の辞令書が学内に現存する森分謙一研究員の履歴書(一九四三年八月三〇日付の内閣文書に添付されたもの)には、一九四二年一〇月に「立教大学内アメリカ研究所戦時協力部長ニ招聘セラレ米国戦時情勢及対米戦時宣伝対策ノ研究指導ニ従事ス」と記されている(「森分謙一情報局ノ事務嘱託並勤務ノ件」『昭和十八年任免　巻一八三』国立公文書館所蔵)。
(82) 「遠山日誌」一九四三年一月一六日の条。
(83) 立教大学総長秘書「昭和十八年二月起　学事日誌」一九四三年四月一九日の条。
(84) 『特高月報　昭和十八年三月分』九頁。
(85) 東京大学アメリカ研究資料センター編『清水博先生に聞く』(一九七七年)二頁。前掲『鈴木圭介先生に聞く』二六頁。
(86) 一九四〇〜四二年度のアメリカ研究所の収支決算書は、前掲・庶務部「記録」所収の数字に依った。
(87) 前掲『鈴木圭介先生に聞く』一一頁。
(88) 前掲『藤原守胤先生に聞く』九〜一〇頁。

(89)「財団法人立教学院第五十七回理事会記録」一九四三年一月二六日。
(90)「遠山日誌」一九四三年一月三〇日の条。前掲・永井「遠山郁三」も参照。
(91)鈴木圭介「『立教経済学研究』創刊のころ」『立教経済学研究』第二八巻第三・四合併号、一九七四年、五六八頁。
(92)「財団法人立教学院第六十五回理事会記録」一九四三年七月一四日。
(93)「学事日誌」一九四三年六月二一日、二二日の条。前掲・鈴木「『立教経済学研究』創刊のころ」五六八頁。親友の宮川教授は自殺の背景について、共産党幹部をかくまっていたとされる問題との関連で、警察の追及と逮捕の危険が山下教授の身辺に迫っていた点を挙げている(前掲・宮川『河上肇』四七頁)。外交史家・清沢洌の一九四四年四月二五日付の日記にも類似の記述がある(『暗黒日記2』筑摩書房、二〇〇二年、一六九頁)。
(94)「学事日誌」一九四三年七月二日の条。『立教大学新聞』一九四三年七月一〇日付。
(95)「学事日誌」一九四三年七月二三日の条。「財団法人立教学院第六十六回理事会記録」一九四三年八月三一日。
(96)時期はやや隔たるが、文科系大学の統合・整理という戦時文部行政の方針が示された時、文科系学部しか持たない立教大学は、文部当局に対して、立教の「存続ヲ希望」すると回答したのだが、その際、アメリカ研究所の存在についても引き合いに出した。立教学院には「情報局陸軍参謀本部外務省等ト密接ノ関係ヲ有スルアメリカ研究所アリ豊富ナル文献ヲ有シ且此ニ従事スル青年有能ノ教授其ノ他知名ノ学者等多数ヲ擁シ」ているゆえ、立教大学で「大東亜共栄圏留日学生」を教育する適任者が多い、というのである(「財団法人立教学院第七十一回理事会記録」一九四三年一一月二九日)。
(97)「経済学部紛争」の当事者として、例えば松下教授と大野講師は一九四三年五月二七日付で辞職し(『立教大学新聞』一九四三年六月一〇日付)、田辺、福田両教授は八月二八日付で辞職している(「立教大学庶務課文書」所収の辞令通知)。
(98)永井均・豊田雅幸「学長と総長——錯綜する呼称をめぐって」『立教』第一七四号、二〇〇〇年参照。
(99)清水博「アメリカ研究所めぐり——その(1)立教大学アメリカ研究所」『財団法人アメリカ研究振興会会報』第三四号、一九七八年、四頁。なお、森分謙一研究員は一九四三年八月三一日付で情報局事務嘱託(無給)として第三部対外報道課に勤務することになった(経歴を含め、前掲「森分謙一情報局ノ事務嘱託並勤務ノ件」参照)。
(100)「学事日誌」一九四三年七月二六日の条。
(101)アメリカ研究所「会計簿」一九四三年一〇月二七日、立教学院史資料センター所蔵。

(102) アメリカ研究所『趣意書及役員』（作成年月は不明）立教大学アメリカ研究所所蔵。
(103) 前田多門の新潟県知事就任は一九四三年七月一日であるから、『趣意書及役員』は四三年七月以降の作成ということになる。
(104) 前掲『鈴木圭介先生に聞く』二六頁。一九四四年五月～四五年六月頃まで「募金募集費」「募金運動費」などの件名で頻出する。一九四三～四五年度の立教学院収支決算書（立教学院史資料センター所蔵）に依っている。
(105)
(106) アメリカ研究所「会計簿」一九四三年一二月二日の項目には「事務所引越ニ際シ所員拾名弁当代」として一一円が支出され、この頃から、二号館、三号館の水道料や電灯料も計上されている。「飯島淳秀先生に聞く」『英米文学』第五〇号、立教大学文学部英米文学研究室、一九九〇年、二一五頁。
(107) 前掲『鈴木圭介先生に聞く』一一～一二頁。『朝日新聞』一九九八年七月一五日付夕刊も参照。
(108) 同前『鈴木圭介先生に聞く』一二頁。
(109) 同前、一四、二二～二五頁。
(110) 芳野徹哉「『学徒海洋展のこと』――学徒出陣記念」『あゝわが青春の立教――星ふる幾年　昭和16年に入学して』（「あゝわが青春の立教」出版発起人会、一九九八年）所収、七七頁。前掲『清水博先生に聞く』三頁。
(111) 同前『清水博先生に聞く』二頁。前掲『藤原守胤先生に聞く』九頁。「細入藤太郎先生に聞く」『英米文学』第四九号、一九八九年、一一四頁。
(112) 同前『清水博先生に聞く』二頁。
(113) 例えば、藤原常務理事は参謀本部に通ってみて、「参謀本部の空気がアメリカをばかに侮っているよう」に感じた。ある若手将校などは、余りにもアメリカの国力・戦力を過小評価しており、藤原は思わず、「それはたいへんなまちがいだろう」と苦言を呈さずにはおれなかった。委託研究に対するアメリカ研究所の分析結果も、「アメリカをあまり高く評価しすぎている」と思われたのか、参謀本部から「だんだんうとまれてきた」のだという（前掲『藤原守胤先生に聞く』九～一〇頁）。
(114) 柘植秀臣『東亜研究所と私――戦中知識人の証言』（勁草書房、一九七九年）二一一～二二〇頁。
(115) 当時、文学部講師だった宮本馨太郎氏の日記、一九四三年九月二三日の条、宮本瑞夫氏所蔵。
(116) 前掲「飯島淳秀先生に聞く」二一五頁。
(117) 鈴木圭介追悼文集刊行委員会編『自由の風――鈴木圭介追悼文集』（私家版、一九九九年）四二頁。
(118) 前掲『鈴木圭介先生に聞く』二一頁。

(119) 江戸川乱歩『探偵小説四十年』(桃源社、一九六一年)三一八頁。
(120) 前掲『鈴木圭介先生に聞く』二一〜二二頁。
(121) 「建物焼失証明書」一九四五年四月、立教学院『官公署往復書類(二)』所収。
(122) 「会計簿」一九四五年七月に「講演会謝礼、松隈氏ニ対シ」とある。前掲・清水「アメリカ研究所めぐり」四頁。
(123) アメリカ研究所は一九四五年一〇月下旬に、「アメリカ講座」の開講を広報し(『朝日新聞』一九四五年一〇月二五日付)、翌一九四六年一二月には雑誌『アメリカ文化』を創刊するなど、戦後直後から活発に活動を展開した。研究員たちもまた、戦時中の研鑽を相次いで発表している。一九四六年に藤原守胤『アメリカ政治読本』(コバルト社)、一九四七年に飯島淳秀編『アメリカ便覧』(旺文社)、神野璋一郎『戦後におけるアメリカ経済』(社会教育連合会)、高妻靖彦ほか『米英ソの労働事情』(毎日新聞社)、一九四九年に鈴木圭介『アメリカ経済史研究序説』(日本評論社)、藤原守胤『アメリカ革命史論』(慶応出版社)などが刊行されたのは、その一例である。

第三部　戦時下の学園生活

第八章　戦時動員体制と立教中学校

安達　宏昭

はじめに

本章では、日中戦争開始以後の戦時動員体制の変遷と、立教中学校の動向を考察する。この時期の教育に関する動員政策の研究や、各学校側の実態を記録した沿革史は、数多く存在する。ただし、中等教育において、一つの学校の視点から、動員に関連した教育政策の全体的な展開を捉え、その意義を分析する必要性は依然として残されていると考える(1)。一方、当該期の立教中学校の状況については、伊藤俊太郎「立教中学校二〇世紀」(2)や『立教中学校一〇〇年史』(3)といった通史のなかで、その一部分として描かれてきた。その叙述は詳細であるが、通史であるがゆえに動員政策と立教中学校の対応関係を、それぞれの特色をふまえて明確にしているわけではない。そこで本章では、立教中学校の視点から動員政策の変化を捉えることにより、政策の展開過程と立教中学校の対応の特色を明らかにしたい。

教育における戦時動員政策を見ていく際には、次の二つの側面に留意する必要がある。第一に、具体的な戦争遂行に必要な事業や活動に対する協力で、例えば献金や貯金のための活動に協力することや、後には勤労動員がこれに当たる。第二に、総力戦体制を担う人材を育成するための教育内容や方法、すなわち時局教育、軍事教練の強化、修練の強化、課外生活の再組織化、学校行事の再編など、いわゆる「錬成」(4)についてである。戦時動員といった場合には直接的な第一の側面ばかりを注目しがちであるが、第二の側面は兵力動員や勤労動員への準備的施策としての意義があったのであり、両者をあわせて捉えることによって、学校側にとっての全体的な展開を明らかにすることができると考える(5)。

現在、立教池袋中学校・高等学校には、関東大震災を機に池袋に移転してからの戦前・戦後の立教中学校に関する文書や記録、実物資料などが数多く保管されている(6)。なかでも戦前期のものは、行政側からの通達、学校側の報告書、勤労動員の記録類、「教務日誌」など、貴重な第一次史料が多い。本章では、このような史料を利用し、動員政策全般の状況との関係や他の学校と比較することによって、分析を進めていきたい。ただし、一九四四年以後に本格化した勤労動員については、近年各所で研究が進められているので、稿を改めて検討したいと考えている。したがって、対象とする期間は、日中戦争が始まった一九三七年ごろから一九四四年ごろまでとし、その間を三つの時期に分けて分析したい(7)。

一　動員体制の形成

1　国民精神総動員運動・時局教育の展開

日中戦争が始まると、政府は国民精神総動員運動（以下、精動運動）の実施を決定した。この運動は、官民相互協力による国民の自発性に基づいて、戦争遂行のための「挙国一致」をつくりあげる精神運動であった。文部省が主務計画庁の一つであったことからわかるように、教育は精動運動を支える柱の一つであった。このため、中等学校においても、その運動の実践がなされた(8)。また、中等学校では、こうした精動運動と連動する形で、文部省独自による時局教育や修練も推進された。立教中学校も、東京府学務部などからの示達を受けて、これらの運動や教育を実施した。

ここでは、まず、どのようなことが指示されていたのか、一九三九年度に立教中学校に示達された通牒からその状況を見てみよう。

まず、精動運動では、第一に、多くの国家行事にあわせた記念式典の開催が指示された。「支那事変勃発二周年記念行事」「海軍記念日」「靖国神社臨時例大祭」などであるが、さらにこれまで行われてきた国家的式典行事が、精動運動の一環として位置づけられた。例えば、「明治節」の趣旨に「真ニ挙国一致タルノ国民的信念ヲ昂揚シテ国民精神総動員ヲ強化シ強力日本建設ニ向ツテ邁進スルノ決意ヲ固メム」(9)ことが加えられた。第二に「興亜奉公日」「銃後後援強化週間」「経済強調週間」などのキャンペーンの実施が指示された。これには、式典や講演会といった行事だけでなく、消費節減や慰問袋の作製などの銃後協力も含まれていた。第三に、教職員の貯蓄奨励、生徒の貯蓄奨励、消費節約など、経済的な協力を求めたものであった。戦争が長期化して物資が不足し始めたため、精動運動は国民の経済生活を統制する運動に変化しつつあったのである。

一方、東京府学務部は、「防空教育」や「軍人援護教育」など軍事に関わる認識を深める時局教育の実施を指示している。また、生徒の錬成教育も推進するようになり、「学校ニ於ケル夏季及冬季心身鍛練ニ関スル件」「令旨奉戴結核予防国民運動」など生徒の心身鍛練・健康増進といった示達を出すとともに、一九三八年度から精動運動とは切り離し、生徒の修練として「集団勤労作業」を行うように指示し、その計画と報告の提出を求めていた。さらに東京府では、「空地利用協会」をつくり「学校農場」を用意して、申し込みを募っている(10)。

一九三九年五月二二日には、天皇が二重橋前に全国から参集した一八〇〇校の学生・生徒三万二五〇〇人を「御親閲」し、「青少年学徒ニ賜リタル勅語」を「下賜」した。これを機に、学務部では、勅語に対する実践方法を各校で考えさせ、生徒の作文を募り、さらに毎年、この日に記念式典を実施することを通達した(11)。

このように精動運動をふくめて、実に多くの時局関連行事の実施が学校に求められた。そして、行事によっては実施の報告書が提出されていた。さらに、一九三九年度末にも、「時局教育実施情況ニ関スル件」[12]という通達で、各校での精動運動や経済的な動員の状況について報告するよう指示されており、監督されていたのである。

2　立教中学校の対応

前項で挙げた東京府学務部の諸通達に対して、立教中学校側はどのような対応をしたのであろうか。表8-1は、学友会誌『いしずゑ』に掲載された「学校日誌」のうち、教練・時局関連・国家的行事を抜き出したものである。これを見ると、経済戦強調週間などの一部の行事以外、東京府学務部や精動実行部から通達された行事等を概ね実行していたことがわかる。「戦地ヘノ慰問品及慰問文ノ作製発送」や「宮城、神宮、神社遙拝、黙祷、神社参拝祈願等ニ関スル指導」、体位向上、貯蓄増進などの実践が図られていたのである[13]。示達されたもの以外に、立教で独自に時局関連の行事を実施している場合もある。例えば、一九三七年一二月一四日に、南京陥落奉祝提灯行列を催している[14]。多くの学校では、翌日に東京府が主催した奉祝旗行列に参加しただけであった。

さらに、立教中学校は一九三八年一〇月二六日に、天皇・皇后の「御真影」の「下賜」を受けた。一般に「御真影」の「下賜」は、あくまでも学校側からの下付請願に基づいて行われた。立教中学校の場合は、学校側から九月一四日に申請して、「奉戴」することになったのであった[15]。「御真影奉戴」については、学校側から請願申請するといっても、多くのキリスト教主義学校では文部省側からの圧力により行われた。ただし、立教中学校の場合には、すでに学院において立教大学が一九三六年に「御真影」を受け入れており、こうした圧力があったとは考えにくい。中学校が「奉戴」を申請した理由については明確でなく、「中学校の方は軍国調一般化の故で父兄会の要望に因ったもの」[16]と言われているが、いずれにせよ、「皇室中心の教育」[17]の強化がなされたのである。

表 8-1　1939 (昭和14) 年度における教練・時局関連・国家的行事

1	4/25	火	靖国神社臨時大祭につき、午前十時、遙拝式挙行。
2	4/28	金	昼食後、校友、陸軍歩兵中尉村島英夫氏来校、校庭に於て全校生に対し訓話をなす。
3	4/29	土	午前八時、九時の両回、天長節祝賀式挙行、午前八時十分、宮城遙拝。
4	5/17	水	試験終了後、五年級代表は代々木練兵場に於ける学校教練施行十五年記念　御親閲拝受につき東京府下中等学校予行参加。
5	5/21	日	五年級代表、宮城前広場に於ける　御親閲拝受予行参加。午後六時、共立講堂に於ける記念講演会に、職員代表諸星氏、生徒代表 (五甲) 田中英二君参加。
6	5/22	月	五年級代表　御親閲拝受式参加。参列職員帆足校長、小林教官並諸星・小林両氏。四年級以下に就ては、第三時初頭、御親閲拝受の時刻を期し宮城遙拝、後、山本氏より講話あり。
7	6/5	月	第一時、「青少年学徒ニ賜リタル勅語」奉読式、御親閲拝受章に対し分列式、宮城遙拝挙行。
8	6/1	木	午後、四・三・二年級海軍記念館見学、同講堂に於て館長新山海軍中将より日本海海戦に就て講話あり。後、映画観覧。
9	6/6	火	本日より毎日第一時初頭、朝礼及国旗掲揚・宮城遙拝実施。
10	6/13	火	三年級以下、小林教官・小林氏引率の下に長崎町方面へ野外教練施行。
11	6/17	土	四・五年級、小林教官、小林氏引率の下に板橋方面へ野外教練施行。
12	7/7	金	第六時、支那事変第二周年記念式挙行。
13	8/25		三年級以下は27日まで三日間、四・五年は29日まで五日間　集団勤労作業　＊
14	9/2	土	午前十時、帆足校長、東京府庁に於て、青少年学徒に賜りたる 勅語謄本拝受。奉戴後帰校、奉安殿に安置す。
15	9/4	月	第一時初頭、青少年学徒に賜りたる 勅語謄本奉戴記念拝読式挙行。
16	9/7	木	本日より九日 (土) 迄三日間、三年級以下、習志野に野外教練施行。
17	9/11	月	本日より十五日 (金) まで五日間、各学年に亘り、午後、文部省指令に拠る体力機能検査施行。
18	9/24	日	秋季皇霊祭
19	9/25	月	四・五年級、陸軍造兵廠東京工廠にて勤労奉仕。
20	9/26	火	本日より二十八日 (木) まで三日間、四、五年級、富士裾野に野外教練施行。
21	10/3	火	第一時初頭、軍人援護に関し賜れる 勅語奉読式挙行。第四時、各組主任に於て貯金帳検査。正午、軍人援護に関し一分間黙祷。
22	10/5	木	学校教練査閲予行。
23	10/11	水	本日より十三日 (金) まで三日間、陸軍現役将校学校配属令交付十五年記念演習参加のため五年級、静岡県下沼津へ出発。
24	10/14	土	五年級、臨時休業。四年級以下、学校教練査閲予行。
25	10/16	月	学校教練査閲施行。査閲官として近衛歩兵第四連隊長松崎大佐来校せらる。
26	10/17	火	神嘗祭
27	10/20	金	靖国神社臨時大祭につき、午前十時、遙拝式挙行。
28	10/26	木	午前九時、十時の二回に亘り、御真影奉戴記念奉拝式挙行。
29	10/30	月	第四時初頭、教育勅語奉読式挙行。後、校長室に於て教育者に賜れる御沙汰書奉読。
30	11/2	木	厚生省指令による生徒体力検査。
31	11/3	金	午前九時、十時の二回に亘り明治節祝賀式挙行。
32	11/6	月	四・五年級、東京府主催府下中等学校明治神宮奉拝式参加。
33	11/8	水	今明日、全校、成増立大陸上競技場に於いて体力検定施行。
34	11/10	金	第一時初頭、国民精神作興に関する詔書拝読式挙行。
35	11/11	土	午前十時、帆足校長、東京府庁に於いて、皇后陛下より下賜せられたる結核予防並に治療に関する令旨謄本を拝受。奉戴後帰校、奉安殿に安置す。
36	11/14	火	第一時初頭、結核予防並に治療に関する令旨奉読式挙行。
37	11/15	水	午後、二・三年級につき、校友医学博士杉村三郎氏の衛生講話あり。
38	11/17	金	五年級、狭窄射撃施行。
39	11/18	土	四年級、狭窄射撃施行。
40	11/22	水	四・五年級、近歩四連隊に於いて、実包射撃施行。
41	11/23	木	新嘗祭
42	11/24	金	第三時、五年級、豊島師範沿道に堵列、校友小林濤一氏英霊を迎え弔意を表す。
43	12/5	火	第四時、各組主任に於て第二回貯金帳検査。
44	1/1	月	午前八時半、九時半の二回にわたり、新年祝賀式挙行。
45	1/8	月	五年級、小林 (正)・小林 (肇) 両氏引率の下に、陸軍始観兵式拝観。
46	1/26	金	五年級、野外教練施行。
47	1/27	土	四年級、同上。
48	2/11	日	午前八時半、九時半の二回にわたり紀元節祝賀式挙行。
49	3/6	水	地久節 (皇后の誕生日) につき休校。
50	3/21	木	春季皇霊祭。

出典) ＊は『報告書類　昭和十四年度』より作成、それ以外は、『いしずゑ』35・36号「学校日誌」よりそのまま抜粋した。カタカナはひらがなにし、漢字の正字・旧字は、おおむね常用漢字に統一した。

3　対応の特色

立教中学校の対応の特色は、実施において、時局教育や精動運動に関する新たな組織や指導機構をつくっていないことである。前述の「時局教育実施情況ニ関スル件」に対する報告には、次のように書かれている。[18]「一、時局認識徹底ニ関スル件　1．学校ニ於ケル時局教育研究機関　特ニ研究機関ヲ設ケザルモ校長ハ朝礼、式辞場、教室、等ニ於テ極力時局認識徹底ニ努力シツツアリ　本校自治団体タル立教中学校学校市各部、学友会宗教部、母ノ会ノ活動トシテ時局ニ即シタル活動、教育指導ヲ為シツツアリ」。さらに「二、精神運動実践指導ニ関スル事項」[19]でも「1．実践指導機構　第一ニ同ジ」と、報告していた。すなわち、新たな研究機関や指導機構を設立しているのかという質問事項に対し、特にそうした機関を作っていないが、式典などの指導の徹底や、立教中学校にすでにあった組織、特に「学校市」「学友会」「宗教部」といった立教独自の組織を使って指導していると回答しているのである。

「学校市」とは、立教中学校が池袋に移転してきて、新たにつくられた「自治組織」である。[20]いわば現在の生徒会のようなものであるが、中学校全体を「市」とし、全教職員生徒はその「市民」となり、校長が「市長」、クラス担任教師が「区長」となる一方で、各クラスの生徒代表（各三名）が「市会議員」となり「市会」を構成し、クラスからの議案など学校生活に関する事案を審議議決する。そして各クラスの代表一五人（全部で一五〇人）が、風紀部・衛生部・設備部に分属し、執行機関を構成するというものであった。

実際、時局認識活動や銃後後援などの実践は、この学校市が中心となって行った。例えば、一九三八年七月には、市会は「支那事変第一周年」を期して「消費節約ヲ旨トシ学用品ノ愛用ニ留意シ以テ長期戦下ニ於ケル生徒タルノ本分ヲ全ウセンコトヲ期ス。右宣言ス」との決議を行うとともに、記念行事として「各自金属屑物或ハ毛物類廃品ヲ醵出シ金員ニ換エテ皇軍慰問費ニ充ツルコト」などが実施され、十月には、銃後後援強化週間において、これも市会決議により、生徒各員による慰問袋作製がなされた[21]。また、市会は、一九三九年六月には、前月に行われた「御親閲」と出された「勅語」に対して「我等謹ンデ日夜拝誦服膺シ奉リ愈学徒タルノ本分ヲ恪守シ中正身ヲ持シ全力ヲ竭シテ以テ負荷ノ大任ヲ全ウシ聖旨ニ対ヘ奉ランコトヲ期ス」と決議し、生徒の貯蓄推進と貯蓄検査を決定している[22]。この貯蓄検査については、第一回が一〇月三日に行われ、年三回のペースで、各クラスごとの検査が行われていくことになった[23]。これらの事例に見られるように、学校市における生徒に対する自治的な指導を活用して、時局教育・精動運動などを実施したのである。

学友会は現在のクラブ活動にあたり、キリスト教主義学校の特色として宗教部があった。その宗教部では、一九三八年一〇月に他のキリスト教団体と共同で「皇軍将士慰問袋二十四個を作成」し、海軍恤兵部に提出したり、クリスマス祝会の費用を「北支皇軍の慰問事業に寄附」したりした[24]。また、クリスマス祝会においては、「皇軍の武運長久を祈ると共に、慰問の意味で、中学の同窓生にして出征せる者数十人に対し、クリスマス・カードに新年の賀状をも加へてお送り」[25]した。

一九三八年度から本格化した集団勤労作業は、立教中学校では、その年の夏休みの八月二五日から下級生が三日間、上級生が五日間で行われた。一九三九年度も同様に実施された[26]。下級生の作業は、豊島区東長崎にあった敷地を開墾したり、畑地を整理したりと農業に関することであった。自前の施設を利用して、東京府が用意した「学校農場」への申し込みはしなかったのである。

こうした立教の実施方法の特徴をより明瞭にするには、他の学校との比較が有効である。学務部が報告を求めた前述の「時局教育実施情況ニ関スル件」には、具体的事例が示されていた。すなわち、「学校ニ於ケル時局教育研究機関」として「時局部、国防研究室、興亜部」などが挙げられ、精動運動の「実践指導機構」として「訓練部、遠足部其他」が例示されている。文部省側では、こうした組織が作られることを期待していたか、または情報を得ていたからこそ、報告記入例として挙げたと考えられる。実際に府立第一中学校では、全教員と生徒代表を委員とする「府立一中銃後会」が設立され、時局講演会や映画会、出征兵士への慰問等の活動が全校挙げて行われた[27]。また、府立第七中学校では「府立七中叩心寮」がつくられ、道場型の錬成教育が実施された[28]。東京府の用意した「学校農場」に対しては、多くの学校が参加した。

以上をまとめると、立教中学校の時局教育や精動運動の実施上の特徴は、他校で見られたような新たな組織を立ち上げたり、特別な指導機構や教育方法をとらなかった点にある。あくまで立教独自の既存の組織や指導方法（学校市などの生徒自治による指導）などで、「極力時局認識徹底ニ努力シ」[29]ていたのである。

4　対応の要件

次に、このような対応がなぜ可能であったのか、その要件を考察したい[30]。まず、立教中学校側の論理であるが、「基督教主義」と時局教育が結びつけられていたことが挙げられる。この時期の立教中学校の方針を示す文書がある。「日本聖公会内教育機関調査表　昭和十四年四月末ノ調」[31]というもので、ここでは「設立目的」に「基督教主義ニ準拠シ中学校令ニ基キ男子ニ須要ナル高等普通教育ヲ為シ特ニ国民道徳ノ養成ニ力ムルヲ以テ目的トス」が挙げられるとともに、「特殊方針」として「日本精神ノ発揮ト身体ノ鍛錬トニ力ヲ注キ時局ニ即応シ得ル人材ノ養成ヲ主眼トシ喜ンデ勤労ニ従フ習慣ト質実剛健ノ気風トヲ養フコトニ力メツツアリ」としていた。この調査票がどういった目的のもとに提出させられたのか不明だが、提出先が立教の母教会である日本聖公会の教務院であるということから、「建前」ではなく「本音」が出せる可能性が高かった。にもかかわらず、「特殊方針」を掲げていることに注目したい。そこからは、時局に対応した「特殊方針」が「基督教主義」と両立するものである、との学校側の認識を読み取ることができる。

こうしたキリスト教とナショナリズムの接近については、この時期以前から見られたものであった。これまでの立教史研究において、国教を発祥とする聖公会の国家との近い距離感から、立教学院首脳部の言説は一九二〇年代半ばから次第に国家主義へと接近し、一九三〇年代前半には「学校行事における確信的な国家主義への表明へと先鋭化されていった」ことが指摘されている[32]。特に中学校では、一九二〇年から一九三六年まで校長を務め、中学校の池袋での再建に尽力した小島茂雄が、一九三四年の入学式式辞などで、「徳育に於いても、本校独特の学校市制による自治訓練と相俟つて、これを単なる徳育に止めず大日本帝国臣民精神を涵養せしめんと努力してゐますのは、吾等の身体も知識も道徳も一に皆『天皇のため』即ち『国のため』即ち『神のため』といふ信念より出てのことであります」[33]と述べている。「本校独特の学校市制による自治訓練」も「天皇のため」「国のため」と考えていたとすれば、時局教育や精動運動を進めていく際に、学校市制を用いることは容易に理解できるのである。

さらに、当時、チャプレン（学校付牧師）であった前島潔司祭も、「国民精神総動員講話」として、「我等基督教徒は殊に思を潜め力を盡して、天壌無窮の皇運を扶翼し奉り、八紘為宇の国是を実現することに献身努力せねばなりません。是れ実に主キリストの『みな一つとならん為』との聖意を成就する道に外なりません」と、キリスト教の論理から国策への協力を説いていた[34]。

一方、精動運動の方法的な特色にも留意する必要があるだろう。精動運動は、「挙国一致・尽忠報国・堅忍持久」の三つをスローガンとした官民相互協力の「一大国民運動」を目指していた[35]。具体的に精動運動の推進に当たったのは、担当官庁だけでなく、多数の教化団体の加盟を得て結成された内閣外郭団体である国民精神総動員中央連盟であった。地方では東京府の場合には、官民合同による実行委員会が組織されて企画が立てられ、東京府学務部社会教育課が主管部局として実行部となり、市町村に対して運動の実践を指導していた[36]。実践においては「国民ノ積極的奮起ヲ促ス」[37]ことが重要とされ、活動は既存の様々な形態の団体によって「夫々自主的ニ計画ヲ樹立シ実践躬行ヲ旨トシ」[38]て実行されたのである。このような方法で進められたため、活動する団体の自主性や多様性はある程度は認められていた。

それゆえ日中戦争開始から一九四〇年ごろまでは、時局教育や銃後後援活動の実施に関しても、学校ごとに様々な形態が、監督を受けつつも認められていたのである。このことが、戦争協力への自発性が求められていた精動運動期における教育での戦時動員の特色といえよう。

二　動員体制の確立

1　学校報国団・報国隊の結成

一九四〇年に入ると、学校をめぐる戦時動員体制には変化が生じてくる。九月の高等学校長会議において文部省は、「修練組織強化ニ関スル件」を指示し、いわゆる「報国団」を文部省が定めた「準則」に則って結成することを求めた(39)。画一的な組織のもとで錬成の強化を図ろうとしたのである。その後、同じ趣旨の指示が大学の学長会議や、専門学校長会議でなされた。そして、翌年三月一四日に文部次官から各地方長官に向けて「中等学校等ニ於ケル修練組織ニ関スル件」(40)が発せられ、中等学校においても「学校報国団」の結成が指示された。これに基づき東京府では、四月一五日付で学務部長が各中等学校長宛に「学校報国団ニ関スル件」(41)を示達した。

この示達は、立教中学校にも大きな影響を与えるものであったので、その点を中心に紹介しよう。第一に、「学校報国団」の名称は、文部省通達ではあくまで一つの例として示されていたが、東京府の示達は「学校報国団ヲ組織スルコト」とあるように名称が決定していた。これは、府の統轄組織を「東京府学校報国団」と定めたためであった。第二に、「本団ノ規則並ニ事業計画ハ左ニ示ス準則ニ拠リ各学校ニ於テ四月三〇日迄ニ作成シ本府ノ承認ヲ得テ実施スルコト」と、わずか一五日以内で作成することを指示していた。このため、学校での動きはあわただしかった。四月一七日に「学校報国団結成ニツキ学校長ヨリ示達」があり、四月二四日に「報国団団則起草委員協議会ヲ開」き(42)、四月二八日には東京府宛書簡で団則を提出して、その承認を求めたのである[43]。第三に、「校内団体タル校友会等ノ如キハ之ヲ再組織シテ学校報国団ノ一体系タラシムルコト」と、各校の独自組織の吸収を明確に指示していた。このため、立教中学校の学校市制や学友会は、もはや存続できなくなったのである。実際には、学校市制、学友会の解散は、六月にずれ込んだ。学友会の解散は、六月二四日の学友会評議員会で、学校市制の解散は、六月一九日の市会で決定された[44]。

かくして、立教中学校にも学校報国団が結成された。それは「もはや立教中学校独自のものではなく、全体主義的な組織に組み込まれたものであった」[45]と評価されているとおり、「東京府学校報国団」の一部であり、独自の組織ではなくなった。しかし、組織の内容については、それまでの機構を活用し準則に則って各学校で定めるとされていたことから、立教中学校では、その中で独自性を維持しようとしたことが見てとれる。すなわち、準則では組織を、総務部、鍛錬部、国防訓練部、学芸部、生活部としていたが、立教の場合では、その五部に加えて修養部と風紀部を設けていた。修養部は、「神社崇敬ニ関スル指導、宗教的情操ノ涵養、思想国防ノ達成ヲ期ス」[46]としていたが、その部長にはチャプレンの前島潔が就いており、宗教部の活動を継続させようとしたことが考えられる。風紀部は、風紀班と保導班からなり、学校市会の活動を一部引き継ぐものであったと思われる。また、それまでの学友会に存在していた野球部、庭球部、籠球部、水泳部、柔道部、剣道部、水泳部、卓球部を、鍛錬部の各班に横滑りさせた。とはいうものの、校長が『いしずゑ』で「生徒の活動方面が、学校市制よりは、よほど縮少せられてゐる。その点に於ては、指導の任にある教師の一層の工夫を要すると思ふ」[47]と書いたように、やはり学校市制とはその方向性は大きく異なるものであった。

さらに八月になると、文部省から各学校に「学校報国隊」を設けるように指示が出された。これは学校報国団内部に「指揮系統ノ確立セル全校編隊ノ組織」を設置させるもので、実質的には報国団とは別に「学年、学級又ハ組ヲ基礎トシテ概ネ五六〇名ヲ以テ一小隊ヲ編成」し、さらにこれをまとめて中隊、大隊を編成させようというものであった[48]。その目的は、「国家的要請ニ基ク各種ノ要務ニ服シ有効且敏速ナル活動ヲ為サシメントスル趣旨」[49]であったことから、勤労動員を担う組織として考えられたようで、実際に一一月に国民勤労報国令で一四歳（中学校三年）以上四〇歳未満の男子などが国民勤労報国隊による協力が義務づけられた際に、学校報国隊がある学校については、この隊を国民勤労報国隊と見なすこととされた。立教中学校では、八月二五日付で、指示された隊組織の人員配置と勤労用具の報告を行った[50]。こちらの方は、独自性を持てるような組織ではなかった。そして、それまで学年ごとに行ってきた勤労作業は、一九四二年一月以降は、他校と同様に、この報国隊の組織で実施することになったのである[51]。

こうした一連の施策は、精動運動から大政翼賛運動を経て大政翼賛体制の確立という流れの中に位置づけられる。すなわち自主的組織の解体、国民の強制的画一的組織化、統制の強化が進められたが[52]、それは教育の場にも及んだと考えられる。報国団の整備は、学校を「基礎的修練ノ道場トシテノ本質ヲ強化」することを第一の目的としていたが、同時に「各種ノ国策ニ即応シ国民運動ニ協力シ銃後青少年学徒トシテ挺身奉公スベキ諸般ノ事業遂行ニ当リ万遺憾ナキヲ期セシムル」こともねらいとしており、国民組織との関係も考慮していた。実際、報国団結成についての解説では、「国民全般を対象とする事業別の団体の一部として学生生徒を加入せしめている団体もある。これらとの関係も漸次に規整せられるであらう」としており、国民統合組織の再編成の一環であることを示していた[53]。また、報国団では「本組織ノ役員ノ選任ニ当リテハ選挙、推戴ノ如キ方法ハ之ヲ排シ学校長ニ於テ任命スルコト」とされていたが、これはこの時期に他の組織でもとられた「指導者原理」、すなわちトップの人事権強化を始めとした権限強化との共通性が見られる[54]。さらに、前述の解説では「ここに統制あり連絡ある中等学校生徒層の翼賛奉公を容易に且整然と行ふことを得しめるであらう」と記しているように、こうした画一化は修練や動員の統制強化にもつながることでもあった。

報国団・報国隊の結成の指示は、立教中学校に対して、その独自組織を解体させ、それまでの対応方法に大きな変更をもたらすものだったのである。

2　キリスト教主義との訣別

翼賛体制のもとで、画一化が進んだ状況は、学友会誌(後に報国団誌)の『いしずゑ』においても見てとれる。日中戦争開始直後は、校長による「巻頭言」は、「理想人聖パウロ」など、キリスト教と銃後協力などが結びつけられて書かれていた[55]。ところが、一九四〇年以降、大政翼賛運動が活発化すると、こうした巻頭言からキリスト教に関連する話題が消えてしまい、宗教部などの活動報告も掲載されなくなってしまった。

しかし、こうした画一化のなかでも、報国団における修養部や風紀部など、独自性が残っており、また学校自体の独自性を示す「基督教主義」は、チャペル(礼拝堂)を中心に存続していた。一九四一年に入学した生徒の回想では、「チャペルでの礼拝の荘厳さ」についてや、一九四二年度においても「アコライトと聖歌隊に所属し校宅四号館で大学生と一緒に練習をしました」と記されている[56]。ただし、聖歌隊やアコライトの活動はチャペルの活動であり、中学校としてではなく、学院の活動に中学生が参加するものであった。また、『教務日誌　一』には、一九四一年一二月二三日に、「午後二時クリスマス礼拝ヲ行フ　上田一良氏説教後職員室ニテ茶話会」との記事が書かれている。

しかし、中学校における「基督教主義」は、一九四二年度中には払拭された。このことは、大学を含む学院全体の動向と関連している。一九四二年九月二九日に理事会は、財団法人立教学院の寄附行為第二条(目的)から「基督教主義ニヨル教育」を削除し、「皇国ノ道ニヨル教育」に変更したからである。変更の直接的な要因は大学におけるキリスト教排撃運動への対応であった。この経緯については、第四章をはじめとした他の章で論じられているので、そちらを参照してほしい。この変更に伴い、学院のチャペルも「立教学院修養堂」との改称や機能縮小を経て、一九四三年三月ごろまでには機能を完全に停止したようである[57]。このため、中学生も参加していたチャペルの活動も休止されたと考えられる。

中学校内では、宗教部の後継的な存在であった報国団修養部も、一九四三年二月一一日に廃止された[58]。この廃止の記事は、後述する東部第六二部隊宛の報告に書かれているが、その箇所が学院の寄附行為の変更の説明のところであることからも、修養部の活動が「基督教主義」に密接に関連し、その廃止が変更と連動することであったことが理解できる。修養部は前年一二月一二日に竹岡健治海軍少将を招いて講話を主催しているので、その廃止は急きょ決まったとも考えられる[59]。また、修養部廃止の記事と同じ箇所には、同日に「『神ト国トノ為』ナル標語ヲ撤去ス」と書かれており、年度中には、キリスト教的色彩は失われたといえよう。

大学学則には、第一章総則第一条に「国家思想ノ涵養及基督教主義ニ基ク人格ノ陶冶」という表現があったが、寄附行為の変更とともに、「基督教主義ニ基ク」を削除した。中学校では、こうした学則の変更はなかった。学則には、「基督教」の文言が入っていなかったからである。これは、宗教教育を禁止した一八九九年の文部省訓令第一二号問題で、中学校令の認可を継続するため中学校では宗教教育を行わず、立教学院で行うことにしたことに拠っていた[60]。したがって、一九四三年の報告では、「元来本校ハ中学校令ニヨル中学校ニシテ学校トシテハ宗教行事ヲ行ハズ　立教学院ノ名ニ於テ之ヲ行ヒシニ同院寄附行為ノ改正ニヨリ現今　全ク基督教的行事ヲ行ハズ　皇国ノ道ニ則リ中等学校令ニ基ク中学校規定ヲ厳格ニ遵守シ其ノ目的ノ完遂ニ邁進努力中ナリ」と、立教中学校がそれまでもキリスト教行事を行っていないと主張することや、キリスト教との関係を完全に絶ったことを強調することができたのであった[61]。

このように立教学院の寄附行為の変更は、中学校内の「基督教主義」の払拭に決定的な影響を与えるものであったが、校内の状況もその払拭に拍車をかけていた。この時期に、中学校においても、キリスト教排撃運動が配属将校を中心に生じていた。一九四二年に着任した配属将校の柳田秀夫中尉は、「より抜きの国粋主義者の将校」[62]といわれた人物で、錬成の徹底化を図るとともに、クリスチャンの教員を攻撃した。柳田は、柔道場における鹿島、香取両神宮の奉祀や敬礼をめぐって、英語教員で柔道も担当したクリスチャンの教諭を「生徒の前で国賊と罵」ったという。一九四三年三月にその教諭は辞職している[63]。さらに、彼は、チャプレンの前島潔の解職を校長に再三迫ったという[64]。教職員の中にも、柳田に同調する者が出てきたが、なかでも一九四二年に就職した立教大学出身のS教諭は、キリスト教排撃を生徒の前で主張し、クリスチャンの教員を攻撃していたという[65]。

こうした状況の背景には、日米戦争下で、米国聖公会が設立し経営してきた学校に対して厳しい視線が注がれるという社会的な状況があったと思われる。また、大学の動きとの関連も考慮すべきであろう。なぜなら、先ほどのS教諭は、大学においてキリスト教排撃運動でもめていた時期の一九四二年九月二五日に、父親とともに立教学院総長で大学学長でもあった遠山郁三と面会し、「立教は徹底して皇道主義の教育をすべきである」[66]と主張し、「強迫的言辞を以て学生課長教授の進退までも迫」[67]っていたからである。しかし柳田中尉は、大学におけるキリスト教排撃運動の中心であった大学配属将校の飯島大佐とは連絡を取っていなかったようである[68]。S教諭が大学内の状況とどのように関係していたのかも不明であり、この点については、今後さらに明らかにすべき課題であろう。

いずれにせよ、こうしたキリスト教をめぐる攻撃は、学院での事態とともに、中学校におけるキリスト教的色彩の払拭を促進することになったと考えられる。かくして、学校の独自性の解体と画一化は、校内組織の形態だけにとどまらず、その根幹たる設立目的にまで及んだのであった。

三　動員体制の進展

1　錬成の徹底化

当時、生徒であった伊藤俊太郎氏は「昭和十八年が最も軍国主義的空気に満たされていた時のように思う」[69]と回顧しているが、まさに一九四三年度は、立教中学校において錬成教育が最も徹底して行われた時期であった。本項ではその様相を見ていきたい。

まず、この年度から始まった「修練」が、すぐに取り入れられた。一九四三年一月に出された中等学校令は、教育目的を「国民の錬成」と定め、三月の教育規定では教育課程は大きく変化し、「修練」が設けられた。「修練」は、「行的修練ヲ中心トシテ教育ヲ実践的総合的ニ発展セシメ教科ト併セ一体トシテ尽忠報国ノ精神ヲ発揚シ献身奉公ノ実践力ヲ涵養スル」ことを目的としており、毎週定時に行うもの以外にも、日常や学年中随時に行うものも組織して、教科教授と並立して同格に位置づけられた(70)。そのほかにも教科が整理・統合されたため、こうした制度改編に対して、立教中学校では、三月に「中等学校制度改正ニ伴フ文部省講習会」に教員を派遣し準備を進めた。そして、四月八日から「木曜短縮授業午後全校修練（二時間）本日開始ス」と、すぐに「修練」を始めたのである(71)。以後も、だいたい木曜日の午後に実施された。もっとも、当初は、「午後明日ノ鍛練行軍ニ関スル協議及部隊編成ヲ行フ」（四月二一日）や「午後修練ノ時間ヲ以テ所持品記名、頭髪、爪等ニツキ検査ヲ行フ」（五月六日）、「本日午後ハ修練ヲ行ハズ一昨日施セシツベルクリン注射ノ反応ヲ検診ス」（五月一三日）などの行事が行われていたし(72)、一年生以外の学年は週二時間で、「指導要目」の時間数とは異なっていた(73)。そのかわりに、七月二八日から八月一七日まで夏季鍛錬期間が設けられ、夏休みが二週間に短縮されて、野外教練などが実施された。

次に、報国団の改組が行われた。それまで鍛錬部にあった野球班、庭球班、籠球班、卓球班が廃止され、国防訓練部は鍛錬部に吸収された(74)。この野球班などの廃止は、「物資欠乏の折柄革製品その他が入手困難」という理由であったが、配属将校の柳田は、しばしば「野球は敵性スポーツだから中止したらどうか」と圧力をかけていたということもあるので(75)、スポーツ的な要素のあるものが排除され、より鍛錬に近いものが残されたと考えられる。さらに、風紀部のうち、風紀班は総務部に組み込まれ、教員だけの編成となった。風紀部は保導班のみとなったため、保導部と改称し、こちらも生徒の幹事はいなくった。[76]この改組は、それまでの学校市制のなごりを完全に払拭し、生徒自治の要素をさらに減らすものであったといえよう。報国団の独自性はなくなり、修練組織としての強化が図られたのである。

第二学期に入ると、さらに錬成に関連する行事や訓練が増加した。まず挙げられるのが、「陸海軍人に賜りたる勅諭」（軍人勅諭）の全文の暗唱が始められたことである。[77]前文・五箇条・後文よりなるこの勅諭は、唱えるだけで一〇数分を要する長大なものであったが、それをすべて暗記して、毎朝の朝礼の際に全校生徒が声をそろえて暗唱したのである。このことは、一九四四年三月二五日付の報告「中等学校ニ於ケル軍人援護教育実施状況調書ニ関スル件」に、「一、戦意昂揚ニ関スル実施事項　毎朝、朝礼時ニ於テ軍人ニ賜リタル勅諭ノ奉誦」と記されていることからも確認できる。[78]毎朝、暗唱を行うということは、その精神を日常化するという発想から出たものであって、学校が急速に「軍隊化」していったことを示すものであったといえよう。

次に挙げられるのが、学校教練を徹底させるためにとられた「区隊訓練」[79]である。これは各学年の同一番号学級を縦割りにして「区隊」と呼び、この区隊内で上級生が下級生の教練や訓育の指導に当たるという仕組みであった。そして、各区隊の成果を競わせることで、不足する教官の補うねらいがあったという。この区隊訓練は、夏季鍛錬期間から導入が図られたようだが、正式には、一九四三年九月一七日の職員会議で実施が決定したようである。同月二二日に区隊長・副区隊長の任命がなされ、腕章が交付された。[80]主に教練において実施されたようだが、翌一〇月に行われた体育鍛錬大会では、この区隊で競い合ったという。指導は、「責任感の旺盛な上級生が指導の中心であるだけに、教官の意を体して下級生に過酷な取扱いをする場面が多かった」[81]という。四月から導入されていた「修練」は、各学年ごとや学校全体の「修練」の設定を想定していたが、このように学級を縦割りにした形態については言及されていない。「区隊訓練」はまさに教練などを徹底するために独自に採られた方法と考えられる。

さらに「青少年学徒ニ賜リタル勅語捧読式」が、九月二二日の朝礼時に実施され、以後、毎月二二日に行われるようになった[82]。それまでは、毎年五月二二日にだけ行われていたのだが、一九四三年九月からは毎月行われるようになったのである。以上、いくつか例を挙げてきたが、第二学期以降はとりわけ錬成の仕組みが強化され、その内容は相当に軍事的傾向が強いものであったのである。

2　徹底化の要因

では、なぜこの時期に、こうした強化がなされたのであろうか。従来の校史などにおいては、校内が緊迫した空気に満たされ、錬成が「苛烈」となった理由として、配属将校の柳田の個人的な資質を重視している。その根拠に、柳田が一九四四年初めに立教から離任すると「教職員・生徒に対する圧力が数等軽減された」ことが挙げられている[83]。実際、柳田が中心になって、「区隊訓練」などが導入されたのであり、さらに柳田は教練の充実のために備品購入を校長に迫ったという[84]。また校史などは、その雰囲気を「『似て非なる日本人。スパイの卵だ』柳田は口を開くと教員・生徒の区別なく、こう罵った」と記述し、校長や教職員の言動を筆記して師団に報告していたと記している[85]。こうした記述は、当時の教員や生徒の経験に基づくものであり、柳田の存在が大きな影響を与えたことは確かであろう。しかし、これまで本章で見てきたように、錬成強化の要因についても、立教の個別的な事情だけでなく、政策的・制度的背景から捉える必要もあるだろう。次に、そちらを見てみよう。

一九四三年の制度改革に伴い、教練教授要綱も改定され、中等教育における教練の強化がなされていた。それについて説明した『文部時報』の論説では、改正の主要なる点としてまず第一に「勅諭勅語の趣旨を奉体して徳性を陶治すべきことを訓練要綱に示され、教材の進度表の初めに軍人勅諭に関する事項を加へられた」ことを挙げ、「生徒は未だ軍籍こそないが国民皆兵の真義に則り軍人同様に教練以外に於ても軍人勅諭も生徒の精神教育の本源とされて居る」とし、「戦時教育の徹底と修練の戦時態勢化」や「学校教練の日常生活化」を唱えている。[86] ちなみに、軍人勅諭は第三学年の修身の時間において「勤解」することにもなっていた。[87] 毎朝の暗唱は、こうした考えを発展させたものと思われる。前述の論説では、「朝礼等の機会に於て勅諭の奉誦を学校長が率先陣頭に立つて実施されて居る処がある。過般行われた中等学校教練教師講習会に参加した八十七校の内二十一校の如きはこれである」と、立教中学校と似たような事例を紹介している。[88] さらに、一九四三年六月に閣議決定した「学徒戦時動員体制確立要綱」では、「有事即応態勢ノ確立」として「中等学校第三学年程度以上ノ男子学徒ニ付戦技訓練ヲ徹底スルコト」との指示が出された。[89] このように、「苛烈凄愴軍を極むる決戦の現段階」においては、「訓練、勤労を一貫し、総合的なる教育錬成の体系の下に学徒心身鍛錬の全きを期」すことが目指され、軍事的訓練の強化が至急の課題とされていたのである。

また、三つの新たな取り組みが、第二学期から始められたことにも注目したい。なぜ、第二学期からなのであろうか、その理由についても考えてみよう。実は、第二学期初めの九月二日に、「東京師団兵務部長河田少将閣下、部付高波大佐殿、教練視察ノタメ来校、三時間授業後、会議室ニテ職員一同ト懇談」[90] という出来事があった。この河田槌太郎少将[91] の来校の事情について、『立教中学校一〇〇年史』などで詳しく記述されているので、それを要約すれば、河田が来校したのは「立教に関する怪しからぬ噂を耳にした」ためであり、いわばその「査問会」のようなものであったという。この噂とは「立教には武道場に神棚がない事等々」で、この出来事は前年度から続いたキリスト教主義への攻撃の一環として捉えられている。結果的に、この視察は学校の存続などには影響しなかったようだ。

しかし、このことが圧力となって、その後、戦時体制への協力を示すために、一層、錬成が強化されたのではなかろうか。もちろん明確な関連を示す史料は存在しないが、時期的に符号するし、以下のようなことも起きている。視察直後の一九四三年九月一三日に、東部第六二部隊から学校概況の報告を求められ、その報告[92] で、前項でも取り上げたように、立教中学校がキリスト教との関係を絶ったことが強調されるとともに、教育の重点では「皇国ノ道ニ則ル教育」を挙げ、結言において「特ニ大東亜戦争以来皇国民ノ錬成機関トシテ国家ノ要請ニ応ヘツツアリ」とまとめている。教練に対する態度では、「配属将校ト協力シテ其ノ向上ニ専念シ過去数年間ノ査閲ニ於テハ査閲官ヨリ優良ノ評ヲ受ケアリ　然レドモ勿論之ニ満足スルモノニアラズ　尚一層之ガ向上及日常化ヲ徹底的ニセント努力シツツアリ」とし、その成果は教職員の協力と生徒の努力により「相当進歩向上シヲルモノト信ズ」としていた。その一方で、この報告書を提出する直前の九月二九日には、キリスト教学校教育同盟に対して、脱会届を提出している[93]。さらに、陸海軍諸学校への受験が奨励されていたが、九月以降には海軍飛行予科練習生採用試験合格者などの壮行会が行われるようになった[94]。あくまでも状況からの推論ではあるが、教練を始めとした錬成の強化が、キリスト教との断絶の強調と並行していることは、この視察が第二学期の錬成強化の促進要因であったことを推測させるのである。

3　勤労動員の強化

一九四四年度になると、徹底化していた錬成はいくぶん緩和された。「区隊訓練」や毎朝の朝礼における「軍人勅諭の奉唱」もなくなってしまったという[95]。この要因の一つとして、前述したように、配属将校の柳田が年明けとともに離任したことが挙げられる[96]。もう一つ大きな要因として、勤労動員が本格化したことが挙げられる。政府は、一九四三年度には学校報国隊の勤労作業の出動期間を延長していたが、一九四四年二月二五日の閣議決定「決戦非常措置要綱」で通年勤労動員を決定し、三月七日には「決戦非常措置要綱ニ基ク学徒動員実施要綱」を定めて、四月から早速実施に移した。すなわち、学徒・生徒の一年を通じた常時勤労動員を可能としたのである。労働力の不足による生産の逼迫は戦争遂行に支障となっており、その解決のために生徒を「労働力」として投入することになったのであった。陸軍は、軍需省とともに学校閉鎖論すなわち全面動員を考えるようになっており、配属将校の不足などからも、もはや陸軍にとっては「教練自体の意味が希薄になっていた」のである[97]。このような国政の全般的な状況が、立教中学校にも影響を与えたと思われる。

実際、立教中学校では、一九四四年四月二四日から五年生一四六名が東京陸軍第一造兵廠に動員された[98]。それまでも勤労作業に三年生以上が動員され、一九四三年度は五年生が道路工事・志村補給廠に二〇日間、四年生は製造工場、飛行場整備、板橋粘土採掘場などにおよそ二五日間など出勤日数は増加していたが[99]、いよいよ通年動員が始まったのであった。さらに、七月二〇日からは四年生二三六名が、大日本油脂、鐘ヶ淵ディーゼル、明治製革、大同製鋼の四カ所にそれぞれ組ごとに入所した[100]。こうして上級生が登校しない状態になったため、上級生が下級生を指導するという「区隊訓練」は成立しなくなったのである。

とはいうものの、「青少年学徒ニ賜リタル勅語捧読式」は毎月二二日に行われていたし、例えば七月六日には「雨天体操場ニ四・五年級ヲ集メ、朝礼後、五年永見一・森山京介二生徒ノ甲種予科練入隊壮行式挙行。後、学校長・高野教官ヨリ交々甲種予科練志望勧誘アリ」[101]など、軍関係学校への入学奨励の行事も依然として行われていた。また、夏休みは廃止されて、東京都の指示により三年生以下には「夏期修練」が実施された[102]。立教中学校では、この修練期間を七月二四日から八月一九日までの四週間としたが、前半は三年生、後半は一・二年生を対象にし、対象期間でない二週間は休みとした。ただし、全廃という指示に対して事実上二週間の休みをとったことは、東京都には報告されなかった[103]。内容としては、野外教練・軍事教練・体操・水泳・防空訓練・勤労作業・補習授業などが行われた。

一九四四年一二月一日からは、三年生も通年動員されることになった。大同製鋼、日本通運(汐留)、鐘ヶ淵ディーゼル、中央工業の四社に分かれて入所した[104]。学校には、一・二年生が残るのみとなった。その一・二年生も、本土空襲が始まるなかで、警報の発令による下校や始業の繰り下げなどにより、通常通りの授業を受けられない状況になっていったのである。

おわりに

これまで立教中学校の動向を通して、教育における戦時動員政策の変遷を見てきた。その特色をまとめて本章を結びたい。まず、教育における動員政策については、国民全体の動員方法と密接に結びついていたことが指摘できる。日中戦争開始後から一九四〇年ごろまでは、精動運動が行われ、国民の自発性に基づいた戦争遂行のための「挙国一致」が図られた。中学校でも、精動運動が行われるとともに、これと連携して時局教育や修練が実施されたが、自発性が求められていたため、その実践については、学校ごとに様々な形態が認められていたのである。しかし、戦争が長期化して物資が不足してくる一九四〇年ごろから大政翼賛運動が展開して、統制の強化のため自主的組織の解体・画一的組織化が進められると、中学校においても、学校報国団などに校内組織の再編成・画一化が図られた。そして、こうした統制のもと、修練などの錬成教育や勤労作業の強化がなされたのである。

一方、立教中学校の錬成教育の方法は、こうした政府の政策に従って大きく変化した。精動運動期においては、キリスト教に基づく立教独自の組織や指導によって、時局教育や運動を推進し、新たな組織や特別な指導機構をつくらなかった。すなわちキリスト教の論理によって戦時協力が説かれ、既存の学校市制・学友会・宗教部などが実践したのである。しかし、翼賛体制期においては、東京府の指示に従って、それまでの独自組織を解体して、学校報国団や報国隊を組織した。ただし、その中に修養部や風紀部などを設け、それまでの独自性を継続させようとしたのである。こうした独自性の保持も、日米開戦という新たな状況のもとで失われていった。設立目的であるキリスト教主義の払拭がなされ、独自性の解体は学校の根幹にまで及んだからである。さらに、それだけにとどまらず、一九四三年度には錬成の徹底化が図られ、軍隊的色彩の濃い教育が行われた。これはキリスト教主義学校であったゆえに、より国策に協力する態度を示す必要があったためと思われる。

このように、日中戦争期以後に実施された動員政策は、いずれの時期においても、立教中学校にとっては、基本方針であるキリスト教主義に直ちに関係してくるものであった。総力戦下では、国家は、教育の成果やがて教育の方法にまで深く干渉するようになったからで、ついには、多様性を排除して、「皇国ノ道」という天皇制イデオロギーに直結している方法しか認めなくなっていったからである。一九四三年に入ると、立教中学校は、「皇国ノ道ニ則ル教育」を掲げ、「皇国民ノ錬成機関トシテ国家ノ要請ニ応ヘ」ようとした(105)。それは、まさにその年に出された中等学校令の第一条に示された目的に合致するものであった。

注

(1) 出井善次『私立中等教育の研究――戦時下浅野綜合中学校の事例――』(筑波書房、二〇〇一年)も事例校を通して、戦時下教育の展開を明らかにしようとしたものである。本章は、「動員」という視点により比重を置いている。

(2) 伊藤俊太郎「立教中学校二十世紀」『いしずえ』三〇号～四五号、立教中学校、一九八一年～一九九六年に連載。なお、日中戦争開始から敗戦までは、「七、十字架と銃剣と」『いしずえ』三六号、一九八七年、「八、嵐と動乱の中で」『いしずえ』三七号、一九八八年に詳しい。

(3) 立教中学校一〇〇年史編纂委員会編『立教中学校一〇〇年史』立教中学校、一九九八年。なお、当該期の叙述は、前掲・伊藤「立教中学校二十世紀」(七)・(八)の叙述を簡略化したもので、重複する箇所も多くある。したがって、『立教中学校一〇〇年史』にあるものは、そちらのみを注記した。

(4) 「錬成」については、寺﨑昌男・戦時下教育研究会編『総力戦体制と教育――皇国民「錬成」の理念と実態――』(東京大学出版会、一九八七年)を参照した。以下、煩雑となるため「」を省略する。また、「時局教育」などの当時用いられた用語も同様に「」を省略した。

(5) こうした視点は、安達宏昭「戦時動員体制の形成と立教中学校」『立教学院史研究』第二号、二〇〇四年および、奈須恵子「立教大学における教育と戦争――戦時動員と教育の変容の過程に着目して――」『立教学院史研究』第三号、二〇〇五年を参照のこと。

(6) これらの資料は、元社会科教諭の伊藤俊太郎氏の多大な尽力により、収集・保存されてきたものである。なお、立教中学校は、学院改革により、二〇〇〇年四月から立教池袋中学校・高等学校に改編された。

(7) 筆者は、日中戦争期については、前掲・安達「戦時動員体制の形成と立教中学校」において、すでに分析を行った。本章では、その要旨をまとめて第一節としている。したがって、本章では、前稿で見た形成期の特色が、アジア太平洋戦争下でいかに変化したのか、その全体的な動きに注目し、概観することに努めた。それゆえ、生徒の意識や視点を十分に取り込むことができなかった。この点は今後の課題としたい。なお、三つの時期は、動員に関する教育政策の全般的な状況をふまえたうえで、特に立教中学校にとっての視点を重視して区分した。

(8) 小野雅章「国民精神総動員運動の始動と教育」『日本大学文理学部人文科学研究所研究紀要』第四八号、一九九四年。

(9) 「明治節奉祝ニ関スル件」(東京府国民精神総動員実行部長・東京府学務部長発公私立中等学校長等宛通牒、一九三九年一〇月二七日)『官公往復書類　昭和十四年度』所収、立教池袋中学校・高等学校学校史料室所蔵。

(10) これらの指示に関する通牒は、すべて前掲『官公往復書類　昭和十四年度』および『報告書類　昭和十四年度』(立教池袋中学校・高等学校学校史料室所蔵)に所収されている。

(11) 「青少年ニ賜ハリタル勅語ニ関スル件」(東京府学務部長発中等学校長等宛通牒、一九三九年六月三〇日)同前『報告書類　昭和十四年度』所収。「青少年学徒ニ賜ハリタル勅語ニ関スル件」(東京府学務部長発中等学校長等宛通牒、一九三九年七月三〇日)同前『官公往復書類　昭和十四年度』所収。

(12) 「時局教育実施情況ニ関スル件」(東京府国民精神総動員実行部長・東京府学務部長発公私立中等学校宛通牒、一九四〇年一月二〇日)同前『報告書類　昭和十四年度』所収。

(13) 「時局教育実施情況報告致候」(立教中学校長帆足秀三郎発東京府学務部長宛、一九四〇年二月一四日)同前『報告書類　昭和十四年度』所収。

(14) 「提灯行列ニ関スル件」(立教中学校長帆足秀三郎発池袋警察署長宛、一九三七年一二月一四日)『報告文書　昭和十二年度』所収、立教池袋中学校・高等学校学校史料室所蔵。

(15) 「財団法人　立教学院　昭和十三年度事業報告」(一九三九年五月三一日作成、前掲『報告書類　昭和十四年度』所収)の「中学校ノ部」「四、許可、認可及承認ニ関スル事項」。

(16) 立教学院八十五年史編纂委員編『立教学院八十五年史』立教学院事務局、一九六〇年、一五四頁。

(17) 前掲『立教学院八十五年史』一六一頁。

(18) 前掲「時局教育実施情況報告致候」。

(19) この箇所は、「精動運動」を「精神運動」と誤記したものと考えられる。なぜなら、この報告のフォームとなった「時局教育実施情況ニ関スル件」では、「精動運動」と指定されているからである。
(20) 学校市について、詳しくは、前掲『立教中学校一〇〇年史』一四二～三頁を参照されたい。
(21) 『学校市諸記録』立教池袋中学校・高等学校学校史料室所蔵。
(22) 同前『学校市諸記録』。
(23) 『生徒報国貯金一覧表(二)』(一九三九年一〇月～一九四二年七月)立教池袋中学校・高等学校学校史料室所蔵。
(24) 『いしずゑ』第三二号、一九三八年二月。なお、立教中学校の学友会誌は、戦時中廃刊となり、戦後復刊したが、再び第一号から出発した。このため、戦前・戦後で同じ番号が使用されているので、戦前のものは『いしずゑ』とし、戦後のものは『いしずえ』としている。
(25) 『いしずゑ』第三四号、一九三九年三月。
(26) 「集団勤労作業実施計画報告」(立教中学校長帆足秀三郎発東京府学務部長宛、一九三九年七月二〇日)前掲『報告書類　昭和十四年度』所収。
(27) 東京都立教育研究所編『東京都教育史』通史編四、東京都立教育研究所、一九九七年、一八七～一八八頁。日比谷高校百年史編集委員会編『日比谷高校百年史』上巻、日比谷高校百年史刊行委員会、一九七九年、七九五～八〇六頁。
(28) 七十周年記念誌編集委員会『七十年の歩み』東京都立新宿高校、一九九三年。前掲『東京都教育史』通史編四、一八八頁。
(29) 前掲「時局教育実施情況報告致候」。
(30) ここでは、立教中学校がこのような対応をした理由のうち、要件のみを取り上げている。要因については、米国聖公会からの自立などの経営的な問題などがあるが、それらについては前掲・安達「戦時動員体制の形成と立教中学校」で検討したので、参照されたい。
(31) 前掲『官公往復書類　昭和十四年度』所収。
(32) 大江満「明治期の外国ミッション教育事業」『立教学院史研究』創刊号、二〇〇三年。山田昭次「立教学院戦争責任論覚書」『立教学院史研究』創刊号も参照。
(33) 立教学院百二十五年史編纂委員会編『立教学院百二十五年史』資料編第一巻、一九九六年、六四～六六頁。
(34) 前島潔「大日本帝国の本質と其の使命」『基督教週報』第七五巻第九号～第一二号、一九三七年一一月五日～一二月二四日。詳しくは、前掲・安達「戦時動員体制の形成と立教中学校」を参照。

(35) 国民精神総動員運動についての最近の研究としては、荒川章二「国民精神総動員運動と大政翼賛運動」由井正臣編『近代日本の軌跡5　太平洋戦争』（吉川弘文館、一九九五年）所収を挙げておく。
(36) 吉田裕・吉見義明編『資料　日本現代史〈一〇〉日中戦争期の国民動員①』（大月書店、一九八四年）。
(37) 「昭和一三年度に於ける国民精神総動員実施の基本方策」（一九三八年四月二八日閣議決定）同前『資料　日本現代史〈一〇〉』七四頁。
(38) 「国民精神総動員道府県活動概況」（一九三七年一二月）同前『資料　日本現代史〈一〇〉』一一九頁。
(39) 近代日本教育史料編纂会編『近代日本教育制度史料』第七巻（大日本雄弁会講談社、一九五六年）一九一〜一九三頁。
(40) 「中等学校ニ於ケル修練組織ニ関スル件」（文部次官発東京府知事宛通牒、発普六一号、一九四一年三月一四日）『防空其の他に関する書類』所収、立教池袋中学校・高等学校学校史料室所蔵。なお、学校報国団・報国隊についての研究は、前掲・寺﨑他編『総力戦体制と教育』第三章第二節「中等学校」（米田俊彦執筆）を参照した。
(41) 「学校報国団ニ関スル件」（東京府学務部長発各中等学校長宛通牒、巳視発第二五六号、一九四一年四月一五日）前掲『防空其の他に関する書類』所収。
(42) 『教務日誌　一（昭和十五年四月起、立教中学校）』立教池袋中学校・高等学校学校史料室所蔵。
(43) 立教中学校長帆足秀三郎発東京府学務部長宛書簡（一九四一年四月二八日）『昭和十六年度　報告書類』所収、立教池袋中学校・高等学校学校史料室所蔵。
(44) 前掲『教務日誌　一』および前掲『学校市諸記録』。
(45) 前掲『立教中学校一〇〇年史』一七一頁。
(46) 「立教中学校報国団々則」前掲『防空其の他に関する書類』所収。
(47) 『いしずゑ』三九号、一九四一年一二月、一頁。
(48) 前掲・寺﨑他編『総力戦体制と教育』一二七頁。
(49) 「学校報国団ノ隊組織確立並其ノ活動ニ関スル件」（東京府学務部長発各中等学校長宛通牒、巳視発第五五六号、一九四一年八月一三日）前掲『防空其の他に関する書類』所収。
(50) 「学校報国団ノ隊組織中ニ於ケル特技隊員、特別警備隊員、勤労用具等ノ件報告」（立教中学校長帆足秀三郎発東京府学務部長宛書簡、一九四一年八月二五日）同前『防空其の他に関する書類』所収。

(51)　学校報国隊としての最初の勤労作業は、一月二九日で、「本日ヨリ　五年全員　国民勤労報国隊出勤令書ニヨリ　午前七時半、赤羽駅前（東口）集合、板橋区志村西台町空地利用協会荒川農場ニ於テ午前九時ヨリ午後四時マデ開墾整地等ノ作業ニ従事ス」と前掲『教務日誌　一』には記されている。
(52)　前掲・荒川「国民精神総動員運動と大政翼賛運動」。
(53)　関口隆克「中等学校の修練組織について」『帝国教育』七五二号、一九四一年。なお、関口は文部省普通学務局中等教育課修練組織係で、この論説は解説にあたる内容である。
(54)　この時期に、経済統制を担うために重要産業ごとに統制会が設立されたが、この統制会も「指導者原理」を採用し、会長の人事権や意思決定権を強化し、「一元的で強力適正な事業の遂行」を図らせようとした（商工省「統制会の進展」『週報』三〇五号、一九四二年八月一二日号）。
(55)　前掲『いしずゑ』第三四号、一九三九年三月。同第三五号、一九三九年七月。
(56)　坂西公一「戦争時代の立教中学生と世相」『チャペルニュース』第五〇六号、二〇〇三年。
(57)　永井均・豊田雅幸「立教学院関係者の出征と戦没に関する若干の考察」前掲『立教学院史研究』創刊号、および倉田卙・鵜川馨「チャペル閉鎖の件」前掲『立教学院百二十五年史』資料編第一巻、六二五頁。
(58)　「学校概況報告」（立教中学校長帆足秀三郎発東部第六二部隊宛、一九四三年一〇月三日）『報告書類　昭和十八年度』所収、立教池袋中学校・高等学校学校史料室所蔵。
(59)　一二月の講演会の記録は『教務日誌　二（昭和十七年十一月一日、立教中学校）』（立教池袋中学校・高等学校学校史料室所蔵）に依った。報国団の予算でも一九四二年度決算は掲載されているが、予算をすべて使っていないことからも、年次途中で急きょ廃止になったことがうかがえる（『いしずゑ』四一号、一九四四年五月）。
(60)　前掲『立教中学校一〇〇年史』六一～六六頁。
(61)　前掲「学校概況報告」。
(62)　伊藤俊太郎「嵐と動乱」『立教のあゆみ』立教中学校、一九六三年。のちに、前掲『立教中学校一〇〇年史』に所収（五〇八頁）。
(63)　前掲『立教学院八十五年史』二〇七頁。
(64)　前掲『立教学院八十五年史』によれば、こうした配属将校の攻撃に対して、前島は、「学校に累を及ぼさぬ為とて辞任したが、当時教会方面も圧迫の中に在って道が塞がれていたので、其持説を某文化施設に持込んでいた。軍部の圧迫はそこにも及び、師は心身過労で痩衰え、持病昂じて遂に昭和十九年一月信州の郷里へ保養に向い其途次不帰の客となった」と記述している。しかし、立教中学校の複数の史料および学院の記録には、その一月一九日の死去まで在職したことになっている（例えば、一月二六日付学院理事長発東京都長官宛「教員死亡報告」前掲『報告書類　昭和十八年度』所収）。なお一九四三年度は、前島は歴史（二年生東洋史等）を担当していたが、第二学期の半ば（秋頃）から担当をはずれたという（当時、中学二年生であった伊藤俊太郎氏への電話インタビュー、二〇〇五年七月一二日）。また、一九四三年七月ごろから、フィリピンからの「南方特別留学生」のうち警察隊学生が寄宿した「比律賓協会比島学生寮（淀橋区東大久保）」の「寮監」として指導に当たっていた（レオカディオ・デアシス〔高橋彰編訳〕『南方特別留学生トウキョウ日記』秀英書房、一九八二年）。この『日記』の解説である高橋彰「第二次大戦下のフィリピンと南方特別留学生」は、「四、戦争と司祭とフィリピンと――前島潔師のこと――」として詳しく取りあげていて、前島がフィリピンに対する関心を持った理由などが分析されているが、この協会の仕事と中学校の仕事との関係など不明な点が多いことも指摘されている。

(65)　前掲『立教中学校一〇〇年史』一七九〜一八〇頁。および小木鉄彦『愛行』一九六九年、三八五〜三八六頁。

(66)　「縣康インタビュー記録」立教学院史資料センター所蔵。なお、この事情については、前掲・永井・豊田「立教学院関係者の出征と戦没に関する若干の考察」を参照した。

(67)　「遠山日誌」一九四二年九月二五日の条。

(68)　前掲・伊藤「立教中学校二十世紀」（七）、四八〜四九頁。その根拠として、当時の教練教師であった村田一也氏の証言を挙げている。

(69)　前掲・伊藤「嵐と動乱」。

(70)　「中等学校令」（勅令第三六号、一九四三年一月二〇日）、「中等学校教科教授及修練指導要目」（文部省訓令第二号、一九四三年三月二五日）近代日本教育制度史料編纂会編『近代日本教育制度史料』第二巻（大日本雄弁会講談社、一九六一年）四九〇〜五七七頁。なお、修練の新設については、前掲・寺﨑他編『総力戦体制と教育』一三一〜一三五頁を参照のこと。

(71)　前掲『教務日誌　二』。

(72)　同前『教務日誌　二』。

(73)　『昭和十八年度課程表、担任学科目及時間表、教科用書配当表、教科用書要覧』立教池袋中学校・高等学校学校史料室所蔵。なお、前述の指導要目では、「定時ノ修練」は週三時間としている。

(74)『いしずゑ』四一号、一九頁。
(75)前掲・小木『愛行』三八四頁。
(76)前掲『いしずゑ』四一号、一九頁。および前掲「学校概況報告」。
(77)前掲『立教中学校一〇〇年史』一七七頁。また、これが第二学期から始まったことは、当時、二年生であった伊藤俊太郎氏への電話でのインタビューで確認した（二〇〇五年七月一二日）。
(78)「中等学校ニ於ケル軍人援護教育実施状況調書ニ関スル件」（立教中学校長帆足秀三郎発東京都教育局長・民生局長宛報告、一九四四年三月二五日）前掲『報告書類　昭和十八年度』所収。
(79)この「区隊訓練」については、前掲『立教中学校一〇〇年史』（一七七～一七八頁）を参照のこと。なお、この訓練の開始時期について、また体育鍛錬大会での様子などについては、伊藤俊太郎氏への電話でのインタビューで確認した（二〇〇五年七月一二日）。
(80)前掲『教務日誌　二』には、以下の記述がある。「九月十七日（金）曇　十五時職員会議（会議室）一、区隊訓練実施決定　九月廿二日朝礼奉読式ノ時区隊長副区隊長任命（中略）九月二十二日（水）快晴　朝礼時、青少年学徒ニ賜リタル勅語奉読式、区隊長副区隊長任命、腕章交付、ナホ残レル腕章各一揃ヒ（区隊長四個、副区隊長四個）ハ事務所ニ保管ス」。
(81)前掲『立教中学校一〇〇年史』一七八頁。
(82)前掲『教務日誌　二』。
(83)前掲『立教中学校一〇〇年史』一七九頁。
(84)前掲『立教のあゆみ』一一四頁。前掲・伊藤「立教中学校二十世紀」（七）、四一頁。
(85)前掲『立教中学校一〇〇年史』一七八頁。
(86)矢木孝治（文部省視学委員、陸軍中佐）「学校教練に就て」『文部時報』七九六号、一九四三年。
(87)前掲「中等学校教科教授及修練指導要目」（文部省訓令第二号）。
(88)前掲・矢木「学校教練に就て」。なお、これらの事例が、どのような形でどの程度で唱えていたかははっきりせず、立教中学校と同じであったかどうかはわからない。
(89)「学徒戦時動員体制確立要綱」（一九四三年六月二五日閣議決定）前掲『近代日本教育制度史料』第七巻、二二一～二二六頁。
(90)前掲『教務日誌　二』。

(91)「河田少将」とは河田槌太郎少将(陸士二三期、のち中将)のことで、一九四一年一二月から近衛第二師団兵務部長であった(外山操編『陸海軍将官人事総覧(陸軍編)』芙蓉書房、一九八一年)。
(92)前掲「学校概況報告」。
(93)「脱会届」『昭和十八年度　官公往復文書』所収、立教池袋中学校・高等学校学校史料室所蔵。
(94)『教務日誌　二』によれば、九月二七日、二八日、一一月二五日に行われている。また、教員による軍関係学校受験志願の勧誘については、前掲・伊藤「立教中学校二十世紀」(七)、四四～四七頁。
(95)伊藤俊太郎氏への電話インタビュー(二〇〇五年七月一二日)。
(96)前掲『教務日誌　二』には、一月一二日に「朝礼時、前任教官柳田大尉新任高橋大佐交迭ニツキ紹介アリ分列式ヲ行フ」とある。
(97)福嶋寛之「『教育』の戦時――学徒勤労動員と教育の存亡――」『史学雑誌』第一一四編第三号、二〇〇五年三月。
(98)「学徒動員実状報告」(立教中学校、一九四四年七月一四日)『昭和十九年度　報告書類』所収、立教池袋中学校・高等学校学校史料室所蔵。
(99)「生徒勤労動員報告」(自昭和十八年四月至同十一月、一九四三年一二月二四日)前掲『昭和十八年度　官公往復文書』所収、および前掲「教務日誌　二」。
(100)『教務日誌　其三(昭和十九年七月起　立教中学校)』立教池袋中学校・高等学校学校史料室所蔵。なお、四年生の勤労動員の実態については、前掲・伊藤「立教中学校二十世紀」(八)、一七～二〇頁を参照。
(101)前掲『教務日誌　其三』。
(102)「中等学校ニ於ケル夏期修練ニ関スル件」(東京都教育局長発管下中等学校長宛通牒、一九四四年七月三日)『諸通達綴　第一巻』(昭和十九年五月十五日以降至昭和二十年七月)所収、立教池袋中学校・高等学校学校史料室所蔵。
(103)「夏期修練ニ関スル件」(立教中学校長発東京都教育局長宛、一九四四年七月一三日)前掲『諸通達綴　第一巻』所収。このことについては、前掲・伊藤「立教中学校二十世紀」(八)、二二、二八頁に取りあげられているが、そこでは「夏休み全廃の指令に対し、巧みによそおいつつも二週間の休暇を作っているのは、指令前に予定が決定していた為でもあり、また、柳田大尉が他に転出して配属将校による圧力が減じたからであると考えられる」としている。
(104)前掲『教務日誌　其三』。なお、三年生の勤労動員については、伊藤俊太郎氏が、自らつけていた日記を、伊藤俊太郎『十五歳の日記――空襲と勤労動員の記録』(新生出版、二〇〇二年)として公刊している。

(105)　前掲「学校概況報告」。

【付記】　本章の作成にあたっては、元立教中学校教諭の伊藤俊太郎先生に、多くのご教示を頂戴した。記して心からの感謝の意を表する次第である。

第九章　戦時動員と立教大学における教育の変容

奈須　恵子

はじめに

一九三一年の「満洲事変」から一九四五年八月の日本の敗戦に至る期間を対象とする、戦時下高等教育機関に関する多くの先行研究の、最も主要な関心の一つは、一九三七年の日中戦争を契機とする戦争の長期化からアジア太平洋戦争への拡大という事態により、高等教育機関の学生・生徒が、兵力動員や勤労動員に組み込まれていった、その過程を解明することにあったと言える。最近一〇年間にも、新たにそうした兵力動員や勤労動員の政策過程に関する研究成果が蓄積されてきている[1]。

立教学院史資料センターの行ってきた研究でも、立教大学関係者の兵力動員の実態調査が進められ、永井均・豊田雅幸「立教学院関係者の出征と戦没に関する若干の考察」[2]にまとめられている。また、立教大学での戦時下勤労動員については、すでに『立教学院百年史』の中に言及が見られ[3]、『立教学院百二十五年史』資料編第一巻では[4]、実際の勤労動員経験者への聴き取りによる貴重な記録も収められている。

本章においては、兵力動員や勤労動員という形での戦時動員[5]に関する具体的データを挙げることは紙数の関係上行わないが[6]、それまでの立教大学の教育のあり方が、戦時動員の必要に迫られてどのように変化したのかということとに焦点をあてて、検討を進めていく。

これまでの研究の中でも、戦時動員につながる高等教育機関の教育の変容に関して、学校教練の実施・強化、学生・生徒への「思想善導」方策としての学生団体への統制・再編成、学校行事の変容、学科課程の改編などの視点から史料が集められ、検討も進められてきた[7]。

立教大学に関しては、残念ながら現時点において発見されている史料の中からは、時系列でこれらの諸点を詳細に実証することはできない。ただし、時期は限られるものの、『立教学院学報』『立教大学新聞』の記事、そして遠山郁三学長在任期の自身による一九四〇年四月から四三年一月までの詳細な学長「日誌」(以下、「遠山日誌」と略す)などを通して、主に一九三八年以降四三年半ば頃までの、立教大学の学生・生徒の課外生活の再組織化や教育に関する成績評価のあり方の変化などを、新たに解明することは可能であると考えられる。

本章では、戦時下における立教大学の教育の変容を、特にこれら課外生活の再組織化や、成績評価の変化の問題を中心に見ていくこととする。

なお、戦時下の具体的な教育政策に関する法令は『近代日本教育制度史料』が[8]、またとりわけ戦時動員政策とそれに関する通牒類などの資料は福間敏矩による労作『学徒動員・学徒出陣――制度と背景――』『集成　学徒勤労動員』に詳しい[9]。これらの研究、史料などにも依りつつ、本章では、戦時下の高等教育機関の教育の変容の一例として、立教大学での変化を明らかにすることをめざす。

一　高等教育機関の戦時動員

まず、ごく簡単にではあるが、高等教育機関における戦時動員過程を概観しておこう。

すでに一九二五年以降、中等学校以上の学校での軍事教練の制度化が実施されるなど、高等教育機関に対する軍部の影響力行使は明確に始まっていた。

また、文部省は学生の思想問題対策に着手し、一九二八年一〇月には専門学務局内に学生課を設置して直轄学校への学生主事・生徒主事の配置を行った。翌一九二九年には学生課を学生部に昇格させ、学生・生徒の思想調査と指導の徹底をめざすとともに、京都帝国大学・東北帝国大学・九州帝国大学と、東京文理科大学・広島文理科大学に、日本精神・思想問題に関連した講座を開設した。このようにいわゆる「思想善導」の動きは一九二〇年代末に始まっていた。社会批判を行ったり、――実際に起こったように――学校教練に反対するような学生・生徒は、徹底して「思想善導」されなくてはならない存在として捉えられていった[10]。

文部省学生部による思想統制の活動は、一九三四年に設置された思想局、さらには教学刷新評議会の答申を受けて一九三七年に設置された教学局へと継承・拡大され、高等教育機関全般の教育・研究に対する(学生・生徒と教員たちに対しての)「教学刷新」がはかられるようになっていった。

このように一九三〇年代、高等教育機関の教育・研究の中から、日本の起こした侵略戦争を批判するような行動、言説、あるいは批判する視点そのものを、追放、払拭する態勢の整備が続けられていった。これらの動きが続けられた上で、一九三七年の日中戦争の開始と戦争の長期化後は、高等教育機関の学生・生徒の戦時動員の動きが本格的に始動することとなった。

勤労動員に関しては、一九三七年、「国民精神総動員運動」が展開する中で、派遣応召軍人の遺族および家族に対する援護などを目的として行われた労力奉仕や、学校の校舎や校庭の清掃手入れなどの「勤労奉仕ノ実践的訓練」が最も早いものであると考えられるが、一九三八年の法律「国家総動員法」公布を契機として、同年夏季休暇から全国の中等学校以上の生徒による「集団的勤労作業」が開始された[11]。この後の勤労動員に関する政策過程の変遷は表9-1

表9-1　学生・生徒勤労動員政策の過程

・1937/8/24：「国民精神総動員実施要綱」［閣議決定］。
・1938/4/1：「**国家総動員法**」［法律55］。
　→これが、1941年「国民勤労報国協力令」［勅令955］、1944年「学徒勤労令」［勅令518］の根拠に。
・1938/6/9：「集団的勤労作業運動実施ニ関スル件」［発普85］（文部次官通牒）。
　→1938年夏季休暇中、初めての集団勤労作業が全国の中等学校以上の生徒・学生を対象に実施。
　　夏期休暇の初期または終期の頃に5日間程度（中等学校の低学年のみ3日間）実施。
　　「集団的勤労作業」の語が登場。
・1939年夏：興亜青年勤労報国隊実施。以後、1943年（or1944年）夏まで興亜学生勤労報国隊実施。
・1941/2/8：「青少年学徒食糧飼料等増産運動実施ニ関スル件」［発体18］（文部次官・農林次官通牒）。
　→青少年学徒の食糧飼料等増産運動を「正課ニ準ジ取扱フコト」とし、1学年を通じて30日以内の日数を授業を廃して勤労作業に振り替え、授業をしたものと見なすことを指示したもの。
・1941/8/8：「学校報国団体制確立方」［文部省訓令27］、
　　　　　　「学校報国団ノ隊組織確立並ニ其ノ活動ニ関スル件」［発専166］（文部次官通牒）。
　→学校報国団の中に学校報国隊を樹立することを指示。
　　学校報国隊の体制が確立してからは、学徒動員は学校報国隊としての出動が基本に。
・1941/11/22：「**国民勤労報国協力令**」［勅令955］。
　→14歳以上40歳未満の男子、14歳以上25歳未満の女子について、1年につき30日以内の国民勤労報国隊としての出動義務の法制化。
・1941/12/1：「国民勤労報国協力令施行規則」［厚生・文部省令3］。
　→学校在学者による国民勤労報国隊による協力関して規定したもの。
　　学校報国団の隊組織の編成のある学校に関しては、学校報国隊をもって国民勤労報国隊と見なす等を規定。

　　1942年1月以降、「学校報国隊出動令書」による学校報国隊の出動が始まる。
・1943/6/19：「国民勤労報国協力令中改正」［勅令515］。
　→男子の出動期間を、1年につき30日以内から60日以内に変更。
・1943/6/25：「学徒戦時動員体制確立要綱」［閣議決定］。
　→「教育錬成内容ノ一環トシテ学徒ノ戦時動員体制ヲ確立」するものとして、勤労動員の強化などを指示。
・1943/10/12：「教育ニ関スル戦時非常措置方策」［閣議決定］。
　→在学期間中、1年につき概ね3分の1相当期間の戦時勤労動員の実施を指示。
・1944/1/18：「緊急学徒勤労動員方策要綱」［閣議決定］。
　→通年恒常循環的学徒動員計画の樹立を指示。
　　同一学徒の勤労動員期間を1年につき継続的に4ヶ月を基準とし、学校の工場化が実施されるように。
・1944/2/25：「決戦非常措置要綱」［閣議決定］。
　→学徒動員体制の徹底を指示。中等学校程度以上の学生生徒の1年常時勤労、学校校舎の軍需工場化等を決定。
・1944/3/7：「決戦非常措置要綱ニ基ク学徒動員実施要綱」［閣議決定］。
　1944/3/31：「決戦非常措置要綱ニ基ク学徒動員実施要綱ニ依ル学校種別学徒動員基準ニ関スル件」
　　　　　　［発体68］（文部次官通牒）。
　→学校種別、学年別に出動期間、出動先などについて詳細な指示。大学高等専門諸学校の文科系学生生徒については、食糧増産、国防施設事業、工場、事業場（輸送を含む）等へ、高学年より順次出動の方針を指示。
・1944/7/19：「学徒勤労ノ徹底強化ニ関スル件」［動総45］（文部次官・厚生次官・軍需次官通牒）
　→勤務時間中に於ける特別の教育訓練時間（1週6時間原則）は生産の実際に適応し停止可能としたもの。
　　国民学校初等科以外の事実上の学校教育停止の指示。
・1944/8/23：「**学徒勤労令**」［勅令518］。
　→「勤労即教育」の方針のもとでの学校報国隊による学徒動員の制度化。
・1945/3/18：「決戦教育措置要綱」［閣議決定］。
　→全学徒を食糧増産、軍需生産、防空防衛、重要研究などに総動員を指示。
　　国民学校初等科を除く学校における授業を1ヶ年停止、学徒隊の編成等の措置を決定。
・1945/5/22：「戦時教育令」［勅令320］
　→学徒隊の編成、卒業認定について規定。

出典）福間敏矩『集成勤労動員』（ジャパン総研、2002年）、『官報』、『近代日本教育制度史料』より作成。

に示した通りであり、一九三八年の夏には五日間であった大学や高等学校の勤労作業は、いくつかの段階を経て期間が延長され、やがて一九四四年二月の「決戦非常措置要綱」以降は一ヶ年の常時勤労動員となる変化の過程をたどっていった。

兵力動員のための法的措置としては、大きくは二つの流れ、すなわち在学徴集延期期間が短縮から停止されるに至る流れと、在学・修業年限自体が短縮される流れが存在していた。

まず一九三九年三月の「兵役法中改正」が、その後の一連の措置の根拠とされていき、対米英開戦の約二ヶ月前に公布された一九四一年一〇月の文部省の省令「大学学部等ノ在学年限又ハ修業年限ノ臨時短縮ニ関スル件」では、一九四一（昭和一六）年度に卒業すべき者の修業の三ヶ月短縮が決定された。この後、一九四二（昭和一七）年度卒業すべき者は六ヶ月短縮、そして、一九四三年一〇月「在学徴集延期臨時特例」による、在学徴集延期の停止へと至った（理工系・師範系学校の学生・生徒も在学徴集延期期間の停止の対象とはなったが、それと同時に入営延期措置がとられた）。

この措置により、一九三五年四月予科入学者までは（標準的には）予科三年間・学部三年間の合計六年間の修業・在学年限であったのが、一九三六年四月予科入学者が五年八ヶ月間（マイナス四ヶ月）となって以降短縮が続いた。すなわち、一九三九年四月予科入学者は一九四三年の在学徴集延期の停止措置の対象となったので、実質的な修業・在学期間は四年八ヶ月間（マイナス一年四ヶ月）、一九四一年四月と一九四二年四月の予科入学者の修業・在学期間は二年八ヶ月間（マイナス三年四ヶ月）となり、学部に入学して二ヶ月で学部を仮卒業するに至った[12]。

このように、一九三〇年代後半から一九四五年の敗戦に至るまで、高等教育機関の学生・生徒を戦時動員に直接組み込む諸政策が次々ととられていった。

二　課外生活の再組織化

それでは、立教大学の場合、戦時下の教育はどのように変容していったのであろうか。

資料の制約上、一九三八年以降の動向に限定されるが、本項と次項では、立教大学の予科と学部の事例を通して、課外生活の再組織化や成績評価のあり方の変化の問題に着眼し、教育内容全般の変容過程を見ていくこととする。

『立教学院学報』『立教大学新聞』の記事や「遠山日誌」の記載、また部分的ではあるが残されている「立教大学庶務課文書」などを調べていくと、立教大学の学部学生・予科生徒の学園生活にとって、戦時の影響がはっきりと看取されるようになるのは、次節で取り上げる講義・授業のあり方の面ばかりではなく、それと同時、あるいは場合によってはそれに先立って、課外生活の面からであったという事実が浮かびあがってくる。

1　夏季休暇における勤労作業の実施、中国における日本軍への協力・実地訓練の開始

課外生活の面での戦時の影響は、一方においては、夏季休暇などの期間を利用した勤労作業や、中国での占領地・戦闘地域の軍への協力・実地訓練の開始という形であらわれた。

勤労動員(当時の名称は集団勤労作業)が、全国の中等学校以上の学生・生徒に対して初めて大規模に実施された一九三八年の夏季休暇には、立教大学の学部学生・予科生徒の動員も実施された。一九四〇年の夏にも北海道の農場での勤労作業参加の記録が見られる[13]。

他方、一九三九年から一九四三年あるいは一九四四年まで[14]の毎夏、文部省教学局による学生・生徒の大陸派遣事業として「興亜学生勤労報国隊」(一九三九年度は「興亜青年勤労報国隊」)が組織され、立教大学からは一九三九年、一九四〇年、一九四一年に参加したとある[15]。

一九三九年の「興亜青年勤労報国隊北支及蒙疆派遣実施要項」（以下、三九年「要項」と略す）によると、その派遣の趣旨は、「東亜新秩序ノ建設ハ青年ノ大陸認識トソノ実践的奉公トニ俟ツコト大」であり、一般青年及学生・生徒を「大陸ニ派遣シ現地ニ於ケル国防建設生産又ハ文化工作等ノ集団的勤労訓練ニ従事セシメ以テ興亜ノ精神ヲ体得セシムルト共ニ直接建設ノ事業ニ協力セシムル」ものとされている。実施期間は七月下旬から八月下旬の約一ヶ月で、勤労の内容としては、現地での準備訓練の後、「軍後方勤務及各種文化工作、農工土木等ニ従事ス」るとある(16)。

この学生・生徒らの派遣事業は、軍部や拓務省の要請や協力を背景として文部省が実施したものであり、一九三九年には派遣先は大きくは「北支及蒙疆」と「満洲」に分けられ、当初から大学・学校を指定してそれぞれの人数割当が決められた(17)。

立教大学からは、一九三九年の「満洲派遣隊」に予科から数名と予科教授の小川徳治が、「北支及蒙疆派遣隊」に経済学部学生一〇名と学生課員・教練教師の佐藤庸哉、また文学部学生一〇名と学生課員の熊谷作衛が参加した(18)。一九四〇年には、「北支及蒙疆派遣隊」に一〇名（予科五名、文学部二名、経済学部三名）が参加したと考えられ(19)、一九四一年にも立教大学から「北支及蒙疆隊」に派遣される一〇名の参加者は決定していたが、この時は、一九四一年七月に同年夏の団体や個人の旅行や移動の制限が急きょ決定するなか、派遣中止となり、かわりに「内地」での訓練、軍施設での勤労作業に動員された(20)。

これら「興亜学生勤労報国隊」の趣旨は、前述の三九年「要項」に明示されていたように、基本的には「勤労」であるとされていた。確かに報告書等には、報国隊が道路や建物の建設などを行った記載が少なからず見られる。その意味では、「興亜勤労報国隊」に参加した学生・生徒は中国大陸での「勤労」に動員されていたことになる。しかし、またこの報国隊の「勤労」には「軍後方支援」が明記され、その行動には「勤労奉仕（含警備見習）」など、中国で戦闘を行い侵略を続ける日本軍の「後方勤務」という形の直接動員が行われた点も見落とせない(21)。

この他、立教大学の学生・生徒が関係した中国大陸への派遣事業としては、一九三九年の学生国防研究会連盟による「中支勤労奉仕隊」と、一九四〇年八月の大日本機械化義勇団による「満洲自動車勤労奉仕隊・学生機械化部隊」が見られた。

前者には立教大学の国防研究会から四名が参加し、人口調査実施や、上海陸戦隊警備区域内での警備服務、忠霊塔建設地整備作業などを行ったとの記事が見られ[22]、後者には立教大学の自動車部部員五名が参加し、自動車の修理の他、燃料の輸送訓練を行ったとある[23]。

この「満洲自動車勤労奉仕隊」の活動については、具体的内容を示す参加者の手記が『立教学院学報』に掲載されている。手記によれば、立教大学の自動車部員は牡丹江の部隊に配属となり、数日間、軍での故障自動車の修理、組み立て作業などを行った後、「集団運行の輸送訓練」を行い、「貨車にて燃料の輸送のため四十粁離れた〇〇部隊へと行進」、その翌日の午後には「軍用ホームと当部隊の燃料庫との間に燃料の輸送演習を行」い、その翌々日も「燃料を約二十粁離れた〇〇部隊の兵器廠に輸送」したとある[24]。

このように夏期休暇を利用して、学生・生徒を、中国大陸での占領地や戦闘地で活動する軍隊の後方支援に実際に携わらせることが、一九三九年以降は確実に実行されており、また「興亜勤労報国隊」以外にも、各学生団体レベルでのそうした中国大陸への派遣、実地体験事業への参加が行われていた。

「興亜勤労報国隊」に関する先行研究ですでに、それが「単なる学生生徒の労働力の提供というよりは、軍の後方支援に直接関係し、また第一線各部隊の警備任務にも服するという性格からして、軍事行動に組み込まれたものであった」との説明がなされてきたが[25]、学生団体レベルでの実地体験事業についても同様であって、引用した記事からも読みとれるように、「訓練」は実は訓練にとどまらず、実際に東アジア、東北アジアへの侵略を続ける「軍の後方支援に直接関係」するものであったと言えよう。

2　学生団体の再組織化と身体訓練の強化

もう一つの、課外生活の面での戦時の影響は、学生団体の再組織化となってあらわれた。

この動きの前提となったのは、文部省による「修練組織強化」の政策であったが、立教大学の場合は、その中でも、とりわけ身体訓練の強化をはかった点に大きな特徴がある。

文部省は、一九四〇年九月の高等学校長会議以降、各学校長会議において、学校における「修練組織強化」の指示を出していった[26]。

「遠山日誌」を手がかりに立教大学の「修練組織強化」の動きを見ると、すでに一九四〇年九月二一日の条に、「学友会組織を新体制に合致せしむる為」に部長会を開いた旨の記載が見えるが[27]、具体的に学友会を改組して報国団をつくる案が出てきたのは、以下に述べるように、一九四〇年一一月のことであった。

遠山学長は、自身が出席した一九四〇年一一月一三日の「私大学長総長会議」において、高等学校、専門学校での修練組織強化のため報国団を組織することが具体的に指示されたことを記している。出席した学長たちからは、報国団の「鍛錬部」について、「鍛錬部に力を入れ正科とすると時間が少くなる　規定時間を改正されたし」との質問が出たが、文部省当局は「勅令を改め得ないが文部省に話合へは出来るたけ許可する方針なり、運用法も考慮されたし」と回答したとある。また、「当局では午前学課　午後鍛錬とする考なり　午後の実習実験等も鍛錬と見る」とその内容が書き残されている[28]。

「午後の実習実験等も鍛錬と見る」との回答から、文部省自体は、「鍛錬」の運用にある程度幅を持たせることを認め、必ずしも身体訓練にのみ特化しなくてもよいとの構えであったのではないかと推察される。

この後、遠山学長の記録によれば、文部省専門学務局からの通牒（一九四〇年一一月二九日付発専一九四号。以下通牒に関しては、年月日［通牒番号］という形で略す）での「修練組織強化」という文脈を受けて、立教大学は文部省と相談し、修正を行った上で、報国団を結成するに至っている。最終的には一九四一年三月七日に各部長会において報国団結成は決定され、同年四月二九日の天長節に報国団結成式が全学一同で挙行された[29]。

この立教大学の報国団は、従来の学友会を解散し[30]、全学生、学内団体を含み込む形で作られたものであった。一九四一年発足時の組織は**表9－2**に示した通りである。

文部省は、一九四〇年代に入ってからも引き続き、思想対策として、学生団体への統制・監視を強めることを、高等教育機関当局に要請していたが[31]、前述のように一九四〇年一一月時点で文部省が大学・学校に示した「修練組織強化」とは、全学生・生徒をこの修練組織に組み込み、それまで監視が十分に行き届かなかった課外生活をも含めて、大学・学校に管理することを求める内容のものであった。

しかし、立教大学の場合、報国団を組織するだけにはとどまらなかった。

立教大学は、この報国団組織を用いた「鍛錬」のカリキュラムを、少なくとも一九四一年度第一学期・第二学期の予科生徒への教育に導入した。後述するように、この時期の立教大学では、他の高等教育機関などと同様に、軍事教練の強化策の方針がとられていったが、報国団組織を用いた形で予科の成績評価に「鍛錬」の内容を直結させた事例は、管見の限り、立教大学以外では見つかっていない[32]。

『立教学院学報』で紹介された、一九四一年度第一学期・第二学期における予科の午後の時間割は**表9－3**の通りである。

これについては、阿部三郎太郎報国団厚生部長（阿部は当時学生課課長、主事兼予科教授でもあった）の以下の談話が見られる。すなわち、従来「特定の運動団体に属」さず、「強度な鍛錬に遠ざかつてゐた」学生がおよそ三分の二いたが、報国団への組織化は、これら学生を「新に錬成する」ことを目的とするものである。そして予科に新たに導入された

表9-2　立教大学報国団組織図（1941年4月発表）

- 団長
  - 総務部
  - 鍛錬本部
    - 第一部
      - 柔道部　剣道部　相撲部
      - 弓道部　拳闘部　空手部
      - レスリング部
    - 第二部
      - 野球部　軟式野球部　庭球部　軟式庭球部　籠球部
      - 卓球部　排球部　ホッケー部　ア式蹴球部
      - 鎧球部　ラ式蹴球
    - 第三部
      - スキー部　スケート部　水泳部
      - 陸上競技部　山岳部　ワンダーフォゲル部
  - 国防訓練本部
    - 国防研究会　馬術部　射撃部
    - 航空部　自動車部　自転車部
  - 文化本部
    - 第一部
      - 文芸部　（雑誌班　映画班　劇班）
      - 学術部
        - 英文学会　哲学会
        - 史学会　宗教会
        - 教育会
      - キリスト教修身会　音楽部　英語部
    - 第二部
      - 経済学会　商業学会
      - 海外事情研究会　弁論部
  - 厚生本部
    - 厚生部
    - 振励会

出典）「立教大学報国団組織決定」『立教学院学報』（1941年5月6日付）より。

表9-3　1941年度第1学期・第2学期における予科の午後の時間割

	月	火	水	木	金
第一時限 13:00–14:30	選択或いは 鍛錬	必修補習講義 必修補充演習 科外講演	必修補習講義 必修補充演習 科外講演	必修補習講義 必修補充演習 科外講演	選択或いは 鍛錬
第二時限 14:30–16:00	鍛錬	鍛錬	鍛錬	鍛錬	鍛錬

「鍛錬」は
- 第一班：勤労作業（農場経営、臨時勤労作業）
- 第二班：国防運動（機械体操、体力検定種目、強歩遠走、水泳、剛健旅行、集団体操、防空演習）
- 第三班：国防競技（軟式野球、軟式庭球、排球、カヌー）

「選択」は以下の３つの選択肢のうちから選択。
- 厚生部《（ママ）》第三部（学術部）に含まれている英語会話、支那語研究、哲学同好会、史学同好会、自然科学同好会、経済学同好会のうちから選択　或いは
- 文化本部に所属する各文化団体の研究に参加　或いは
- 厚生部《（ママ）》第五部（教養部）所属の音楽、書道、カメラ等の研究に参加。

1時限を1単位として、「鍛錬」4単位、必修の「科外講演」「必修補習講義」「必修補充演習」中から2単位、「選択」及び「教養」〔ママ〕の中から2単位の、合計8単位が1週間の標準単位。


出典）「改善の余地なきや　午後の鍛錬再検討」『立教学院学報』1941. 6. 7より。

　時間割の図は、記事内容に拠って筆者が作成したもの。

　なお、表9-2の報国団組織図では、厚生本部のもとに厚生部と振励会が並立する関係となっている。

　また、振励会の組織は、1941年6月時点では、第一部（企画部）、第二部（基督教修養部）、第三部（学術部）、第四部（教養部）、第五部（一般鍛錬部）、第六部（生活指導部）の6部からなり、第三部の学術部に、科外講演、補充講義、補充演習、哲学同好班、史学同好班、自然科学同好班、経済学同好班、各種語学同好班（英、独、仏、希、支語、英会話）が、第四部の教養部に、音楽班、レコード班、書道班、謡曲班、カメラ班、洋画班が、第五部の一般鍛錬部に、勤労作業班、一般運動班、一般競技班が置かれるとされていた（「振励会会則と組織図」『昭和十六年六月現在　予科在学生名簿』立教大学振励会、1941年6月28日、『立教学院百二十五年史資料編』第1巻、1996年、pp. 388–389より）

カリキュラムにおいて「鍛錬は全く学科教育と同じ重要さを持ち予科に於ける午後の授業を殆ど練成に振当て、基本的体育の各種の運動に各自の選択に依り参加し一週三日以上の鍛錬に従ふ義務を持たせる」との説明である[33]。「選択」には厚生本部振励会の活動を選ぶことも可能であったが、午後の第二時限目はすべて「鍛錬」が置かれ、身体訓練の強化が目指された。

阿部の談話にあるように、予科生徒の「鍛錬」必修が一週三日以上であったり、表9-3にあるように「一時限一単位で鍛錬四単位」を標準とする指導がなされたのかは、現時点では不明だが、「鍛錬」が必修として課されたことは確かであったと考えられる。

このような大学当局による身体訓練強化の時間割編成、「鍛錬」実施に関しては、当初、学生・生徒から批判の声があがっていた。『立教学院学報』には次の記事が見られる。

〔学生一般の指導錬成を対象とする厚生本部の活動運用については〕予科生を中心としたウィークデー午後の鍛錬は単位制度採用の煩雑さと疲労と勉学との関係等の点で所期の成果を揚げる迄には未だ改善の余地がありはせぬかとの声が一般に高くなつた

先づ単位制は自由放埒な一部学生を一定の規準の下に整備するのには効果があるが一面優良な学生をも半強制的に毎日午後四時まで学校に止まらせ各種運動に従はせる事にもなり、体力錬成の一面より見れば充分と云へ様が帰宅後の読書勉学の点より見ればいさゝか鍛錬過重の傾きなきにしもあらず疲労して夜は寝る以外に何も出来ぬと云ふ声も聞かれる、知育錬成は学生各自の自発自主的勉学が第一要諦とされる上からも一考する余地がある様だ[34]

これら一九四一年度予科学生の時間割として導入された「鍛錬」や「選択」などは、報国団という形で学生団体を再組織化した上で、従来成績評価の対象とはされていなかった課外活動を、科目として成績評価対象に組み入れるものであった。

身体訓練、とりわけ兵力動員の準備段階としての訓練を強化し、また当初「勤労作業」なども含めるものとして位置づけられた「鍛錬」科目(一九四一年度第一学期時点では、「勤労作業」は「鍛錬」の中の必修項目であったが、第二学期には「鍛錬」とは別に独立した必修として課された考えられる)[35]が、立教大学の教育活動の中に組み込まれていった過程を見ることは、戦時下において立教大学の教育がどのように変容していったかを考える上で、不可避の問題であると考えられる。

一九四〇年一一月以降に始まった「修練組織強化」の動きと報国団結成についての記述は、すでに先行研究や大学沿革史にも見られるが[36]、一九四〇年一一月の私立大学学長総長会議に参加した大学が、文部省からの「修練組織強化」の指示をどのように受けとめ、具現化したかについては、今後さらに高等教育機関ごとの比較研究を進める必要があろう。

前述のように会議の場での「鍛錬」についての質問に対して、文部省自体は、具体的な運用法に幅を持たせて考えていたと受けとめられる回答を行っていた。

それぞれの学校で報国団組織は作られていったと考えられるが、立教大学では報国団という形で「修練組織強化」を具体化し、さらには少なくとも予科生徒に対する教育評価には、はっきりと報国団での活動を大きく取り入れようとした。

その後、一九四一年一二月には学部三年生の卒業繰り上げが始まり、当初予定されていた一九四一年度第三学期の「鍛錬」は「休講」となり、かわりに学科についての「補充講義」が行われたと考えられるが[37]、少なくとも一九四二年四月の「遠山日誌」に見られるように[38]、立教大学では、一九四二年度も「鍛錬」や「勤労作業」は予科の成績評価の中に位置づけられたと推察される(次節で述べる)。

さらに、一九四二年五月あるいは六月に行われた報国団の改組では、「全学生々徒は必ず鍛錬本部又は国防本部所属の孰れかの部会又は班に於て心身の鍛錬をなさしめることにな」り、従来の厚生部を廃止して生活本部を設置、新たに銃剣道部が設立された[39]。この銃剣道部の新設は、発足当初の報国団の組織では、各部から退部した者が「他部へ入れない習慣」のために「錬成逸脱者を生する」ので、これらの退部者を「体操部銃剣道部へ必収容させる」ための措置として、大学当局が行ったものであった[40]。ここから、身体訓練強化を推進するために報国団改組が必要であるとの大学当局の判断があったことがわかる。

先の『立教学院学報』の記事に見られたように、学生・生徒側の「鍛錬」強化への不満が当初相当存在しつつも[41]、大学当局によって「鍛錬」の授業は実施され続け、成績評価にも組み込まれたと考えられる（**表9-4**）。ここには、『立教学院百年史』に記されたような「学生・生徒は前途に不安を抱きながらも報国団体制の下で、従来の学友会部会と同様に文化活動や運動体育にはげんでいた。もちろん、大学も中学校も従来通りに正規の授業を続けていたのであった」[42]という捉え方以上の問題、すなわち報国団による学生団体の再組織化と、身体訓練強化を軸とした教育活動全般の変容がリンクさせられていたという問題が存在していたのではないだろうか[43]。

表9-4　1942年度における「鍛錬」科目の運営・成績評価について

		指導主任	指導員	指導補佐	課業時数		評点
鍛錬	体操	安東　西澤	体操部員	各学年毎ニ配置	毎週2時間	鍛錬必修者	300
	銃剣術	伊達	剣道部員				
	其他	安東　西澤	当該部員				
研究会		専任教授 ……			毎週1時間以上		
科外講演		指導者不定	評点100点 ……			鍛錬必修者以外ノ者	
勤労作業	農場	□□	課業時数毎日各組交替1回2時間			全員評点	200
	其他	不定	課業時数不定				

出典）「遠山日誌」1942年4月4日の条をもとに作成。
原文では算用数字と漢数字の両方が使われているが、本資料では算用数字に置き換えた。また□□は判読不能文字。

三　立教大学における教育内容・成績評価のあり方の変化

前節で見たように、課外活動の内容が再組織化され、それが学科の講義・演習などとともに評価の対象に組み入れられたことは、立教大学での教育のあり方そのものが変化したことを示している。

以下、本節では、学生・生徒に課された教育、それも評価の対象となる教育のあり方がどのように変化したのかという観点からの整理を試みる。

1　学科課程の変化と授業時間の実質的縮減

現在残されている『立教大学一覧』などでは、残念ながら戦時下の学科課程の変遷は十分にたどることはできない。一九四一年に大きく成績評価のあり方を変更したと考えられる予科の学科課程が、「学則」上にどのように示されたかについても、現時点では不明である。

ただし、**表9-5**に示したように、その一九四一年より前の時点でも、一九三九年の予科の学科課程において、それまで見られた「歴史（英）」や「論理学（英）」などの英語による授業という表記が消え、「第二外国語」には「支那語」が加えられ、予科に「教練」が独立した形の必修科目として設けられている[44]。

また、学部の授業に関しては、**表9-6**に経済学部経済学科の例を挙げたが、一九四二年度までと、――実際にはほとんど授業が行われなかったとも考えられるが――一九四三年以降の学科課程とでは大きく変化している。必修科目名も一九四三年以降の学科課程には、「戦時経済論」「民族及民族政策」「大東亜経済論」（一九四二年の「欧州経済」がなくなっている）などが設けられ、戦時に即応する名称の変更が多く見られる。

そして、一九四三年以降は、「軍事教練」が毎学年二時間ずつの必修と規定されており、「選択科目」は大幅に減少しているかわりに「科外必修科目」が置かれた。その「科外必修科目」も、「日本世界観講義」「国防及戦史」「戦略戦術及防空科学」など、戦争に直接関わる科目名のものがほとんどである。

ただ、このように学科課程上に明確にあらわれた講義題目や時間の増減だけではなく、学科課程上にあらわれない形で、「教練」や学校行事の増加などによって、全般的に講義科目の授業時間が削減されたことも明らかである。

大学学部の「教練」は、一九三九年度からは実技訓練も含めて必修化されていたが、立教大学では、一九四〇年度に三泊四日だった野外教練が[45]、一九四一年度には予科三年生・学部三年生には七日間実施、予科一、二年生と学部一、二年生には野営を四泊五日実施（残りは日帰りの野外演習で補足）するとされた[46]。そして、このような野外教練や、教練の成果を調べる査閲などは、多くの場合、通常の学科の授業を休んで行われた。

なお、大学学部の「教練」の成績については、

表 9-5　学科課程の変化―立教大学予科文科の場合―

1934年度		第1学年	第2学年	第3学年
学科目	修身	1	1	1
	国語及漢文	4	4	4
	英語	10	10	8
	第二外国語（独、仏）	4	4	4
	歴史（英）	3	3	3
	地理	2		
	高等数学	3	2	2
	自然科学	2	2	2
	論理学（英）		2	
	心理学（英）			2
	哲学概論（英）			2
	法制経済		2	2
	体操	3	2	2
合計		32	32	32
選択科目	第三語学（希臘語、拉甸語）		2	2

※注意書きとして、「第三語学ヲ修学スル者ハ第二語学トシテ修学スル独乙語又ハ仏蘭西語中第二学年第三学年ニ於テ各二時間宛減ズルコトヲ得」とあり。

1939年度		第1学年	第2学年	第3学年
学科目	修身	1	1	1
	国語、漢文	4	4	4
	英語	10	10	8
	第二外国語（独、仏、支）	4	4	4
	歴史	3	3	3
	地理	2		
	高等数学	3	2	
	自然科学	2	2	2
	論理学		2	
	経済概論		2	
	心理学			2
	哲学概論			2
	法学通論			2
	文学概論			2
	教練	2	2	2
	体操	1		
合計		32	32	32
選択科目	第三語学（希臘語、拉甸語）			

※注意書きとして、「第三語学ヲ修学スル者ハ第二語学トシテ修学スル独逸語又ハ仏蘭西語中第二学年第三学年ニ於テ各二時間宛減ズルコトヲ得」とあり。

出典）立教大学『立教大学一覧（昭和九年五月）』（1934年5月）、同『立教大学一覧（昭和十四年度）』（1939年10月）。

表 9-6　学科課程の変化―経済学部経済学科の場合―

	1934年度			
必修科目	経済原論	4	経済学史	2
	経済史	2	統計学	2
	財政学	2	銀行及 金融	2
	貨幣	2	保険	2
	交通	2	工業政策	2
	商業政策	2	農業政策	2
	憲法	2	民法	第1学年 4 第2学年 2
	商法	第2学年 2 第3学年 4	英語経済	第1学年 4 第2学年 4 第3学年 4
	英語	第1学年 4 第2学年 4 第3学年 4		
選択科目	日本経済史	2	経済原論上 特殊ノ問題	2
	計理	2	取引所	2
	国際金融及 外国為替	2	信託	2
	政治学	2	経営経済学	2
	社会学	2	経済地理	2
	社会政策	2	殖民政策	2
	哲学史	2	刑法	2
	行政法(総 論、各論)	4	民法(親族、 相続)	2
	国際公法	2	労働法	2
	教育学及教 育史	第2学年 2 第3学年 2	国際私法	2
	東洋倫理	2	外国語	第1学年 4 第2学年 4 第3学年 4
	演習		西洋倫理	2

	1942年度			
必修科目	経済原論	第1学年 3 第2学年 2	経済学史	2
	日本経済史	2	欧洲経済史 及商業史	第1学年 2 第2学年 2
	経済政策論	第2学年 3 第3学年 2	社会政策論	2
	財政学	2	統計学	2
	金融市場及 機関	第1学年 2 第2学年 2	経済組織論	2
	産業構成論	2	景気論	2
	企業及経営 形態論	2	憲法	2
	民法	第1学年 (総則 2、 物権 2) 第2学年 (債権 2)	商法	第2学年 3 第3学年 2
	英語経済学	第1学年 4 第2学年 2 第3学年 2		
選択科目	経済地理	2	保険	2
	社会学	2	民法(親族、 相続)	2
	外国貿易及 為替	2	国際公法	2
	信託	2	教育学	2
	行政法(総 論、各論)	4	東洋倫理	2
	刑法	2	演習	
	教育史	2	仏語経済学	第1学年 2 第2学年 2 第3学年 2
	西洋倫理	2	新聞学	2
	英語	第1学年 4 第2学年 6 第3学年 6		
	独語経済学	第1学年 2 第2学年 2 第3学年 2		
	政治学	2		
	植民政策	2		

	1943年度以降（国家経済科）					
必修科目	日本国家学原理及憲法	第1学年 3	民族及民族政策	第3学年 2	工業概論	第2学年 2 第3学年 2
	国家経済学	第1学年 3	戦時経済論	第2学年 2	会計学原理	第2学年 2
	経済学史	第3学年 2	経済行政論及国防経済法	第3学年 2	工業簿記及原価計算	第3学年 2
	経済史	第1学年 2 第2学年 2	日本産業構成論	第1学年 1	保険論	第2学年 2
	経済統計学	第1学年 2	工業立地及国土計画	第3学年 2	民法（大意）	第1学年 3
	貨幣及金融	第1学年 2 第2学年 2	経済政策論	第2学年 2 第3学年 2	商法（大意）	第2学年 3
	広域経済学	第3学年 2	政治地理学	第1学年 2	外国語（独、仏、英）	第1学年 6 第2学年 4 第3学年 2
	財政学	第3学年 2	大東亜経済論	第2学年 2		
	計画経済論	第3学年 2	配給組織論	第2学年 2		
科外必修科目	日本世界観講義	第3学年 2				
	国防及戦史	第1学年 1				
	戦略戦術及防空科学	第2学年 1				
	産業経済講座	第3学年 2				
軍事教練	軍事教練	第1学年 2 第2学年 2 第3学年 2				
選択科目	東洋政治哲学	第2学年 2				
	財政法	第3学年 2				
	軍事経理学	第3学年 2				
	経済演習	第2学年 2 第3学年 2				
	支那語及馬来語	第1学年 2 第2学年 2 第3学年 2				
	工業管理学概論	第1学年 3				

出典）立教大学『立教大学一覧（昭和九年五月）』（1934年5月）、立教学院百二十五年史編纂委員会編『立教学院百二十五年史資料編』第3巻（1999年）、pp. 52-66より作成。

文部省体育局長の通牒（一九四一年一一月二七日［発体五九］「学校教練実施ニ関スル件」）によって、「其成績は独立して採点」、また「採点は配属将校、教練教官、其決定は配属将校。採点は必修科目とし進級卒業の及落判定に及ふ」ことなどが決められた[47]。一九四二年度（学年短縮のため一九四二年三月一日から新学期）の立教大学学部の学科課程には、独立した科目としては見られないが、一九四三年度以降の学科課程では「軍事教練」が独立して置かれた。

さらに、「遠山日誌」には、一九四〇年四月から四二年一〇月の間に、「靖国神社参拝」が幾度も行われ、「青少年学徒への勅語奉読式」「教育勅語渙発五十年記念祝典」「御真影奉戴式」などが実施されたという記載が残されている[48]。

一九四一年一二月の在学・修業年限の短縮から、やがて四三年一〇月の在学徴集延期の停止によって、在学あるいは修業すること自体が縮減され、廃止されていった。しかし、すでに教練関係や行事の時間の増加、また防空訓練、勤労作業などの勤労動員により、「学則」や「学年暦」にはあらわれない形で、学生・生徒にとっての実質的な学科の授業時間は削減されていったと考えられる[49]。

立教大学の場合、一九四〇年六月時点の大学当局は、学生・生徒の勤労作業への従事を、就職の世話に関連づける優遇措置をとるなどして、参加を促していたと考えられる[50]。しかしこのように勤労作業への参加を就職の世話の優遇措置と結びつけるあり方は、長くは続かなかった。次項で見るように立教大学の一九四一年以降の予科のカリキュラムでは、「勤労作業」は必修として評点がつけられるようになっていった。最早優遇の対象ではなく、必修としての位置づけへと変化したのだった。

文部省は、一九四一年二月八日［発体一八号］「青少年学徒食糧飼料等増産運動実施ニ関スル件」により、青少年学徒の食糧飼料等増産運動を「正課ニ準ジ取扱フコト」とし、一学年を通じて三〇日以内の日数を勤労作業に振り替えて授業をしたものと見なすことを可能とした。以後、勤労作業の期間は六〇日以内から、さらに約四ヶ月となり、一九四四年二月以降には一ヶ年の常時勤労動員となっていった（表9-1参照）。立教大学もこの文部省の政策に則り、従来からの学科の授業時間自体を縮減させ、やがてほとんど廃止させていった。

2　「鍛錬科目」や「科外講演」などの新設と成績評価への組み込み

先述の阿部報国団厚生部長の説明に見られたように、報国団結成を契機とした「鍛錬科目」や「科外講演」などの設置は、少なくとも予科生徒にとっては、学科の授業と同様に履修が義務づけられたものであった。

一九四一年一〇月一日付『立教大学新聞』には、一九四一年度第二学期の予科の成績は、「学科」と「錬成科目」の二本立てになるとの記事が掲載された。

この記事によると、予科の成績評価の項目は、「勤惰」（午前中の学科の出席状況）、「鍛錬」「勤労作業」（「鍛錬」と「勤労作業」は全学生必修）、「学術修練」（科外講義並びに補講の出席状況と試験の総合）の四つから行われ、「錬成科目」では、「各錬成項目」評点四〇点以上、「錬成成績」六〇点以上で進級とするとある。一九四一年度第一学期には科目は設置されていたものの、この基準による成績評価は行われなかった。しかし、第二学期からは必ず行う予定と記されている[51]。

一九四一年一二月の卒業繰り上げによって、一九四一年三学期の予科「鍛錬」は休講となった模様だが、『立教大学新聞』の記事によれば、一九四二年度には、午後の「鍛錬」と「特講」の「復活がみられる筈」とある[52]。実際に一九四二年四月の「遠山日誌」には、一九四二年にも鍛錬科目を含んで成績評価を行うとの内容の、以下の報告が見られる。

竹村教授より鍛錬に関し報告あり

＊体操は安楽講師　西澤（以上指導主任）

銃剣は伊達講師（指導主任）

一般鍛錬は約五百名にして　学部学生の指導と定められたが　学生の授業の妨けとならぬ様　授業時の場合を考慮して西澤中尉を鍛錬の事に当らせる[53]

そして、この記述に続く欄外記述をまとめたものが表9-3である。ここでの「鍛錬必修者」と「鍛錬必修者以外ノ者」の区別の基準が学年によるものかは不明であるが、少なくとも「鍛錬必修者」には「鍛錬」は三〇〇点、「鍛錬必修者以外ノ者」には「科外講演」評点一〇〇点、そして「勤労作業」は全員必修で評点二〇〇点とある。

確かに文部省は、勤労動員に関して、すでに「集団勤労作業」と呼ばれた一九三九年三月時点から「正科」に準じて扱うようにとの指示を出していた[54]。ただし、立教大学が実施した「鍛錬」科目の成績評価への具体的な組み込みや、「勤労作業」への評点の点数配当などに関しては、文部省からの具体的な指示があったのか、それとも立教大学の独自のルールとして採用したものなのかどうか、その点を明らかにする史料はまだ見つかっていない。

しかしいずれにせよ、立教大学が「鍛錬」科目の成績評価への導入を実施し、従来の授業科目以外の身体訓練強化科目を、成績評価の対象として正式に組み込んだことは確かであったと考えられる。学部学生の勤労動員への出席状況も、一九四二年一二月時点では「教練」の点に入れられるなど、身体訓練の教育の一環として扱う措置がとられた[55]。

また、上記の「遠山日誌」での記載を見ると、一九四二年度の「鍛錬」科目の指導主任として、配属将校が担当する体制となっていたが、この他にも特技を持つ学生を「鍛錬」科目の「特技助教」（指導員）として使い、指導員となった学生はその時間帯の正規の講義科目には出席しなくてもよいように扱うことにせよとの、錬成主事や配属将校側からの強い働きかけが続いた[56]。

3　授業内容自体の変化

ここまで見てきたように、戦時下、とりわけ一九四一年以降の立教大学では予科を中心に、「鍛錬」科目の導入や勤労動員の成績評価化など、学科以外の活動が、「正科」に組み込まれ、成績評価の対象となっていった。

しかし、講義科目自体の内容も、様々な形で変化していったと考えられる。

先に紹介した経済学部の科目名の変化などは顕著なものであるが、他にも例えば、一九四二年六月の「遠山日誌」では、「史学科委員より学科改訂改正案訂正あり　米国史を入れたるは本学のみなり／九大は西洋史は唯十九世紀史のみなりといふ」（／は改行箇所）[57]とあり、学科改訂に関して、他大学の動向を見て、名称変更の必要を意識している様子の一端が窺える。

実際に、一九四一年六月二四日の官公私立大学長会議では、協議事項の中に「報国団進展状況」が挙がっており、文部省の専門学務局長の発言の中には「米国憲法史」などを廃止して「修練」の時間を確保せよとの示唆が見られる。ただし、ここでの「修練」とは、必ずしも身体訓練に限定されたものとは文脈上は考えられず、この時間を成績評価に組み入れるようにせよといった具体的な指示は見られない(58)。

戦時下の高等教育機関の中で、それぞれの教員たちがどのように学生・生徒たちに教育を行い、どのような発言をしていたのか、とりわけアジア太平洋戦争についてどのように捉え、どのように発言していたのかという問題は、非常に大きな研究課題であり、本章では検討するに至っていない。

ただし、少なくとも一九三〇年代から文部省教学局設置などによって推進されてきた、教員の教育や研究内容への統制・監視策は、一九四〇年代に入っても続けられた。具体的には、教員採用の際の思想動向チェック強化の要請や、不認可教科書と認可教科書の提示、さらには教学局による教員の講義内容、著作・論文チェックなどを通して、強化され続けたと考えられる(59)。

また、立教大学では一九四一年四月の報国団組織化以来、予科教授は週に三回、一時から三時まで「学校に居残つてゐることになつて」、その時間内はいつでも生徒は教授を訪問して懇談・座談をしてよいことになっていたという(60)。

これは、一九四一年六月の官公私立大学長会議で専門学務局長が述べたように「偉材を作るには　優秀な教授と学生とを必要とす　之を中核体とすべきことを報国団の組織とせり　再教育の方法は学生教授合宿して指導訓練すべし是が報国団発展の捷径なり教授自己をも再教育の必要あるべし」(61)という、「師弟同行」の教学体制確立の指示を具現化したものだったと考えられる(62)。

その後、一九四三年一〇月に在学徴集延期が廃止されて以降、立教大学では予科生徒と学部一年生の一部を残し、他の多数の学生は兵力動員の直接の対象となった。残された学生・生徒も勤労動員に出動し続ける事態となり、ほとんど授業は行われなくなったと考えられる[63]。

例えば、一九四三年一〇月当時、文学部講師であった宮本馨太郎による「戦中日記抄」では、一九四三年の「十月に入ると、新学年度の授業がはじまった。しかし、学生たちが徴兵検査のために相次いで帰郷したので、満足に授業もできなくなった」[64]と触れられている。宮本が担当した「民族学」は、一〇月七日に新学年度最初の授業が行われ、同月一四日に授業をした後は、二一日が「学徒壮行会挙行」のため休講、二八日は徴兵検査により学生達が帰郷して休講、一一月四日、一一日とずっと休講が続いた。この後、宮本は一九四四年一月八日からの経済学部臨時編成授業に出講せよとの依頼を受け、一九四四年一月一一日には「民族学」を開講したが、その後はほとんど休講した模様である[65]。

このように宮本は、学部の「民族学」の授業は一九四三年一〇月以降、事実上ほとんど休講にせざるを得なかったが、他に経済学部では一九四四年九月以降、経済学部一年生のための「東亜民族誌」を開講し、曜日を変えながらも同年九月二一日から一九四五年七月一六日まで続けたとの記録が見られる[66]。

宮本担当の「民族学」や「東亜民族誌」については用いたテキストについての言及はないが、宮本が、一九四四年四月から五月二四日までと、九月三〇日から一〇月二八日までの間、予科三年生徒の勤労動員の合間を縫う形で、三クラス三時間担当した「国史」では、「前年文部省が編纂・発行した『国史概説』を教科書として使用するよう要請されていた」という[67]。

この要請が、具体的な通牒などによるものであったかどうかはまだわからないが、一九四三年一〇月以降、ほとんど大学・学校での学科の授業が行われなくなる状況となりつつも、文部省は、行われる授業については――大学予科で行われる「国史」の授業について、教学局編纂の『国史概説』の使用を要請するなど――、講義内容への介入・統制をゆるめることなく続けていたと考えられる。

おわりに

以上、戦時下、主に一九三八年以降の立教大学における教育の変容と勤労動員についての検討を行ってきたが、本章で指摘してきたことを改めて確認しておきたい。

一つは、立教大学の教育活動への戦時の影響は、課外生活の再編という形で明確にあらわれたということである。文部省の「修練組織強化」の指示を受けて、学生団体を再組織化する動きは立教大学以外でも確実に見られた。しかし、立教大学の場合は、一九四一年四月に報国団を結成して以降、予科のカリキュラムに、報国団の活動を基礎とする「鍛錬」等を新たに組み込み、それを具体的に成績評価の対象にすることまでも実施した。

戦時の影響は、無論、高等教育機関全般に対する軍事教練の強化などの形でも現れていったが、「鍛錬」科目などの新設と成績評価への組み込みも、戦時と強く結びついたものであった。従来は課外活動であったものを正規の教育内容に組み入れて身体訓練を強化するという、そのような教育のあり方の変化を、立教大学当局は確実に推進していった。

もう一つは、立教大学の学生・生徒、教職員が、一九三九年以降実施された「興亜学生勤労報国隊」や、学生団体の派遣隊のメンバーとして、中国大陸派遣事業に加わり、「勤労奉仕」として、日本の軍隊の後方支援に従事していたということがあげられる。

高等教育機関の兵力動員については、一九四三年一〇月の在学徴集延期の停止の問題が最も注目されがちであるが、このように一九三九年以降ははっきりと、学生の課外生活の時間に、日本による東アジアへの武力侵略政策と結びついた、勤労動員かつ後方支援という形での兵力動員が実施され、またそこに学生・生徒たちが参加したということを確認しておく必要があろう。また、当時の立教大学当局に、こうした形での軍への協力に警戒心を持っていた様子が看取できないという事実も、見落とすことはできない。

戦時下の高等教育機関の教育のあり方については、一九二〇年代半ば以降、様々な形・場面で続けられてきた、教育・学問の統制・監視、「教学刷新」などの施策による変化の問題を考えることも不可欠である。ただし、それとともに、直接、学科課程の変化などには顕在化しない、課外生活の再編やその中での軍への協力などの活動、また身体訓練の強化策など、日々の教育活動にあらわれる少しずつの変化を捉えることも重要な意味をもつと考えられる。そうした少しずつの変化が、やがて明確に、学生・生徒を生かし育てるための教育から、死ぬことを準備する教育一色に塗り替えていく過程そのものとなっていったという事実を、立教大学の事例は示していると言えよう。

注

(1)　例えば、明治大学百年史編纂委員会『明治大学史紀要』第八号(一九九〇年)と同第一三号(一九九五年)、立命館百年史編纂委員会『立命館百年史紀要』第二号(一九九四年)、同別冊(一九九六年)、白井厚編『大学とアジア太平洋戦争』(日本経済評論社、一九九六年)、東京大学史史料室編『東京大学の学徒動員・学徒出陣』(東京大学出版会、一九九七年)、白井厚・浅羽久美子・翠川紀子編『証言太平洋戦争下の慶應義塾』(慶應義塾大学出版会、二〇〇三年)など。

これらの研究以外にも、いわゆる「学徒出陣」とその戦没者調査は、近年かなりの進展を見せている(『証言太平洋戦争下の慶應義塾』一九二～一九三頁等も参照)。戦時下の高等教育機関での勤労動員に関する調査・研究は、まだそれほどまでには見られないが、上記の明治大学や立命館大学での調査・研究は、勤労動員に関しても焦点化したものである。

(2)　永井均・豊田雅幸「立教学院関係者の出征と戦没に関する若干の考察」『立教学院史研究』創刊号、二〇〇三年。

(3)　海老沢有道編『立教学院百年史』立教学院、一九七四年。

(4)　立教学院百二十五年史編纂委員会編『立教学院百二十五年史資料編』第一巻、立教学院、一九九六年。

(5)　本章では、勤労動員と兵力動員をまとめる総称として戦時動員という語を用いる。また、軍事教練や滑空訓練などの強化を兵力動員の準備的施策として位置づけ、防空訓練・実践、食糧増産、開墾、土地整備、軍需工場勤務などを勤労動員として位置づける。

(6) 立教大学の勤労動員についての、現時点でわかり得るデータについては、本章のもととなった奈須恵子「立教大学における教育と戦争――戦時動員と教育の変容の過程に着目して――」『立教学院史研究』第三号、二〇〇五年の一覧表を参照のこと。

(7) 史料集成としては近代日本教育制度史料編纂会編『近代日本教育制度史料』全三五巻（大日本雄弁会講談社、一九五六～五九年）など。また、高等教育研究機関に関する先行研究の中では、明治大学百年史編纂委員会編『明治大学百年史』第四巻通史編Ⅱ（明治大学、一九九四年）が、教育の変容と戦時動員体制の展開の関わりを詳細に記述した代表的なものである。

(8) 前掲『近代日本教育制度史料』。

(9) 福間敏矩『学徒動員・学徒出陣――制度と背景――』（第一法規、一九八〇年、増補版は一九九三年）、同『集成　学徒勤労動員』（ジャパン総研、二〇〇二年）。

(10) 立教大学における学生の軍事教練反対とそれに対する立教大学当局の抑圧については、山田昭次「立教学院戦争責任論覚書」『立教学院史研究』創刊号、二〇〇三年参照。それぞれの高等教育機関当局がこの時代にとった、学生・生徒に対する対応を丹念に明らかにすることによって、高等教育機関を単なる軍部や文部省当局の圧力による被害者としてのみとらえる視点を、批判的に相対化できるようになることを山田論文は示している。

(11) 前掲・福間『集成　学徒勤労動員』など参照。

(12) 前掲・永井・豊田「立教学院関係者の出征と戦没に関する若干の考察」を参照。年限短縮の図は同論文所収の大島宏作成の表一「修業年限・在学年限の短縮」、前掲・白井他編『大学とアジア太平洋戦争』五四頁、「戦中・戦後の大学修業年限図」も参照。

(13) 『立教学院学報』一九三八年一〇月四日付、一九四〇年一〇月一二日付。

(14) 久保義三『昭和教育史』上（三一書房、一九九四年）では、一九四三年度まで実施、前掲・福間『集成　学徒勤労動員』では、一九四四年度まで派遣されたとある。筆者が実施を示す資料を確認できたのは一九四三年度までである。

(15) 一九三九年度については教学局『昭和十五年三月興亜青年勤労報国隊学生隊報告竝感想文集』（一九四〇年三月）、『立教学院学報』一九四〇年一月二八日、一九四〇年度については教学局『昭和十六年三月興亜学生勤労報国隊報告書』（一九四〇年九月）、「遠山日誌」一九四〇年六月一二日、六月一八日、七月六日、七月一三日の各条、『立教学院学報』一九四〇年六月二五日、一〇月一七日付、一九四一年度については教学局『昭和十七年三月興亜学生勤労報国隊報告書』（一九四二年三月）、「遠山日誌」一九四一年五月二七日、六月四日、七月五日、七月八日、七月一二日、七月二二日の各条。

(16)　[発企一五]（一九三九年五月三一日）『自大一五年至昭一六年 研究員・派遣員総規 第一冊』所収、国立公文書館所蔵。

(17)　「満洲派遣隊」は二三四校から選抜した学生・生徒、指導教官と配属将校で編成し総員一七四一名、「北支及蒙疆派遣隊」は一六二校から選抜した学生・生徒、指導教官と配属将校で編成し総員一八九九名であった（前掲『昭和十五年三月興亜青年勤労報国隊学生隊報告竝感想文集』）。

(18)　前掲『昭和十五年三月興亜青年勤労報国隊学生隊報告竝感想文集』。

(19)　一九四〇年は、「満洲建設勤労奉仕隊」「北支及支那蒙疆派遣隊」「中支派遣隊」に分けられ、渡航人員は隊員二二四七名、幹部二二五名であった（前掲『昭和十六年三月　興亜学生勤労報国隊報告書』参照）。

(20)　「北支及蒙疆」と「中支」への派遣隊が現地派遣が中止となり、特技隊からなる「満洲建設勤労奉仕隊」も派遣期間が短縮された。派遣中止となった「北支及蒙疆」参加者は、茨城県「日満鉱工訓練所」において防空壕・散兵壕の構築作業などの集団勤労作業に従事し、また一部は東京十条の陸軍施設での勤労作業に従事した（前掲『昭和十七年三月興亜学生勤労報国隊報告書』）。

なお、一九四二年は医学、獣医学、土木など専門知識をもつ学生によって隊が編成され「北支蒙疆」に派遣され、一九四三年は医療隊、獣医隊、鉱工隊からなる「興亜勤労報国隊特技隊」が「満洲」に派遣されたと考えられる（『帝国大学新聞』一九四三年七月五日付など参照）。

(21)　前掲『昭和十五年三月興亜青年勤労報国隊学生隊報告竝感想文集』。

一九三九年の報国隊のうち経済学部学生が参加した隊では「張家口・大同・厚和頭ニ於テ勤労奉仕及史蹟見学（含警備見習）」とあり、文学部学生が参加した隊では「（天津での）国旗掲揚台建設作業／警備勤労ノ体験」とある。

(22)　『立教学院学報』一九四〇年一月二八日付。

(23)　「遠山日誌」一九四〇年七月六日の条。また、『立教学院学報』一九四〇年一〇月一七日付。

(24)　『立教学院学報』一九四〇年一〇月一七日付。

(25)　前掲・久保『昭和教育史』上、四七五頁。

(26)　「修練組織としての学校報国団の整備」については、寺﨑昌男・戦時下教育研究会編『総力戦体制と教育』（東京大学出版会、一九八七年）一二六～一二八頁を参照。

(27) 「遠山日誌」一九四〇年九月二一日の条。
(28) 「遠山日誌」一九四〇年一一月一四日の条。原文では一二月一四日とあるが、前後の記載から一一月一四日と考えられる。
(29) 「遠山日誌」一九四〇年一二月三日の条から一九四一年四月二九日の条までの記載より。
(30) 学友会時代にも、すでに献金など学生団体の軍への協力は見られ、例えば、一九四〇年一一月には学友会、学生有志、教職員、学校補助金からの合計二五〇〇円を陸軍恤兵部と海軍恤兵部に献納したとの記録が残されている（「陸軍・海軍への醵金献納」一九四〇年一一月二七日、立教大学庶務課文書、立教学院史資料センター所蔵）。
(31) 前出のように文部省が私立大学に対する報国団の組織化を指示した一九四〇年一一月の「私大学長総長会議」では、同時に「学生思想問題」についての報告もなされており、「学外より多く働きかけるから　学内の指導宜しきを要す」や「学生の集る所　指導教官あるを要す　但し左翼の教官に指導させぬ様注意」との指示があったと記されている（「遠山日誌」一九四〇年一二月《ママ》（一一月）一四日の条）。
また、こうした状況の中で、植民地出身学生や留学生に対する取り締まり・監視強化の指示、諸通牒が大学・学校当局に要請されたことも「遠山日誌」は伝えている。

例えば、一九四一年の官公私立大学長会議の席上、「学生の思想動向」に関して教学局企画部長から注意を促す説明があり、「朝鮮の独立、台湾の復旧運動」などの「民族主義運動」への注意が喚起された（「遠山日誌」一九四一年六月二四日の条）。

さらに、教学局長官からの一九四二年三月三日［発企一六］通牒（実物ではないが、その内容を遠山が記している）では、「外地人特に一部の朝鮮人に不穏なる計画の企図あったるを以て学生〃徒の思想指導に十分なる注意を払ふこと」や「治安に関係ある事項は検察当局と密接連絡し　不測の事態に遺憾なきを期すること」との内容が指示されたことがわかる（「遠山日誌」一九四二年三月一二日の条）。
(32) 例えば、明治大学では、一九四〇年一一月の私立大学学長総長会議での指示を受けて、明治大学報国団が組織され、一九四一年四月一日から団則が実施されたが（志田甲《ママ》（鉀）太郎「論説本学報国団と本学報国隊」『明治大学新聞』第四九三号、一九四一年九月一七日付）、少なくとも、立教大学が予科の成績評価に「鍛錬」の内容を直結させた一九四一年度の時期については、同様の動きを示す資料・記録は管見の限り見られない。その後、明治大学報国団は、一九四三年四月に改組されたが、その際に「学徒国防力の飛躍的増強を期する」ために、従来の報国団の組織にあった心身鍛練部と国防訓練部を整理強化し、「基本体育部を新設」して、「全学生を入部せしめて、基本体操行軍を行」うこととするとの新聞記事が見られる（『明治大学新聞』第五一一号、一九四三年三月一七日付）。ただし、この基本体育部の活動と成績評価との具体的な関係については、明らかではない。
(33)『立教学院学報』一九四一年五月六日付。
(34)「改善の余地なきや　午後の鍛錬再検討」『立教学院学報』一九四一年六月七日付。
(35)『立教大学新聞』一九四一年一〇月一日付。
(36)前掲『明治大学史紀要』第八号、前掲『明治大学百年史』第四巻など。
(37)『立教大学新聞』一九四一年一二月一〇日付。
(38)「遠山日誌」一九四二年四月四日の条。
(39)『立教大学新聞』一九四二年六月一〇日付。
(40)「遠山日誌」一九四二年五月二〇日の条。遠山と当時の竹村錬成主事の面談の記録。
(41)前掲『立教学院学報』一九四一年五月六日付では、「鍛錬」必修に批判的な記事が見られたが、『立教大学新聞』一九四一年一二月一〇日付では、「午後の鍛錬を行って非常な好成績を納めて来たが」と、実施に肯定的な記事内容へと論調が変化している。
(42)前掲『立教学院百年史』三八六頁。
(43)なお、一九四三年三月に報国団に銃剣道、射撃、自転車、自動車、水泳などの一一科目を検定するものとして戦技錬成科が新設された(『立教大学新聞』一九四三年三月四日付)。一九四三年十月の「在学徴集延期措置」の停止後、報国団は解散となり、この戦技錬成科のみをのこし、それ以外の部の存廃は各部の意向に任されたという(『立教大学新聞』一九四三年一〇月一〇日付)。
(44)従来の「体操」に組み込まれた形から、独立した必修科目にしたものと考えられる。この一九三九年度は、文部省通牒(一九三九年三月三〇日[発専八一])により、それまで実技訓練については随意であった大学学部に対して軍事教練の必修化が指示された年度でもある。
(45)「遠山日誌」一九四一年一月二一日の条。
(46)「遠山日誌」一九四一年四月九日の条。配属将校下永憲次大佐からの指示による変更。
(47)「遠山日誌」一九四一年一一月二八日の条。前掲『近代日本教育制度史料』第六巻では日付なしの同通牒が収録されている。この通牒は、同日の「学校教練教授要目」[文訓令三〇]等を解説したもの。

(48)　本章では詳しく論じることはできていないが、「靖国神社参拝」や「御真影奉戴」の問題自体、立教大学の教育のあり方の根幹に関わる問題である。なお、立教中学校の時局関連行事実施の問題については安達宏昭「戦時動員体制の形成と立教中学校」『立教学院史研究』第二号、二〇〇四年を参照。
(49)　前掲・奈須恵子「立教大学における教育と戦争」の勤労動員一覧表も参照のこと。
(50)　「遠山日誌」一九四〇年六月二六日の条。課長会に関する記述。
(51)　『立教大学新聞』一九四一年一〇月一日付。
(52)　『立教大学新聞』一九四一年一二月一〇日付。
(53)　「遠山日誌」一九四二年四月四日の条。
(54)　「集団勤労作業実施ニ関スル件」（一九三九年三月三一日無番号通牒、文部次官発地方長官宛）。前掲『近代日本教育制度史料』第七巻、二〇～二二頁。
(55)　「遠山日誌」一九四二年一一月一三日の条。学部三年百名の四二年一二月の動員に関する出席の扱いについて。
(56)　「遠山日誌」一九四一年一一月七日、一一月一一日、一九四二年四月七日の条。部長会ではこれを「公然欠席を出席となし難」いとし、四二年四月の時点では「授業に差支なき限り従事すべき事」とした。
(57)　「遠山日誌」一九四二年六月一二日の条。
(58)　「遠山日誌」一九四一年六月二四日の条。
(59)　これらの諸策に関する通牒、指示が、「遠山日誌」の記載に見られる。このような、高等教育機関での教育や研究内容に関する統制・監視策についての問題についての検討は、他日を期したい。
(60)　『立教学院学報』一九四一年六月三〇日付。表9－2に見られる「必修補充演習」がこれに当たるとも考えられるが、詳細は不明。
(61)　「遠山日誌」一九四一年六月二四日の条。他方、同じ会議の中で、文部省当局者も大学当局者も、ゼミナールでの演習によって、「左翼学生」やそれに与する教員が、他の学生に影響を及ぼすことを懸念・警戒する発言を行っていたことも注目される。
(62)　戦時下の高等教育諸学校での、「師弟同行」による、座談と講義をセットにした「道場型」の錬成教育実践については前掲・寺﨑他編『総力戦体制と教育』一七八～一九二頁を参照のこと。
(63)　授業が実質的にほとんど行われなくなるとともに、「休業日」も廃止されていった。立教大学の一九四二年の「夏季休業」は一九四一年と比べほぼ一ヶ月短縮された（『立教大学新聞』一九四二年二月一日付）。さらに、一九四三年には「夏季授業ヲ行ハザル期間」という表現が、文部省通牒でも採られ（一九四三年六月四日［官体五九］「今夏季ニ於ケル学校報国隊ノ勤労協力ニ関スル件」）、一九四四年には「休暇、日曜日等ノ休業ハ原則トシテ之ヲ廃止シ勤労動員ト共ニ学力ノ充実向上ニ充ツルヲ建前トスル」（一九四四年四月二〇日［発専一二七］）と、休業日自体が廃止された。

(64) 宮本馨太郎「戦中日記抄」『史苑』第二八巻第一号、一九六七年。

(65) 宮本馨太郎「戦中日記抄」のもとになったと考えられる、宮本の一九四三年と一九四四年当時の「日記」（「宮本馨太郎日記」宮本記念財団所蔵）の記載より。なお、一九四四年の経済学部での「民族学」については、「戦時日記抄」では「私はこの時間表による授業には出講しなかった」とある。

(66) 前掲・宮本「戦中日記抄」と前掲・宮本「宮本馨太郎日記」の一九四五年年頭の記載。

(67) 前掲・宮本「戦中日記抄」。

〔付記〕　本章の作成にあたっては、立教学院史資料センターの方々をはじめ、多くの方々にお世話になった。明治大学史資料センターでは所蔵資料を利用させていただき、同センターの阿部裕樹さんにお世話になった。また、本章は、かつて筆者が東京大学史史料室の故中野実さんのもとで戦時動員に関する調査に関わった際に、共に調査を行った方々、とりわけ山本敏子さんからご教示いただいたことに少なからず負っている。記して感謝の意を表したい。

なお、本章は、奈須恵子「立教大学における教育と戦争——戦時動員と教育の変容の過程に着目して——」『立教学院史研究』第三号、二〇〇五年のうち、「一　戦時体制と立教大学の教育状況の変化」を中心にまとめ直し、大幅加筆修正したものである。

第一〇章　戦時下の学生生活

前田　一男

はじめに

本章は、戦時下における立教大学の学生生活の一側面を描こうとするものである。そのことの研究上の意義は、おおよそ次の二点が挙げられるであろう。

第一は、一九三〇年代に実施された立教大学をはじめとする学生生活調査を、改めて文部省の「思想対策」政策の文脈に位置づけることである。従来、当時の学生生活そのものの実態に迫る先行研究は乏しい。唐沢富太郎の『学生の歴史――学生生活の社会史的考察――』（一九五五年）においても、学生生活調査は取り上げられることはなく、一九三〇年前後の「就職難時代を背景に、学生のマルキシズムへの関心が異常に昂まり、その他の原因と相まって遂に多くの思想問題がひき起こされたのである」(1)として、文部省の「思想対策」対策の文脈において語られる程度にとどまっている。多くの各個別大学史においても、この認識の延長線上で一九三〇年代の学生生活が描かれている。その点で、この時期の学生生活調査については検討の素材として研究の俎上にのぼっておらず、その歴史的な評価もなされていないといってよい。

ところで一九三〇年代以降、各大学によって学生生活調査が盛んに実施されるようになってきた。なぜ、そのような学生生活への調査が必要になってきたのであろうか。後に見るように、それらの生活調査の調査主体は、文部省思想局や文部省教学局であり、文部省の「思想対策」を扱う中心的な部局から高い関心が払われていた。つまり学生生活調査は、それ独自に必要性が認識されて実施されたものではなく、あくまでも「思想対策」の文脈のなかに位置づいた調査であったのである。自校の実施した学生生活調査を紹介している、たとえば『東京大学百年史』通史二（一九八五年）や『北大百二十五年史』通説編（二〇〇三年）においても、その調査がどのような文脈のなかで、なぜ実施されたのかについては述べられていない。学生生活調査は、その意味で、個別大学史における調査内容の紹介というレベルを越えて、その調査自体の果たした教育史的な役割を明らかにしておく必要が求められている。そのことは従来の「思想対策」への歴史的評価をさらに多層的にすることになろう。

第二に、戦時下という時代に生きた立教大学学生は、どのような集団でいかなる生活を送っていたのだろうか。立教大学に通っていた当時の学生がどこから集り、何を考え、どんな意識をもって、いかなる学生生活を送っていたのか、また立教大学の学生の社会階層はどのような特徴を持っていたのか。その調査目的が「思想対策」に位置づくものであるとしても、立教大学にかかわる学生生活調査の結果から、戦時下立教生の学生生活の一端を浮かび上がらせてみたい。

そのための資料として、まずは文部省の教学局が実施した『学生生徒生活調査』（一九三八年）がある。従来取り上げられなかったこの調査によって、立教大学学生の社会階層や生活上の諸側面や全体的な傾向を、他の私立大学や帝国大学と比較しながら明らかにすることができる。また、立教大学自身が実施した『立教大学学生生活調査報告』（一九三八年）と『第二回立教大学学生生活調査報告』（一九四一年）を資料としながら、立教大学の学生集団の属性や意識、あるいは生活の諸場面を浮かび上がらせることも可能となる。

そのような立教大学学生の意識や行動の特徴は、ミッション・スクールにおいて、その教育方針が戦時下を生きる学生レベルでどのように受けとめられていたのかを検証する手かがりともなろう。立教大学だけでなく、同時期に実施されている他大学での学生生活調査と必要に応じて比較しながら、立教大学学生の大学生活を浮き上がらせるようにしたい。総力戦体制へと確実に移行しながら学徒出陣までの学生の生活には、戦争の時代を直感しつつも、またそうであるからこそ、戦時下という言説で総括的に語られる世界とは異なる独自の学生世界を見て取ることができるかもしれない。

一　学生思想問題としての学生生活調査

1　文部省の学生生活調査への関心

一九二八年一〇月文部省専門学務局に、思想問題に対処するため学生課が新設され、翌二九年七月には学生課が学生部に昇格する。一九三四年六月には学生部が拡充して、思想局（思想課・調査課）が設置された。さらに一九三七年七月には思想局が廃止されて、文部省の外局として教学局（企画部・指導部・庶務課）が設置される。この一連の動向は、高等教育機関の学生生徒を対象にした一九二〇年代の「思想善導」政策が、一九三〇年代の「左傾化防止」の「思想対策」政策へ、さらに一九三七年の日中全面戦争以降、総力戦体制下での思想戦を担うべく「思想動員」政策へと、積極的に展開してきたことを示している。そのような動向のなかで、改めて学生生活調査に注目していこう。

本格的な学生生活（生計）調査は、一九二五年一二月に東京帝国大学の学友会共済部によって『学生生計調査』として実施されたのが嚆矢である。記名式の調査で「家族構成、居住関係、学資金の収入・支出、趣味、嗜好、娯楽、運動、愛読書、兵役関係などが質問事項」で「かなり細かい報告」がなされた(2)。報告の結果は当事者によって「学生生活ノ種々相ヲ窺フニ足ル好資料ヲ提供シ、本学関係者ヲ裨益セシ所甚大ナリ」と評価されていた(3)。続いて同大学生課によって「其後社会モ幾多ノ変動ヲ見、学生生活ノ状態モ当時ト頗ル変化セルモノアリ。本学ハ現下ノ学生生活ノ真相ヲ知悉シ、而シテソノ向上ヲ期スルタメ参考ニ資スル」[4]との目的で、一九二九年一〇月に、第二回目の学生生活（生計）調査が実施されている。一九三〇年代に入ると、他の大学、高等学校、専門学校などにおいても学生生活調査が盛んに始められる。そのことは、思想問題に関する各種論考や調査資料を掲載している文部省の『秘　思想調査資料』に、たとえば「京都帝国大学に於ける学生生計調査」（一九三三年）[5]、「神戸商業大学『学生学園生活統計』」（一九三三年）[6]、「東京商科大学予科『学生生活調査』」（一九三五年）[7]、「長崎高等商業学校『生徒生計調査』」（一九三五年）[8]といった各校の学生生活調査が、次々と資料として掲載され始めることでもわかる。

その調査項目は、学生生徒の宿所、下宿料（間代・食費・電燈料など）、学資受給額（月額・年額）、身上関係諸事項、健康・疾病、通学類型・距離・所要時間・利用機関、睡眠時間、勉学時間、崇拝人物、愛読書などの項目に関してであった。調査は定期的あるいは臨時的に実施されていた。

そもそもこのような調査が始められた背景には、下宿料や学資受給額を特に調査することで「当該学校学生生徒の所要学資額の標準を測定し、新入学学生生徒の父兄に対し予め之を通知してその参考に供せしめる等の為に、各学校当局に於いても相当重視せられてゐる」[9]と表面的には説明されていた。それゆえに、調査対象は、学生集団というよりは学生個々人が中心であった。しかしその後、「個々の調査のみならず、広く学生生徒の学資関係、身上関係、生活様式一般に関する統計的調査を為し、以て当該学校に於ける学生生徒の生活内容其の他に関し十分の理解をなし、それによつて学生生徒の上述趣旨の徹底、確立を図らんとする試み、即ち学生生活調査或は学生生計調査の施行が多く為されるに至つた」[10]と、学生集団を調査対象にした、生活内容そのものに対する理解の深化が目的になるという変化がみられるようになった。

このような調査は、「各学校が夫々必要に応じて自発的に行ったもの」[11]ではあったが、文部省の関心を呼ぶところとなった。文部省では、全体的な調査傾向を把握するため、一九三五年五月全国の直轄学校、官公私立大学、高等学校、専門学校に対して、学生生徒の生計や学生生活にかかわる調査印刷物について照会を行った。この段階で文部省が把握した調査統計を実施した校数は一三一校に上り、うち大学は二一校（帝国大学六校・官立大学六校・公立大学二校・私立大学七校）であった[12]。その一三一校分の調査印刷物を資料に、大部の調査報告「学生生徒の生活に関する調査」が作成され、『秘　思想調査資料』第三十二輯（一九三六年八月）に掲載された。その内容は、各校の調査報告が学資関係事項の調査が質的にも量的にも多かったため、必然的に学資関係の諸事項（「学資の出所」「学資の月額平均」「学資の使途とその月額平均」など）が多くを占め、加えて生活様式一般（「趣味および娯楽」「運動」）、身上関係諸事項（「愛読書・読書傾向」「健康」「崇拝人物」）等を含む生活調査に関する報告書がまとめられた。なお、この調査において紹介されている私立大学は七校を数えるが、実際に記名で登場するのは大谷大学、高野山大学、同志社大学、早稲田大学の四校で、立教大学はこの段階では学生生活調査を実施していないので、含まれていない[13]。

文部省が一九三五年五月段階で、学生生徒の生計や学生生活にかかわる調査印刷物について、なぜこのような大掛かりな照会を行ったのだろうか。「学生生徒の生計、生活態度等に関する一般的な概念を抽出する」という「問題の重要性」は、つまりは文部省が高等教育機関の学生生徒の生活実態を把握しなければならないという課題そのものであった。説明によれば、「学生生徒指導上の参考に供せんとする」[14]とされているが、学生生徒の生活実態の把握がどのような「指導」に有効と考えられていたのであろうか。その点に、学生生活調査の位置づけが求められよう。

2　「生計調査」から「生活調査」への意味

この問題を考えるうえで、東京帝国大学学生課『東京帝国大学学生　生計調査報告（昭和四年十月現在）』（一九三〇年三月）と同『東京帝国大学学生　学生生活調査報告（昭和九年十一月現在）』（一九三五年三月）を取り上げてみよう。先述のように、東京帝国大学では調査では、前者が第二回目、後者が第三回目の調査となっている。

ここで重要なのは、調査の実施主体が東京帝国大学学生課であるという点である。学生課にとっての「最大の業務は何といっても思想取締」[15]であり、学生課では「学生を過激思想に走らせがちな経済的不満をとりのぞく手段として就職相談、アルバイトの斡旋、奨学金の増加、低利の学資貸与、貧窮学生の授業料免除、保健衛生施設の充実(中略)などが次々と実施された」[16]のであった。実際のところ、生計調査にはそのような項目が含まれている。学生の衛生管理や福利厚生の観点も含まれているが、思想問題を惹起させないためのより客観的な学生実態の把握が調査目的であることを窺うことができる。この点では、その発想において文部省学生部が実施した「左傾学生生徒ノ身上ニ関スル調査」(一九三一年七月公表)と同様である。この調査は、大学、高等専門学校における「左傾学生生徒」五七七名を対象に調査されたもので、調査項目は、「健康状態」「学校成績」「親子関係」「生活程度」「家業」「趣味」「性格」の七項目であった[17]。その結果の紹介はここでは省略するが、「左傾学生」の特徴を調査するために実施されたこのような調査項目が、ほとんど学生生活調査の項目に含まれていることを考えれば、「左傾学生」にしないための当該大学の学生生活の実態を全体的にしっかりと把握しておく必要性が徐々に高まってきていたのである。

もうひとつ注目しなければならないのは、調査名称の変更である。三回目の調査で、タイトルが「生計調査」から「生活調査」となっているのは「従前のものが主として学生の経済生活を調査したに過ぎなかったものを、更に拡大して日常の起居、勉学、修養、保健に及ぼし、精神生活の概要をも併せて調査」[18]とようとしたからであり、「学生の身上と経済生活に加えて、精神生活を含む生活様式の調査も重視されるようになったため」[19]の変更であった。思想問題による検挙者が減少していくなかで、総力戦体制に向けての思想動員の下準備が着々と進められていたと言えるだろう。

東京帝国大学では、四年後さらに四回目の調査が同じく学生課によって実施され、『学生生活調査報告(昭和十三年十一月現在)』(一九三九年五月)が刊行されている。他大学ではせいぜい二回の調査で終わっていることから考えれば、このように定期的に調査が実施されている大学は他にない。国家エリートの養成機関であり、指導的な立場に立つ人材を養成する東京帝国大学にあって、思想問題の温床をたえず把握しておく必要があったのであろう。『東京帝国大学学生生活調査報告（昭和九年十一月現在）』は、文部省思想局から「最も代表的なもののひとつ」[20]として高い評価を受け、抜粋編集されながら、文部省思想局『秘　思想調査資料』第二十八輯に掲載されていた[21]。

二　教学局『学生生徒生活調査』のなかの立教大学

1　「学生の国勢調査」

文部省は、一九三八年九月「学生の国勢調査」[22]ともいうべき、学生生徒を対象にした大規模な生活調査に乗り出すことになった。その経過について、「教学局が慎重な準備を進め東大、東北帝大等すでに生活調査を行つてゐる約廿五校の調査表を基礎に立案しこれを東大文学部戸田貞三教授をはじめ東大、商大等学生主事、文部省小野島教育調査課長等にも諮り九月廿日正式に文部省生活調査表が決定、自轄関係各学校にその協力方に関する通牒を発すると共に早大慶大等私大私立専門学校等にも文書をもつて同様協力方を懇請することになる」[23]というものであった。身上、生活状況、学費の三大項目からなる調査表は、一〇月下旬に調査を開始し、年度末までに回収、一九三九年三月頃にその集計結果が得られる予定であるとされ、「学生生活全般に亘る精細なる調査表で（中略）全国高専以上学生の生活動向が一目で判り初めて事変下に学生が如何なる生活をしてゐるかその大様を知り得るものだけにその結果が注目されてゐる」と期待されていた[24]。

一九三六年の段階では、学生の生活実態を統一的に調査する重要性について「学生生徒のこの方面に関する調査は近時漸く着眼せられつヽありと雖も、その纏まつたものに至つては殆ど皆無の状況にある」[25]し、「学生生徒の生活調査に関しては多年各学校に於いて夫々の見地から夫々調査せられて来たのであるが、近時この点に注意せられること益々多きを加ふるにつれ、茲にその一般的な基準が要求せられ、又その一般的傾向を多少とも実際の資料によつて調査する必要に迫られて来た」[26]と認識していた文部省にとっては、教学局による今回の大規模な調査は、やっと実現できた念願の生活調査であった。

刊行された『学生生徒生活調査　昭和十三年十一月現在』は(上)と(下)の二分冊に分かれ、(上)が「専門学校(男子)ノ部」でB5判一八二頁、(下)が「大学、高等学校、大学予科、高等師範学校、女子高等師範学校、専門学校(女子)ノ部」で同じくB5判一八五頁であった。調査の目的は「学生生徒の生活をば広く各方面より観察し之等を比較綜合して其の全般的な動向を明かにせんがため」[27]と簡単に述べられているのみである。しかし、その規模たるや全国官公私立大学高等専門学校一二八校、六万三〇二八名の学生生徒が対象にされるという、なるほど国勢調査になぞらえられて然るべき大規模な調査であった。具体的には、官立のほとんどすべての学校、つまり帝国大学(七校――京城帝大・台北帝大を含む)、官公立大学(一四校――商大三校、工大一校、医大八校、文理科大二校)、官公立高等学校(二八校――ナンバースクール八校、地方高校一六校を含む)、官公立専門学校(六二校)、高等師範学校(二校)、女子高等師範学校(二校)、水産講習所(一校)の、五万八五八一名にも及ぶ全学生生徒を対象とする悉皆調査という力の入れようであった。さらに私立学校も高等学校(七年制高等学校四校)は悉皆調査で、私立大学は五校、私立専門学校が三校取り上げられている。その数は一二校、四四四七名(うち私立大学生が学部・予科併せて二〇〇一名)であった。このような調査対象の特徴からして、この調査の中心はあくまでも官立の高等教育機関であったといえよう。

しかし『学生生徒生活調査』(下)では、私立大学として五校が調査対象に選ばれている。慶應義塾大学、早稲田大学、國學院大學、立教大学、大正大学(掲載順)であった。私立大学としての代表格の早慶と、神道系の大学、キリスト教系の大学、仏教系の大学という宗派の多様性から選ばれたのであろう。ちなみに、五校とも所在地は都市部の東京であった。それぞれ学部生と予科生とに区別して調査が実施されている。

生活調査という点で、その調査項目は多様かつ仔細を極めている。煩雑になるかも知れないが、以下、その三一項目およびその下位の細目を紹介してみよう。

1申告学生生徒、2出身学校、3年齢、4自家の所在地、5自家の職業、6自家の職業と学資支給の程度（農業／工業／商業／銀行、会社員及びその他の勤人／官公吏／軍人／教員／宗教家／医師／その他／無職／総計）、7住居、8昼食場所、9健康状態、10宿痾の有無、11宿痾の種類、12講義外の一日平均勉強時間、13一日平均運動時間、14学資金の出所、15内職の種類、16－1住居別学資金支出総額（自宅／親戚／知人／学校寄宿舎／団体寮／下宿／間借／借家／アパート）、16－2学校種別学資金支出総額（帝大／官公立大／私立大／官公私立高校／帝大、官公立大予科／私立大予科／高等師範／女子高等師範／公私立女子専門）、17－1住居別住居費、食費（自宅／親戚／知人／学校寄宿舎／団体寮／下宿／間借／借家／アパート）、17－2学校種別住居費、食費（帝大／官公立大／私立大／官公私立高校／帝大、官公立大予科／私立大予科／高等師範／女子高等師範／公私立女子専門）、18通学費、19書籍・文房具費、20趣味娯楽費、21書雑費、22最近読みて感銘を受けたる書籍、23平素閲覧したる雑誌、24平素閲覧したる新聞、25運動の種類、26趣味娯楽、27嗜好、28修養方法、29尊敬私淑する人物、30自己の信ずる宗教、31今年の暑中休暇の利用方法、という項目である。データの記載方法は、1から16－1まで、17－1、18から21までは、九種類の学校種別ごとのデータと、前述の一二八校の個別データが記載されている。それ以外の16－2、17－2および22から31までは九種類の学校種別ごとのデータのみが記載されている。

特に注目されるのは、学資関係の調査項目の極めて詳細な区分である。帝国大学と官公立の高等諸学校を念頭において、6自家の職業と学資支給の程度、16住居別学資金支出総額、17－1住居別住居費、食費、17－2学校種別住居費、食費の細目を伴う徹底した調査は、学生生活の経済的な側面を、それぞれの属性に対応させて徹底的に調査することによって、学校種別ごとのさらには学校ごとの指導管理ための客観的な裏づけ資料を得ようとしていた。

2　浮かび上がる立教生の学生生活

さて、具体的に『学生生徒生活調査』(下)の調査結果を紹介しながら、立教大学の学生生活の一端を、他大学と比較しながら検討していこう。調査結果の紹介に当たっては、私立大学の平均および立教大学と他の四私立大学、さらに帝国大学の平均および東京帝国大学の八つの比較データのなかで、立教大学を位置づけていきたい。すべての項目を比較する余裕はないので、主に立教大学学生の社会階層や生活上の諸側面がわかる調査結果を、他の私立大学や帝国大学と比較していきたい。具体的には、居住地や住居形態に関する調査、学資金にかかわる調査、そして学生生活や学生文化にかかわる調査の三点である。なお、ここでの統計結果は、学部学生のみを対象とし、予科生を含んでいない。ちょうどこのころ『立教大学学生生活調査報告(昭和十三年七月現在)』が刊行され、調査結果の多くは学部生と予科生とが合算されて統計が出されている。しかし、ここでは教学局『学生生徒生活調査』に即して学部学生対象の調査結果にのみ限定して取り扱っていきたい。以下の記述では、大学名などを簡略化して使用する。

まず調査対象の学生について、**表10-1**「1申告学生生徒」をみてみよう。申告学生とは調査対象として実際に回答した学生のことだが、それは各大学の在籍学生のどの程度を占めているのであろうか。表10-1「1申告学生生徒」の「在籍者」は調査対象者と考えられることから、実際の在籍者実数と申告者との割合を考える上で、『文部省年報』の学事統計と比べてみたい。調査年度の『文部省第六十六

表10-1　1 申告学生生徒

学校種別	大学名	在籍者	申告者	在籍者比率
私立大学		**1,316**	**1,007**	**76.5%**
	立教大学	214	214	100.0%
	慶應義塾大学	250	133	53.2%
	早稲田大学	250	250	100.0%
	國學院大学	341	249	73.0%
	大正大学	261	161	61.7%
帝国大学		**13,065**	**9,687**	**74.1%**
	東京帝国大学	7,208	5,433	75.4%

出典）教学局『学生生徒生活調査(下)昭和十三年十一月現在』より作成。以下、表10-13までは同じ出典である。

年報』によれば、各大学の学生在籍者は、東大七六四四名、立教七四七名、慶應三五四七名、早稲田四六六一名、國學院三三五名、大正三五三名となっている。(28)注意しなければならないのは、調査に答えている学生の割合に大きなアンバランスがあることである。つまり、小規模な國學院は七〇％以上の回収率を得ているが、大正は四五％程度、立教は三〇％弱、そして大規模な早慶に至っては僅か四、五％にとどまっているという点である。私立の五大学を比較するうえで興味深い調査である一方で、その調査結果の解釈は、慎重になされるべきであろう。その点で、全体的な傾向を把握するにとどまる調査と考えておくことが賢明であろう。

第一に、居住地や住居形態に関する調査結果をみてみよう。

表10-2「4自宅の所在地」は、立教の特徴を表している。明らかなように、立教の学生は、どの大学よりも都市出身者が多いことがわかる。私大と帝大との平均値がさほど違わないなかで、私大の立教と慶應とが都市出身者が多い。なかでも立教は九〇％を超える圧倒的な多さであった。当然、この条件は、どの地域から学生が集まっているのかということにも連動しており、学生文化を形づくる基本的な条件となっている（ただし、都市の定義が不明確であるので、ここでは東京出身者が多いという解釈はできない）。

表10-3「7住居」では、前の「4自宅の所在地」との相関関係を示す結果となっている。「自宅」（六〇・七％）が最も多く、慶應ともほぼ同じ比率になっている。

表10-2　4 自宅の所在地

学校種別	大学名	都　市	比率	農、山、漁村	比率	合　計
私立大学		**757**	**76.0%**	**239**	**24.0%**	**996**
	立　教　大　学	186	91.6%	17	8.4%	203
	慶應義塾大学	115	86.5%	18	13.5%	133
	早　稲　田　大　学	194	77.6%	56	22.4%	250
	国　学　院　大　学	164	65.9%	85	34.1%	249
	大　正　大　学	98	60.9%	63	39.1%	161
帝国大学		**7,124**	**76.4%**	**2,199**	**23.6%**	**9,323**
	東京帝国大学	4,129	78.2%	1,154	21.8%	5,283

注）出典の比率では小数点第二位まで算出しているが、ここでは第一位までとした。以下表10-13まで同じ。

慶應とは、立教に「学校寄宿舎」(三・三%)や「団体寮」(三・八%)がいること、「知人」(一・四%)が少ないことに若干の違いがあるが、ほぼ同じ傾向にあるといってよいだろう。早稲田は「自宅」(四四・〇%)に次いで「下宿」(二四・八%)が多く、國学院は「下宿」(三五・七%)に次いで「自宅」(三一・七%)が多い。大正はどの形態にも散らばっている。このような生活形態のありかたも、学生文化のひとつの基底条件となろう。

第二に、学資金にかかわる調査結果についてみてみよう。

表10-4「5自家の職業」は、学資金を主に負担している学生の親の社会階層を知る手がかりとなる。ここでも立教は、特徴的な傾向を持っている。最も多い職種は「会社員及其の他」(二六・一%)と「商業」(二九・七%)で、この二つの職種で半数近くを占めている。「会社員及其の他」は、慶應に次いでいるが、ほぼ同率と言ってよいだろう。また「商業」は、早稲田・慶應とともに高いグループに入っているが、

表10-3　7 住居

学校種別	大学名	自宅		親戚		知人		学校寄宿舎		団体寮	
		人数	比率	人数	比率	人数	比率	人数	比率	人数	比率
私立大学		**447**	**44.5%**	**84**	**8.4%**	**68**	**6.8%**	**26**	**2.6%**	**47**	**4.7%**
	立教大学	128	60.7%	19	9.0%	3	1.4%	7	3.3%	8	3.8%
	慶應義塾大学	78	58.6%	11	8.3%	9	6.8%	0	0.0%	0	0.0%
	早稲田大学	110	44.0%	15	6.0%	13	5.2%	0	0.0%	7	2.8%
	國學院大學	79	31.7%	21	8.4%	20	8.0%	0	0.0%	17	6.8%
	大正大学	52	32.3%	18	11.2%	23	14.3%	19	11.8%	15	9.3%
帝国大学		**3,375**	**35.0%**	**550**	**5.7%**	**311**	**3.2%**	**66**	**0.7%**	**514**	**5.3%**
	東京帝国大学	2,051	38.0%	342	6.3%	163	3.0%	0	0.0%	399	7.4%

学校種別	大学名	下宿		間借		借家		アパート		合計	
		人数	比率	人数	比率	人数	比率	人数	比率	人数	比率
私立大学		**213**	**21.2%**	**48**	**4.8%**	**22**	**2.2%**	**49**	**4.9%**	**1,004**	**100.0%**
	立教大学	23	10.9%	5	2.4%	8	3.8%	10	4.7%	211	100.0%
	慶應義塾大学	16	12.0%	7	5.3%	4	3.0%	8	6.0%	133	100.0%
	早稲田大学	62	24.8%	14	5.6%	9	3.6%	20	8.0%	250	100.0%
	國學院大學	89	35.7%	12	4.8%	0	0.0%	11	4.4%	249	100.0%
	大正大学	23	14.3%	10	6.2%	1	0.6%	0	0.0%	161	100.0%
帝国大学		**3,638**	**37.8%**	**596**	**6.2%**	**178**	**1.8%**	**404**	**4.2%**	**9,632**	**100.0%**
	東京帝国大学	1,763	32.6%	331	6.1%	117	2.2%	237	4.4%	5,403	100.0%

立教がそのなかでも幾分ながらではあるが、高くなっている。その他の職種では、傾向としては、私立大学平均値からして、「工業」が高く、「宗教家」も大正や國學院を例外と考えれば、早慶よりは高い比率となっている。「医師」も、わずかな比率ながらも最も高い比率となっている。「官公吏」や「教員」は、平均的である。逆に「農業」が他大学に比べて低く、「軍人」も低い。この調査から見た場合、立教の学生の社会階層

表10-4　5 自家の職業

学校種別	大学名	農業		工業		商業		銀行、会社員及其ノ他ノ勤人		官公吏		軍　人	
		人数	比率	人数	比率	人数	比率	人数	比率	人数	比率	人数	比率
私立大学		**90**	**9.0%**	**45**	**4.5%**	**123**	**12.3%**	**156**	**15.7%**	**56**	**5.6%**	**17**	**1.7%**
	立教大学	11	5.4%	13	6.4%	40	19.7%	53	26.1%	12	5.9%	2	1.0%
	慶應義塾大学	17	12.8%	5	3.8%	20	15.0%	36	27.1%	3	2.3%	3	2.3%
	早稲田大学	31	12.4%	20	8.0%	41	16.4%	40	16.0%	11	4.4%	8	3.2%
	國學院大學	25	10.0%	6	2.4%	17	6.8%	26	10.4%	29	11.6%	4	1.6%
	大正大学	6	3.7%	1	0.6%	5	3.1%	1	0.6%	1	0.6%	0	0.0%
帝国大学		**1,022**	**11.2%**	**347**	**3.8%**	**1,362**	**14.9%**	**1,493**	**16.4%**	**1,072**	**11.8%**	**133**	**1.4%**
	東京帝国大学	478	9.7%	204	4.1%	751	15.2%	909	18.5%	601	12.2%	82	1.7%

学校種別	大学名	教員		宗教家		医師		其の他		無職		合計	
		人数	比率	人数	比率	人数	比率	人数	比率	人数	比率	人数	比率
私立大学		**48**	**4.8%**	**172**	**17.3%**	**32**	**3.2%**	**70**	**7.0%**	**187**	**18.8%**	**996**	**100.0%**
	立教大学	7	3.4%	9	4.4%	10	4.9%	10	4.9%	36	17.7%	203	100.0%
	慶應義塾大学	3	2.3%	1	0.8%	6	4.5%	5	3.8%	34	25.6%	133	100.0%
	早稲田大学	12	4.8%	1	0.4%	8	3.2%	13	5.2%	65	26.0%	250	100.0%
	國學院大學	25	10.0%	20	8.0%	8	3.2%	41	16.5%	48	19.3%	249	100.0%
	大正大学	1	0.6%	141	87.6%	0	0.0%	1	0.6%	4	2.5%	161	100.0%
帝国大学		**622**	**6.8%**	**135**	**1.5%**	**812**	**8.9%**	**188**	**2.1%**	**1,945**	**21.3%**	**9,131**	**100.0%**
	東京帝国大学	365	7.4%	95	1.9%	95	1.9%	0	0.0%	1,131	23.0%	4,926	100.0%

表10-5　6 自家の職業と学資支給の程度（総計）

学校種別	大学名	容易		可能の程度		困難		合計	
		人数	比率	人数	比率	人数	比率	人数	比率
私立大学		**461**	**47.1%**	**471**	**48.2%**	**46**	**4.7%**	**978**	**100.0%**
	立教大学	111	60.0%	67	36.2%	7	3.8%	185	100.0%
	慶應義塾大学	79	59.4%	50	37.6%	4	3.0%	133	100.0%
	早稲田大学	135	54.0%	104	41.6%	11	4.4%	250	100.0%
	国学院大学	96	38.6%	146	58.6%	7	2.8%	249	100.0%
	大正大学	40	24.8%	104	64.6%	17	10.6%	161	100.0%
帝国大学		**3,168**	**33.6%**	**4,971**	**52.8%**	**1,277**	**13.6%**	**9,416**	**100.0%**
	東京帝国大学	1,933	36.9%	2,417	46.1%	890	17.0%	5,240	100.0%

表10-6　16-1 住居別学資金支出総額

学校種別	大学名	5円未満		5～10円		10～15円		15～20円		20～25円		25～30円		30～35円		35～40円	
		人数	比率	人数	比率	人数	比率	人数	比率	人数	比率	人数	比率	人数	比率	人数	比率
私立大学		**14**	**3.4%**	**31**	**7.5%**	**79**	**19.0%**	**78**	**18.8%**	**64**	**15.4%**	**44**	**10.6%**	**38**	**9.2%**	**19**	**4.6%**
	立教大学	0	0.0%	3	2.6%	14	12.0%	23	19.7%	19	16.2%	3	2.6%	23	19.7%	7	6.0%
	慶應義塾大学	0	0.0%	2	3.1%	15	23.4%	10	15.6%	15	23.4%	11	17.2%	4	6.3%	3	4.7%
	早稲田大学	6	5.7%	10	9.4%	20	18.9%	19	17.9%	9	8.5%	22	20.8%	3	2.8%	3	2.8%
	國學院大學	7	9.2%	12	15.8%	22	28.9%	12	15.8%	10	13.2%	5	6.6%	2	2.6%	4	5.3%
	大正大学	1	1.9%	4	7.7%	8	15.4%	14	26.9%	11	21.2%	3	5.8%	6	11.5%	2	3.8%
帝国大学		**19**	**0.6%**	**106**	**3.4%**	**367**	**11.6%**	**466**	**14.8%**	**561**	**17.8%**	**385**	**12.2%**	**463**	**14.7%**	**226**	**7.2%**
	東京帝国大学	0	0.0%	0	0.0%	188	9.8%	302	15.8%	418	21.9%	289	15.1%	319	16.7%	124	6.5%

学校種別	大学名	40～45円		45～50円		50～60円		60～70円		70～80円		80円以上		合計		一人平均額
		人数	比率	人数	比率	人数	比率	人数	比率	人数	比率	人数	比率	人数	比率	
私立大学		**11**	**2.7%**	**20**	**4.8%**	**3**	**0.7%**	**10**	**2.4%**	**1**	**0.2%**	**3**	**0.7%**	**415**	**100.0%**	**22.4**
	立教大学	4	3.4%	12	10.3%	0	0.0%	6	5.1%	0	0.0%	3	2.6%	117	100.0%	28.6
	慶應義塾大学	0	0.0%	1	1.6%	2	3.1%	1	1.6%	0	0.0%	0	0.0%	64	100.0%	24.1
	早稲田大学	5	4.7%	7	6.6%	1	0.9%	1	0.9%	0	0.0%	0	0.0%	106	100.0%	24.2
	國學院大學	0	0.0%	0	0.0%	0	0.0%	1	1.3%	1	1.3%	0	0.0%	76	100.0%	12.8
	大正大学	2	3.8%	0	0.0%	0	0.0%	1	1.9%	0	0.0%	0	0.0%	52	100.0%	22.4
帝国大学		**227**	**7.2%**	**85**	**2.7%**	**153**	**4.9%**	**56**	**1.8%**	**17**	**0.5%**	**20**	**0.6%**	**3151**	**100.0%**	**23.7**
	東京帝国大学	123	6.4%	32	1.7%	71	3.7%	26	1.4%	7	0.4%	12	0.6%	1911	100.0%	26.6

注1) 授業料、校友会費、被服費等の臨時費を除く経常費の月額
注2) 自宅学生についてのみ掲載した。

は、慶應と似ており、都市型の中間層に属する社会階層の子弟が多かったといえよう。

表10－5「6自家の職業と学資支給の程度（総計）」を見てみると、「容易」と答えた私大のグループで五〇％を超えているのは立教・慶應・早稲田の三校で、「可能の範囲」と答えた割合が五〇％を超えているのは大正と國學院であった。概して、「困難」の程度は、帝大の方が私大よりも高く、私大の方が「困難」の割合が比較的低かった。帝大のなかでも、東大が最も「困難」の比率が高かった。ちなみに、官公立大学で「困難」とした者の比率は八・二％であった。官公立大学は私大の約二倍、帝大は三倍近くになっており、「左傾学生」の要因のひとつに「貧困」が考えられているとすれば、この調査が勢い帝大・官公立の高等教育機関を中心とする調査になるのも、故あることであった。

表10－6「16－1住居別学資金支出総額」について、自宅学生の調査に限ってみてみよう。「授業料、校友会費、被服費等の臨時費を除く経常費の月額」と注記されているように、それら以外にかかる学資金の額の調査結果である。これによると、一人の平均額では立教が最も高く、月額二八円以上になっている。次いで東大が二六円台、そして早慶の二四円台と続いている。立教の場合、「一五～二〇円」と「三〇～三五円」が一九・七％と最も比率が高いが、特徴的なのは、「四五～五〇円」（一〇・三％）、「六〇～七〇円」（五・一％）、「八〇円以上」（二・六％）という高額の学生がいることである。これによって、一人の平均額が上がっている。國學院が少ないが、これは前の「6自家の職業と学資支給の程度（総計）」の「困難」さと対応していると考えられよう。

表10－7「19書籍、文具費」では、立教は「五～六円」（二六・九％）が最も多いが、多額に支出していることはない。慶應は、「五～六円」（三二・三％）と「一〇～一五円」（二四・八％）の二つの山であるのに対し、早稲田は「四～五円」（二九・五％）と「九～一〇円」（二八・二％）が二つの山となっている。國學院と大正も、慶應と同様には「五～六円」と「一〇～一五円」に二つの山がある。ちなみに東大は、早稲田のパターンである。これは後にみる「20趣味、娯楽費」と重ねて解釈すると興味深いであろう。

表10-7　19書籍、文房具費

学校種別	大学名	1円未満		1～2円		2～3円		3～4円		4～5円		5～6円		6～7円		7～8円	
		人数	比率	人数	比率	人数	比率	人数	比率	人数	比率	人数	比率	人数	比率	人数	比率
私立大学		**37**	**4.0%**	**43**	**4.6%**	**61**	**6.6%**	**70**	**7.5%**	**103**	**11.1%**	**181**	**19.5%**	**22**	**2.4%**	**35**	**3.8%**
	立教大学	5	3.1%	12	7.5%	18	11.3%	13	8.1%	21	13.1%	43	26.9%	0	0.0%	6	3.75
	慶應義塾大学	7	5.3%	7	5.3%	9	6.8%	8	6.0%	2	1.5%	43	32.3%	6	4.5%	7	5.26
	早稲田大学	1	0.4%	17	7.5%	16	7.0%	12	5.3%	67	29.5%	4	1.8%	7	3.1%	5	2.20
	國學院大學	12	4.8%	4	1.6%	7	2.8%	17	6.8%	8	3.2%	59	23.7%	6	2.4%	10	4.02
	大正大学	12	7.5%	3	1.9%	11	6.8%	20	12.4%	5	3.1%	32	19.9%	3	1.9%	7	4.35
帝国大学		**120**	**3.0%**	**86**	**2.1%**	**214**	**5.3%**	**312**	**7.8%**	**323**	**8.1%**	**820**	**20.5%**	**159**	**4.0%**	**220**	**5.5%**
	東京帝国大学	4	0.6%	30	4.3%	48	6.8%	24	3.4%	177	25.2%	32	4.6%	31	4.4%	37	5.28

学校種別	大学名	8～9円		9～10円		10～15円		15～20円		20～25円		25～30円		30円以上		合計	
		人数	比率	人数	比率	人数	比率	人数	比率	人数	比率	人数	比率	人数	比率	人数	比率
私立大学		**26**	**2.8%**	**76**	**8.2%**	**189**	**20.3%**	**53**	**5.7%**	**27**	**2.9%**	**3**	**0.3%**	**4**	**0.4%**	**930**	**100.0%**
	立教大学	1	0.6%	11	6.9%	21	13.1%	5	3.1%	2	1.3%	1	0.6%	1	0.6%	160	100.0%
	慶應義塾大学	3	2.3%	1	0.8%	33	24.8%	4	3.0%	1	0.8%	0	0.0%	2	1.5%	133	100.0%
	早稲田大学	2	0.9%	64	28.2%	16	7.0%	11	4.8%	1	0.4%	1	0.4%	0	0.0%	227	100.0%
	國學院大學	14	5.6%	0	0.0%	72	28.9%	24	9.6%	13	5.2%	1	0.4%	1	0.4%	249	100.0%
	大正大学	6	3.7%	0	0.0%	47	29.2%	9	5.6%	10	6.2%	0	0.0%	0	0.0%	161	100.0%
帝国大学		**240**	**6.0%**	**230**	**5.7%**	**946**	**23.6%**	**223**	**5.6%**	**90**	**2.2%**	**13**	**0.3%**	**13**	**0.3%**	**4009**	**100.0%**
	東京帝国大学	4	0.6%	195	27.8%	72	10.3%	34	4.9%	10	1.4%	2	0.3%	1	0.1%	701	100.0%

注1）早稲田大学の総計は224、國學院大學の総計は248、大正大学の総計は165が正しい数値である。

第三に、学生生活そのものや学生文化にかかわる調査結果についてみてみよう。

表10－8「8昼食場所」は、大学と地元地域との関係を連想させて面白い。それは、「校外食堂」の利用が早稲田（六六・五％）、立教（六〇・八％）、慶應（五五・六％）に多く、大学が地元地域とともに存在していることをうかがわせているからである。早稲田は「校内食堂」の比率が著しく低く、もっともこれは大学内の設備の問題もあるので一概には言えないが、地元地域がそのまま早稲田の生活の一部を構成していることを予想させる。立教は早稲田ほどではないにしても「校内食堂」（二四・九％）と二番目に低い。早稲田、國學院、大正の三校に「弁当持参の者」が一定程度いることも特徴的である。私大と帝大では、帝大の方が圧倒的に「校内食堂」を利用する比率が高く、なかでも東大は圧倒的に高い。

表10－9「12講義外の一日平均勉強時間」では、立教の場合、最も高い順に「一～二時間」（三七・一％）、「二～三時間」（二六・三％）、「〇～一時間」（二一・〇％）

表10−8　8 昼食場所

学校種別	大学名	校内食堂		校外食堂		学校寄宿舎		自宅又は宿所	
		人数	比率	人数	比率	人数	比率	人数	比率
私立大学		**327**	**32.2%**	**479**	**46.8%**	**27**	**2.7%**	**41**	**4.0%**
	立教大学	52	24.9%	127	60.8%	8	3.8%	11	5.3%
	慶應義塾大学	50	37.6%	74	55.6%	0	0.0%	3	2.3%
	早稲田大学	20	7.3%	183	66.5%	0	0.0%	13	4.7%
	國學院大學	122	49.0%	79	31.7%	0	0.0%	9	3.6%
	大正大学	83	55.0%	16	10.6%	19	12.6%	5	3.3%
帝国大学		**5,440**	**63.8%**	**745**	**8.7%**	**195**	**2.3%**	**469**	**5.5%**
	東京帝国大学	3,809	81.8%	308	6.6%	0	0.0%	142	3.0%

学校種別	大学名	弁当持参の者		昼食しない者		合計	
		人数	比率	人数	比率	人数	比率
私立大学		**103**	**10.1%**	**40**	**3.9%**	**1,017**	**100.0%**
	立教大学	5	2.4%	6	2.9%	209	100.0%
	慶應義塾大学	1	0.8%	5	3.8%	133	100.0%
	早稲田大学	44	16.0%	15	5.5%	275	100.0%
	國學院大學	30	12.0%	9	3.6%	249	100.0%
	大正大学	23	15.2%	5	3.3%	151	100.0%
帝国大学		**1,561**	**18.3%**	**111**	**1.3%**	**8,521**	**100.0%**
	東京帝国大学	327	7.0%	72	1.5%	4,658	100.0%

表10-9　12 講義外の一日平均勉強時間

学校種別	大学名	0～1時間		1～2時間		2～3時間		3～4時間	
		人数	比率	人数	比率	人数	比率	人数	比率
私立大学		**113**	**11.9%**	**232**	**24.4%**	**246**	**25.9%**	**146**	**15.4%**
	立教大学	39	21.0%	69	37.1%	49	26.3%	15	8.1%
	慶應義塾大学	39	29.3%	42	31.6%	32	24.1%	12	9.0%
	早稲田大学	17	7.5%	39	17.3%	81	35.8%	35	15.5%
	國學院大學	7	2.8%	24	9.6%	51	20.5%	60	24.1%
	大正大学	11	7.1%	58	37.4%	33	21.3%	24	15.5%
帝国大学		**744**	**8.2%**	**2051**	**22.6%**	**2390**	**26.4%**	**1990**	**21.9%**
	東京帝国大学	287	5.6%	846	16.6%	1135	22.3%	1452	28.54

学校種別	大学名	4～5時間		5～6時間		6時間以上		合計	
		人数	比率	人数	比率	人数	比率	人数	比率
私立大学		**145**	**15.3%**	**39**	**4.1%**	**28**	**3.0%**	**949**	**100.0%**
	立教大学	10	5.4%	2	1.1%	2	1.1%	186	100.0%
	慶應義塾大学	5	3.8%	1	0.8%	2	1.5%	133	100.0%
	早稲田大学	40	17.7%	10	4.4%	4	1.8%	226	100.0%
	國學院大學	72	28.9%	21	8.4%	14	5.6%	249	100.0%
	大正大学	18	11.6%	5	3.2%	6	3.9%	155	100.0%
帝国大学		**1122**	**12.4%**	**411**	**4.5%**	**359**	**4.0%**	**9067**	**100.0%**
	東京帝国大学	823	16.2%	313	6.2%	232	4.6%	5088	100.0%

表10-10　13 一日平均運動時間

学校種別	大学名	0～1時間		1～2時間		2～3時間		3時間以上		合計	
		人数	比率	人数	比率	人数	比率	人数	比率	人数	比率
私立大学		**477**	**57.1%**	**245**	**29.3%**	**84**	**10.0%**	**30**	**3.6%**	**836**	**100.0%**
	立教大学	47	30.5%	59	38.3%	37	24.0%	11	7.1%	154	100.0%
	慶應義塾大学	102	76.7%	21	15.8%	9	6.8%	1	0.8%	133	100.0%
	早稲田大学	94	52.5%	61	34.1%	19	10.6%	5	2.8%	179	100.0%
	國學院大學	161	64.7%	69	27.7%	13	5.2%	6	2.4%	249	100.0%
	大正大学	73	60.3%	35	28.9%	6	5.0%	7	5.8%	121	100.0%
帝国大学		**4,484**	**78.5%**	**1,005**	**17.6%**	**176**	**3.1%**	**50**	**0.9%**	**5,715**	**100.0%**
	東京帝国大学	2,848	83.6%	449	13.2%	87	2.6%	24	0.7%	3,408	100.0%

になっており、これでほぼ八五%となっている。よく似たパターンは慶應であり、いずれも比較的勉強時間が短いグループである。早稲田は「二～三時間」(三五・八%)が最も多く、國學院が「四～五時間」(二八・九%)が最も多いなど、勉強時間が一番長い。また、私大より帝大の方がやや勉強時間が長く、帝大平均よりも東大の方がさらに勉強時間は長い。

一方、**表10-10**「13一日平均運動時間」を見てみると、立教の学生が最も運動していることがわかる。他の大学すべてが「〇～一時間」の比率が最も高いのに比べて、立教は「一～二時間」(三八・三%)、「二～三時間」(二四・〇%)、「三時間以上」(七・一%)と、非常によく運動をしていた。大学スポーツ界をリードしていた体育会各部の好成績と無関係ではないだろう。この点では慶應と異なった傾向を見せている。概して帝大は私立より運動時間が短く、東大はさらに短かった。学校種別ごとではあるが、**表10-11**「25運動の種類」を、それぞれ上位五位まで掲げた。各大学の地域的な条件や設備などが影響していると思われるが、帝国大学に野球、テニス人気があり、官公立大学および私立大学に人気があるのが、散歩というのは面白い。

表10-12「20趣味、娯楽費」では、立教は「九～一〇円」(二五・五%)が最も多く、「四～五円」(一四・九%)と「五～六円」(一三・〇%)が次の集団になっている。慶應は「五～六円」(二九・三%)と「一〇～一五円」(二一・八%)にふたつの山があり、早稲田は「四～五円」(三〇・三%)と「九～一〇円」(一九・五%)にふたつの山がある。この早慶の

表10-11　25 運動の種類

帝国大学			官公立大学			私立大学		
運動種別	人数	割合	運動種別	人数	割合	運動種別	人数	割合
野　球	2,592	16.4%	散　歩	1,245	21.2%	散　歩	268	23.0%
庭　球	2,453	15.5%	庭　球	961	16.4%	野　球	157	13.5%
スキー	1,743	11.0%	卓　球	429	7.3%	庭　球	139	11.9%
水　泳	1,619	10.2%	野　球	412	7.0%	水　泳	64	5.5%
卓　球	1,155	7.3%	水　泳	292	5.0%	卓　球	62	5.3%
其の他	163	1.0%	其の他	40	0.7%	其の他	13	1.1%
合　計	15,845	100.0%	合　計	5,859	100.0%	合　計	1,165	100.0%

注1) 8つの教育機関のうち、大学にかかわる3つを掲載し、予科や高校は省略した。
注2) 上位の5つを掲載し、比率も算出して加えた

表10-12　20 趣味、娯楽費

学校種別	大学名	1円未満		1～2円		2～3円		3～4円		4～5円		5～6円		6～7円		7～8円	
		人数	比率	人数	比率	人数	比率	人数	比率	人数	比率	人数	比率	人数	比率	人数	比率
私立大学		**85**	**9.1%**	**65**	**7.0%**	**106**	**11.3%**	**92**	**9.8%**	**122**	**13.0%**	**175**	**18.7%**	**17**	**1.8%**	**24**	**2.6%**
	立教大学	3	1.9%	8	5.0%	11	6.8%	7	4.3%	24	14.9%	21	13.0%	3	1.9%	5	3.11
	慶應義塾大学	7	5.3%	1	0.8%	11	8.3%	6	4.5%	6	4.5%	39	29.3%	6	4.5%	4	3.01
	早稲田大学	18	7.8%	29	12.6%	27	11.7%	11	4.8%	70	30.3%	3	1.3%	4	1.7%	5	2.16
	國學院大學	34	13.7%	16	6.4%	26	10.4%	44	17.7%	18	7.2%	74	29.7%	4	1.6%	7	2.81
	大正大学	23	14.3%	11	6.8%	31	19.3%	24	14.9%	4	2.5%	38	23.6%	0	0.0%	3	1.86
帝国大学		**162**	**5.4%**	**248**	**8.2%**	**372**	**12.3%**	**321**	**10.7%**	**343**	**11.4%**	**640**	**21.2%**	**82**	**2.7%**	**96**	**3.19**

学校種別	大学名」	8～9円		9～10円		10～15円		15～20円		20～25円		25～30円		30円以上		合計	
		人数	比率	人数	比率	人数	比率	人数	比率	人数	比率	人数	比率	人数	比率	人数	比率
私立大学		**10**	**1.1%**	**87**	**9.3%**	**98**	**10.5%**	**28**	**3.0%**	**17**	**1.8%**	**4**	**0.4%**	**5**	**0.5%**	**935**	**100.0%**
	立教大学	1	0.6%	41	25.5%	14	8.7%	12	7.5%	8	5.0%	1	0.6%	2	1.2%	161	100.0%
	慶應義塾大学	3	2.3%	0	0.0%	29	21.8%	10	7.5%	7	5.3%	2	1.5%	2	1.5%	133	100.0%
	早稲田大学	0	0.0%	45	19.5%	13	5.6%	5	2.2%	0	0.0%	1	0.4%	0	0.0%	231	100.0%
	國學院大學	4	1.6%	0	0.0%	21	8.4%	0	0.0%	1	0.4%	0	0.0%	0	0.0%	249	100.0%
	大正大学	2	1.2%	1	0.6%	21	13.0%	1	0.6%	1	0.6%	0	0.0%	1	0.6%	161	100.0%
帝国大学		**90**	**3.0%**	**149**	**4.9%**	**357**	**11.8%**	**100**	**3.3%**	**40**	**1.3%**	**9**	**0.3%**	**5**	**0.2%**	**3,014**	**100.0%**

注1）東京帝国大学および大阪帝国大学の調査結果は記入されておらず、5帝国大学の集計結果となっている。

相関関係は「19書籍、文具費」と同様である。國學院、大正ともに「五～六円」が比率が高い。ちなみにその娯楽の内容が表10－13「26娯楽趣味」である。これも学校種別の調査結果で上位一〇位まであげたが、いずれも映画の人気が高いことが特徴的である。続いて、音楽や読書が続いているが、写真、旅行・ハイキング、演劇・舞踏など、大学生ならではの娯楽趣味があげられており、当時の庶民生活とは異なる文化階層の違いが見てとれよう。

この調査結果から浮かび上がってくる立教生像あるいは彼らの学生生活の実相は、都会出身中心の自宅通学者を中心とする学生集団であり、家庭的には都市サラリーマン層と商業層とから中心的に構成され、経済的には恵まれており、熱心に勉学に励むというよりは運動などをよくし、食生活にしても娯楽趣味にしても地元地域を生活拠点にしながら活動している、と概括的に描くことができよう。そこには、一九三八年の段階で、戦争の影響は学生生活に直接的には反映されておらず、独自の学生文化を保持しているかのように見える。

次節では、そのような学生生活の観点や学生生活を規定する条件を立教大学に即してさらに詳しく検討すると同時に、教学局『学生生徒生活調査』で紹介していない、「29尊敬私淑する人物」「30自己の信ずる宗教」などについても触れながら、学生の意識や価値観の

表10-13　26 趣味娯楽

帝国大学			官公立大学			私立大学		
趣味娯楽	人数	割合	趣味娯楽	人数	割合	趣味娯楽	人数	割合
映　画	4,594	14.1%	映　画	1,215	15.0%	映　画	334	16.7%
音　楽	2,832	8.7%	音　楽	1,090	13.5%	読　書	275	13.7%
読　書	2,021	6.2%	読　書	846	10.5%	音　楽	273	13.6%
囲碁、連珠	1,589	4.9%	囲碁、連珠	697	8.6%	スポーツ	145	7.2%
旅行、ハイキング	1,545	4.8%	写　真	574	7.1%	旅行、ハイキング	118	5.9%
写　真	1,279	3.9%	旅行、ハイキング	459	5.7%	写　真	118	5.9%
スポーツ	1,228	3.8%	散　歩	402	5.0%	囲碁、連珠	85	4.2%
演劇、舞踊	1,094	3.4%	将　棋	348	4.3%	演劇、舞踊	75	3.7%
散　歩	1,037	3.2%	スポーツ	321	4.0%	散　歩	71	3.5%
登　山	858	2.6%	演劇、舞踊	227	2.8%	将　棋	58	2.9%
其の他	58	0.2%	其の他	59	0.7%	其の他	10	0.5%
合　計	32,473	100.0%	合　計	8,083	100.0%	合　計	2,006	100.0%

注1）8つの教育機関のうち、大学にかかわる3つを掲載し、予科や高校は省略した。
注2）上位の10を掲載し、比率も算出して加えた。

面にも焦点をあててみたい。

三　立教大学調査に見る学生生活の実際

1　調査の概要と特質

ここでは、立教大学学生課が実施した『立教大学学生生活調査報告（昭和十三年七月現在）』（一九三九年）と『第二回立教大学学生生活調査報告（昭和十六年十一月現在）』（一九四三年）を基本資料としながら、前節でみた学生集団の属性や特徴を、さらに社会階層、生活文化、意識・価値観の三つの視点から浮かび上がらせていきたい。その際、以下の四点に留意した。第一に、立教の学生生活を特徴づける生活上の条件や要因を明らかにしようとしたこと、第二に、学生の価値や意識にかかわる調査結果を分析しようとしたこと、第三に、約三年間を経て実施された両者の比較を念頭に置き、その変化の意味を考察しようとしたこと、第四に、立教調査を位置づけるために必要に応じて先の教学局『学生生徒生活調査』（下）での五私立大学や明治大学専門部との比較を試みようとしたことである(29)。

ところで、先行研究では戦時下の学生生活がどのように描かれているのだろうか。戦時下の立教学院を本格的に叙述した『立教学院八十五年史』（一九六〇年）には、学生生活や学友会の活動が記されてはいるが、直接『学生生活調査報告』は利用されていない。『立教学院百年史』（一九七四年）になって、「戦時下の立教」の項目の中で、「戦時下の学生生活」が項目として取り上げられ、さらに『第二回立教大学学生生活調査報告』（一九四二年）が資料として活用されている。「出身地・地区別出身地」を表示し、三九％が東京出身であり、八〇％が都市出身であることから「都会人的センスを特徴としたこと」が指摘され、また東京についで多い朝鮮出身者（七四名、五・二％）を「立教大学がキリスト教的世界観・人間観の下で民族的偏見なく受入れたことによる」と類推している。「愛読書」は時局的読物、「崇拝する人物」は西郷隆盛・ヒットラーと軍人・英雄が上位を占めているが、いずれも「無し」と答えた者が、「感銘を受けた愛読書」で六八％、「崇拝する人物」で日本三九％、外国四二％あったことなどから「むしろ時局的なものに対する否定的な態度を示したもの」と解釈している。[30]このように、『第二回立教大学学生生活調査報告』の一四の調査項目から四点のみを取り上げて、戦時下の学生生活を紹介し解釈している。

一方、『立教学院百二十五年史』資料編第一巻(一九九六年)では、「第7章　学生・生徒の生活とスポーツ」のなかで、『立教大学学生生活調査報告(昭和十三年七月現在)』と『第二回立教大学学生生活調査報告(昭和十六年十一月現在)』とが全文採録されている。資料編の解説は、前者の『立教大学学生生活調査報告』について「学生の『最も崇拝する人物』の第一位から第四位までの人物がヒットラー、西郷隆盛、乃木希典、東郷平八郎などファシストや軍人で占められ、民主的政治家としては第一一位にやっとリンカーンが登場する有様である。学生の側にもファシズム化を進んで受け入れていく要素があったことを示している。全学生を上から組織し、体育団体をも戦時体制づくりに従属させた一九四一(昭和一六)年春の報国団発足に何の抵抗も起こらなかった原因もそうしたところにあろう」[31]と解釈している。やや概括的な評価になっていると思われるが、その点では『立教学院百年史』と『立教学院百二十五年史』資料編とでは、体制への抵抗と協力の点で、戦時下の学生生活の評価は微妙に異なっているといえよう。

そもそも、立教大学におけるこの種の調査は、すでに述べたように、帝国大学など他大学に比べて必ずしも早い取り組みとはいえなかった。そのようななかで、なぜ一九三八年に実施されたのか、その理由や背景は部長会の記録や『立教学院学報』の記事にも出てきておらず、わからない。さらに、一九三八年七月に実施し、さらに一一月には教学局の調査に協力している経緯についても、資料的には裏づけられなかった。状況説明からすれば、大学が一九三六年に御真影を奉戴しつつも、翌年の日中全面戦争以後、聖公会に対して内務省当局から注意が寄せられるなかで、自身の学生に対する生活調査を実施しておくことが、「思想対策」への具体的取り組みとして必要に迫られてきたものと推察できる。というのも、『立教大学学生生活調査報告(昭和十三年七月現在)』(一九三九年)(以下、立教一九三八年調査と略称)と『第二回立教大学学生生活調査報告(昭和十六年十一月現在)』(一九四三年)(以下、立教一九四一年調査と略称。ただし、明らかに二つの立教調査の比較である場合は、立教を省く)の目的は、「本学に於いては、学生の指導訓育に資すると共に又併せて父兄の参考に供せんがために、予てより学生の生活状況の調査を意図してゐたのであるが、遂に機熟し、支那事変一周年に相当する昨十三年年七月を期して、これを実施し(中略)学生の父兄諸氏の御参考に供するにあるので、父兄諸氏に於かれても、その子弟の訓育上並びに本学との連絡上に、本調査を活用されんことを希望して止まない」(一九三八年調査　序)と、家庭と協力しながらの、学生の訓育が期待されていたからである。一九四一年調査の目的も、前回調査を踏襲しており「学部予科共、総て学生を一新したので」(一九三八年調査　序)、第二回調査の実施に至ったのであった。第二回は、当時「本学々生の物質的、精神的生活が如何に変化したか、前調査を対照しての所謂動態調査が行はれる訳で、之に依つて新しき事態に直面しつゝある現下学生の生活動向の変化を捕捉して時宜にそく応せしめた訳である。臨戦時下の赤裸々な学生の姿が示される点注目されよう」[32]と期待されていた。

まず、一九三八年調査と一九四一年調査の調査項目を検討してみよう。

立教一九三八年調査の調査項目は、以下の通りである(統計及び概説のデータを表示した図表の目次は省いた)。1 年齢、2 住所、3 出身地、4 父兄職業、5 卒業後の希望、6 宿所、7 通学方法、8 勉学 A 勉学場所／B 勉学時間、9 スポーツ A 主なる種類／B スポーツに費やす時間／C 学内団体加入の有無、10 趣味趣向 A 主なる種類／B 酒及び煙草、11 娯楽機関、12 健康 A 眼鏡／B 睡眠時間／C 宿痾、13 読書 A 愛読書の種類／B1 最も愛好する著者名(日本)／B2 最も愛好する著者名(外国)／C 購読雑誌／D 購読新聞／E 特に興味を持つ新聞欄、14 信教、15 主義又は世界観 A 主義／B 世界観／C 最も崇拝する人物／D 最も好意を持つ国、16 学費 A 住居別収入総額／B 学費の出所／C 住所別住居別及び食費／D 昼食費／E 通学費／F 書籍・文房具費／G 娯楽費

／H　諸雑費／I　金融機関の利用

これらの質問項目は、東京帝国大学その他大学の調査を参考にしつつ、「学生の物質的及び精神的生活状況の全般を明かならしめんこと」(一九三八年調査　序)が期されていた。学生課が実施主体であるが、経済学部の経済学会が援助し、河西太一郎教授が指導していた。

立教一九四一年調査の質問項目も、基本的には一九三八年調査を継承している。ただ構成を分かりやすくするために、第一章　身上、第二章　生活、第三章　学費と目次立てがされるようになった。一九四一年調査では、一九三八年調査の15　主義又は世界観のうちA　主義／B　世界観／D　最も好意を持つ国がなくなり、新たに①第二章第二節　身体鍛錬　3　学内所属団体、②4　今夏利用方法、③第三節　文化生活　2　修養、④第四節　余暇利用　1趣味・娯楽C　特に映画は如何なるものを好むか、の四つが付け加わった。これら質問項目の多くは、教学局一九三八年調査から採用されたものであった。

次いで調査対象者については、一九三八年調査では、予科通学者八五八名中、申告者七四五名(回答率八六・八％)、学部通学者七四五名中、申告者五〇六名(回答率六七・九％)であり、一九四一年調査では、予科通学者一〇一七名中、申告者八七六名(回答率八六・一％)、学部通学者九三一名中、申告者八七二名(回答率八四・〇％)であった。これは、教学局『学生生徒生活調査』(下)(一九三八年)(以下、教学局一九三八調査と略称)よりも、はるかに高い回収率になっており、調査に対する「学生の協力が予期以上であった」[33]とされていることから、立教生の学生生活像が数値的により正確に浮かび上がっているものであった。

2　社会階層にかかわる特徴

まず、立教の学生の社会階層がうかがわれる調査結果を検討してみよう。

表10－14「出身地」では、教学局一九三八年調査の都市出身者が多いという以上に、具体的に出身地がわかる。いずれの立教調査でも、「東京府」が圧倒的に多いことが特徴となっている。関東近県では「神奈川県」が続き、「北海道」東海地方や九州地方も割合が少ないものの多地域に散らばっている。一九四一年調査では関西方面が増え、「概して東北、北陸地方は少ない」（一九四一年調査の表に付されている解説のコメント。以後、いちいち出典を明示せず、その都度三八年コメント、四一年コメント、明治四一年コメントと略記する）状況であった。

また立教一九三八調査のこの表に付されている解説のコメント「各府県を凌駕して朝鮮が第二位を占めてゐるのは注目に値する」（三八年コメント）にあるように、「朝鮮」がいずれの調査においても第二位に位置していることには留意したい。立教一九三八年調査では、その他「満州一五名、台湾五名、香港、ハワイ、北米の各一名がある。尚この表以外にシャムから七名、アメリカから七名、

表10-14　出身地

	1		2		3		4		5		6	
立教1938年調査	東京府		朝鮮		神奈川県		北海道		千葉県		愛知県	
	442	39.3%	57	5.1%	33	2.9%	29	2.6%	29	2.6%	29	2.6%
立教1941年調査	東京府		朝鮮		神奈川県		兵庫県		福岡県		大阪府	
	556	39.0%	74	5.2%	64	4.5%	58	4.1%	44	3.1%	43	3.0%
明治1941年調査	東京府		福岡県		愛知県		神奈川県		北海道		新潟県	
	309	31.0%	52	5.2%	48	4.8%	44	4.4%	44	4.4%	34	3.4%

	7		8		9		10		其の他		総計	
立教1938年調査	茨城県		静岡県		福岡県		新潟県					
	28	2.5%	25	2.2%	25	2.2%	23	2.1%	406	36.1%	1,126	100%
立教1941年調査	北海道		愛知県		静岡県		広島県		其の他		総計	
	34	2.4%	32	2.2%	32	2.2%	31	2.2%	457	32.1%	1,425	100%
明治1941年調査	千葉県		静岡県		朝鮮		山口県		其の他		総計	
	33	3.3%	32	3.2%	25	2.5%	23	2.3%	353	35.4%	997	100%

注1）立教大学学生課『立教大学学生生活調査報告（昭和十三年七月現在）』、立教大学学生課『立教大学学生生活調査報告（昭和十六年十一月現在）』、明治大学報国団政経学会『明治大学専門部（一部）学生生活調査（昭和十六年七月現在）』より作成。以後、**表26**までは、この3つの資料に教学局『学生生徒生活調査（下）昭和十三年十一月調査』を加えて作成している。

注2）立教調査のふたつは、いずれも予科生と学部生を対象にしている。

注3）立教1938年調査では、北海道・千葉県・愛知県は同数の4位、静岡県・福岡県は同数の6位である。

注4）立教1941年調査には、15位に満州18名（1.3%）がある。

注5）明治1941年調査では、神奈川県・北海道が同数の4位、朝鮮・山口県が同数の9位である。

注6）明治1941調査には、台湾および満州が各7名いる。

満州からから二名、支那から一名の留学生がゐる」(三八年コメント)とある。立教一九四一年調査ではそのような記述はなくなっているものの、「朝鮮」の第二位は変わっていない[34]。この事実を『立教学院百年史』が「立教大学がキリスト教的世界観・人間観の下で民族的偏見なく受入れたことによる」と解釈していることを先に紹介したが、学部レベルで積極的に受け入れてその割合が高いことは指摘できるが、ただし、その理由がキリスト教の世界観・人間観に基づくものであるかどうかは、入学者の志望動機を明らかにするなど、さらに検討が必要である。

というのも、当時の朝鮮における中等・高等教育機関の不足は日本への留学生を年々増加させることになり、特に東京に集中する傾向が強かったからである。東京には学校数が多かったこと、入学が比較的容易であったこと、学資を工面する上で有利な条件が揃っていたことなどがその理由であった。「一九四一年(昭和一六)年の調査によると、大学高専生九千数百名のうち調査に応じた六四二一名の在籍校は、大部分が東京の私立大学である。その内訳は、学部学生一二八七名、専門部の学生が、四二九一名、予科の生徒が八四三名で、専門部の学生が圧倒的に多い。(中略)大学別では、日大一五五四名、明大一二五八名、中大一一二五名、法政大六一八名、早大五三三名、専大三一七名、立大一二〇名、東洋大一〇一名(中略)上智大八二名(中略)の順で、この一二校で五九五八名に上っている。とりわけ日大、明大、中大は朝鮮人留学生の多い御三家で集中度が高く、三校合せて三九三七名、全体の約六一パーセントに達するほどであった」[35]という状況であった。立教の二つの調査は留学生数の調査ではないので一概に言えないが、しかしこのような全体的な動向のうえに、立教調査を位置づけていく必要があろう。

一方、明治一九四一年調査では、その特徴が「明治大学学生が全国的に分布して居る事を知る事が出来る。特に本来東京地方に多い事は地元として首肯出来る。しかし特に九州地方に多数出身者が居る事も本学の伝統であり誇りとして敢て差支へない」(明治四一年コメント)とされている。立教一九四一年調査と比較した場合、立教の東京比率が高いこと、明治の九州、北陸方面に出身者が多いことなどが異なっている。そのなかで明治一九四一年調査では「朝鮮」

の出身者は第九位となっている。明治大学専門部への朝鮮からの留学生は一九四一年で六八七名（うち政経科は一八六名）[36]と多くを数えているが、明治一九四一年調査での二五名は専門部の本科生の数値と思われる[37]。

学生の「住所」は、立教一九三八年調査の上位五位は、「豊島区」（二四四名、二四・四％）、「淀橋区」[38]（七八名　七・七％）、「渋谷区」（六七名　六・六％）、「杉並区」（六二名　六・一％）、「中野区」（五五名　五・四％）と続いている。立教一九四一年調査の上位五位は、「豊島区」（二二九名、二二・七％）、「中野区」（九八名　六・五％）、「渋谷区」（九五名　六・三％）、「杉並区」（八八名　五・八％）、「淀橋区」（八六名　五・七％）と続き、六番目に「神奈川県」（八四名　五・五％）が来ている。いずれも「豊島区」が約四分の一を占めており、「前回同様山の手方面が圧倒的多数である。前回との著しい変化は淀橋区と中野区が入れ換わったこと、並びに神奈川県の進出」（四一年コメント）であった。一方、明治一九四一年調査でも上位五位は、「中野区」（六八名、六・六％）、「杉並区」（六六名　六・四％）、「神奈川県」（六六名　六・四％）、「淀橋区」（六五名　六・三％）、「豊島区」（五四名　五・三％）となっており、学校所在地との関係で全般的に「中央線沿線に密集して居る事実」（明治四一年調査コメント）が指摘されている。立教と比べて、住居に集中した地区がないことが違いとなっている。

学生の「宿所」では、立教一九四一年調査の上位五位は、「自宅」（九五八名　五八・二％）、「素人下宿」（一七〇名一〇・三％）、「アパート」（一二七名　七・七％）、「親戚」（一二四名　九・五％）、「下宿屋」（一〇七名　六・四％）、「知人」（四八名　二・九％）であった。自宅生が圧倒的に多く、「前回と異なり、アパートが親戚及下宿屋を凌駕してゐること、並に運動部員を主とする合宿が減少傾向を示してゐること」（四一年コメント）がそれぞれ注目されていた。一方、明治一九四一年調査では、「自宅」（三四六名　三三・七％）と「素人下宿」（三〇六名　二九・八％）で多く、次いで「親戚」（二〇〇名　一九・五％）、「借間」（八九名　八・七％）、「アパート」（五二名　五・一％）となっていた。「アパート生活者が非常に少ない点、素人下宿が非常に多い事」（明治四一年コメント）が注目されている。これらの点が、自宅の比率とともに立教との相違点になっている。

表10－15は「父兄職業」である。教学局一九三八年調査では、「会社員及其ノ他」と「商業」が高い比率を示していたが、二つの立教調査は、それ以上に父兄職業から学生たちが属する社会階層がわかる調査結果となっている。立教一九三八年調査では、「会社員」「無職」「商業」が二〇％を超える職業になっており、三者で七三％と約四分の三近くになっている。都市出身者と同時に財産収入が得られる階層という点で、経済的には恵まれている社会階層であった。立教一九四一年調査は、前回のよりも職業を細分化しているが、「地主」と「無職」とを合わせると、四者で六三％と約三分の二となり、一九三八年調査より少なくなっているが、同じ社会階層が引き継がれているといえる。

そのことは、学費の面で端的に証明されている。立教一九四一年調査の学費の概評には「時局下に於ける物価の趨勢により見て、学生の物質的生活が膨張を来すのは必然であるが、学費の総額はこの点を如実に反映してゐる。本学の学生は概して裕福な家庭に育つて居り、物質的な不自由を殆ど感ずることなく、学業にいそしむことを得てゐるのは調査の結果明瞭に看取出来るところである」（四一年コメント）と、その特徴をまとめている。収入についても、「全学生中の圧倒的な大部分が家庭から相当豊かな学費の支給を受け、この時局下に於て外部的事情に殆ど影響されずに何不自由ない物質的生活を営んでゐる」（四一年コメント）と評している。

表10-15　父兄職業

	1		2		3		4		5	
立教1938年調査	会社員		無　職		商　業		自由職業		工　業	
	331	32.1%	204	21.0%	196	20.2%	76	7.8%	62	6.4%
立教1941年調査	会社銀行員		商　業		地　主		無　職		官　吏	
	487	30.8%	254	16.1%	143	9.1%	113	7.2%	68	4.3%

	6		7		8		9			
立教1938年調査	農　業		官　吏		宗教家		軍　人		総　計	
	49	5.1%	45	4.6%	15	1.5%	12	1.2%	970	100%
立教1941年調査	医　師		農　業		工　業		家　主		総　計	
	65	4.1%	54	3.4%	45	2.8%	43	2.7%	1,580	100%

注1)　調査のいずれも、予科生と学部生とを対象にしている。
注2)　1938年調査での、「無職」には地主、家主を、「工業」には鉱業、土木を、「自由職業」には教員、医師が含まれる。
注3)　1941年調査では、第10位「教育家」（40　2.5%）、第11位「恩給生活者」（28　1.8%）、第12位「軍人」（21　1.3%）、第13位「醸造業者」（18　1.1%）、第13位「貿易業者」（18　1.1%）、第15位「牧師」（15　1.0%）、「其他」（104　6.6%）となっている。

表10-16「学費　住居別収入総額」は、一九四一年調査で「収入」のうちの学費に関する調査項目のひとつである。平均額からみると、一九三八年調査の自宅が二倍、それ以外も一・三倍から一・六倍の増額になっており、物価騰貴が想起される。経費は、下宿及びアパート・借間、親戚及自宅、私設寮・合宿、自宅の順になっている。なお、「自宅で百円以上の支給を受けてゐる者が三六名の多数に上つてゐるが、時局柄その消費規正が望ましい」(四一年コメント)と注意が喚起されているのも、富裕層の存在を間接的に物語るものであろう。

その一方で、金融機関の利用状況についても調査がされている。いわゆる質屋の利用である。予科から学部に進むにつれて利用者が多くなること、全体で一六六名(一〇・〇%)の利用があり、前回(一四・六%)よりも減少しているが、大学当局に「尚相当数の学生がこれを利用してゐるのは吾々の関心を惹きつける」(四一年コメント)と心配させている。

他方、学費のうちでの支出についてみてみよう。「住居費」と「食費」以外に、全学の平均額はそれぞれ、「昼食代」一二・五〇円、「通学費」三円、「書籍・文具費」八円、「ス

表10-16　学費　住居別収入総額

		10円以下	20円	30円	40円	50円	60円	70円	80円
自　　宅		48	143	179	187	127	80	37	33
親戚及知人		0	9	11	19	19	20	26	24
下宿及びアパート借間		0	0	0	2	2	25	55	98
私設寮・合宿		0	0	2	8	17	9	14	7
合　計	実数	48	152	192	216	165	134	132	162
	比率	3.0%	9.5%	12.1%	13.6%	10.4%	8.4%	8.3%	10.2%
前　回		7.0%	23.5%	20.4%	9.9%	18.1%	10.7%	4.5%	3.9%

		90円	100円	120円	140円	140円以上	総計	平均	前回平均
自　　宅		20	17	11	3	5	890	43円	21円
親戚及知人		15	14	18	2	2	179	71円	44円
下宿及びアパート借間		89	92	61	10	15	449	96円	57円
私設寮・合宿		4	1	1	0	1	64	63円	47円
合　計	実数	128	124	91	15	23	1582		
	比率	8.0%	7.8%	5.7%	0.9%	1.4%	100.0%		
前　回		0.5%	1.2%	0.3%	0.0%	0.0%	100.0%		

注1)　立教三八年調査にも、同様の調査項目があるが、集計の仕方が異なるため、表を重ねることが出来なかった。ただし、四一年調査の最下段に、前回の比率が掲載されていたため、比較可能と考え、四一年調査のみを表示した。

ポーツ費」四・五〇円、「酒・煙草費」六円、「娯楽費」八・五〇円、「雑費」七円となっている。平均の総額は約五〇円になるが、支出額によって学生生活での使い道が予想されよう。「時局下に於て、膨張せる支出は、主として昼食費、書籍及び文具費に見られ、その他の諸項目については、前回と直接比較出来ないが大差ないものと考へられる。尚一般に学部は予科よりも幾分支出額が多い」(四一年コメント)と解説されている。

さらに**表10-17**「卒業後の希望」は、先の「父兄の職業」に対応しているかのごとく、明確な特徴を持っている。二つの調査ともに、「銀行会社員」が予科、学部を通じて七五%を超える数値になっており、他の職業を大きく引き離している。ここからは、父兄の職業を継承する考え方が見てとれる。しかし第二位になっている「自家営業」では、一九四一年調査では一九三八調査の三分の一になっている。一九三八年調査の予科生は、三年後に一九四一年調査の学部生になっていることを考えれば、「自家営業」が現実

表10-17　卒業後の希望

	順位	1		2		3		4		5		6	
	職業	銀行会社員		自家営業		自由職業		官公吏		宗教家		軍　人	
立　教 1938年 調査	予科	490	78.6%	88	14.1%	22	3.5%	9	1.4%	6	1.0%	0	0.0%
	学部	229	74.8%	34	5.5%	20	3.2%	7	1.1%	7	1.1%	7	1.1%
	合計	719	77.4%	122	13.1%	42	4.5%	16	1.7%	13	1.4%	7	0.8%
立　教 1941年 調査		会社銀行員		自家営業		教育家		牧　師		官公吏		新聞記者	
	予科	567	80.0%	22	3.0%	17	2.3%	6	0.8%	5	0.6%	6	0.8%
	学部	487	76.8%	32	4.8%	30	4.7%	6	0.7%	5	0.7%	4	0.6%
	合計	1,054	78.4%	54	3.9%	47	3.5%	12	0.8%	10	0.7%	10	0.7%

	順位	7		8		9		10		総　計	
	職業	政治家		農　業							
立　教 1938年 調査	予科	4	0.6%	4	0.6%					623	100%
	学部	2	0.3%	0	0.0%					306	100%
	合計	6	0.6%	4	0.4%					929	100%
立教 1941年 調査		著述業		政治家		未　定		其の他			
	予科	4	0.5%	4	0.5%	59	8.3%	23	3.1%	713	100%
	学部	2	0.3%	2	0.3%	43	6.8%	24	3.7%	635	100%
	合計	6	0.4%	6	0.4%	102	7.6%	47	3.4%	1,348	100%

注1)　立教1938年調査では、8つの職業のみからの選択肢となっている。
注2)　立教1941年調査では、タイトルが「卒業後の方針」となっている。
注3)　ここでは、予科生と学部生のいずれの調査結果も表示した。

的に難しくなってきた時代の変化を示しているとも解釈できよう。二つの調査から、官吏、ジャーナリズム、政治分野への就職希望が概して少数であったことがわかる。一方三八年調査の五位の宗教家や一九四一年調査にみるように「牧師志望者が四位にあるのは宗教科を有する本学の特色」(四一年コメント)であった。

3　生活・文化にかかわる特徴

次いで、学生生活の多くの時間を費やす勉学、スポーツ、趣味娯楽を中心にみてみよう。

表10-18「勉強時間」については、一九三八年調査、一九四一年調査ともに「二時間」が最も多く、次いで「三時間」となっており、この二つで過半数を超えている。次いで「一時間」「四時間」が続いている。これは教学局一九三八年調査と対応するものであるが、予科と学部を比較した場合、二つの調査ともに予科から学部に進むに従って、同じ「三時間」では比率が高まり、「一時間以下」では逆に比率が低くなっている。一九四一年調査では、「学部に至ると一時間、又はそれ以下の者が減少し、逆に五時間以上が増加」(四一年コメント)を示していた。

表10-18　勉強時間

		1時間以下		1時間		2時間		3時間		4時間		5時間	
立教1938年調査	予科	32	4.7%	85	12.4%	252	36.7%	163	23.8%	67	9.8%	42	6.1%
	学部	3	0.9%	55	16.8%	110	33.6%	93	28.4%	32	9.8%	19	5.8%
	合計	35	3.4%	140	13.8%	362	35.7%	256	25.3%	99	9.8%	61	6.0%
立教1941年調査	予科	35	4.3%	171	21.2%	294	36.4%	159	19.7%	77	9.5%	36	4.5%
	学部	19	2.7%	110	15.6%	252	35.8%	176	25.0%	68	9.7%	36	5.1%
	合計	54	3.6%	281	18.6%	546	36.1%	335	22.2%	145	9.6%	72	4.8%

		6時間		6時間以上		不定		無シ		総　計	
立教1938年調査	予科	7	1.0%	7	1.0%	21	3.1%	10	1.5%	686	100%
	学部	8	2.4%	1	0.3%	0	0.0%	6	1.8%	327	100%
	合計	15	1.5%	8	0.8%	21	2.1%	16	1.6%	1,013	100%
立教1941年調査	予科	4	0.5%	2	0.2%	4	0.5%	26	3.2%	808	100%
	学部	5	0.7%	9	1.3%	8	1.1%	21	3.0%	704	100%
	合計	9	0.6%	11	0.7%	12	0.8%	47	3.1%	1,512	100%

注1)　1938年調査の合計の比率は、資料では100.3%になってしまうので、改めて計算し修正した数値を採用した。
注2)　1941年調査の予科、学部、合計の比率は、資料では間違っているので、改めて計算し修正した数値を採用した。

この数値は、教学局一九三八年調査とも対応し、他大学との比較では短い勉強時間であった。

表10－19「勉強場所」では、一九三八年調査と一九四一年調査とに、大きな変化がみられる。いずれの調査も「自宅」と「自宅・学校図書館」とが大部分を占め、予科から学部になるに従って学校図書館の利用が高まっているのは共通しているが、一九四一年調査においては「自宅」が前回の六三・二％から一躍八五・〇％に上昇し、一般に学内、学外図書館利用者が減少」（四一年調査コメント）していることである。この図書館離れの調査結果をどのように解釈するかは、学園生活を戦時体制の強化とのかかわりを考えていくひとつの素材となろう。

勉学と並んで、学生たちはスポーツとどのようにかかわっていたのだろうか。**表10－20**「スポーツの種類」では、二つの調査で、ともに野球と庭球（テニス）とが人気を博しており、立教一九三八年調査では、特に「野球」が高い人気スポーツであった。この表には登場していないが「ゴルフの三、ヨット、

表10-19　勉学場所

	順位	1		2		3		4	
	場所	自　宅		自宅・学校図書館		自宅・学校及学外図書館		自宅・学外図書館	
立教1938年調査	予科	425	64.1%	133	20.1%	40	6.0%	28	4.2%
	学部	200	61.3%	95	29.1%	5	1.5%	10	3.1%
	合計	625	63.2%	228	23.1%	45	4.6%	38	3.8%
立教1941年調査		自　宅		自宅・学校図書館		自宅・学外図書館		自宅・学校及学外図書館	
	予科	734	90.3%	50	6.2%	8	1.0%	2	0.2%
	学部	543	78.6%	93	13.5%	19	2.7%	12	1.7%
	合計	1,277	84.9%	143	9.5%	27	1.8%	14	0.9%

	順位	5		6			
	場所	自宅その他		その他		総　計	
立教1938年調査	予科	15	2.2%	22	3.4%	663	100%
	学部	6	1.9%	10	3.1%	326	100%
	合計	21	2.1%	32	3.2%	989	100%
立教1941年調査	場所	学外図書館		その他		総　計	
	予科	6	0.7%	13	1.6%	813	100%
	学部	7	1.0%	17	2.5%	691	100%
	合計	13	0.9%	30	2.0%	1,504	100%

注1)　1941年調査の学部欄の総計は、資料では695名であるが、計算上は691名となる。ここでは、修正した数字を採用した。
注2)　1941年調査の「自宅」の実数合計は、資料では1,287名であるが、計算上は1,277名となる。ここでは、修正した数字を採用した。

飛行機の各二票等が入つてゐる」（三八年コメント）とあるように、「スキー」「馬術」とともに経済的な裏づけの必要なスポーツを楽しむ学生も少数ながらいた。立教一九四一年調査では、「馬術、卓球、剣道が進出してゐるに反し水泳、スキーが後退してゐる」（四一年コメント）とされている。しかし、その実数においては大きな差があるというわけではなく、「弓道」を含めた武道関係の存在、その一方での「鎧球」（アメリカンフットボール）の登場、さらには「『ナシ』と積極的に記入したもの一四七票」（四一年コメント）も含め、むしろ多様になったと解釈すべきであろう。教学局一九三八年調査と比較すると、立教では「野球」「庭

表10-20　スポーツの種類

	順位	1		2		3		4		5		6		7	
教学局1938年調査	種目	散　歩		野　球		庭　球		水　泳		卓　球		スキー		スケート	
	合計	268	23.0%	157	13.5%	139	11.9%	64	5.5%	62	5.3%	50	4.3%	48	4.1%
立　教1938年調査	種目	野　球		庭　球		水　泳		スケート		散　歩		スキー		卓　球	
	合計	226	19.5%	126	10.9%	108	9.3%	84	7.2%	65	5.6%	60	5.2%	51	4.4%
立　教1941年調査	種目	野　球		庭　球		スケート		馬　術		卓　球		散　歩		体　操	
	合計	183	15.1%	140	11.5%	69	5.7%	55	4.5%	53	4.4%	51	4.2%	51	4.2%
明　治1941年調査	種目	野　球		水　泳		散　歩		庭　球		卓　球		剣　道		ハイキング	
	合計	171	16.7%	96	9.4%	74	7.2%	67	6.5%	58	5.7%	56	5.5%	55	5.4%

	順位	8		9		10		11					
教学局1938年調査	種目	剣　道		体　操		柔　道		ハイキング		その他		総　計	
	合計	37	3.2%	33	2.8%	29	2.5%	29	2.5%	249	21.4%	1,165	100%
立　教1938年調査	種目	馬　術		剣　道		蹴　球		柔　道		その他		総　計	
	合計	42	3.6%	38	3.3%	33	2.8%	33	2.8%	293	25.3%	1,159	100%
立　教1941年調査	種目	剣　道		登　山		水　泳		スキー		その他		総　計	
	合計	48	4.0%	42	3.5%	42	3.5%	42	3.5%	438	36.1%	1,214	100%
明　治1941年調査	種目	柔　道		登　山		スキー		陸上競技・マケート		その他		総　計	
	合計	54	5.3%	42	4.1%	38	3.7%	28	2.7%	287	28.0%	1,026	100%

注1)　立教1938年調査では、予科と学部およびその合計が算出されているが、1941年調査は合計のみになっている。明治1941調査とも比較するため、1938年立教調査は、合計のみを表示することとした。
注2)　教学局1938年調査は、前述の5私立大学の調査結果であり、他の私立大学の傾向と比較する目的で、「25運動の種類」を掲載した。
注3)　立教1938年調査の、「蹴球」と「柔道」は同数で、第10位である。
注4)　立教1941年調査の、「散歩」と「体操」は同数の第6位で、「登山」「水泳」「スキー」は同数の第8位である。
注5)　立教1941年調査の第12位は「柔道」(37　3.0%)、第13位は「弓道」(33　2.8%)、第14位は「蹴球」(27　2.2%)と続いている。他に6種目が挙げられている。
注6)　明治1941年調査では、他に20種目が挙げられている。

球」の人気は同様であるものの、「散歩」の比率が少ない。明治一九四一年調査では、「野球」人気は共通ではあるが、「庭球」よりは「水泳」が上位にあり、「散歩」の比率も比較的高い。いずれの調査にも「馬術」はなく、「鎧球」と同様に、立教の特色となっている。

表10-21「スポーツに費やす時間」についてもみてみよう。一九三八年調査では、最も多い順に「二時間」「三時間」「一時間」となっており、この三つで全体の四分の三を占めている。これは教学局一九三八年調査とは若干異なるが、立教生の運動時間は他大学に比してさらに長いことになる。また一九四一年調査では「三時間」「二時間」「一時間」の順で、この三つで三分の二を占めている。この調査では、僅差ながら「三時間」が最も多くなっているものの、学部が予科を下回っている点に留意したい。この傾向は「スポーツ時間のない者は学部に於て予科よりも相当に増加してゐる」（四一年コメント）とも符号する。

さらに**表10-22**「主な趣味」を見てみよう。立教一九三八年調査は、「映画」と「音楽」がほぼ同数で趣味として人気があり、次いで「旅行」「読書」「写真」が第二グループとして続いていた。予科との比較で言えば、「旅行」と「演劇」とが学部に入ってから比率

表10-21　スポーツに費やす時間

		1時間以下		1時間		2時間		3時間		4時間	
立　教 1938年 調査	予科	54	8.6%	125	19.8%	171	27.1%	143	22.7%	40	6.3%
	学部	8	2.5%	72	22.5%	99	30.9%	66	20.6%	13	4.1%
	合計	62	6.5%	197	20.7%	270	28.4%	209	22.0%	53	5.6%
立　教 1941年 調査	予科	47	6.8%	128	18.5%	175	25.3%	176	25.4%	91	13.1%
	学部	39	6.4%	120	19.8%	124	20.5%	144	23.8%	49	8.1%
	合計	86	6.6%	248	19.1%	299	23.0%	320	24.6%	140	10.8%

		5時間		6時間		6時間以上		無シ		総　計	
立　教 1938年 調査	予科	23	3.7%	6	1.0%	2	0.3%	66	10.5%	630	100%
	学部	17	5.3%	4	1.3%	0	0.0%	41	12.8%	320	100%
	合計	40	4.2%	10	1.1%	2	0.2%	107	11.3%	950	100%
立　教 1941年 調査	予科	34	4.9%	3	0.4%	1	0.1%	38	5.5%	693	100%
	学部	12	2.0%	5	0.8%	1	0.2%	112	18.5%	606	100%
	合計	46	3.5%	8	0.6%	2	0.2%	150	11.5%	1,299	100%

注1)　1941年調査の予科、学部、合計の比率は、資料では比率が間違っているので、改めて計算し修正した数値を採用した。
注2)　1941年調査のタイトルは、「スポーツに費やす一日平均時間」となっている。

表10-22　主な趣味

	順位	1		2		3		4		5		6		7	
教学局1938年調査	趣味	映　画		読　書		音　楽		スポーツ		旅行・ハイキング		写　真		囲碁・連珠	
	合計	334	16.7%	275	13.7%	273	13.6%	145	7.2%	118	5.9%	118	5.9%	85	4.2%
立教1938年調査	趣味	映　画		音　楽		旅　行		読　書		写　真		演　劇		散　歩	
	合計	488	27.0%	470	26.0%	234	12.9%	172	9.5%	146	8.1%	85	4.7%	54	3.0%
立教1941年調査	趣味	音　楽		読　書		映　画		旅　行		写　真		釣・狩猟		碁・将棋	
	合計	356	23.3%	296	19.4%	281	18.4%	92	6.0%	88	5.8%	70	4.6%	56	3.7%
明治1941年調査	趣味	音　楽		読　書		写　真		魚　釣		ハイキング		旅　行		散　歩	
	合計	151	14.7%	96	9.4%	56	5.5%	36	3.5%	23	2.2%	22	2.1%	22	2.1%

	順位	8		9		10		11					
教学局1938年調査	趣味	演劇・舞踏		散　歩		将　棋				その他		総　計	
	合計	75	3.7%	71	3.5%	58	2.9%			454	22.6%	2,006	100%
立教1938年調査	趣味	絵　画		釣・狩猟		コレクション		登　山		その他		総　計	
	合計	45	2.5%	27	1.5%	13	0.7%	11	0.6%	53	2.9%	1,808	100%
立教1941年調査	趣味	スポーツ		散　歩		登　山		演　劇		その他		総　計	
	合計	53	3.5%	50	3.3%	49	3.2%	24	1.6%	113	7.4%	1,528	100%
明治1941年調査	趣味	撞　球		登山		囲碁・絵画		無　し		不明・その他		総　計	
	合計	19	1.9%	18	1.8%	17	1.7%	99	9.6%	467	45.5%	1,026	100%

注1)　立教1938年調査では、予科と学部およびその合計が表示されている。しかし立教1941年調査は、予科と学部の合計しか表示されていない。教学局1938年調査および明治1941年調査は大学の学部と専門部だが、立教調査のふたつについては、予科と学部の合計で表示することとした。
教学局1938年調査、及び二つの立教調査は複数回答可となっているが、明治1941年調査は単一回答である。

注2)　教学局1938年調査は、前述の5私立大学の調査結果であり、他の私立大学の傾向と比較する目的で「26 趣味娯楽」を掲載した。

注3)　立教1938年調査の第12位は「碁・将棋」(11　0.6%)となっている。

注4)　立教1941年調査では、20の趣味の種類を予科・学部の合計で示すほかに、1938年の前回調査との比較表(10の趣味の順位とタイトル)も掲載している。

注5)　明治1941年調査では、3学年別に数値が載せられているが、ここでは合計のみを表示し、比率も付け加えた。

注6)　明治1941年調査では、「不明・その他」の内訳は、「不明」368、「その他」が99である。また、旅行・散歩は同数の第7位である。

が高くなっている。立教一九四一年調査になると、「音楽」「読書」「映画」が第一グループを作るようになり、順位が移動しており興味深い。約一〇％も上昇した「読書」については「純粋の知的好奇心以外に、最近の学生娯楽の制限の影響もあるであろう」（四一年コメント）と分析されている。また一九三八年調査との比較で「映画が前回の第一位から第三位に下がり、又前回第六位の演劇が第十一位に転落したのに反し、釣、狩猟及び碁、将棋が上位に上つて来た点にも時局の反映が窺われる」（四一年コメント）としている。そのことは、「利用する娯楽機関」の調査結果にも端的に現れている。三八年調査では、「喫茶店」（二四九名　三八・五％）、「撞球場」（ビリヤード）（一五一名　二三・四％）、「麻雀荘」（八四名　一三・〇％）が代表的だったものが、四一年調査に至っては、「時局の影響によつて」（四一年コメント）、「なし」（六六三名　八七・五％）、「撞球場」（一三名　一・七％）、「音楽会」（七名　〇・九％）という激変ぶりであった。教学局一九三八年調査と比べる

表10-23　酒および煙草

		煙草のみのむ者		酒のみのむ者		酒、煙草共にのむ者	
教学局1938年調査	帝大	871	20.5%	559	13.2%	1,547	36.4%
	私大	277	27.9%	84	8.5%	368	37.1%
立教1938年調査	予科	202	28.3%	33	4.6%	176	24.6%
	学部	113	29.3%	24	6.2%	166	43.0%
	合計	315	28.6%	57	5.2%	342	31.1%
立教1941年調査	予科	242	29.1%	58	7.0%	254	30.6%
	学部	235	31.7%	42	5.7%	343	46.3%
	合計	477	30.3%	100	6.4%	597	38.0%

		酒、煙草共にのまぬ者		総　計	
教学局1938年調査	帝大	1269	29.9%	4,246	100%
	私大	263	26.5%	992	100%
立教1938年調査	予科	304	42.5%	715	100%
	学部	83	21.5%	386	100%
	合計	387	35.1%	1,101	100%
立教1941年調査	予科	277	33.3%	831	100%
	学部	121	16.3%	741	100%
	合計	398	25.3%	1,572	100%

注1）教学局1938年調査では、「27　嗜好」のなかの「帝国大学」と「私立大学」の部分を掲載した。

注2）ふたつの立教調査では、予科生と学部生とのいずれの調査結果も表示した。1938年調査には、予科と学部の合計が記載されていなかったので、各学年ごとに合算して記入した。

と、立教は「映画」「音楽」の比率が高くなっており、「旅行」も特徴的である。明治一九四一年調査と比較しても、明治が単答方式であるので単純な比較はできないが、両校とも同様な傾向にありながらも、「映画」に対する立教の高い関心が最も異なっているといえよう。

表10-23「酒および煙草」で当時の男子学生の喫煙・飲酒の状況をみておこう。立教一九三八年調査では、煙草を吸う学生は約六〇％、酒を呑む学生は約三六％で、煙草を好む学生の方が多い。立教一九四一年調査では煙草を吸う学生は六八％、酒を呑む学生は四四％と確実に増加している。二つの調査を比較すると、酒・煙草を両方する学生が増加する一方で、酒も煙草も共にしない学生が減少しており、その比率が一〇％にも及んでいることには注意しておきたい。教学局一九三八年調査では、帝大に煙草を吸わずに酒のみを呑む比率が高く、私大に酒は呑まずに煙草のみを吸う比率が高いことを示している。明治一九四一年調査では、該当する調査項目の集計方法が異なるため比較できなかったが、喫煙率は四六・五％、飲酒率は二六・九％と、それぞれ立教より低かった。

4　意識・価値観にかかわる特徴

ここでは、学生の意識や価値観にかかわる調査結果の意味を解釈

表10-24　信　教

		1		2		3		4					
教学局1938年調査	帝大	仏　教		基督教		神　道		禅　宗		その他		総　計	
		960	53.2%	431	23.9%	147	8.1%	45	2.5%	221	12.3%	1,804	100%
	私大	仏　教		神　道		基督教		浄土宗		その他		総　計	
		134	37.3%	59	16.4%	58	16.2%	52	14.5%	56	15.6%	359	100%
立教1938年調査		基督教		仏　教		神　道		無　し		記載無し		総　計	
	予科	124	16.6%	39	5.2%	7	0.9%	300	40.3%	275	36.9%	745	100%
	学部	78	19.2%	35	8.6%	1	0.2%	156	38.4%	136	33.5%	406	100%
	合計	202	17.5%	74	6.4%	8	0.7%	456	39.6%	411	35.7%	1,151	100%
立教1941年調査		基督教		仏　教		神　道		無　し		記載無し		総　計	
	予科	104	11.9%	55	6.3%	12	1.4%	190	21.7%	515	58.8%	876	100%
	学部	124	15.9%	48	6.1%	11	1.4%	157	20.1%	442	56.5%	782	100%
	合計	228	13.8%	103	6.2%	23	1.4%	347	20.9%	957	57.7%	1,658	100%

注1）教学局1938年調査では、帝国大学の調査対象者が9687名、私立大学の調査対象者が994名いる。それゆえ、それぞれの総計との差は、「記載無し」と思われる。項目は「30 自己の信ずる宗教」。
注2）二つの立教調査では、予科生と学部生とのいずれの調査結果も表示した。

していきたい。

表10-24「信教」は、ミッション・スクールとしての立教を検証するうえで、興味深い調査となっている。一九三八年調査では、比率的には「無し」(四五六名　三九・六%)と「有信者と無信者との中間的存在として」(三八年コメント)の「記載無し」(四一一名　三五・七%)とで、約四分の三に達している。有信者のなかでは「基督教」が最も多く、この点は立教の建学の精神につらなる特色であろうが、後述するように顕著な特色とは言えない。この調査では、「所謂新興宗教への票数は皆無であつた」(三八年コメント)という。一九四一年調査でも、同じ傾向がみられるが、特に「記載無し」(九五七名　五七・七%)が、一九三八年調査から二〇%も増加し、「無し」(三四七名　二〇・九%)とあわせて八〇%近くに達している。一九三八年調査の予科生は三年後の一九四一年調査で学部生となっていることから、基督教の有信者がそのまま移動した形となっている。一九四一年調査では、有信者となった「その動機」が質問されており、第一位「家庭」(一九六名　六〇・三%)、第二位「学校」(六六名　二三・一%)、第三位「交友」(一九　五・八%)、以下「煩悶」「闘病」と続いている。「有信者の大半はキリスト教で主として家庭の感化によるもの」(四一年コメント)として入信の理由を説明している。

「信教」を、教学局一九三八年調査と比較すると、帝大では仏教が半数以上を占めているものの、「基督教」の有信者が約二四%あり、比率としては

表10-25　主　義

		1		2		3		4		5		6	
		日本主義		自由主義		平和主義		国家主義		現実主義		基督教主義	
立教1938年調査	予科	124	16.4%	121	16.0%	81	10.7%	67	8.9%	66	8.7%	31	4.1%
	学部	70	17.5%	52	13.0%	43	10.7%	41	10.2%	38	9.5%	26	6.5%
	合計	194	16.8%	173	14.9%	124	10.7%	108	9.3%	104	9.0%	57	4.9%

		7		8		9		10		総　計	
		理想主義		其ノ他		無　シ		記載ナキモノ			
立教1938年調査	予科	42	5.5%	114	15.1%	15	2.0%	96	12.7%	757	100%
	学部	10	2.5%	52	13.0%	13	3.2%	56	14.0%	401	100%
	合計	52	4.5%	166	14.3%	28	2.4%	152	13.1%	1,158	100%

注1)　立教1941年調査には、この調査項目がない。
注2)　ここでは、予科生と学部生のいずれの調査結果も表示した。
注3)　予科、学部とも各3学年の実数を掲載しているが、ここでは予科と学部の小計と全体の合計のみを記載した。

立教よりも高い。私大は調査対象の大学の宗派的な傾向が大きく影響した結果となっているといえよう。表10－24には掲載しなかったが、官公立大学においても、帝国大学と同様に、「仏教」（二七〇名　三一・六％）に次いで、「基督教」（二五九名　一八・六％）が続いており、一九三八年の調査段階では帝国大学や官公立大学においては、「基督教」が一定程度の広がりを持っていたことを示している。

表10－25は「主義」についての集計結果で、この質問項目は一九三八年調査にしかないものである。質問用紙には選択肢ではなく自由記述欄として設けられている。それゆえに、三〇近い名称の記入があったものを、上位七位までが掲げられた。日本主義と国家主義の違いなどをはじめとして、その定義が不明確であるのだが、時局を反映して日本主義が最も多い。自由主義、平和主義がそれに続いている。予科よりも学部の方が、僅かではあるが、日本主義、国家主義、現実主義に傾いているとも言えるが、表に出ている主義以外に学部では「全体主義九、人道主義五、文化至上主義五が続いて居」（三八年コメント）り、学生の意識や価値観は、この段階では多様に揺れ動いていたというべきであろう。

また「世界観」についても独自に質問している。精神と物質との重要度を尋ねたもので、結果は「精神∨物質」（四一九名　三六・四％）、「精神＝物質」（二〇〇名　二五・七％）、「精神∧物質」（一二八名　一一・一％）、「記載無し」（三〇八名　二六・八％）という結果であった。「物質主義が甚だ少ないことが注目される」（三八年コメント）としているが、時局的な背景とミッション・スクールと学生の社会階層とを反映した、率直な意識を現しているように思われる。この「主義」や「世界観」は、多くの質問項目が継続しているなかで一九四一年調査では除外されている。その質問自体が時局に反するものと判断されたのであろう。

表10－26「最も崇拝する人物」も、学生の意識や価値観を知るうえで間接的な調査であろう。一九三八年調査では、「ヒットラー」「西郷隆盛」「乃木希典」「東郷平八郎」が「大体相接近してゐる点が注目される」（三八年コメント）とされているように、ひとつのグループをなしている。この四名をさらに仔細に検討してみると、予科生に全般的な支持が多

表10-26　最も崇拝する人物

		1		2		3		4		5		6		7	
教学局1938年調査	帝大	西郷隆盛		野口英世		乃木希典		吉田松陰		楠《ママ》　正成		ゲーテ		寺田寅彦	
		618	6.5%	203	2.1%	172	1.8%	158	1.6%	139	1.5%	136	1.4%	102	1.1%
	私大	西郷隆盛		福澤諭吉		乃木希典		吉田松陰		法　然		弘　法		ヒットラー	
		36	7.9%	27	6.0%	22	4.9%	21	4.6%	15	3.3%	10	2.2%	10	2.2%
立　教1938年調査		ヒットラー		西郷隆盛		乃木希典		東郷平八郎		父　母		楠　正成		ムッソリーニ	
	予科	68	12.0%	59	10.4%	47	8.3%	56	9.9%	24	4.2%	25	4.4%	14	2.5%
	学部	30	7.8%	27	7.0%	32	8.3%	16	4.2%	14	3.6%	3	0.8%	12	3.1%
	合計	98	10.3%	86	9.0%	79	8.3%	72	7.6%	38	4.0%	28	2.9%	26	2.7%
立　教1941年調　査(日本)		西郷隆盛		乃木希典		吉田松陰		東郷平八郎		楠《ママ》　正成		松岡洋右		豊臣秀吉	
	予科	131	15.5%	50	5.9%	52	6.2%	23	2.7%	55	6.5%	26	3.1%	27	3.2%
	学部	89	12.1%	52	7.0%	33	4.5%	61	8.3%	24	3.3%	26	3.5%	10	1.4%
	合計	220	13.9%	102	6.4%	85	5.4%	84	5.3%	79	5.0%	52	3.3%	37	2.3%
立　教1941年調　査(外国)		ヒットラー		ナポレオン		ムッソリーニ		エヂソン		ゲーテ		キリスト		ベートーヴェン	
	予科	202	23.2%	23	2.6%	19	2.2%	9	1.0%	11	1.3%	9	1.0%	10	1.1%
	学部	204	35.2%	19	3.3%	17	2.9%	16	2.8%	10	1.7%	11	1.9%	9	1.6%
	合計	406	28.0%	42	2.9%	36	2.5%	25	1.7%	21	1.4%	20	1.4%	19	1.3%

		8		9		10							
教学局1938年調査	帝大	ヒットラー		東郷平八郎		パスツール				その他		総　計	
		102	1.1%	90	0.9%	74	0.8%			7,783	81.3%	9,577	100%
	私大	本居宣長		東郷平八郎		楠《ママ》　正成							
		9	2.0%	9	2.0%	8	1.8%			286	63.1%	453	100%
立　教1938年調査		ナポレオン		キリスト		近衛文麿		無　し		その他		総　計	
	予科	15	2.6%	9	1.6%	15	2.6%	37	6.5%	199	35.0%	568	100%
	学部	8	2.1%	13	3.4%	6	1.6%	42	10.9%	182	47.3%	385	100%
	合計	23	2.4%	22	2.3%	21	2.2%	79	8.3%	381	40.0%	953	100%
立　教1941年調　査(日本)		内村鑑三		父　母		野口英世		無　し		その他		総　計	
	予科	3	0.4%	22	2.6%	9	1.1%	348	41.2%	99	11.7%	845	100%
	学部	31	4.2%	7	0.9%	6	0.8%	286	38.8%	113	15.3%	738	100%
	合計	34	2.1%	29	1.8%	15	0.9%	634	40.1%	212	13.4%	1,583	100%
立　教1941年調　査(外国)		トルストイ		ビスマルク		ソクラテス		無　し		その他		総　計	
	予科	5	0.6%	6	0.7%	7	0.8%	397	45.6%	172	19.8%	870	100%
	学部	9	1.6%	7	1.2%	2	0.3%	218	37.6%	58	10.0%	580	100%
	合計	14	1.0%	13	0.9%	9	0.6%	615	42.4%	230	15.9%	1,450	100%

注1）教学局1938年調査では、帝国大学の調査対象者が9687名、私立大学の調査対象者が994名いる。それゆえ、それぞれの総計との差は、「記載無し」と思われる。項目は「29 尊敬私淑する人物」

注2）教学局1938年調査では、帝大の「寺田寅彦」と「ヒットラー」が同数で、第7位である。また私大の「弘法」と「ヒットラー」が同数で第6位、「ナポレオン」と「キリスト」が同数で第8位である。

注3）二つの立教調査では、予科生と学部生とのいずれの調査結果も表示した。特に立教1941年調査は、日本と外国とに分けて掲載されているため、両方を表示した。なお、明らかに誤記と思われる箇所については、修正したうえで表示した。

く、学部の第一位は「乃木希典」で「ヒットラー」は第二位となっている。「ヒットラー」は、とりわけ予科二年生から三八名の支持を集めており、これによって合計も第一位になっている。ただし、「ムッソリーニがヒットラーに遥に及ばないのも興味がある」（三八年コメント）とされているように、その崇拝のされ方は群を抜いていた。「宗教家では基督のみが頭角を抜んでゝゐる」（三八年コメント）とされているが、少数ながらも立教らしい傾向といえよう。その他として、「吉田松陰」（一・二％）、「野口英世」（〇・九％）、「福澤諭吉」（〇・九％）、「豊臣秀吉」（〇・七％）、「ゲーテ」（〇・七％）、「ワシントン」（〇・四％）などがあがっている。また、日本人が五八・〇％を占めている。ただ、挙げられた人物の総数は一四七名の多数にのぼり、その結果「その他」が多くなっていることである。「無し」も八％程度になっている。この関連でいえば、一九三八年調査の「最も好意を持つ国」では、「ドイツ」が第一位（五三〇名　四三・二％）、「イタリア」が第二位（二二〇名　一九・一％）と枢軸国に好意を持っており、第三位の「アメリカ」（九二名　八・四％）、第四位のフランス（三九名　三・五％）を大きく引き離していた。

崇拝する人物に関する教学局一九三八年調査と比べてみると、帝大、私大ともに、「西郷隆盛」が最も多いこと、次いで「野口英世」や「福澤諭吉」となっていること、「ヒットラー」の順位が下位になっていることが、立教調査との違いである。ただ、特に帝大では「その他」が八〇％にも達するなど非常に高い。立教調査でも同様であったが、他の調査項目に比べて、各人物の記述率が平均的に低くなっている。

一九四一年調査では、日本と外国とに区別して実施されている。一九三八年調査に比べて、それぞれ顕著な傾向を示している。日本では「西郷隆盛」（一三・九％）が、外国では「ヒットラー」（二八・〇％）が第二位を大きく引き離す形で第一位になっていることである。日本では、「松岡洋右」が新たにあげられている点、「キリスト」から「内村鑑三」に代わっている点も指摘できる。日本では「政治家及び軍人が上位にあり学者、教育家、宗教家、芸術家は下位にある」（四一年コメント）とされている。外国では「ヒットラー」が「断然首位を確保し、前項第一位の西郷隆盛に倍する票数を集めてゐる点が注目される」（四一年コメント）としつつ、この調査が「昭和十六年十月に実施されたことに注意しなければならない」と述べている。一九四一年一〇月は、東条英機内閣が成立し、東条が陸軍大臣の現役のまま内閣を組閣した月であった。また一九三八年調査に比べて注目すべきは、日本でも外国でもあえて「無し」としている学生が四〇％にも達していることである。質問項目自体が答えにくい性質によるものなのか検討は必要だが、崇拝すべき人物がいないとする意識のなかに、学生たちの時局に対する抵抗も含めた複雑で多様な意識や感覚が含まれていることが想像できよう。

この崇拝する人物が「無し」という高い比率は、一九四一年調査の読書の「最近読みて感銘を受けたる著者名及書名」でも問題になる。ここでは、第一位の草葉大尉『ノロ高地』（三二名　一・九％）、第二位のヒットラー『マイン・カンプ』（二四名　一・四％）、第三位のアンドレ・モーロア『フランス敗れたり』（二一名　一・三％）といった戦記ものがどれも多くの票数を集めないなかで、「無し」が六八・〇％（一、一二八名）と非常に高い比率となっているのは注目に値する。感銘する本をあえて回答しなかったのか、感銘する本に出会わなかったのか、本を読むことを忌避しているのか、六八％の中身は、当時の学生の意識を何らかの形で反映するものであろう。最も愛好する日本の著者名としては、「夏目漱石」（一九五名　二〇・八％）、「山本有三」（六三名　六・七％）、「武者小路実篤」（四五名　四・八％）が人気を博し、外国では「トルストイ」（一一二名　一六・〇％）、「ヘルマン・ヘッセ」（八四名　一一・〇％）、「ドストエフスキー」（六三名　六・〇％）、「ジイド」（六二名　六・〇％）に人気が集まっていた。一九三八年調査と比べ日本では「夏目漱石」の第一位は変わらず、第二位の「菊池寛」、第三位の「芥川龍之介」がそれぞれ一〇位以下、一〇位と大きく順位を落としている。外国では、「トルストイ」が前回の第二位から第一位となり、第一位の「ジイド」が第三位に落ちている。「文学者としては一般に露仏、独の作家が多く読まれ、英米の作家は少ない。クラウゼヴッツの名が第一二位に現はれ時局的色彩を示してゐる」（四一年コメント）とされている。日本の作家も含め、最近読んで感銘を受けた書物とのギャップは否めない。このギャップも、時代に対する学生たちの内面生活の揺れを表しているのではないだろうか。

おわりに

一九四一年立教調査は、「前回から三年を経た今回の調査は、前回当時より遥かに濃厚となつた戦時色に反映された学生の物心両方面の生活が如何に推移したかといふ点に重点が置かれて集計された」(39)という。しかし、二つの学生生活調査のなかから見えてきた戦時下の立教の学生生活は、数値的な推移で説明できるものだけでなく、潜在する内面的な特徴を持っていたのではないだろうか。文部省の教育政策が「思想政策」から「思想動員」へと移行しつつある時代状況のなかで、立教大学学生生活調査から確認できたことを、以下四点指摘しておこう。

第一に、学生の所属する社会階層が経済的に恵まれていることが確認できた。都市出身者が圧倒的に多く、現住所は豊島区を中心にした山の手方面に多く、自宅から通学する学生の割合が高かった。父兄の職業も、銀行員会社員や商業、あるいは財産収入を得られる階層が多く、時局下の物価高騰期にあっても経済的に恵まれた学生生活を送ることができた学生たちであった。全般的な傾向にとどまるが、他大学との比較のうえでも、そのことが見てとれた。これは立教の学生生活、あるいは学生文化を考える上での基底的な条件となる。

第二に、一九三八年調査から一九四一年調査への変化である。刻々と自由が制約されていく時局下の変化に対応している姿である。趣味としての読書の増加にもかかわらず、図書館離れが始まり、映画や演劇の趣味が減るだけでなく、娯楽機関の利用をそもそも考えなくなり、またスポーツをしない学部生も増え出している。その一方で、喫煙率や飲酒率は上昇していた。このような生活上の外面的な変化のなかに、声高に叫ばれる日本主義や国家主義とは別の、学生時代に保証されていた独自の文化世界が徐々に消え去っていく様相を読み取ることができる。

第三に、それにもかかわらず、そのような変化のなかで、学生たちの揺れ動く意識、価値観が見え隠れしていることである。自らの思想・信条を表明することにつながる調査項目については、たとえば信教にしても記載することをせず、戦記物に感動しつつも普遍性を求める作家を意識し、少数ながらもフランス映画やアメリカ映画を鑑賞する、ヒットラーや枢軸国を支持しながらも信仰を持とうとする、その抵抗と協力の波動が、個人の生活のレベルと学生集団の生活レベルとの双方に押し寄せている。抵抗と協力の狭間のなかで、内面的な苦悩や煩悶が、学生生活としての治外法権的な文化圏を守ろうとする意識となり、葛藤する価値観を形づくっていたように思われる。

第四に、学生生活調査自体が、大学当局にとっての訓育管理方針を考える資料となっている点である。一九四一年調査には、学内団体所属調査によって、予科から学部に進むに従って鍛錬本部や国防本部の比率が減少し、文化本部や厚生本部の比率が増加する結果を得ている。また読書傾向や、愛読書、鑑賞する映画の傾向、あるいは修養方法なども、学生の意識調査として有効な資料となりえたはずである。学生意識や行動様式の把握は訓育管理の方法となり、その連動はこの時代における「思想対策」そのものであった。教学局の学生徒生活調査という「学生の国勢調査」は、まさに学生の国家管理を目指した象徴的な調査であり、総力戦体制を支える「思想動員」に向けての基礎調査であった。

今後の課題としては、今回は紙幅の制約もあり、当時の言説や事件と重ねあわせて数値を解釈することが十分にできなかった。数値の意味をより深く理解し解釈するためには、アンケート調査が実施される段階での国際事情や国内事情、あるいは学内事情や社会とのかかわりが考慮されなければならない。さらに、先の抵抗と協力の揺れを作っている重要な要因のひとつが、ミッション・スクールとしての存在であったと仮説的に考えるとするならば、その内実を個別事例に即して明らかにしていくことも重要な課題になるだろう。

この調査を受けた学生たちは、大学入学時点で学徒出陣によって、戦場に赴かなければならないとは、ほとんど想像もしていなかったはずである。決戦下の段階は、学生生活というレベルではない軍隊生活そのものであった。

注

(1) 唐沢富太郎『学生の歴史――学生生活の社会史的考察――』(創文社、一九五五年)二一六頁。
(2) 『東京大学百年史編集委員会『東京大学百年史』通史二、東京大学、一九八五年、四五八頁。
(3) 「序言」東京帝国大学学生課『東京帝国大学学生　生計調査報告(昭和四年十月現在)』一九三〇年三月、一頁。
(4) 「序言」東京帝国大学学生課『昭和四年十月現在　東京帝国大学生計調査報告』一九三〇年三月、一頁。
(5) 文部省学生部『秘　思想調査資料』第十九輯、一九三三年七月、一二八～一四四頁。
(6) 文部省学生部『秘　思想調査資料』第二十輯、一九三三年九月、八一～九一頁。
(7) 文部省思想局『秘　思想調査資料』第二十六輯、一九三五年一月、一一五～一二八頁。
(8) 文部省思想局『秘　思想調査資料』第二十七輯、一九三五年三月、二三～六二頁。
(9) 「学生生徒の生活に関する調査」文部省思想局『秘　思想調査資料』第三十二輯、一九三六年八月、三〇頁。
(10) 同前、三〇～三二頁。
(11) 同前、三三頁。
(12) 同前、三一～三二頁。
(13) この時期に実施された帝国大学、専門学校による生活調査で、筆者が確認できたものとして、北海道帝国大学『学生生徒生活調査報告(昭和十年十一月現在)』(一九三六年六月)九九頁、三重高等農林学校『学生生活に関する調査』(一九三七年六月)六六頁、台北帝国大学学生課『学生生徒生活調査(昭和十三年十一月現在)』(一九三九年四月)五五頁、がある。
(14) 前掲「学生生徒の生活に関する調査」文部省思想局『秘　思想調査資料』第三十二輯、三一～三二頁。
(15) 前掲『東京大学百年史』通史二、四四〇頁。
(16) ヘンリー・スミス(松尾尊兊・森史子訳)『新人会の研究』(東京大学出版会、一九七八年)一七七頁。
(17) 附表第三「左傾学生生徒ノ身上ニ関スル調査」河合栄治郎・蝋山政道『学生思想問題』(岩波書店、一九三二年)所収、六二一～六二三頁。
(18) 「序」東京帝国大学学生課『東京帝国大学学生生活調査報告(昭和九年十一月現在)』一九三五年三月、一頁。
(19) 「統計からみた学生生活」前掲『東京大学百年史』通史二、五〇七頁。
(20) 前掲「学生生徒の生活に関する調査」『秘　思想調査資料』第三十二輯、三一頁。

(21)「東京帝国大学『学生生活調査』」文部省思想局『秘　思想調査資料　第二十八輯』一九三五年七月、六五〜八九頁。
(22)『教育思潮研究』第一二巻第四輯、一九七頁。
(23)同前。
(24)同前、一九八頁。
(25)前掲「学生生徒の生活に関する調査」『秘　思想調査資料』第三十二輯、三三頁。
(26)同前、一二五頁。
(27)「はしがき」教学局『学生生活調査（上）昭和十三年十一月現在』。
(28)『文部省第六十六年報（自昭和十三年四月至昭和十四年三月）』上巻、一六七頁、二四三〜二四五頁。
(29)明治大学の調査は、明治大学報告団政経学会『専門部（一部）学生生活調査報告（昭和十六年七月）』（一九四一年一〇月―奥付無）を資料とした。タイトルの通り、専門部の政経学科学生への調査である。学部生に向けてのあるいは専門部全体の調査ではないが、同じ年度に実施された調査であり、一〇〇〇人以上の回答数を得ており明治大学学生のひとつの傾向を表していると思われることから、比較可能な質問項目の場合に活用することとにした。明治大学では盛んに生活調査が実施されており、この時期先の調査以外に、予科や二部専門部で四つの報告書が出されている。いずれも明治大学史資料センター所蔵。
(30)立教学院百年史編纂委員会編『立教学院百年史』立教学院、一九七四年、三六八頁。
(31)立教学院百二十五年史編纂委員会編『立教学院百二十五年史』資料編第一巻、立教学院、一九九六年、二八三頁（山田昭次執筆）。
(32)『立教大学新聞』第一号、一九四一年一〇月一日付。
(33)『立教大学新聞』第二号、一九四一年一一月一日付。
(34)立教一九四一年調査のコメントには、「なお、朝鮮及び北海道は夫々全体を一単位と看做したので、高位に置かれてゐる」とある。
(35)明治大学百年史編纂委員会『明治大学百年史』第四巻・通史編Ⅱ、一九九四年、二二〇頁。
(36)前掲『明治大学百年史』第四巻・通史編Ⅱ、二二一頁。
(37)明治大学百年史編纂委員会『明治大学百年史』第二巻・史料編Ⅱ、一九九四年、一九三頁。
(38)一九四七年三月に現在の新宿区に統合された。
(39)『立教大学新聞』第五号、一九四二年二月一日付。

第一一章　朝鮮人留学生たちの民族的苦悩と受難

山田　昭次

はじめに

一九四三年三月一〇日付『立教大学新聞』は「生活指導部主催　半島学生との懇談会」という見出しで、立教大学の「生活指導部では三月四日午後三時より在学学部半島学生を学内食堂に招き〔中略〕半島学生二十五名と種々懇談し、課長〔本庄学生課長―引用者注〕より時局下半島学生の使命が今後ますます重要であるとき各自の自覚及び反省を求め激励」したと報じた(1)。

戦時体制下、「内地」にいる朝鮮人留学生の独立と解放の志向に対して日本国家は強く警戒し、その対策に腐心していた。一九四一年二月に朝鮮教育会奨学部を改組して設立された朝鮮奨学会の設立趣意書は、「内地」に留学してきた朝鮮人学生中には「従来動もすれば国体及時局に対する認識を欠如し、却って民族主義又は社会主義等の思想を抱懐」する者があることを指摘し、彼らに「適切なる保護指導を加へ以て忠良有為なる皇国青年学徒たるの資質を練成」することをこの会の使命と宣言した(2)。また後に述べるように、この頃文部大臣官邸で開催された私立大学長会議で朝鮮人、台湾人留学生の取り締りについて種々の方式が指示されていた。

こうした動向のなかで大学側が、朝鮮人留学生に懇談会で「各自の自覚及び反省を求め」たということは、彼らに戦時下「皇国青年学徒」としての自覚と反省を求めたという意味であろう。つまり、立教大学も文部省の方針に沿って朝鮮人留学生の皇民化政策を実施したのである。それから八か月後の一九四三年一〇月二〇日に公布された陸軍省令第四八号「昭和十八年度陸軍特別志願兵臨時採用規則」が、朝鮮人留学生に対して陸軍への志願を強要することになった。

『立教学院設立沿革史』(3)、『立教学院八十五年史』(4)は朝鮮人留学生に言及していない。『立教学院百年史』では、これに収録された立教大学卒業生田辺広の回想が、陸軍への志願を強要された朝鮮人留学生が芝生などで丸くなって何か議論していたと言及しているが、その本文は朝鮮人の学徒「出陣」については言及しなかった(5)。

朝鮮人留学生の受難と苦悩の歴史の一端をはじめて取り上げたのは、『立教学院百二十五年史』資料編第一巻(6)だった。同書には立教大学朝鮮人留学生が検挙された事件に関する史料、前記の朝鮮人留学生との懇談会記事、朝鮮人学徒「出陣」関係聞き書きなどが収録された。これは敗戦後ようやく半世紀を経てのことだった。その原因は、立教学院の戦争責任意識や植民地支配責任の意識が希薄だったことにあろう。本章は、この長期の空白を多少でも埋める試みであるといえる。

一　植民地支配下の朝鮮人留学生数の概観

1　全般的概観

一九二〇年六月に内務省警保局保安課が作成した『朝鮮人概況　第三』によると、この年六月末現在、日本にいる朝鮮人留学生総数は八二八人、この中六八二人(八二・四%)は東京に在住し、概して専門学校以上の学校に在学した。彼らは「一般ニ排日思想ヲ有スルガ、其ノ中要視察人トシテ名簿ニ編入セラレタル者ハ一五一人ニシテ、実ニ要視察人総数二一二人中ノ大部分ヲ占ム」という状態だった(7)。「要視察人」とは危険人物として見なされてブラックリストに登録され、日常的に警官に監視される者を言う。つまり、学生には朝鮮の独立を志向する者が多かった。一九一九年二月八日、東京朝鮮基督教青年会館に朝鮮人留学生約六〇〇人が母国での三・一独立宣言に先立って独立宣言を発表したことは有名である。

朝鮮人留学生には苦学生が多く、卒業できない者も少なくなかった。内務省警保局が一九二五年一二月に刊行した『在京朝鮮留学生概況』には、「在京鮮人苦学生ハ本年十月末四百四十四名ニシテ学生総数ノ三分ノ一ヲ占ム。〔中略〕従来苦学生ニシテ完全ニ卒業シ得タル者甚尠シ」と記されている(8)。一九二九年に刊行された東京府社会課『在京朝鮮人労働者の現状』も、朝鮮人苦学生は「学生の約六割、労働者の四割」を占め、彼らは労働による学業完成は極めて困難である上に、基礎的教育を修めたる者が極めて少数であるので苦学の年限が長期に亘り、「所期の目的を貫徹する者は甚だ少数に過ぎない」という(9)。

そうした苦難をかかえながらもその数は増加し、一九二〇年には約八〇〇人だった朝鮮人留学生は、一九三〇年には二〇〇〇人近くになった(表11-1)。しかし日中戦争開始後の増加が著しく、一九三七年には約三七〇〇人だったが、一九四一年には約七五〇〇人に達した(表11-2)。戦争の進展による労働力不足のために企業が高等教育を受けた朝鮮人を採用するようになったために、高等教育を受けようとする朝鮮人が増加したのであろうか。

朝鮮奨学会『昭和十八年度　就職決定者名簿(七月三一日現在)』によると、朝鮮人留学生で就職が決まった者は総数一三七名、このうち会社就職者は九六名、金融関係就職者は三七名、学校就職者は四名であった。就職した会社には、日本製鉄(三名就職)、三井物産(一名就職)、日

表11-1　日本の大学、専門学校の朝鮮人留学生数

学校の種別	1926年	1930年
大学	214	423
専門学校(大学予科、専門部を含む)	1,499	1,536
合　計	1,713	1,959

出典)阿部洋「『解放』前日本留学の史的展開過程とその特質」(『韓』1976年12月号)、第16表。原典は、朝鮮教育会奨学部『在内地朝鮮学生状況調』各年版。

興證券(三名就職)、鹿島組(二名就職)、西松組(六名就職)、大倉土木(六名)、などの大手会社、とくに大手土建会社が見られる。一九四三年一月一三日付で朝鮮総督府司政局長の新貝肇が諸事業所に朝鮮人留学生の採用を求めた手紙「朝鮮奨学会ノ就職斡旋ニ関スル件」には、「朝鮮人労務者ノ集団的内地移入ハ急激ニ膨張シ」、朝鮮奨学会の「斡旋ニヨリ朝鮮人労務者ヲ多数雇傭セル事業場ニ指導員トシテ就職シタル者ハ極メテ良好ナル成果ヲ収メツ、アルヤノ趣」と記されている。朝鮮人戦時労働動員(強制連行)によって朝鮮人労働者を多く抱えた企業が、朝鮮人留学生を朝鮮人労働者の指導員として採用する動きもあったのであろう。

2　立教大学の朝鮮人留学生

立教大学の校友会名簿によって朝鮮人卒業生数の変遷を示したのが、**表11－3**である。朝鮮人留学生には苦学のために卒業できない者が多かったので、卒業生数で留学生数の増減の趨勢を見るのは正確でないが、学籍簿の全面的閲覧が制約された条件の下では卒業生の人数の増減から留学生数の増減の趨勢を推察するほかない。表11－3によれば、一九二〇年代前半期から朝鮮人が立教大学に在学したことが判明する。そして一九四〇年以降、朝鮮人卒業生が

表11-2　日本の大学、専門学校の朝鮮人留学生数

年度	官公立大学	私立大学	専門学校	合計
1931年	168	1,244	532	1,944
1932年	136	1,274	608	2,018
1933年	147	1,421	571	2,139
1934年	115	1,583	711	2,409
1935年	109	1,992	1,058	3,159
1936年	121	1,880	1,066	3,067
1937年	128	1,610	1,983	3,721
1938年	152	2,296	2,183	4,631
1939年	214	1,382	3,934	5,530
1940年	261	2,044	3,624	5,929
1941年	242	2,931	4,400	7,573
1942年	299	2,489	4,595	7,383

出典)阿部洋「『解放前』日本留学の史的展開過程とその特質」(『韓』1976年12月号)、第22表。原典は、内務省警保局『社会運動の状況』各年版。

表11-3　立教大学朝鮮人卒業生数

卒業年次	卒業生数	卒業年次	卒業生数
1926年	7	1936年	3
1927年	3	1937年	3
1928年	6	1938年	3
1929年	2	1939年	2
1930年	1	1940年	7
1931年	2	1941年3月	14
1932年	2	1941年12月	25
1933年	2	1942年9月	5
1934年	3	1943年9月	22
1935年	5	1944年9月	5

注）立教大学校友会『会員名簿』1966年を基礎として『立教大学学籍簿索引』、「現、在学朝鮮人学生表（1940年11月22日付朝鮮奨学会宛立教大学回報）、「朝鮮学徒名簿」（1946年2月19日付文部省学校教育局長宛立教大学総長事務取扱須藤吉之助回答）を参照して作成た。ただし、1943年9月の数字は、1943年11月24日付文部省専門教育局宛立教大学総長事務取扱三辺金蔵「朝鮮人学生生徒数ニ関スル回報ノ件」によった。

表11-4　立教大学朝鮮人留学生在籍者数

年月	1925年10月末①	1939年9月②	1940年10月1日③	1941年6月④	1943年11月1日⑤
学部	20		77	83	33
選科		？名		38	3
予科	5	？			9
合計	25	120	77	121	45

出典）①内務省警保局『大正十四年十二月　在京朝鮮留学生概況』（朴慶植『在日朝鮮人関係資料集成』第1巻、三一書房、1975年）、314頁。
②朝鮮奨学会「半島人台湾人及外国国籍□□する学生生徒在籍者数調」（文書作成の日付なし）
③1940年11月22日付朝鮮教育会奨学部重田勘次郎宛、立教大学総長遠山郁三「現、在学朝鮮人学生調査ノ件」より作成。
④「遠山日誌」1941年6月3日の条。
⑤1943年11月24日付文部省専門教育局長宛、立教大学総長事務取扱三辺金蔵「朝鮮人学生生徒数ニ関スル回報ノ件」

表11-5　出身地別立教大学朝鮮人留学生数　1940年10月1日現在

出身地	人数	出身地	人数	出身地	人数
咸鏡北道	4	黄海道	3	忠清南道	4
咸鏡南道	2	江原道	2	全羅北道	3
咸興府	1	京畿道	6	全羅南道	5
平安北道	5	京城府	13	慶尚北道	5
平安南道	9	仁川府	1	慶尚南道	5
平壌府	8	忠清北道	1	合　計	77

出典）**表11-4**の③より作成。

増大した。表11－4によると、立教大学朝鮮人在籍学生数は一九二五年一二月には二五名だが、一九三九年九月には一二〇名に達する。立教大学の朝鮮人留学生も戦時期に増大した。

彼らの出身地は表11－5に示されているように、朝鮮の南北の地域に広がっている。強いて言えば、平壌を含む平安南道と京城と仁川を含む京畿道にやや集中している。在日朝鮮人労働者の場合は南朝鮮出身者が圧倒的に多いが、留学生の場合はこれと傾向を異にする。

二　朝鮮人留学生の諸相

1　一九二〇年代の朝鮮人留学生

ここでは戦時期の立教大学の朝鮮人留学生を主な考察の対象とするが、まずその前段階の一九二〇年代の大正デモクラシー期における立教大学朝鮮人留学生の姿を明らかにしたい。

①　金基鎮《キム・ギジン》

金基鎮は一九〇三年に朝鮮忠清北道に生まれ、一九一九年、京城の高等普通学校（日本で言えば旧制中学）の三年次在学中に三・一運動に参加して逮捕されたが、まもなく釈放された。彼は文学の道を選んで一九二一年四月に立教大学英文学科予科に入学した。彼はこの頃、当時日本に広がりつつあった社会主義思想や労働運動に接して、それまでの芸術至上主義的な傾向から転換した。一九二一年秋には、日本の植民地支配の下で貧しい生活を営む朝鮮民衆の生活を描いた、中西伊之助の小説『赭土に芽ぐむもの』を読んで感銘を受けた。またプロレタリア文学の雑誌『種蒔く人』を通じて、世界の労働者・民衆の啓蒙と団結を呼びかけた、フランスのアンリ・バルビュスのクラルテ（光）運動に感銘を受けた。

彼は立教大学在学中に親しく交際した社会運動家の麻生久から、「朝鮮は今ツルゲネーフの『処女地』のような所です。〔中略〕朝鮮に帰って鍬を持って種を蒔きなさい。朝鮮が必要としているのはそれです」と言われた。金は麻生のこの言葉をきっかけとして、一九二三年三月に立教大学を中退し、朝鮮でプロレタリア文学運動に自己を投入するようになった。

以上は、李修京《イ・スギョン》『近代韓国の知識人と国際平和運動――金基鎮、小牧近江、そしてアンリ・バルビュス――』(10)による。金の思想形成と立教大学とは無縁だった。

②　李如星《イ・ヨソン》

一九二五年二月二〇日付『立教大学新聞』に、朝鮮の独立運動の動向を論じた立教大学学生李如星の論説「民族問題の趨向」が掲載された。彼は階級闘争と民族闘争が提携するようになったのが世界的趨勢であり、「朝鮮における社会運動も〔中略〕今日は明らかに民族運動と手を握るようになった」が、この両者の提携の成立は、「民衆自身が従来の体験してきた政治的圧迫、経済的搾取の厭悪から新しく作り上げた一番円満無欠な極めて直線的な運動であるからである」と述べた。朝鮮では一九二七年に民族主義者と社会主義者の民族統一戦線の団体である新幹会が成立した。李は、そのような方向に向かっている朝鮮の運動の動向を紹介したのである。

彼は一九〇一年に慶尚北道に生まれた。普成専門学校を卒業し、一九一八年に中国南京の金陵大学に学んだ。一九一九年に三・一運動を聞いて帰国。その後、独立軍に資金を提供するために土地権利証を売ったことが発覚して、大邱監獄に三年間服役した。一九二三年四月に立教大学予科に入学し、経済学部経済学科二年の一九二六年五月まで在学した。この間、彼は一九二〇年一一月に成立した在日朝鮮人共産主義者の団体北星会や、一九二五年一月にこれを改組した一月会の幹部として活躍した。その後、上海に行ったが、帰国して東亜日報社や朝鮮日報社の調査部に勤務し、一九三一年から一九三五年にかけて金世鎔《キム・セヨン》とともに統計によって日本の朝鮮支配の実態を描いた『数字朝鮮研究』全五輯を著した[11]。李は本書を立教大学図書館に寄贈した。

朝鮮の独立運動の動向を論じた彼の論説が、なぜ『立教大学新聞』に掲載されたのか。当時は陶山俊介(一九二七年商学部商学科卒業)が新聞学会で活躍し、軍事教練導入反対運動も展開していた。陶山は、一九二三年三月に成立した立教社会科学研究会(当初は経済学研究会と呼称)の中心会員となったマルクス主義者だった[12]。おそらく、陶山らが李の思想を支持して、李の論説を『立教大学新聞』に掲載したのであろう。李はこうしたことがあったので、卒業後も立教大学に懐かしさを感じて『数字朝鮮研究』を立教大学に寄贈したのであろう。大正デモクラシーの時期には、朝鮮人留学生と日本人学生の間に思想的に共鳴する条件が多少はあった。戦時期では言論弾圧のために、こうした条件は失われた。

2　戦時期の立教大学朝鮮人留学生

①　朝鮮人留学生に対する治安当局の取締り

戦時期では、朝鮮人留学生は日本にくる途中から治安当局の厳しい取り締まりを受けた。一九四一年四月に立教大学予科に入学した張潤傑《チャン・ユンゴル》は、当時を回顧して次のように言う。

夏休みとか、冬休みで故郷に帰省して日本に戻る時は、いくつかの関所がありました。ソウルから鉄道で大邱駅に来ると、私服警察官が幾人か乗り込みます。そして日本留学の学生に尋問を始めます。その次の関所が釜山で、連絡船に乗る時尋問を受けます。その次は船の中、また船を下りる時尋問を受けます。東京行きの列車の中で下関を出発してまもなく、たまには横浜でも尋問を受けます。[13]

延禧専門学校（現延世大学校）を卒業して、一九三八年四月に立教大学経済学部商学科に編入した玄泰鎬《ヒョン・テホ》は次のように回想する。

日本に来る途中、釜山と下関で刑事は学生の思想を気にして厳重に取り調べるのです。「おいちょっと、どこへ行くんだね」。「東京に行くんです」。「何しに行くんだ」。「学生ですよ。学校に行くのです」。「そうかね。朝鮮人だね」。「今の情勢をどう思うかね」。「何の話しですか」。「何の話しか知らないか」。「神社の前を通ると時、礼拝しないでしょう」。このように刑事はひとりひとり検査するのです。「これは何の書籍だ」。書籍には注意しましたが、時にはマルクスやエンゲルスの書籍を持っていることがあるのです。「お前は共産主義者か」。「共産主義者ではありません。経済学の本ですから、反論するために読んでいるのです」。こうやって尋問するのです。答えるのに骨が折れます。(14)

朝鮮人留学生は、偏見のために下宿を拒否されるのが一般だった。延禧専門学校を経て一九四一年四月に立教大学経済学部経済学科に編入した宋鐘克《ソン・ジョングッ》は、「私は立教のお蔭でそういう目に会いませんでした。立教の学生はおとなしいと見られていたからです」という(15)。しかし、警察は甘くなかった。張は「下宿の主人は、韓国人学生が下宿する場合、警察へ届けて出るのが義務のようでした。下宿を移すと、すぐ警察官がやってきました。またときどき警察官が訪れて、いろいろ質問したり、本をめくって見たりしました。」という(16)。

②　朝鮮人留学生検挙事件

こうした状況下で検挙される立教大学朝鮮人留学生もいた。

「朝鮮留学生研学会」会員検挙事件　一九三七年五月から九月にかけて、「朝鮮留学生研学会」の会員一一名が検挙された。

その一人に、この年の三月に立教大学経済学部経済学科を卒業した李容漢《イ・ヨンハン》がいた。『特高月報』一九三八年一二月分によると、検挙時には立教大学経済学部助手の地位にあった。その他の検挙された会員は、明治、日本、早稲田、中央の諸大学の学生や芸術映画社員だった。

同会は一九三六年六月、在京各学校朝鮮人留学生同窓会の優秀分子の横断的組織として結成された。上記の『特高月報』によれば、同会の目的は、近い将来に日本の中国侵略の結果、第二次世界大戦が起こることを予想して、「広範なる民族的統一勢力を結集し、帝国の他国との戦争勃発を機会に右組織の力を以て後方撹乱其の他の方法により帝国を敗戦に導き、一挙に革命を遂行し朝鮮をして日本帝国の規範より離脱独立せしむ」ということにあったという。

しかし、『特高月報』には、特高刑事が自己の成績を誇示するために被検挙者の行為を針小棒大に書く傾向があるので、研学会の目的が本当にこのようなものだったか、わからない。「朝鮮留学生研学会創立趣意書」は、「不安と混迷中に雑然と流されている」当時の朝鮮の状況に対処する方法は「正しき科学的方法を発見する事」だという。そこで同会は、「集団的に学究を研磨し其の成果を集合し比較的閑散なる朝鮮学会に献上」することを目的とした(17)。こうした点から推察すると、日中戦争開始後、皇民化政策や抑圧が強化されていく朝鮮の状況を科学的に把握し、朝鮮人の生き方を模索しようというものだったように見える。それは日本の植民地政策と正面から対決するものだから、弾圧されたのだろう。

朝鮮農民の啓蒙運動を志した東京の朝鮮人留学生検挙事件

朝鮮農民の啓蒙を通じて朝鮮の独立を図った朝鮮人留学生一一名が、一九四〇年二月から五月にかけて検挙された。その中には、立教大学文学部史学科学生の金洪振《キム・ホンジン》(徳山洪振)と李相昊《イ・サンホ》がいた。

東京農業大学留学生金斗爀《キム・ドヒョク》、金泰薫《キム・テフン》、金雲夏《キム・ウンハ》は、朝鮮農民の啓蒙運動を通じて民族解放を達成しようとして、一九三七年九月から一〇月にかけて結社を組織し、検挙当時には同志は二一名に達した。結社の名称は、治安当局の監視を避けてつけなかった。金斗爀は、すでに一九三五年九月に平安南道大同郡古平面松山里の松山高等農事学院を設立し、一九三八年四月に東京農業大学を卒業すると、学院を拠点に活動を開始した。一九三八年五月頃、金雲夏と金洪振は朝鮮文化を民衆に知らせるために民芸館設立を準備し、また一九三九年九月一〇日から三日間、平壌市内の和信デパートで「趣味蒐集展」を開いて、朝鮮古代の遺物を展示し、同化政策に抵抗した(18)。

「竹馬楔」事件　一九四一年六月から八月にかけて朝鮮独立を目的とした朝鮮人留学生の結社竹馬楔関係者一四名が検挙された。この中には、立教大学文学部英文科二年生の具喆会《ク・チョルヘ》（綾城喆会）がいた。竹馬楔は一九四〇年二月頃、日本大学を卒業して帰国することになった安秉翊《アン・ピョンイク》（安田秉翊）が、明治大学の学生金思宓《キム・サボク》に朝鮮の独立のために朝鮮古来の相互扶助組織の楔の方式の結社を作って同志の団結を図りたいといったので、金はこれに共鳴して日本と朝鮮で独立運動をする目的でこの会を組織した。検挙当時には、楔員は一四名に達した(19)。

朝鮮独立を目的としたグループ検挙事件　一九四一年一〇月一四日、立教大学予科学生元容鶴《ウォン・ヨンハク》（元村容鶴）、中央大学第一予科二年生裵宗潤《ペ・ジョンユン》（武田英雄）、姜相湖《カン・サンホ》（神農相湖）が治安維持法違反容疑で検挙され、一九四二年七月二五日に送検された。裵宗潤の主唱によりしばしば会合し、創氏改名や朝鮮語廃止問題を論議し、朝鮮の独立を目標に意識の高揚、同志の獲得に奔走していたという(20)。

検挙諸事件のまとめ　戦時下、朝鮮人留学生が、日中戦争以後に強化された皇民化政策によって民族文化が抹殺されることを憂慮し、民族の独立を希求したのは当然で、多くの学生がひそかに議論したことだろう。張潤傑も一九四二年冬、同級生の韓春燮《ハン・チュンソプ》、李誠根《イ・ソングン》と議論し、「戦争は日本が負ける。そして韓国が独立し、また自由民主主義と共産主義の軋轢が起こる」と意見の一致を見たという(21)。朝鮮人留学生がこうした議論をして、たまたま見つかって検挙されたのが、上記の諸事件であろう。

③　文部省の朝鮮人留学生統制方針

一九三七年三月から一九四三年二月まで立教大学学長だった遠山郁三の日誌に記されている文部省の朝鮮人留学生に対する方針をここに紹介しよう。

一九四〇年一一月一四日、文部大臣官邸で開催された私立大学学長会議では、文部省朝比奈企画部長が「赤関係に半島人の関係する者多し。〔中略〕就職困難も一原因なれば之を考へて遣る事必要なるべし」と述べた[22]。

一九四一年六月二六日、文部大臣官邸で私立大学学長会議が開催された。朝鮮・台湾など「外地」学生の統制の緊急性を認め、内務、拓務、厚生、司法の各省および警視庁の課長級以上の者を委員とし、民間からは朝鮮奨学会、中央協和会が参加し、文部省専門局長を委員長とする指導対策委員会を組織したことが報告された。この委員会は、「外地」中等学校卒業者の専門学校以上の学校への進学希望者の処理の標準を、「(1)外地の者は成るべく外地で教育するを本則とす。(2)日本国民として資質優良なるもの丶みを選み、内地に進学せしむ」と定めたという。また「朝鮮学生は成るべく分散して内鮮学生の融和を図る方よく、集団せしめると思想上の結果面白からず」という報告もなされた[23]。官僚たちは日本人に同化した朝鮮人留学生のみに「内地」留学を認め、その上なおかつ朝鮮人留学生を分散させて、民族意識を希薄化させようとしていたのである。

一九四二年三月三日付で文部省教学局長官から次のような指令があった。

外地人特に一部の朝鮮人に不穏なる計画の企図ありたるを以て学生生徒の思想指導に十分なる注意を払ふこと、特に関係団体、交友、並に読書の種類範囲に注意し、親心を以て充分の理解を与へ、日常生活と勉学に不安なからしめ、集会の開催は学校当局の承認、教職員の監督下に行ひ、速かに状況報告をなすこと、朝鮮学生生徒の団体結成は爾今抑止し、既設のものは教職員に指導させ、30／Ⅲ〔三月三〇日―引用者注〕に調査報告し、朝鮮奨学会、〔財団法人〕中央協和会と連絡し、治安に関係ある事項は検察当局と密接連絡し、不測な事態に遺憾なきを期すること。[24]

この指令は、文部省、朝鮮奨学会、在日朝鮮人統制団体である中央協和会、検察当局、大学が一体となって、朝鮮人留学生の監視を徹底しようというものだった。

④　戦時期植民地支配の下で民族的・人間的良心を貫いた詩人尹東柱《ユン・ドンジュ》と立教大学

尹東柱は、戦時期の厳しい植民地支配下で民族的良心を貫いた詩人として、あるいは朝鮮民族の痛みを通じて人間の普遍的解放を志向した詩人として、その死後の戦後に高く評価された青年である。

彼は一九四二年四月二日、立教大学に選科学生(今日の聴講生)として入学し、夏休みまでの三か月間ほどの短い期間、文学部英文学科に在学した。

「RIKKYO UNIVERSITY」と印刷された便箋に、彼は次のように朝鮮語で詩を書いた。

たやすく書かれた詩　一九四二・六・三

窓辺に夜の雨がささやき／六畳部屋は他人《ひと》の国
詩人とは悲しい天命と知りつつも／一行の詩を書きとめて見るか、
汗の匂いと愛の香りふくよかに漂う／送られてきた学費封筒を受けとり
大学ノートを小脇に／老教授の講義を聴きにゆく。
かえりみれば　幼友達を／ひとり、ふたり、とみな失い
わたしはなにを願い／ただひとり思いしずむのか？
人生は生きがたいものなのに／詩がこう　たやすく書けるのは／恥ずかしいことだ。
六畳部屋は他人《ひと》の国／窓辺に夜の雨がささやいているが、

灯火《あかり》をつけて　暗闇を少し追いやり、／時代のように　訪れる朝を待つ最後のわたし、わたしはわたしに小さな手をさしのべ／涙と慰めで握る最初の握手[25]この詩で尹は、日中戦争開始後に強化された皇民化政策を拒み、日本を「他人の国」と記した。朝鮮の言論人たちも厳しい弾圧のために屈するか、または筆を絶つ状況の中で尹東柱は日本を「他人の国」と記したのは、彼のなみなみならぬ決意を示す。

彼は一九一七年一二月三〇日、中国東北部（「満州」）間島省和龍県明東村に尹永錫《ユン・ヨンソク》、金龍《キム・ヨン》夫妻の長男として生まれた。この村には一九〇九年頃から教会が建立され、民族独立の精神とキリスト教信仰を併せ持つ人々が暮らしていた。一九二五年に彼は明東小学校に入学した。一九三一年晩秋に尹の家は明東から一二キロほど北にある小都市の龍井に移った。尹東柱は、翌年に龍井のキリスト教系の恩真中学に入学した。

一九三五年九月、尹は平壌のキリスト教系の崇実中学に転校した。ところが、この学校の校長アメリカ人ジョージ・マッキューンが平安南道知事の神社参拝命令を拒否したので、一九三六年一月、校長の職の認可を取消された。尹はこれに抵抗して他の生徒と共に同盟退学をし、龍井の光明学園中学部四学年に編入した。

一九三八年二月に尹は光明中学を卒業して、四月にソウルの延禧専門学校文科に入学した。この学校はアメリカ人宣教師が経営するキリスト教学校だったので比較的自由があり、朝鮮語で朝鮮文学の講義が行われた。しかし一九四一年二月、皇民化教育を徹底しようとする朝鮮総督府はアンダーウッド二世を校長から辞任させて、親日派の尹致昊《ユン・チホ》を後任に任命した[26]。

尹東柱は、一九四一年一二月にこの学校を卒業した。尹は、卒業間際に自己の詩集を刊行しようとした。その冒頭におく予定だった「序詩」と題する詩は、次のようなものだった。

息絶える日まで天《そら》を仰ぎ／一点の恥の無きことを、／木の葉にそよぐ風にも／私は心痛めた。／星を詠う心で／全ての死に行くもの愛さねば／そして私に与えられた道を／歩み行かねばならない。／今夜も星が風に擦られている。

一九四一・一一・二〇[27]

尹はこの詩で「風」、すなわち戦時体制の下でひどく凶暴化した植民地支配の暴圧に心を痛めたことを語った。「全ての死にゆくもの」とは、その暴圧よって民族文化を剥奪されて民族としての死を強いられている朝鮮人を指すのであろう。そうした状況下で苦しむ朝鮮民族を愛する道を歩み、天すなわち神の前に「一点の恥の無きこと」を誓ったのである。この詩集の刊行は結局は金銭の不足で挫折したらしい[28]。

以上のような歩みの後に、尹は立教大学文学部英文学科の選科に入学した。このとき文部省の命令で文学部の補欠募集が禁じられ[29]、尹は選科を選ばざるをえなかった。

尹は立教大学に来て、改めて支配する民族と支配される民族の成員の間にある越えがたい精神的な距離をまざまざと感じ、日本を「他人の国」と記したのかもしれない。

一九四二年に立教大学予科に入学し、尹東柱とも接した朴泰鎮《パク・テジン》は、朝鮮人留学生と日本人学生との当時の関係を語って、立教大学の学生はたいてい朝鮮人留学生より経済的に豊かなために、日本人学生の生活の型が決まっていたので、「韓国人学生にはどうしても越えられないものがあって、韓国人学生同志で固まってしまう傾向がありました」という[30]。この頃、日本大学に学んだ李殷直《イ・ウンジク》は、成績がよければ、日本人の友人とある程度仲良くやれたが、「私たちにとっていちばん大切な民族の問題は話せないし、たとえ話せても通じませんからね」という[31]。これは、尹が立教大学で置かれた精神的状況と共通するだろう。

立教大学時代の尹東柱を丹念に調べている楊原泰子の調査によれば、尹東柱は英文学科学生よりも宗教学科の学生との触れ合いが多かったようで、大学に隣接した聖公会神学院の授業を聴講したり、神学院教授宅でのお茶の会に出たりしていた。また受講していた東洋哲学史の講義が終わった後、宗教学科の学生の石川俊夫は「私は朝鮮からきましたが、この学校で勉強したいので、良い先生を紹介していただけませんか」と尹に尋ねられ、「それなら高松司祭か、ポール・ラッシュ先生が良いでしょうか」と答え、尹を大学構内の高松孝治宅に案内して紹介したという。楊原の聞き書きによれば、高松は「朝鮮半島から来ている学生など弱い立場に置かれている学生たちを気遣い、親身に世話していた」という(32)。しかし高松は尹の心の底にある「いちばん大切な民族の問題」を理解できたであろうか。

高松は、一九二九年から立教大学の主任チャプレン兼教授だった。藤崎健一の回想によると、一九三七年七月に日中戦争が起こった時、高松は教室で「とうとう怖ろしい日が来ました」「今日から暗黒時代がはじまります。怖ろしいことです」と語ったという(33)。

しかし、当時高松が書いた言説は、なぜかこの回想で伝えられた高松の姿とはまったく異なる。高松は日中戦争の最中の一九三八年に刊行されたその小著書『福音』(立教大学聖アンデレ同胞会)で、イエスは「神の国の建設に尽くすものは必らず犠牲を捧ぐべきことを教えてをる。即ち十字架を負へと命じてをる」と説いた上で、戦場に向う一青年が「今こそ犠牲となって奉仕し得る絶好の機会と思ってをります。私が死ぬる事により東洋の平和と民族の飛躍が約束されるならば喜んで死にます」(傍点原文)と高松に書いて送ってきた手紙を評して、「天下の仕合せ者となりよろこんで死ぬることが出来るやうに青年を教えてくれるイエスの教訓は天下の福音である」と述べた(一六〜一七頁)。つまり高松は日中戦争を東洋平和のための聖戦と考え、この戦争で死ぬことを神国建設のための犠牲と見なしたのである。また高松は、太平洋戦争が開始されて間もない一九四二年二月二〇日付『立教大学新聞』に寄稿した論説「新世界観に生きよ」でも、「我が日本が斯くも大きくなつてきた時に昔のまゝの世界観は既に用をなさなくなり、茲に我らは新しい世界観に生きなければならない」と力説する。彼にとっては「今日の我が陸海軍の驚天動地の大戦果」が日本が大きくなったことの証なのである。そのような状況にふさわしい「新しい世界観」とは、「日本が神の国であるといふだけでなく、全世界を神の国にすることが日本国民に与へられた特権であることを自覚し、我らがその神の国の建設のために凡てを献げるならば神は必ずそれを完成せしめ給ふと云ふことを確信することである」という。この「新しい時代」では、「神国建設のために自己の名誉も財産も、生命までも悉く献げる覚悟が最も必要なのである」と、神国の建設と拡大の名の下に「大東亜戦争」のための献身を力説した。つまり高松は中国を侵略した日中戦争も米英を排除して東アジアに対する覇権を握ろうとして起した太平洋戦争も聖戦と見なし、この戦争を遂行する天皇制国家のために犠牲になることを神国建設のための犠牲と見なしたのである。

高松が、政治的・経済的抑圧を加えるのみならず、皇民化教育ないしは同化教育によって朝鮮人の文化的・精神的自立性までもことごとく奪い尽くそうとする日本の植民地支配の下での朝鮮人たちの苦悶の一端でも知っていたならば、「東洋平和」とか、「大東亜共栄圏の建設」という侵略戦争を正当化するスローガンの虚偽はすぐに見抜けただろう。しかし、高松は見抜けなかった。高松は個人的には善意の人だったであろう。しかし高松もまた当時の一般の日本人と同じく、自分が支配民族の一員であるために被支配民族が見えにくいことを自覚できなかったとしか思えない。そうだとすれば、戦時期の日本人よりもはるかに厳しく抑圧された状況の下でも、朝鮮民族としての良心を貫いた朝鮮語の詩を書きつづけた尹東柱の心の奥を見抜くことはできなかったであろう。

政治に対する文学の自立性を固守して「非常時」に迎合しなかった文学部英文学科教授の富田彬の自宅には来訪する朝鮮人留学生がいた(34)。しかし、富田を朝鮮人留学生たちとともに撮影した写真には、尹東柱の姿は見られない。尹は、富田の存在を知らなかったのかもしれない。尹は不幸にして立教大学でいくらかでも心を開いて対話できる日本人と出会うことはなかったのであろう。

尹はまもなく立教大学を去って、一九四二年一〇月一日に同志社大学文学部文化学科英語英文学専攻に選科生として入学した。森田ハルの証言によると、同志社大学の主任教官上野直蔵の家でお茶の会があった際に話が民族問題になって尹と上野の間に感情的な応酬が起こり、一瞬座が白けたことがあったという。また森田善夫の証言によると、学徒「出陣」をする学生を送る会の席上で、尹が「諸君には死を賭して守る祖国がある。私には守るべき祖国がない」と発言し、一瞬座が白けたという[35]。日本人の学徒「出陣」の時期には、尹はとっくに警察に逮捕されていたので、森田善夫の証言には尹の発言の時期については記憶ちがいがある。しかしこの証言を森田ハルの証言と合わせて見れば、民族的な想いが日本人に通じない尹の苛立ちが何らかきっかけに一瞬爆発したことは疑いえない。

一九四三年七月一〇日（一説に一四日）、尹東柱の従兄弟で京都帝国大学史学科選科の学生宋夢奎《ソン・モンギュ》が独立運動の嫌疑で逮捕され、一四日に尹東柱と第三高校学生高熙旭《コ・フィウク》が同じ嫌疑で逮捕された。高は一九四四年一月一九日に起訴猶予となって釈放されたが、尹と宋は一九四四年二月二二日に起訴された。裁判の結果、三月三一日尹は独立を図ったという理由で治安維持法第五条を適用されて懲役二年の判決を受けた。四月一三日、宋も同じ判決を受けた。尹は政治運動をするタイプではなく、彼の思想が裁かれたのであろう。二人は福岡刑務所に送られ、一九四五年二月一六日に尹は獄死、三月七日に宋も獄死した。尹の死因には人体実験の疑いがある[36]。

⑤ 立教大学からの朝鮮人学徒「出陣」

一九四三年一〇月二日に公布された勅令第七五五号「在学徴集臨時延期特例」によって、大学の学部・予科、高等学校、専門学校の文科系学生の徴兵猶予が停止され、この年の一二月に学生たちは陸海軍に入隊した。これがいわゆる学徒「出陣」である。

続いて朝鮮人学徒「出陣」の措置として、この年の一〇月二〇日に陸軍省令第四八号「昭和十八年度陸軍特別志願兵臨時採用規則」が公布、施行され、大学の学部・予科、高等学校、専門学校に在学する文科系朝鮮人、台湾人学生で徴兵年齢を過ぎた者を陸軍に志願させることになった。また、一一月一二日に公布・施行された陸軍省令第五三号で、陸軍省令第四八号が改正され、同年九月の繰り上げ卒業者も「募集」対象に加えられた。

朝鮮人に対する兵力動員は、一九三八年二月二二日に公布、四月三日より施行された「陸軍特別志願兵令」に始まった。一九四三年七月二七日に「海軍特別志願兵令」が公布、八月一日より施行された。一九四二年五月八日、閣議は朝鮮人に対して徴兵制を施行する準備を始めることを決定し、一九四四年度から徴兵が実施された。それに先立って朝鮮人学徒「出陣」が行われた。

一〇月二五日に志願の受付を始めたが、志願者は少なかった。その結果、志願の強制が始まった。ここでは立教大学の朝鮮人留学生に限定して志願の強制の実態を紹介する。

文学部哲学科学生 黄成麟《ホァン・ソンリン》は一九四三年七月に黄海道鳳山郡西鍾面に帰郷し、開城で結婚式を挙げたところ、陸軍省令第四八号が公布され、巡査が毎日志願の説得に来た。故郷の弟からも警察から志願せよといってきたという手紙が来た。そこで開城で志願した[37]。

立教大学予科を経て早稲田大学文学部フランス文学科に在学した呉鉉堣《オ・ヒョヌ》は、陸軍省令第四八号が公布されると、故郷に帰ろうとして乗船した関釜連絡船内で警察官によって一室に集められて志願を説得され、釜山の警察署で願書を提出させられた[38]。

張潤傑は、一九四三年九月に立教大学予科を繰り上げ卒業して京畿道素砂邑（現富川市）に戻っていたところ、陸軍省令第四八号が公布された。志願に反対する伯父の勧告に従って火田民となって山に隠れるために、従兄弟と一緒に江原道春川から四八キロ離れた鉱山に行って伯父の知人の呉を探した。しかし呉は見当たらず、帰ってきてソウルの城北洞の叔母の家に隠れた。しかし、喘息をわずらう兄が素砂の警察署にひっぱられたので、やむなく期限の少し前に志願の手続きを取った。[39]

元容鶴は一時身を隠したが、やはり兄が警察署に引張られたので、やむなく志願した。彼は中国戦線に派遣されたが、アカのレッテルを貼られ、万年二等兵で下士官に殴られてばかりいたという。[40]

文学部英文科に在学した朴泰鎮《パク・テジン》は、陸軍省令第四八号が公布されると、「きたるべきものがきた。勉強もこれっ

表11-6　立教大学出身朝鮮人学徒兵名簿

	本　名	創　氏　名	所　属	出　典
1	白仁俊	白山仁俊	文学部哲学科	①
2	崔元鐘	崔原元鐘	文学部史学科	①
3	朴泰鎮	朴山玄二	文学部英文科	①③④⑥
4	李照熙	三江哲夫	経済学部商学科	①⑥
5	李元載★	徳永憲彦	経済学部経済学科	①⑥
6	朱仁徳	安川徳三郎	経済学部経済学科	①②③⑥
7	金徳郷	金谷徳郷	経済学部経済学科	①②⑥
8	晋五錘	永井王鐘	経済学部経済学科	①②⑥
9	劉泳寿		経済学部経済学科	①②⑥
10	元容鶴	元村容鶴	経済学部経済学科	①②⑥
11	金延熙	金村延熙	経済学部経済学科	①②⑥
12		三宅裕吉	経済学部経済学科	①②⑥
13	朱榴鎮		経済学部経済学科	①②⑥
14	張潤傑	張仁潤傑	経済学部経済学科	①②③④⑥
15	韓春燮		経済学部経済学科	①②③⑥
16	李秉烈	星山秉烈	経済学部経済学科	①②
17	朴永禄	高城永禄	経済学部経済学科	①②
18	張敬熙	高原毅夫	商科予科	②
19	黄成麟		文学部哲学科	③④
20	曹瀅善			③
21	裵　炯			②③
22	梁胤錫	梁川良一	経済学部経済学科	③
23	李羲載			③
24	金文植	月谷文植	経済学部商学科	③④⑥
25	李熙載		文学部哲学科	⑤
26	全永権	春山永明	文学部哲学科	⑤⑥
27	尹徳吉	平沼徳五郎	経済額部経済学科	⑥

注）★1944年9月3日中国山東省沂水県李家営付近で戦死（厚生省社会・援護局業務第一課調査室で確認）。

出典）①経済学部・文学部学部教務課『昭和十八年起　入営学生簿』。②「朝鮮学徒名簿」（1946年2月19日付文部省学校教育局長宛立教大学総長事務取扱須藤吉之助回答）を参照して作成。③「1・20学徒兵名録」（1・20学兵史記刊行委員会編『1・20学兵史記』第4巻）1・20同志会中央本部、1998年。④本人証言。⑤黄成麟・朴泰鎮証言。⑥学籍簿

きりだ」と悲観して、仕方なく平壌近くの父の名義の果樹園に行って過ごした。すると、父から志願しろという手紙がきたので、志願した[41]。父は官吏だったので、率先して息子を志願させざるをえなかったのであろう。

一一月二〇日に願書は締め切られた。立教大学から「志願」した学生は**表11-6**に示すように二七名、他方非志願者は後に論証するように一一名だった。全体では**表11-7**に示されているように、入隊者は総適格者の七〇%、四三八五名だった。彼らは一九四四年一月二〇日、一斉に入隊した。

「志願」させられた経済学部経済学科の朝鮮人留学生韓春燮《ハン・チュンソッ》は、平壌師団に所属する朝鮮人学徒兵たちの抗日ゲリラ闘争計画に参加した。この計画は軍隊内部の民族差別に対する不満に発し、平壌師団から脱走して満州・朝鮮の国境地帯や赴戦高原などの山岳地帯を根拠地として抗日ゲリラ闘争を展開して全民族的蜂起を準備し、予想されるソ連の対日戦に合流しようという計画に発展した。しかし計画は探知され、計画参加者は逮捕された。この計画に参加した朝鮮人学徒兵二四名に対する軍法会議の判決言渡しが一九四五年六月一〇日に行われ、指導者朴性和《パク・ソンホァ》は懲役一三年、韓春燮は懲役四年の言渡しを受けた。事件に関係した民間人は二名(一説に一名)は、平壌地裁に移されて刑罰を言渡された[42]。

立教大学振励会『昭和十六年六月現在　予科在学生名簿』によると、韓は当時予科一年生、平壌二中卒業、帰省先は朝鮮鎮南浦府元町一九四である。彼の名は立教大学の書類でも、軍法会議の判決書でも朝鮮名で記されている。彼は同化政

表11-7　朝鮮人学徒陸軍入隊者数

区　分	(a) 適格者数	(b) 入隊者数	(b) / (a)
在朝鮮	1,000	959	95%強
日本から帰省中	1,529	1,431	93%強
日本残留	★1,400	719	過半数
9月繰上卒業生	1,574	941	60%強
在職中	★700	335	47%強
合　計	6,203	4,385	★70%強

注)★は原資料には数値記載がなく、山田が原史料記載の他の数値から算出した数値である。9月繰上卒業生の入隊者数比率は計算すると、59.8%になるが、原史料の数値のままとした。
出典)朝鮮総督府司計課「第八五回帝国議会説明資料」(『朝鮮総督府帝国議会説明資料』第9巻、不二出版、1994年)253頁。

策に抵抗して日本式の名を拒否し抜いたのだろう。張潤傑の証言によると、韓は学生の時から社会主義者だった。

「志願」しなかった朝鮮人留学生にも地獄が待っていた。願書締切り日の翌日の一九四三年一一月二一日に朝鮮総督府学務局長大野謙一は、「適格学徒及び本秋卒業者中未就職者にして志願なさゞりし者に対しては戦時生産力増強上必要なる方面へ徴用のうへ皇国臣民として厳格なる再練成を加へる」という談話を発表した[43]。事実、朝鮮では朝鮮にいた非志願者学生はもちろん、日本から帰国させられた非志願者学生も訓練所で皇民化のしごきを受けた後、諸事業所で強制労働をさせられた[44]。

文部省専門教育局長は、一九四三年一二月三日付文書で志願しなかった朝鮮人・台湾人留学生に対する二つの措置を立教大学に指示した。措置の第一は、非志願者の休学措置だった。この文書は「志願セザリシ者ニ対シ本人ヲシテ自発的ニ休学又ハ退学スル様慫慂スルコト。」、「自発的ニ休学又ハ退学ヲ願出デザル者無之ヤウ御措置相成度モ、若シ万一有之場合ハ学校当局ニ於テ学則ノ如何ニ拘ラズ積極的ニ休学ヲ命ズルコト」であった。第二は、文部省宛の非志願者の名簿の提出だった。立教大学は、一二月一七日付回報で志願しなかった朝鮮人留学生一三名（ただしこの中には実際には「志願」した張潤傑と金徳郷《キム・ドキャン》の姓名を誤って記載したので、実際は一一名である）と台湾人留学生二名を報告した。

『特高月報』一九四四年一月分によると、朝鮮奨学会は日本にいる非志願学生二八三名に帰国の勧告をした結果、九八名が帰国することになった。日本残留者一三三名中三七名は、一月二四日から東京都興亜練成所で厳格な皇民化訓練を受けさせられた。その他の日本残留非志願者に対しても、この訓練を受けさせる予定だという。

朝鮮奨学会は、非志願者学生六二名の事業所での勤務状況を調査した報告書『昭和十九年四月二十日現在　陸軍特別志願兵非志願者学生勤務状況調査』を作成した。この中には立教大学出身者も一名含まれている。彼らは、危険人物として監視の対象になったのである。

むすびにかえて

朴泰鎮はその詩集『河川敷に横たわって』(45)に収めた詩「私は韓国人」の一節に、日本から受けた民族的痛みを次のように記した。

私は韓国人であることを骨身にしみて学んだ
中学の時、日本軍教官の厳しい鞭打ちで
大学の時、日本軍によって中国へ強制で引っ張られて行き
八・一五で上海から帰ってくる避難船で

彼にも戦時下の日本の植民地支配下で受けた痛みは、「骨身にしみて」忘れがたい記憶として残っているのである。元朝鮮人留学生の骨身にしみた痛みは、戦後になってもながく立教学院の歴史書にくみとられることはなかった。「神と国とのために」という標語を建学の精神として力説した立教学院の日本人が、朝鮮人の痛みを理解できなかったのはなぜか。そこでいう国とは何だったのか。それは朝鮮が「大日本帝国」の一部であることを当然と見なすものであったために、日本によって国家を奪われ、文化までも奪われ尽そうとしていた朝鮮人の痛みを感じ取れない性質のものではなかったのか。戦後、この帝国意識の問い返しは立教学院では欠如していたのではないか。戦後半世紀にわたって、立教学院の歴史書に朝鮮人留学生の姿が登場しなかった原因は、ここにあろう。

注

(1) 立教学院百二十五年史編纂委員会編『立教学院百二十五年史』資料編第一巻（立教学院、一九九六年）四五三頁。
(2) 阿部洋「解放前韓国における日本留学」『韓』第五巻第一二号、一九七六年、六一～六二頁。
(3) 立教学院八十年史編纂委員会編刊『立教学院設立沿革史』一九五四年。
(4) 立教学院八十五年史編纂委員編『立教学院八十五年史』（立教学院事務局、一九六〇年）。
(5) 海老沢有道編『立教学院百年史』（立教学院、一九七四年）三七五頁。
(6) 前掲『立教学院百二十五年史』資料編第一巻。
(7) 朴慶植《パク・キョンシク》編『在日朝鮮人関係資料集成』第一巻（三一書房、一九七五年）八五頁。
(8) 同前、三三五頁。
(9) 朴慶植編『在日朝鮮人関係資料集成』第二巻（三一書房、一九七五年）九五〇頁。
(10) 李修京《イ・スギョン》『近代韓国の知識人と国際平和運動――金基鎮、小牧近江、そしてアンリ・バルビュス―』（明石書店、二〇〇三年）。
(11) 金美子《キム・ミジャ》「李如星論――『朝鮮服飾考』を中心にして――」李如星著（金井塚良一訳）『朝鮮服飾考』（三一書房、一九九八年）所収、二六六～二六八頁。朴慶植『在日朝鮮人運動史――八・一五解放以前』（三一書房、一九七九年）一〇九頁。および立教大学学籍簿。
(12) 本書第三章の山田昭次「学院首脳陣と構成員のアジア・太平洋戦争に対する認識と対応」（一一七頁）。
(13) 「朝鮮人の学徒出陣――張潤傑からの聞書――」前掲『立教学院百二十五年史』資料編第一巻、四六二～四六三頁。
(14) 本人からの山田昭次聴取聞書。
(15) 本人からの山田昭次聴取聞書。
(16) 前掲「朝鮮人の学徒出陣―張潤傑からの聞書―」四六三頁。
(17) 内務省警保局保安課『特高月報』一九三八年一二月分、一二二～一二七頁。
(18) 内務省警保局保安課『特高月報』一九四〇年一二月分、八二～八八頁。
(19) 内務省警保局保安課『特高月報』一九四二年四月分、一〇九～一一五頁。
(20) 内務省警保局保安課『特高月報』一九四二年九月分、七六頁。
(21) 前掲「朝鮮人の学徒出陣――張潤傑からの聞書――」四六三頁。

(22)「遠山日誌」一九四〇年一一月一四日の条。
(23)「遠山日誌」一九四一年六月二六日の条。
(24)「遠山日誌」一九四二年三月一二日の条。
(25)伊吹郷訳『空と風と星の詩　尹東柱全詩集』(記録社発行、影書房発売、一九八四年)五一〜五三頁。
(26)以上の尹東柱の生い立ちについては、主として宋友恵《ソン・ウヘ》著(伊吹郷訳)『尹東柱――青春の詩人――』(筑摩書房、一九九一年)によった。
(27)上野潤編訳『尹東柱詩集　天と風と星の詩』(詩画工房、一九九八年)八頁。
(28)前掲・宋著(伊吹訳)『尹東柱』一〇九頁。
(29)『立教大学新聞』一九四二年三月一日付。
(30)本人からの山田昭次聴取聞書。
(31)金賛汀《キム・チャンジョン》『抵抗詩人尹東柱の死』(朝日新聞社、一九八四年)五七頁。
(32)楊原泰子「『他人（ひと）の国』の尹東柱――東京での足跡を追う――」下、『西日本新聞』二〇〇三年九月五日付。同「緑の芝草が萌え出るように――よみがえる詩人尹東柱――」『福音と世界』二〇〇五年二月号、三一頁。
(33)藤崎健一「再刊『立教文学』の再刊によせて」『立教文学』再刊第一号、一九四八年、一頁。
(34)前掲・山田「学院首脳陣と構成員のアジア・太平洋戦争に対する認識と対応」一三三頁。
(35)尹東柱詩碑建立委員会編『星うたう詩人　尹東柱の詩と研究』(三五館、一九九七年)六七〜六九頁。
(36)この点に関しては前掲・金『抵抗詩人尹東柱の死』一九二〜二一八頁参照。
(37)本人からの山田昭次聴取聞書。
(38)本人からの山田昭次聴取聞書。
(39)前掲「朝鮮人の学徒出陣――張潤傑からの聞書――」四六三頁。
(40)張潤傑氏からの山田昭次聴取聞書。
(41)朴泰鎮氏からの山田昭次聴取聞書。
(42)この平壌朝鮮人学徒兵の事件についての主要な文献は、次のようである。
姜徳相《カン・ドクサン》『朝鮮人学徒出陣――もう一つのわだつみのこえ――』(岩波書店、一九九七年)。

朴性和「平壌部隊　学兵事件」、趙永植《チョウ・ヨンシク》「学徒兵義挙事件」、一・二〇学兵史記刊行委員会編集部『一・二〇学兵史記』第二巻（一・二〇同志会中央本部、一九八八年）所収。

朴性和「日軍平壌師団の学兵義挙」一・二〇同志会　鄭琪永編著『虐げられた青春――日本軍に徴集された・韓国人学徒兵手記――』（青丘文化社、一九九一年）所収。

(43) 表永洙《ピョウ・ヨンス》「資料紹介　平壌学兵義挙事件判決文」韓日民族問題学会『韓日民族問題研究』創刊号、二〇〇一年。

(44) 『京城日報』一九四三年一一月二二日付。

(45) 前掲・姜『朝鮮人学徒出陣』三一五～三二六頁。

朴泰鎮『河川敷に横たわって――朴泰鎮　詩撰集――』慶遠出版社、一九九四年、ソウル。本文中の詩は山田が邦訳した。

第一二章　立教学院関係者の出征と戦没——戦時下の学内変動に関する一考察——

永井　均・豊田　雅幸

はじめに

満州事変勃発からアジア太平洋戦争、そして一九四五年八月の敗戦にいたる長く続いた戦争は、日本の内外の人々を否応なく巻き込んだ総力戦であった。生徒・学生を含む学校関係者もまた、この激流に押し流されていった。立教とて例外たりえず、立教大学はもとより、立教中学校、そして一九四四年四月に発足したばかりの立教理科専門学校（翌年四月から「立教工業理科専門学校」と改称）の在校生、卒業生、教職員、さらには、これら三校の経営母体である財団法人立教学院の職員までが軍隊に入営して戦地へと赴き、あるいは軍需工場に動員されていったのである。本章は、残された様々な文書をひもときながら、戦時下における立教学院関係者（校友、在校生、教職員）の出征と戦没にまつわる諸問題について検討を加えるものである。

出征と戦没という、戦時下における学内の大変動を考える際の基本的な問題について、立教学院で公式かつ総合的な実態調査が行われた形跡はない。これまでの立教の沿革史でも断片的叙述が散見されるにとどまり、本格的な学術的研究もないのが実情である。とはいえ、このことは、実態を把握しようとする試みがまったくなかったことを意味するものではない。例えば、戦没者について、立教学院八十五年史編纂委員編『立教学院八十五年史』（学校法人立教学院事務局、一九六〇年）は主として同窓会が調査した戦没者情報を合算し（一五二名分）、その氏名も掲載した。また、いわゆる「学徒出陣組」の校友を中心に結成された「立教大学戦没者調査有志の会」が、遺族からの情報提供や厚生省（当時）と靖国神社への調査依頼などを通じて編纂した「立教学院関係戦没者名簿」（三七二名分）も貴重である。「有志の会」の調査は、一九三一年以後、一九五六年までを対象時期に設定して実施され、その結果、編まれた「戦没者名簿」が立教学院百二十五年史編纂委員会編『立教学院百二十五年史』資料編第三巻（学校法人立教学院、一九九九年）に掲載されたのだが[1]、調査後に新たな戦没者が判明するなど、精緻化の余地はなおも残されているように見える。

このような研究状況を踏まえて、本章では、当時の一次資料をできるだけ発掘、分析しながら、以下いくつかの視点から「出征と戦没」の問題にアプローチしたい。第一節では、出征と戦没を統計的な観点から扱う。まず、学院当局による関係者の出征状況の把握度を学内刊行物の記事に探り、次いで「学籍簿」を統計的に解析する作業を通して、一九四三年秋に始まる、いわゆる「学徒出陣」を中心とする在学生の出征状況を示し、さらには戦没者についても現時点での暫定数を提示してみたい。

続く第二節では、戦没との関連で戦没者慰霊祭について取り上げる。立教学院では一九三九年以降、立教大学、立教中学校の出身者や教職員で戦没した人々の追悼を公式行事として実施していた。同節では、従来ほとんど語られることのなかった戦時下における戦没者慰霊祭に光を当て、その実施内容の概要を整理する[2]。その上で、当初、立教学院諸聖徒礼拝堂（以下、チャペル）で営まれていた慰霊祭が、一九四三年になって突然、神道式に変更される背景を考察し、その意味を探究する。かかる分析を通して、神道式慰霊祭の実施が、単に追悼方式の変更という戦時下の一挿話にとどまるものではなく、実は、立教全体を揺るがすほどの激しい学内変動と共振するものだったことが理解されるであろう。

一　立教学院における出征と戦没

1　出征の始まり

一九三一年から四五年までという一五年の長きにわたる戦争において、どれほどの本学院関係者が戦地へと赴いたのであろうか。大学と中学校（そして一九四四年から理科専門学校が加わる）を擁する立教学院は、毎年三百、四百名の卒業生を輩出しており、その全体像を把握するのは非常に難しい問題である。そのため、現在に至るもその正確なところは不明である。

しかしながら、当時の学内刊行物などには、校友・在学生・教職員といった本学院関係者の出征に関する情報が、断片的ではあるが、様々な形で報じられている。以下、具体的に見ていこう。

確認される最も早い情報は、満州事変以前のものである。一九三〇年二月の『立教大学新聞』には、「昨年卒業の幹部候補　去る一日入営」と題し、入営した二九年度の卒業生一六名の氏名と部隊名が列記されている[3]。卒業生に関する同様の記事は満州事変以後にも散見されるが、累積で一覧化された情報などは、現在のところ確認されていない。

一方、在学生や教職員については、ごく僅かであるが、出征に関わる記事が存在している。まず、在学生については、予科一年在学時に出征した目黒信多嘉に関する記事が数度にわたって取り上げられている。「友を慰さむ慰問品に一年生の純情」と題した一九三二年三月一六日付の『立教大学新聞』の記事は、以下のように報じている[4]。

本学々生中のたゞ一人の出征兵士目黒信多嘉君を動乱の上海に送つた予科一年E組では、去る六日矢野大尉を始め多数教職員と共にクラス全員品川駅頭にこれを見送つたが、その後クラス会を開いて、十字砲火の戦線下で夜、昼となく御国のために華々しく奮戦するだろう、同君のために金を集め近く慰問品を送るはづで、これも出征にさく

多くの軍国美談と共に学園に赤くさいた友の純情である

同紙はさらに、この学生が、出征のため第三学期の試験を受けることができなかったので、教授会が無試験で及第とする決定を下したことなども報じている[5]。

これらの『立教大学新聞』の記事からは、満州事変が起きてから半年の間、在学生の出征は同年二月から五月まで続く上海での戦闘に参加したと思われる、この一名のみということになる。そして、その報じられている内容からは、在学生の出征は、まだ「非日常」の出来事であったことが窺える。

同様のことは教職員にもいえる。この時期に出征したことが確認されるのは、フランス語を担当していた山田九朗教授のみである。「戦争！此の躍進　山田教授涙の出征　愛児に別れの接吻を残して満洲へ」と題した『立教大学新聞』の記事は、以下のように報じている[6]（句読点を適宜補った。以下、同様）。

全世界の耳目を集め寒風吹きまくる満洲荒野において、血と涙と幾多の犠牲を払つて、転戦又激戦を続けてゐた日支間の紛糾も、こゝに幾分の落ちつきを示すに至り。この事件突発に際し都下各大学から多数の出征者をだしたが、本学からもフランス語の山田教授が予備歩兵少尉で出征した。同教授は最近愛児をもうけ、本学においてはフランス語を担当し幸福な生活を送つて来たが、去月二十四日の朝召集令に接するや、大あわてゞ軍服、軍帽、双眼鏡等を買いれ、正午より教授一同は山田教授のために送別会を開き、心から同教授の祝福を祈つた。尚先輩から新井、内田の二氏、本学生からは神学院の橋本君、予科一年E組の目黒信多嘉君が召集された。

以上のように、戦火が開かれたばかりの満州事変の初期段階においては、戦域や人的動員が比較的限定されていたことであり、本学院関係者の出征は、まだほんの数例であったと思われる。しかしながら、一九三七年七月七日の盧溝橋事件に端を発した日中戦争は、それまでとは比較にならないほどの人的動員を必要とする全面戦争へと展開していき、本学院においても多くの関係者が出征していくことになる。

まず、開戦から間もない同年九月二九日の『立教学院学報』には、早くも「応召されたる諸氏」と題し、開戦から二か月足らずの間に、四名の教職員(うち一名は配属将校)と二名の在学生が出征していることを報じている[7]。

一方、卒業生のなかからも出征する者が相次いでいたようである。学院当局も、そのような状況下において、卒業生を含めた関係者の出征情報を把握するべく、以下のような呼びかけを校友に向けて行っている[8]。

今次の事変に際し、本学院関係の応召者を全部統一して知りたいのですが、何分各方面にわたる多くの校友ですので分り兼ね、取敢へず大学の学友会各部に問合せて判明せる方の氏名を発表致します。なほ知友にて御分りの方は大学、中学の庶務課へ御知らせ願へれば幸都合です。

そして、この呼びかけとともに出身学友会ごとに、計四六名の出征校友の氏名を速報した。その後、校友会事務所においても校友の出征状況が調査され、同年一一月二九日発行の『立教学院学報』には、これまで判明した者も含め、大学教職員四名・校友九二名、中学教員一名・校友二名が日中戦争開始以降の出征者として報じられた[9]。

このような校友の出征状況の調査は、その後も進められ、開戦から約二年後の一九三九年六月頃の段階では、実に三一九名にもおよぶ学院校友の出征が確認されている[10]。

2　出征者の増大――修業年限短縮・「学徒出陣」――

満州事変、日中戦争と続く戦乱のなか、出征した学院関係者は、校友、すなわち卒業生がその主体であった。これは、兵役法においては、中等学校以上の在学者に対し二四歳まで徴兵を延期できる規定があり、この時期までは、多くの在学生がその特典を利用していたことによる。しかし、日中戦争の長期化とそれに伴う対米英蘭開戦の現実化は、より一層の兵力増強を必要とし、これまで出征が延期されていた在学者をもその対象としていくこととなる。

こうした流れは、日中戦争開始後から段階的に行われていったが、一九四一年一〇月一六日の兵役法の改正と「大学学部等ノ在学年限又ハ修業年限ノ臨時短縮ニ関スル件」によって、一つの大きな画期を迎える。これは、大学および予科等の在学・修業年限をそれぞれ六か月以内短縮し、同時に在学徴集延期期間を短縮するものであった[11]。これにより、一九四一年度の学部卒業生は一二月に臨時徴兵検査を受け、合格者は翌一九四二年二月に入営することとなったのである。

立教大学も、慶應大学や日本大学等とともに、一二月一一日から一八日にかけて徴兵検査を受け[12]、一二月二六日に卒業式を挙行し、二学部合わせて二七三名の卒業生を送り出した[13]。例年より三か月早く学窓を離れ社会への第一歩を踏み出したわけだが、そのわずか先には、入営という現実が待ち受けていたのである。

翌一九四二年度の卒業は、さらに三か月早い九月となり[14]、徴兵検査を四月に受け、一〇月には入営となった[15]。このように、本来ならば学園生活を送っていたはずの学生が、〝卒業生〟となり、戦地に向かわねばならない状況となっていった。恐らく立教大学のこれら卒業生の多くもまた、同様の運命をたどったものと思われる。

一九四二年六月のミッドウェー海戦の敗北以降、戦局は大きく転換し、さらなる労働力・兵力の確保が重要な課題となった。一九四三年に入ると、徴兵の対象範囲も拡大され、朝鮮や台湾といった植民地にも兵役法が適用されるという事態にいたる。そして、同年九月二二日の閣議決定「現情勢下ニ於ケル国政運営要綱」により、在学中の学生をも戦地に送り込むことが方向づけられ、一〇月一日の「在学徴集延期臨時特例」において、「当分ノ内在学ノ事由ニ因ル徴集ノ延期ハ之ヲ行ハズ」として、兵役法における在学徴集延期は停止された[16]。これにより、理工科系学校や教員養成機関などの一部の学生生徒は入営延期の特例が認められたものの、文科系の学生生徒は、徴兵検査で不合格とならない限り陸海軍に入営することとなったのである。いわゆる「学徒出陣」の始まりである。

文科系の文学部と経済学部からなる立教大学の在学生も、当然この「学徒出陣」の対象とされ、一九四三年一〇月二五日から一一月一〇日にかけて徴兵検査を受け、合格となった学生の入営期日は、一二月一日とされた。これら「学徒出陣」の学生のために、一〇月二一日、文部省等の主催による出陣学徒壮行会が雨中の明治神宮外苑競技場で挙行され、さらに翌月の一一月一三日には、立教においても午後一時から大学主催の出陣学徒壮行会が執り行われたのであった[17]。

このように、卒業期の繰り上げ、徴集延期制の停止といった段階的な措置により、出征の主体はもはや卒業生にとどまるものではなく、在学生をも対象としたものとなった。

それでは、立教大学における「学徒出陣」の実態は、はたしてどのようなものであったのだろうか。この点については、以前、「学徒出陣」が始まった一九四三年一二月を機に大学教務課によって作成された「入営学生簿」を中心としながら、一九四二年四月から一九四五年四月入学までの計五学年分について調査を行い、一〇一一名の該当者を確認した[18]。しかし、同資料には、「学徒出陣」時に仮卒業となっていた一九四二年四月入学者のデータが欠落しており、また敗戦間際の出征者に関する情報が反映されていない可能性もあり、暫定的な数値でしかなかった。

そこで、大学における学生情報の基本資料である「学籍簿」から、「学徒出陣」後の五学年に加え、修業年限の短縮が開始された一九三九年四月から四一年四月入学者までを対象として、在学中の出征情報を集積し直し、その上で他の資料との照合作業を行った（表12－1参照）[19]。

その結果、在学中の出征者総数は一二四七名を数え、全入学者の五二・四％を占めていることがわかった。そのう

表12-1　在学中の出征者（1939年4月～1945年4月入学者）

	入学年月	総数A	1943.11以前出征B	B／A	1943.12在籍C	1943.12徴集D	D／C	1944.01以後出征E	E／A	徴集合計F	F／A	戦死G	G／F
文学部	1939年4月	33	2	6.1%	0	0	0.0%	0	0.0%	2	6.1%	0	0.0%
	1940年4月	16	1	6.3%	0	0	0.0%	0	0.0%	1	6.3%	0	0.0%
	1941年4月	25	3	12.0%	2	0	0.0%	0	0.0%	3	12.0%	1	33.3%
	1942年4月	22	1	4.5%	17	10	58.8%	2	9.1%	13	59.1%	2	15.4%
	1942年10月	17	4	23.5%	9	3	33.3%	1	5.9%	8	47.1%	0	0.0%
	1943年10月	20	1	5.0%	18	10	55.6%	2	10.0%	13	65.0%	1	7.7%
	1944年10月	－	－	－	－	－	－	－	－	－	－	－	
	1945年4月	－	－	－	－	－	－	－	－	－	－	－	
	学部計	133	12	－	46	23	50.0%	5	－	40	30.1%	4	10.0%
経済学部	1939年4月	279	1	0.4%	0	0	0.0%	0	0.0%	1	0.4%	1	100.0%
	1940年4月	296	5	1.7%	1	0	0.0%	0	0.0%	5	1.7%	0	0.0%
	1941年4月	329	10	3.0%	11	0	0.0%	0	0.0%	10	3.0%	0	0.0%
	1942年4月	299	38	12.7%	256	193	75.4%	24	8.0%	255	85.3%	27	10.6%
	1942年10月	324	17	5.2%	305	250	82.0%	14	4.3%	281	86.7%	29	10.3%
	1943年10月	272	9	3.3%	262	192	73.3%	47	17.3%	248	91.2%	23	9.3%
	1944年10月	232	－	－	－	－	－	215	92.7%	215	92.7%	9	4.2%
	1945年4月	217	－	－	－	－	－	192	88.5%	192	88.5%	8	4.2%
	学部計	2248	80	－	835	635	76.0%	492	－	1207	53.7%	97	8.0%
合計	1939年4月	312	3	1.0%	0	0	0.0%	0	0.0%	3	1.0%	1	33.3%
	1940年4月	312	6	1.9%	1	0	0.0%	0	0.0%	6	1.9%	0	0.0%
	1941年4月	354	13	3.7%	13	0	0.0%	0	0.0%	13	3.7%	1	7.7%
	1942年4月	321	39	12.1%	273	203	74.4%	26	8.1%	268	83.5%	29	10.8%
	1942年10月	341	21	6.2%	314	253	80.6%	15	4.4%	289	84.8%	29	10.0%
	1943年10月	292	10	3.4%	280	202	72.1%	49	16.8%	261	89.4%	24	9.2%
	1944年10月	232	－	－	－	－	－	215	92.7%	215	92.7%	9	4.2%
	1945年4月	217	－	－	－	－	－	192	88.5%	192	88.5%	8	4.2%
	総計	2381	92	－	881	658	74.7%	497	－	1247	52.4%	101	8.1%

注1)　総数(A)は「学籍簿」に収められた学生数である。そのため、他の資料などに見られる入学者数とは若干異なる場合がある。

2)　文学部の各数値は、「選科生」を含む。

3) 文学部は、1944年度以降、学生募集停止に伴う事実上の「閉鎖」状態であったが、資料によっては、44年10月に入営中のまま9名が入学したことを示唆するものもある。しかし、「学籍簿」には44年10月および45年4月入学者は全く存在していないため、本表には反映させなかった。

4) 経済学部の1944年10月および45年4月入学者の中には、予科在学中に43年12月の「学徒出陣」で徴集され、入営団中に学部へ進学した学生(44年95名、45年6名)が存在するが、学部進学前の徴集であることや統計的な観点から、便宜的に44年1月以降徴集者(E)に含めてある。したがって、学部3学年に予科学生を加えると、43年12月徴集(D)の総数は、759名となる。

出典)本表は、各年度の「学籍簿」(教務部所蔵)のデータを基本として作成し、下記資料との照合を行い、欠落情報等を補ったものである。

①「昭和十八年起 入営学生簿 経済学部文学部 学部教務課 重要書類」(立教学院史資料センター所蔵)

②各年度の「学生調査票」(学生部所蔵)

③立教大学戦没者調査有志の会「立教学院関係戦没者名簿」(『立教学院百二十五年史 資料編第3巻』)

なお、作表にあたっては、西山伸「京都大学における『学徒出陣』—文学部の場合—」『京都大学大学文書館だより』第8号(2005年4月28)を参考にした。

ち、一九三九年四月から四一年四月までの入学者については、それぞれ一割に満たないごく少数の出征であったのが、一九四二年四月入学以降は、それぞれ八〇～九〇％台という非常に高い割合を示している。表中には記載していないが、一九四二年四月入学以降に限定してみると、出征者総数一二二五名で、入学者の実に八七・三％を占めている。また、一九四三年一二月の一斉入隊に限定してみると、八八一名中六五八名が徴集されており、在学生の七四・七％が一気に学園から姿を消したことになる。

こうして在学中に出征した学生のうち、戦没者は一〇一名で、出征者の八・一％を占めている。これまで、立教学院関係戦没者の数については、「立教大学戦没者調査有志の会」によって三七二名が確認されており、その後判明した数を合わせると三八三名となる。また、今回の「学籍簿」の調査によって新たに一一名が判明したため、現段階での総数は三九四名となる。このうち大学（予科を含む）の戦没者に限定すると三七六名となり、その約二七％が在学中の出征者であったことになる。しかしながら、「学籍簿」には、卒業年度が記載されていない学生や、「出陣休学者ニシテ消息ナク保証人居所不明ニヨリ除籍」とされた学生も多数存在する。こうした学校側が把握できていないケースのなかにも、戦没者が含まれている可能性は高い。

最後に、朝鮮人および台湾人学生の出征について触れておきたい。先にも述べたように、戦時下、植民地朝鮮および台湾までもが兵力動員の対象とされたが、日本人学生同様、繰り上げ卒業となった卒業生や、文科系の専門学校、大学の在学生にもその手が及んだ。表向きは「特別志願」ということであったが、その実態は、「志願」の強制であり、様々な手段によって「志願」が強要された[20]。

そして最終的には、一九四三年一二月三日付で文部省専門教育局長から大学に対して「朝鮮人、台湾人特別志願兵制度ニヨリ志願セザリシ学生生徒ノ取扱ニ関スル件」が発せられた。このなかでは、「志願セザリシ者ニ対シ、本人ヲシテ自発的ニ休学又ハ退学スル様慫慂スルコト」が指示され、また「若シ万一有之場合ハ、学校当局ニ於テ学則ノ

表12-2 朝鮮人・台湾人学生「特別志願」者一覧

①朝鮮人学生

	本名	創氏名	学籍簿	入営学生簿	朝鮮学徒名簿
1	白仁俊	白山仁俊	△	○	×
2	崔元鐘	崔原元鐘	△	○	▲
3	朴泰鎭	朴山玄二	○	○	▲
4	李照熙	三江哲夫	○	○	▲
5	李元載	徳永憲彦	○	○	▲
6	朱仁徳	安川徳三郎	○	○	○
7	金徳郷	金谷徳郷	○	○	○
8	晋五錘	永井王鐘	○	○	○
9	劉泳寿		○	○	○
10	元容鶴	元村容鶴	○	○	○
11	金延熙	金村延熙	○	○	○
12		三宅裕吉	○	○	○
13	朱籀鎮		○	○	○
14	張潤傑	張仁潤傑	○	○	○
15	韓春燮		○	○	○
16	李秉烈	星山秉烈	△	△	○
17	朴永禄	高城永禄	△	△	○
18	張敬熙	高原毅夫	×＊1	×＊1	○＊1
19	金文植	月谷文植	○	×＊2	▲
20	尹徳吉	平沼徳五郎	○	×＊2	▲
21	梁胤錫	梁川良一	○	×＊2	▲
22	全永権	春山永明	○	×＊2	▲

②台湾人学生

	本名	創氏名	学籍簿	入営学生簿
1	李如初		○	○
2	林金水		○	×＊2

凡例)「△」は、氏名および出征情報は確認されるが、「特別志願」に関する記述がないもの
「▲」は、氏名が記載されているが、出征および「特別志願」に関する記述がないもの
「×」は、氏名が確認できないもの

注)＊1 予科の在籍者。学部には進学していないため、学部の「学籍簿」・「入営学生簿」に該当者が存在しない。
＊2 「入営学生簿」では、「学徒出陣」時の最高学年(1942年4月入学)の出征者のうち、1943年11月30日付で仮卒業となった者は記載されていない。同様に、朝鮮人・台湾人学生の場合は1944年1月30日付で仮卒業となっていることから、記載されなかったものと思われる。

出典)本表は、以下の資料に基づいて作成した。
①各年度の「学籍簿」(教務部所蔵)
②「昭和十八年起 入営学生簿 経済学部文学部 学部教務課 重要書類」(立教学院史資料センター所蔵)
③立教大学「朝鮮学徒名簿」『立教大学庶務課文書』(立教学院史資料センター所蔵)
④山田昭次編「戦前期・戦中期 立教大学在学韓国人学生関係史料集」(2002年12月1日)

如何ニ拘ラズ積極的ニ休学ヲ命ズルコト」ともされており、「志願」を強要する側面が見てとれる[21]。この通牒の末尾には、「志願セザリシ者ニ関シ」報告するよう義務づけていたが、立教大学は、この通牒に従って、「志願」しない学生を同年一二月一七日付で文部省に回報した[22]。そこには朝鮮人一三名、台湾人二名の情報が記されていた。

このように、朝鮮人、台湾人学生も戦場へと駆り立てられる状況に置かれていたわけだが、立教大学からも、多数の学生が「志願」した。その数については、各資料で情報が錯綜しており正確なところは不明であるが、総合すると朝鮮人一八名、台湾人一名の「志願」がこれまで確認されていた[23]。こうした情報に「学籍簿」の情報を加えると、**表12-2**のようになり、朝鮮人二二名（うち一名は予科）、台湾人二名が「志願」したものと思われる。

二　追悼方式の変更の裏側

1　チャペルでの慰霊祭

次に、立教学院が戦時中に行った戦没者追悼の営みに考察を加えてみよう。立教学院は一九三九年より学院関係戦没者の慰霊祭を開始した。立教の沿革史において、戦時下の慰霊祭を初めて取り上げた『立教学院八十五年史』によれば、日米開戦までに三回ほど営まれたが（一九三九年六月、四〇年六月、四一年六月）、「其後は太平洋戦争となって戦死者も続出、其等の報告も満足に揃わず、又学内も混雑の中にあったので、慰霊祭は遂に行われなかった」とされる[24]。しかし、諸種の一次資料を仔細に検討していくと、かかる見方の修正が可能となり、その実像が次第に浮かび上がってくる。立教学院は慰霊祭をいつ、どのような形で実施したのだろうか。また、学校当局は関係者の死をどう意味づけ、校友・教職員・在学生らの死をもたらした戦争をどう見ていただろうか。以下では、学校当局による追悼の営みに焦点を当てながら、これら諸問題への接近を試みたい。

一九三七年七月、北平（現・北京）に近い盧溝橋で起きた日中両軍の軍事衝突――当初「北支事変」、後に「支那事変」と呼称された――は、時間の推移に従って中国全土へとその戦域を拡大していった。「挙国一致」という社会的雰囲気が醸成されるなか、立教学院の校友・教職員も応召し、中国戦線へと向かった。翌一九三八年三月に発行された『立教学院学報』では、出征中の大学関係者に慰問袋などを送る目的で、教職員が「当分俸給の二百分の一」を割くことや、一九三七年九月に「名誉の戦死」をした一校友の「無言の凱旋」を出迎えるべく、立教大学の遠山郁三学長らが東京駅に向かい、葬儀に参列した記事が、軍事教練の実績とともに掲載されるなど、当時の様子が報じられている。[25]

前節で見たように、学院当局は応召した関係者を把握すべく努め、第一回目の慰霊祭までに一九三七～三九年の二年分、三一九名の出征を確認した。[26]そして、このわずか二年の間に、九名の校友・教職員（大学卒業生四名、大学教練講師一名、中学校卒業生三名、中学校元配属将校一名）が帰らぬ人となっていた。

第一回目の慰霊祭（立教大学・立教中学校・立教学院校友会の共催）は一九三九年六月一一日、日曜日の午前一〇時からチャペルで挙行された。慰霊祭がなぜ一九三九年から始まったのか、その理由は今もって明らかでない。残されている資料からは、この年の慰霊祭さえも、あわただしく準備されたことが窺える。[27]慰霊祭当日の礼拝は大学チャプレンである高松孝治・予科教授の司式で行われ、式の順序は次のようであった。[28]

一、聖歌　第百四十一番　一、主祷　一、詩篇　第九十五篇　一、特選詩篇第九十一篇
一、聖書朗読（ヨハネ伝第十四章第一節ヨリ第十三節マデ）　一、詩第百篇　一、使徒信経　一、祈祷
一、国歌二唱　一、名誉の戦死者紀念牌除幕　一、聖歌　第三百九十一番　一、慰霊祈祷　一、アンテム合唱
一、説教　高松孝治　一、聖歌　第二百五十五番　一、祈祷　一、祝祷　一、聖歌　第二百五十八番

参列者は立教学院総長(29)――立教大学と立教中学校に関する一切を統括・管理し、大学学長と中学校長の任免権を有する教学運営の長――チャールズ・ライフスナイダー（Charles S. Reifsnider）をはじめ二七〇名を数えた。式典で除幕された「紀念牌」（以下、タブレット）には、「名誉之戦死者」の文字のもとに「人その友のために己の生命を棄つる之より大なる愛はなし」との聖句（ヨハネによる福音書一五章一三節）が刻まれ、併せて戦没者九名一人ひとりの名前が記されていた(30)。このタブレットに刻まれた聖句の選定経緯と趣旨を具体的に解き明かす資料は見つかっていない。しかしながら、この聖句の文面からは、校友・教職員の死を「名誉の戦死」と位置づけ、その自己犠牲の精神に敬意を払って、これをたたえるという顕彰の側面を看取することができる。このような首脳部の考えを示す関連資料として、慰霊祭開催の案内状を紹介しよう。

陳者支那事変のため出征せられたる立教学院校友会員は現在迄に其数三百十九名に有之候。其中左記九名の校友は各地に転戦し、名誉の戦死を遂げられ、今や幽明処を異にし痛惜の情、転た禁じ得ず、感慨に不堪候。就ては尽忠報国の偉功を敬慕し奉り、来る六月十一日午前十時、立教学院チャペルに於て記念礼拝を執行可致。尚、式後、別室に於て祖国の為に柱石となられたる諸氏の英霊を前にし、御遺族を中心として同学の往時を追懐しつゝ慰霊の一端と致し度存候……(31)

この案内状からは、記念礼拝の目的が「名誉の戦死」を遂げ、「祖国の為に柱石」となった九名を記憶に留め、彼らの「尽忠報国の偉功を敬慕」して、「慰霊の一端」とする点に置かれていたことがわかる。つまり、慰霊祭は母校が故人を想起・追悼するとともに、国家のために自己犠牲を払った彼らを「英霊」として顕彰し、併せて遺族を慰めるという「場」であった。そして、この案内状の文面を、慰霊祭欠席を伝えるシャーレイ・ニコルス（Shirley H. Nichols）立教学院理事の書簡にある「国家の為に最大の犠牲を払はれし同氏等の偉勲を偲び、彼等は必ずや全能の神の御前に在って永遠の光明と平安の中に浴しおらるゝ事を確信致すものにて御座候」[32]との一節と併せ読む時、立教の日米首脳――当時の理事会の陣容はアメリカ人理事四名、日本人理事三名――が日本国家の戦争政策に理解を示し、批判的な立場にはなかったこともわかる。日中戦争期、立教首脳が戦争にどう向き合っていたかを象徴的に示す資料として、ライフスナイダー学院総長が一九四〇年の年頭に発表した「新年の辞」も参照しておこう。これは第一回慰霊祭から、わずか半年後に発表されたものだが、そこには次のような一節がある。

国民的緊張の当今の重大時局にあつては、凡ての忠良なる市民又「神と祖国の為」といふ立教の理想に忠なる我が学院の全学生・全校友は、必ずや犠牲の精神をもつて新年を迎へるに相違ないと我儕は信ずる。犠牲の精神といふ此のうちに含む意味は極めて高貴なものだ。此は社会の弱者の利福鴻益のために我が多くを「与へん」とし、その為に多くを「負はん」とする決意を意味する。同胞を高め、同胞を力づけるために我が一身上の便益慰安を割譲することを意味する。殊に、大君と国とに一切をささげ、我が生命を惜まずに国家的聖戦の目的貫徹のため第一線に出て奮闘活躍してをる我が同胞のために以上の決意を断行することを意味する。[33]

立教の最高責任者の言葉から指摘できることは、第一に、「大君と国とに一切をささげ」る犠牲的精神を至上価値と見なしていることであり、第二に、「支那事変」が日本にとっての「国家的聖戦」と位置づけられていること、そして第三に、かかる「聖戦」観が国策協力の前提になっていることである。換言すれば、立教において「神と祖国の為」という標語は、少なくとも日中戦争の時期、反戦や非戦の文脈ではなく、戦争協力の合理化を図るロジックとして用いられていたといえよう。ここには、戦争が学校によって支えられた側面が浮き彫りとなっている。

第一回慰霊祭の終了後、大学本館の二四番教室に場所を移し、九名の遺影を前に、遺族を囲んで在りし日の故人を偲んだ。翌年以降も慰霊祭は六月にチャペルで実施するのを慣例とするようになり、招待された遺家族たちは母校の手厚いもてなしに感銘を受けた。例えば、ある遺族は、遠山学長に宛てて次のような礼状を送っている。「長年蛍雪の労を積みたる母校の庭に懐しき諸先生並に先輩各位に心なる御祈祷を受けたる英霊各位の御満足も定めし深甚ありし事と拝察し感激に堪へず候」[34]。慰霊祭の式次第は、若干の変更こそあれ、少なくとも一九四二年までは第一回のものに準じた。

さて、一九四二年六月付の『立教大学新聞』が「勇魂六柱を迎へ／大東亜戦初の慰霊祭／本学礼拝堂にて挙行」と大きく報じたように[35]、一九四一年一二月の日米開戦からおよそ半年後にもまた、慰霊祭はチャペルでキリスト教式によって実施された。一九四二年六月六日の午後一時から実施された慰霊祭には、もはやライフスナイダー前学院総長らアメリカ人宣教師の姿はなかった。日米関係の悪化に伴い、一九四一年夏頃までには、ポール・ラッシュ（Paul F. Rusch）教授を除く立教の米英人関係者は日本を離れており、そのラッシュ教授も開戦直後、「敵国人」として警視庁に身柄を抑留されていたからである。立教学院理事会の陣容はライフスナイダーとノーマン・ビンステッド（Norman S. Binsted）が理事を辞任した一九四一年八月以後、理事全員が日本人で構成されるという、立教史上、未曾有の事態となっていた[36]。一九四二年の慰霊祭で除幕されたタブレットには、六名の校友の故人名が新たに書き加えられ、刻み込まれし立教関係戦没者の数は三〇名に達した。彼らの戦没地は、従来のような日本国内や中国大陸ばかりでなく、フィリピンなど東南アジアの地域にまで広がっていた[37]。

2　神道式による慰霊祭

一九四三年にも、池袋の立教キャンパス内で戦没者（八名）を追悼する機会がもたれた。けれども、それは従来のようなチャペルで行うキリスト教式ではなく、神道儀礼によるものであった。六月二六日のことである。財団法人立教学院と立教学院校友会が連名で発送した案内状には次のように記されている。

> 陳者大東亜戦争勃発以来、陸に海に空に醜の御楯として出立ちたる多数校友中、昨年六月慰霊祭執行後、左記七名〔ママ〕の方々は東亜新秩序建設の礎石として戦死を遂げられ、千載に芳名を伝へられ候事、御本人は申すまでもなく御家門御一統の御名誉とは存じ候得共、今や幽明処を異にし我等御生前を知れる者には転た痛惜の情を禁じ得ざる次第に御座候。就而之等方々の尽忠報国の偉業を敬慕し且つ慰霊の一端を表し度、神式により来六月廿六日午後二時、立教大学に於て慰霊祭執行可仕候……[38]

「東亜新秩序建設の礎石」として「名誉」の戦死を遂げた校友に対して、その「尽忠報国の偉業を敬慕し且つ慰霊の一端を表」するために、神式で慰霊祭を実施するというのである。日本の戦争の正当性を是認した上で、故人を追悼し、顕彰するという「聖戦」観や慰霊祭の趣旨それ自体は、従前のキリスト教式の時とさほど変わりがなかった点をまず確認しておきたい。

慰霊祭当日は、予科校庭（現在の大学四号館の南側）で、大日本神祇会の吉田長光東京府副支部長の主斎により執り行われた[39]。遺族をはじめ、大学の教職員、配属将校、在学生、立教中学校の生徒代表、来賓らの列席のもと、午後二時から始められた。当時の学内新聞は、「英魂懐しの学園に還る」との見出しで、式の進行を次のように伝えている。

> ……修祓、招魂の儀、献饌、祝詞奏上の後、文部大臣代理、松崎〔半三郎〕学院理事長の祭文奏上につゞいて玉串奉典が行はれ、文部大臣代理、松崎理事長、校友会長須之内〔品吉〕慰霊祭委員長玉串を奉典、つゞく奏楽の裡に

各遺族、来賓中柴少将、配属将校飯島〔信之〕大佐、三辺〔金蔵〕学長、帆足《〔ママ〕》〔秀三郎〕中学校長、教職員代表本荘〔桂輔〕教授、学生生徒代表玉串を奉典、撤饌、送魂の儀の後、須之内委員長の挨拶、遺族代表田中一雄氏の挨拶を以て慰霊祭を滞りなく終了……(40)。

新聞記事からは、神道式で営まれた当日の雰囲気が窺えるばかりでなく、式典中に恒例行事のタブレット除幕が実施されなかったこともわかる(41)。神道式の慰霊祭が実施された当時を知る縣《あがた》康《やすし》教授は、後年、次のように述懐している。

学長が交代して間もない頃だったろうか、今の理学部の建物の南にある空地に、榊を立て、祭壇を作り、日枝神社の神官を聘して戦没者の慰霊祭を行ったこともあった。教授の中に皇道主義を唱える者があり、それに共鳴する学生もいた。配属将校がそれをバックしていたのであるから、学校当局が抑えようとしても如何ともしようがなかった(42)。

このように縣教授は、「皇道主義」を唱道する声が当時学内で強まっており、その重圧が神道式慰霊祭の背景にあったと観察している。立教での神道式慰霊祭について、クリスチャンで社会運動家の賀川豊彦は、一九四三年六月に神戸で講演した際、「立教大学においてキリスト教の礼拝堂を閉鎖し、皇道による慰霊祭を行ったことを聞いたが、それではあまりにもキリスト教を信ずる信念がなさすぎるではないか」との厳しい非難の言葉を述べたとされる(43)。ただし、当時にあって、立教の教職員や学生たちが学外で神道式の行事に加わること、それ自体は決して異例なことではなかった。靖国神社の例祭・臨時大祭の日は休校とし、神社参拝もしばしば行ってきたし、神道式慰霊祭の直前、一九四三年四月二三日には「新祭神一九、九八七柱の英霊を合祀する春の靖国神社臨時大祭」への参拝を済ませたばかりであった[44]。しかし、ことキャンパス内における学校主催の公的行事については、キリスト教式で執り行うのが通例であり、神道式で行う例は管見の限り見当たらない。なぜ一九四三年の慰霊祭は例年通りチャペルで行うことにしなかったのだろうか。その理由を探るには、チャペルをめぐる当時の学内状況を検討する必要がある。

前述のように、対米開戦後の一九四二年六月にも例年通りチャペルで慰霊祭が営まれたが、チャペルはその四ヵ月後の一〇月一〇日、「本学の教育方針を更に明確にすべきに鑑み、教育と宗教との問題にあり、暫定的に一時これを閉鎖」した旨、学内で報じられた[45]。ライフスナイダーの後任として一九四〇年一一月以後、立教学院総長を兼務した遠山郁三学長の日誌（以下、「遠山日誌」）によれば、チャペル閉鎖が報じられる直前の、一九四二年九月二九日の立教学院理事会で「教会閉鎖、牧師を存せぬ事」が可決されていた[46]。この理事会決定をもってチャペルの閉鎖方針が実質的に定まったと見てよい。さらに一〇月三日、遠山学長はキリスト教徒の教員を集めて「礼拝堂閉鎖後に於けるキリスト教信仰の保持に関する処置を議」し[47]、五日には聖公会神学院――アメリカ聖公会などが中心となって創設した神学校で、校舎が立教大学のはす向かいにあった――の黒瀬保郎教授を招いて、「宗教問題に就き……高松教授と種々協議」した[48]。一〇月初旬での争点は、「閉鎖後」を見据えたキリスト教信仰の保持の方法へと移っていた。

一〇月六日に「有志懇談に基き」チャペルの「内規」が作成され、大学部長会、課長会での修正を経た後、これが学院理事会で決定されたのは一〇月二一日のことである。その結果、チャペルは「立教学院修養堂」と改称の上で、利用が再開されることになるが、従来のように、教職員や学生生徒たちの礼拝や伝道目的では利用できなくなった[49]。とはいえ、一〇月七日に聖公会神学院の稲垣陽一郎院長が遠山学長に対して、立教大学の学生が参列者として神学院礼拝堂に参堂することを歓迎する旨を伝えている点から見て、内規の作成と同じ時期に、チャペル閉鎖後の「受け皿」として神学院での礼拝許可の目途がついていたことがわかる[50]。前月の九月一五日に開催された大学部長会が、一九四三年度からの卒業礼拝式の取りやめを決定した事実をも勘案するならば[51]、一九四二年九月頃には、立教のチャペルで公式行事を行うことが非常に困難な状況に追い込まれていたと推測することができる。さらに翌年（一九四三年）の二月に、「先輩を偲ぶ学生」なる人物が『立教大学新聞』に寄稿した、「本学の卒業生中護国の華となられた方の氏名は、先頃迄はチヤペルに掲げられてゐたが、その閉鎖と共に我々の感謝の誠を捧げる場所がなくなつてしまつた」との一文も[52]、神式慰霊祭の開催四ヵ月前のチャペルを取り巻く状況を知る上で参考になるだろう[53]。

それでは、なぜ、一九四二年九月頃を境に、戦没者の追悼の場であったチャペルの状況が激変してしまったのだろうか。次項では、ちょうど同じ時期に極めて重大な変化が見られた、立教大学の学則と立教学院寄附行為の問題を手がかりに、その深層を探ってみたい[54]。

3　ミッション・スクールのディレンマ――神道式への変更の深層――

一九四二年九月二九日開催の立教学院第五四回理事会において、大学学則と学院寄附行為（法人存立の根本規則）の重要な条文改正・変更が正式に決定された[55]。その主眼が、教育目的を規定する条文から「基督教主義」という文言を削除する点に置かれていたと見て、まず間違いない。すなわち、大学学則第一条の「国家思想ノ涵養及ビ基督教主義ニ基ク人格ノ陶冶ヲ旨トスル教育ヲ施ス」から「基督教主義ニ基ク」の八字を削除し、また立教大学と立教中学校の経営母体である立教学院の寄附行為については、第二条の法人の設立目的にある「基督教主義ニヨル教育ヲ行フ」の文言のうち「基督教主義」を削除した上で、これを「皇国ノ道」に代置する決定を行った。さらに寄附行為第五条の「本法人ノ理事ハ日本聖公会聖職信徒中ヨリ之ヲ選ブ」は全文削除、第七条「立教学院付牧師並ニ会計」（英文では“the Chaplains, and Treasurers of the Middle School and the University”）も併せて削られることになった。チャペルが実質的に閉鎖状態に追い込まれ、高松教授が「チャプレンの職を停止」された根拠は、この時の寄附行為の変更に求められる[56]。

学則の教育目的の根幹を改正し、さらに元来「変更スルコトヲ許サズ」とされていた学院の設立目的に変更を加えるという[57]、キリスト教主義に基づく教育を施す教育機関としての名実を奪う重大措置を講じた理由は何であったのか。当時、立教で教鞭をとっていた辻荘一、縣康両教授は、立教内外のキリスト教排撃運動の高揚が背後にあったと観察している[58]。特に立教の場合は、アメリカ人が作り、育てたキリスト教系の学校という出自の問題があり、キリスト教を敵国米英の象徴と捉える一般世論の風潮と相俟って、批判の対象になりやすいという特殊な事情もあった[59]。

学則と寄附行為からキリスト教主義に関わる文言を削除した当時の状況は、縣康教授の回想によれば、中学校のA教諭と大学文学部のB教授たちが、「遠山学長に対して学則の変更、寄附行為の変更を迫ったわけです。皇道哲学に基づく教育をせよということで、寄附行為の変更になった」とされる[60]。文学部の兼任講師でもあったA教諭とB教授の議論の要諦は、皇道主義の明徴要請が、キリスト教主義の払拭とあたかもコインの表裏の如くリンクして捉えられていた点にあった。当時において、「皇道」すなわち「皇国臣民の道」は、一九四一年七月に文部省が『臣民の道』で説いたように、日本の伝統としての天皇統治を強調し、その永続性を願い、そのために国民全体が「天皇へ随順奉仕する」ことを意味し、欧米文化思想はこの皇道の徹底化を妨げる弊害と見なされていた[61]。A教諭、B教授らの主張は当時のかかる思潮・文脈の上に立って、欧米文化思想の表徴であるキリスト教主義を対米開戦後も掲げる立教の姿勢に異論を唱え、首脳部にクレームをつけたのだと考えられる[62]。かくして、縣、辻両教授の証言から透けて見えるのは、当時学内に立教の教育方針をめぐって深刻な対抗関係——キリスト教主義か皇道主義か——があり、皇道主義に基づく教育の明確化を迫る一部教員らの強い圧力を受けて、学院・大学当局が対処を迫られた、という構図であった。

それでは、なぜ、学則の改正と寄附行為の変更という重大決定が、一九四二年九月末になされなければならなかったのだろうか。この問いに答えるため、ここでは遠山学長の執務日誌に九月初旬、突如出現する「学生暴行事件」に着目したい。「遠山日誌」に「学生暴行事件」（九月一一日の条）、あるいは「学生騒擾事件」（九月二二日の条）、「学内不祥事件即ち学生争闘」（九月二九日の条）などの表現で出てくる、この事件の詳細については、残念ながら同日誌や他の資料からも窺い知ることができない。とはいえ、「遠山日誌」の断片的な記載からは、この事件を契機に事態が急転し、学院・大学当局が一連のキリスト教的色彩の払拭措置をあわただしく、しかも即決的に講じていった形跡がかなり明瞭に読み取れる。「学生暴行事件」に注目する所以である。「遠山日誌」の記載から浮き彫りになる事件の輪郭は、おおよそ次のようであった。

一九四二年九月一〇日の早朝、遠山学長は立教大学の配属将校・飯島信之陸軍大佐から事件の概要を伝えられた。翌一一日の「遠山日誌」に「学生暴行事件に就き双方の学生を調査す。B教授、C教授も一度調ふべきも、C氏は教練教官にして右と関係なきを以て飯島大佐に一任し、B教授の意見を徴し、三年生D、学Ⅱ〔学部二年生か―永井注〕E、F、Gに及ひ……」とあるから、第一に、この暴行事件が基本的に立教大学の学生数名同士の対立であり、第二に、大学教授と教練教官を巻き込んだ可能性もあること、そして第三に、大学側は教練教官からは事情聴取をせず、配属将校にこれを一任したことがわかる[63]。

学生暴行事件の直後から、遠山学長は経済学部長の河西太一郎教授や飯島大佐らと相談しながら善後策を探った。週明けの九月一五日付の「遠山日誌」には、事件処理の状況が次のように書かれている[64]。

河西、飯島氏会見の後、行違ひあるもの〻如し。即飯島氏の意見としては「此事件は学内で解決すべきもので軍に持ち込む意志なし、従て責任問題は阿部〔三郎太郎〕氏の解職（学生課長の事）は免れさるも河西氏は此度の事件に関係なきを以て引責の必要なし、引責の必要ありと謂ふは〔遠山〕学長の考過ぎなり」。

「遠山日誌」のこの記述は、河西・飯島間で対処法について考え方の相違があったことを示唆する。他方、飯島大佐が遠山学長に述べた発言内容からは、第一に、本案件が軍に持ち込まれる事態を憂慮する学長らの姿が浮き彫りにされているように、立教大学の首脳が配属将校と軍の意向をいたく懸念していたこと、第二に、飯島大佐自身は、本案件を軍の問題として扱う心積もりがない様子であること、第三に、学生課長の阿部教授が責任を問われていたこと、そして第四に、一時は学内で河西経済学部長の辞任までが検討されていたこと（このことから、経済学部の学生が事件に関与していたとも推定しうる）などが看取できる。宮本馨太郎講師（当時）の日記、九月二八日の条にある「会計課の奏（二郎）氏や経済学部の山下（英夫）氏より学内に於ける反キリスト教運動や阿部対Bの事件などの情報を聞く」との記載とも重ね合わせて読むならば[65]、学生同士の争いに、阿部・B両教授の対立が結びついていた可能性もある。この間、九月二五日には、文学部講師であり、立教中学校の生徒からキリスト教への批判的な言動をもって知られたA教諭が、自分の父親と二人で遠山学長を往訪し、「強迫《ママ》的言辞を以て」阿部教授の進退まで迫ったとされるように、現実に学内で騒ぎ立てる向きもあり、学長ら首脳部には、事態がエスカレートしていく危険性すら感じられたに違いない。結局、事件に関与した学生数名が停学処分、学生課長の阿部教授も責任を問われ、一〇月二〇日付で課長の職を解かれた[66]。

この時期の学内情勢で注目されるのは、事件発覚から、わずか五日後の九月一五日の大学部長会において、今回の事件で進退問題まで取り沙汰された河西経済学部長が、突然、大学学則の改正について重大な発議を行ったことである。「遠山日誌」によれば、その発言内容は「学則第一條（第一章総則内）の末段『国家思想の涵養及基督教主義に基く人格の陶冶』中のキリスト教主義の文字抹殺方希望の旨、河西部長より申出あり（傍点永井）」というものであった[67]。A教諭らの動きが示すように、事態がさらに悪化する兆候はあったし、また事件処理に配属将校（飯島大佐）が深く関わっていたことから、軍が学内行政に容喙する恐れも否定できなかった。このように重層的な懸念材料が、立教大学の首脳部に防衛反応を促し、一刻も早い事態の沈静化を望む気持ちと相俟って、唐突ともいえる提案になったのだと考えられる[68]。飯島大佐の意向を気にかけ、密に相談しながら事件への対処に当たった事実から察するに、遠山学長や河西部長たち立教首脳の眼には、「軍の影」が我々の想像以上に大きなものと映っていたのではないか。加えて、この「抹殺」という表現が、部長会席上での河西部長の生の声なのか、「日誌」の筆者である遠山学長の心の内を映し出したものなのか、今となっては確かめようもないが、この一見過激で厳しい表現には、瀬戸際に追い込まれた大学首脳の切迫感と諦念の跡がにじみ出ているように思える。

九月一五日の河西経済学部長の発議は、早くも一一日後の九月二六日に大学内で結論に達した。「遠山日誌」には同日開催の大学部長会の審議内容が「学生騒擾の始末処置を報告、学則第一條の変更不得已とする件可決〔傍点永井〕」とあり[69]、同じ日の大学部長会の記録にも「学則第一章総則第一條中より『基督教主義に基く』の八字削除の件を決定し学生騒擾事件の処理に関し報告せり」と記載されている[70]。これらの記述は、学則改正問題が学生事件と直接結びつけて議論され、また「キリスト教主義の文字抹殺」が問題の核心であり、しかもこの選択が「不得已」、つまりやむをえない情勢だと、当事者間で判断されていたことを示している。同じ頃、遠山学長とキリスト教徒の大学教員らが、「学則の変更はやむを得ないことであらう。もしこのまゝにしておけば立教大学は外部から押しつぶされてしまふであらう。我々は一時隠忍して居なければなるまい」と話し合っていたように[71]、当事者は現実を重く受け止め、事態が相当逼迫しているとの認識のもとに（大学の存続問題までが想定されていた）、キリスト教主義条項の「抹殺」は危機回避へのほとんど唯一の方策だと考えたのだった。

大学部長会の決定から三日後、九月二九日の午後に立教学院の第五四回理事会が財団事務所で開催され、既述のように学則改正と寄附行為の変更が決定された。「遠山日誌」は当該案件の審議状況を次のように伝えている[72]。

○学内不祥事件即ち学生争闘に関する委細を報告。
学長進退伺い。査問の上「其議に及ばず」とあり。
○教会閉鎖、牧師を存せぬ事。

○学院寄附行為　変更
○学則改正の件

以上可決。

「遠山日誌」のこの記載からは、学生暴行事件と学則改正、寄附行為変更、さらにはチャペルの閉鎖問題までが関連する案件として取り扱われていたことが確認できる。日誌の行間からはまた、学長までが進退伺いを迫られるほど、当事者にとって学生事件の衝撃度が強く、大きな波紋をもたらしていた実情も浮かび上がっていよう。かくして、「時局柄誤解セラレ易キ」との理由（学則改正申請時における立教側の公式見解）に基づき、大学内（大学部長会）でまず九月二六日に学則第一条から「基督教主義ニ基ク」の文字抹消が決定され[73]、次いで三日後の九月二九日には、大学での決定に連動する形で、立教学院理事会でも上記学則の改正に加えて、寄附行為第二条にある「基督教主義」も削除の上、新たに「皇国ノ道」――一九四一年三月一日公布の「国民学校令」第一条で用いられたものと同じ文言[74]――に置き換えることが正式に決定された。

大学の学則第一条の改正とは対照的に（後述）、寄附行為にのみ付加された「皇国ノ道」という文言の採用の真意については、関連資料を欠いており詳らかにしえないが、キリスト教主義条項の払拭と、いわば表裏の関係にあった皇道主義的な立場を明確に示す、より踏み込んだ形となったことは確かであろう。そして、即決的に対処が図られたという時間的要素をも勘案するならば、立教学院の首脳部は、寄附行為という立教全体の根本規則からキリスト教主義条項を抹消し、「皇国ノ道」を明示することで皇道主義論者たちの溜飲を下げ、内外でのキリスト教排撃の動きが、これ以上エスカレートしないように歯止めをかけようとしたものと推察される。なお、寄附行為第二条の目的条文について何らかの形で（具体的内容は不明）処理する件に関しては、一九四一年六月頃、文部当局から促されたことがあった。また、翌年（一九四二年）の二月頃、立教大学医学部の設置申請に関連して立教首脳が水面下でキリスト教主義条項を削除する方向に一時傾きかけた形跡もないわけではない。しかし、この時には死活的な問題とは見なされなかったのか（そうだとすれば、その理由の解明が今後の研究課題となろう）、結局、本決まりになることなく、その後、長く棚上げ状態に置かれていたのだった(75)。

一方、学則第一条に関しては、一九四二年九月二九日当日の学院理事会記録に、「基督教主義ニ基ク」という八字を抹消した上での改正後の条文案として、「本大学ハ大学令ニ依リ国家ニ須要ナル学術ノ理論及ビ応用ヲ教授シ~~併セテ~~〔訂正〕並ニ其蘊奥ヲ攻究シ〔併セテ〕〔挿入〕国家思想ノ涵養及ビ~~皇国ノ道ニヨル~~〔削除〕人格ノ陶冶ヲ旨トスル教育ヲ施ス」と記されており、寄附行為と同様に、「基督教主義ニ基ク」という文言に「皇国ノ道ニヨル」を代置する議論があった痕跡が認められ、興味深い。理事会記録上では、「皇国ノ道ニヨル」という文言は右引用のように再度削除された上で訂正印が押され、実際の公的手続き（一二月八日付の文部当局宛の学則改正申請）でも、第一条の条文から「基督教主義ニ基ク」の八字が削除されるにとどまった。つまり、大学学則には、寄附行為のような「皇国ノ道ニヨル」という文言が付加されることはなかったのである。理事会記録における学則第一条の訂正問題は、単純な誤記訂正か、学院理事会が大学部長会の決定――「基督教主義ニ基ク」の文字抹消のみ決定――をそのまま尊重した、あるいはすでに「国家思想ノ涵養」という文言があるため、重ねて「皇国ノ道ニヨル」を加える必要性を認めなかった、さらには法人の寄附行為で明示したことで十分と判断された、など種々の推測は可能であるけれども、その真相はなお不明である。しかし、この学則問題から、立教学院の首脳部が、キリスト教主義という文言の削除を最優先の課題と位置づけていたと見ることは可能であろう。

振り返ってみれば、対米開戦の前夜、一九四〇年一一月五日に学院理事会の席上で、ライフスナイダーやビンステッドらアメリカ人理事を前に、立教創立の使命を果たすため、「立教学院創立者〔アメリカ聖公会のチャニング・ウイリアムズ（Channing M. Williams）主教を指す―永井注〕ノ理想ヲ銘記シ基督教的精神ヲ持」するという、キリスト教主義の堅持を誓う「誓詞」に全理事が自筆署名したのだが、皮肉にもこの時に署名した日本人理事の五名が全員、一九四二年九月二九日の理事会の当事者だった。しかも、この「誓詞」を提議したのは松井米太郎理事長その人であった[76]。こうした過去の経緯に照らすならば、一九四二年九月二九日の学院理事会で、学則改正と寄附行為変更案件の議事に入る直前、理事会の招集者である松井理事長が突然、杉浦貞二郎理事に議長役を託して退席するという異例の事態の裏側に、「誓詞」の提議者という松井自身の後ろめたさや、耐え難さを看取することは、あながち牽強付会ではないであろう。そして、アメリカ人宣教師が去った後、キリスト教主義の堅持を前提に立教の舵取りを託され、今度は、立教からキリスト教主義を事実上葬り去る岐路に立たされた、彼ら日本人指導者たちの決断もまた、相当に難しいものだったと想像される。寄附行為の変更問題について、当日の理事会記録には議論の中身はまったく記されておらず、結論として「慎重検討ノ結果全員改正案ニ賛成可決ス〔傍点永井〕」とあるだけなのだが、この一見何気ない文面には、彼らの葛藤の跡が暗示されているようにも思えるのである。こうして、一九四二年九月二九日は、立教学院が直面したミッション・スクールのディレンマの重大局面を、文字通り象徴する一日となった。

以上のように、立教学院の根本方針をめぐる動揺は、一九四二年九月半ばに起きた「学生暴行事件」を契機に深刻化し、短期間のうちに決着へと向かっていった。これまでの分析結果を踏まえた時、立教が標榜するキリスト教主義への対抗的な動向――皇道主義論に裏打ちされた学内のキリスト教排撃運動――が学生事件を突破口に圧力を強め、「軍の影」もちらつくなか、危機感を募らせた立教首脳は、事態沈静化の窮余の策として、キリスト教主義との決別の道を選んだと解釈することができよう[77]。一九三九年以来、立教学院の公的行事だったチャペルでの慰霊祭が、一九四三年からキリスト教式ではなく神道式で実施された逸話の陰には、このような立教学院の根幹を揺るがす深刻な問題が潜んでいたのである。

さて、その後、立教当局がキリスト教主義という創設の理念を対外的に示すことはなくなった。例えば、立教中学校長が一九四三年一〇月三日付で東部第六二部隊長に宛てた報告書には、「昭和十八年二月十一日『神ト国トノ為』ナル標語ヲ撤去ス」との記述とともに、「元来本校ハ中学校令ニヨル中学校ニシテ学校トシテハ宗教的行事ヲ行ハズ、立教学院ノ名ニ於テ之ヲ行ヒシニ、同院寄附行為ノ改正ニヨリ現今全ク基督教的行事ヲ行ハズ」とあり、立教学院の寄附行為からキリスト教主義の文言が削除された趣旨を敢えて明記することによって、立教中学校がキリスト教との関係を断ったことが強調されていた(78)。また立教大学が同じ年（一九四三年）、一〇月五日付で文部省宛に送付したと推定される自校の沿革史では、従来、立教当局が発行してきた学校案内で、立教の特色として沿革史に不可欠だった草創期のアメリカ人宣教師やキリスト教にまつわる記載が注意深く取り除かれていた(79)。

さらに、キリスト教的色彩の払拭にとどまらず、「自由」という言葉までが学内で自粛の対象となった秘史もつけ加えておきたい。これは、キリスト教主義を払拭した、先の寄附行為変更の申請手続後の一九四二年一一月中旬頃に、立教大学の校歌――大正末頃より歌われていたとされる「栄光の立教」がそれであり、校友たちには「芙蓉の高嶺を雲井に望み……見よ見よ立教　自由の学府」とのフレーズで馴染み深い――の「自由の学府」という文言が問題視され、「時局の進展と時代の推移はかゝる表示による立教魂の表示は許されなくなつた」として、その「放唱一時休止」が議論された一件である。審議

表12-3　立教における戦没者慰霊祭

回数	開催年月日	式典方法	場所	被慰霊者数	主催*1
1	1939（昭和14）年6月11日	キリスト教式	チャペル	9	立教大学・立教中学校・立教学院校友会
2	1940（昭和15）年6月15日	キリスト教式	チャペル	9	立教学院校友会・立教大学・立教中学校
3	1941（昭和16）年6月21日	キリスト教式	チャペル	6	立教大学・立教中学校・立教学院校友会
4	1942（昭和17）年6月6日	キリスト教式	チャペル	6	立教大学・立教中学校・立教学院校友会
5	1943（昭和18）年6月26日	神道式	予科校庭	8	財団法人立教学院・立教学院校友会
6	1944（昭和19）年11月11日	神道式	24番教室	32	立教大学・立教中学校・立教学院校友会

注）＊1　慰霊祭開催の案内状の差出名義。
出典）立教学院史資料センターが所蔵する、各年の戦没者慰霊祭関係資料により作成。

の結果、同年一二月には詩人の尾崎喜八に新しい校歌の作詞を依頼することが決定、翌一九四三年九月一日に「あゝ立教、母校、母校、永久の母校、誉の母校、栄は御代と共にあれ」との一文で結ばれる新校歌（尾崎喜八作詞、小松平五郎作曲）が発表され、同年一一月一三日に学内で開催された出陣学徒壮行会で初めて歌われたのだった。(80)

神道式による慰霊祭が初めて挙行されてから、およそ四ヵ月後の一九四三年一〇月、前述のように大学の文科系学生に認められていた徴兵猶予の特典が停止となり、立教大学の多くの学生たちも学内壮行会の直後、一二月初旬に相次いで軍隊に入営していった。この頃になると、立教関係者の戦死の悲報も激増する。一九四四年の慰霊祭もまた前年同様、神道式によるものであったが、屋外ではなく大学本館の二四番教室に神式の祭壇をあつらえて執り行われた。式典は一一月一一日午後二時に始まり、空襲警報の発令を気にしながら、戦没者三二名とその遺族に対して哀悼の意が表された。(81) 日本が敗戦を迎える一九四五年中に学院主催の慰霊祭は行われなかったと察せられるが、それを裏づける記録は確認されていない。現存の資料から判明するのは、一九三九〜四四年までに慰霊祭が六回開催され（一九三九〜四二年までがキリスト教式で、一九四三と一九四四年が神道式）、**表12－3**が示す通り、七〇名の立教学院関係戦没者が追悼の対象になったということである。

おわりに

立教学院関係者の出征と戦没に関する史実については、なお不明な点が少なくない。本章ではまず「学徒出陣」を中心とした本学からの出征状況を、学校側の基本資料である「学籍簿」を用いて明らかにした。調査の結果、例えば「学徒出陣」により在学中に出征した暫定数として、一二四七名という新たな知見が得られた。近年、他大学においても出征状況の調査・研究が進展しているが、立教においてはこれが初めての試みであろう。とはいえ、卒業生などの校友の状況については、学校当局が情報を収集していた一九三九年までしか判明しておらず、それ以降についてはまったく把握されていない。

他方、戦没者については、「立教大学戦没者調査有志の会」が作成した名簿情報に若干の追加・補正を加えることで、暫定数として三九四名という数字を得たが、こちらも依然不十分さを免れていない。「学籍簿」において卒業年が記載されていないケースや、消息不明のまま除籍となったケースを追跡調査しない限り、新たな情報を集積していくのは困難だと思われる。

ところで、日中戦争の本格化に伴い、立教学院当局は出征・戦没情報に関心を寄せるようになり、関係者の死という悲報に接すると、故人を学校で公的に追悼するようになった。慰霊祭は一九三九年六月の実施を嚆矢とし、悲報の続出を反映するかのように、毎年行われ、確認の限りでは一九四四年まで六回ほど続けられて、この間、計七〇名が慰霊の対象となった。そして慰霊の目的は、一貫して、関係者の死を「名誉の戦死」と位置づけ、戦没者一人ひとりを記憶に留めるとともに彼らの「尽忠報国の偉功を敬慕」するという、故人の追悼と顕彰という点に求められた。

六回の慰霊祭のうち、日米開戦後の一九四二年までの四回は立教のチャペルでキリスト教式によって営まれたが、一九四三年と一九四四年は神道式で実施された。この追悼方法の変更は、一九四二年九月の「学生暴行事件」をきっかけに学内で活発化し、日本人首脳に耐え難いほどの衝撃を与えた、キリスト教主義堅持への対抗的な動向――皇道主義論に基づく学内のキリスト教排撃運動――への対処の過程で派生したものであった。

本章で論じたように、立教学院の存立基盤であるキリスト教主義との決別という、日本人指導者たちの選択には、相当に難しい決断が伴ったと思われるのだが、かかる決断の代償は、当事者にとって予想をはるかに超える冷厳なものと感じられたに違いない。戦後直後、占領軍の教育改革の一環として、軍国主義・超国家主義者と判定された教育関係者の解職・罷免措置――いわゆる「教職追放」――が講じられたが、その最初のケースとなったのが立教学院関係者だったのである。一九四五年一〇月二四日、GHQ（連合国軍総司令部）が立教幹部・教職員一一名の解職と教職からの追放を命じたように、キリスト教主義の堅持をめぐる日本人指導者たちの信念と行動が厳しく問われたのであった。[82] 立教学院理事会が入手したGHQの指令覚書（「信教の自由侵害の件」）には次のような記載がある。

外国のキリスト教徒に依つて創設せられ且維持せられつつありし教育機関の職員がその関係する教育機関を軍国主義化せん為にまた極端に国家主義化せん為に言語道断にも之を完全に解体せしめるに至つた。かかる赦るし難き彼等の行為に対して聯合軍司令部は今日まで注意を向けつつありたり。[83]

この指令覚書の形成過程には、GHQのスタッフとして日本に戻り、荒れ果てた立教のチャペルを目の当たりにして衝撃を受けた、ポール・ラッシュ元教授の怒りが影を落としているといわれる。[84] 教職追放令のおよそ二週間後の一九四五年一一月七日、立教学院理事会は寄附行為第二条の目的条項を「皇国ノ道ニ則ル教育ヲ行フ」――一九四二年九月の変更後、翌一九四三年二月に理事会で再変更されていた――から、「日本ニ於テ基督教主義ニヨル教育ヲ行フ」という法人出発時の形に戻す決定を行うことで、キリスト教主義を戦後再建の礎に据える姿勢を表明した。けれども、一九四六年六月、立教祭に招待され、教職員や学生を前に演説したラッシュ元教授が、「若しも立教にして創立者の精神に立ち返ることが出来ないとするならば、かゝる学校は原子爆弾を投げて潰してしまはなければならない」と過激な表現で憤懣を隠さなかったように、日本人指導者たちの戦時中のふるまいに対する不信感は容易に拭い去られるものではなかった。[85] 立教学院関係者たちが様々な形で担い、そして彼らに多大な犠牲を強いた戦争は、立教における日米関係の絆をも激しく揺るがさずにはおかなかったのである。

＊プライバシーおよび人権保護の観点から、人名をアルファベット（A～G）に代えて記したところがある。なお、執筆分担については、豊田が第一節、永井が第二節を担当し、「はじめに」と「おわりに」は永井・豊田の両名で執筆した。

注

(1) 村田恵次郎「『立教学院百二十五年史』資料編第三巻の「立教学院関係戦没者名簿」について――戦争だけはしてくれるな」『立教』第一六九号、一九九九年、六一～六二頁。

(2) 戦没者追悼に関する最近の研究に、赤澤史朗『靖国神社――せめぎあう〈戦没者追悼〉のゆくえ』（岩波書店、二〇〇五年）や、矢野敬一『慰霊・追悼・顕彰の近代』（吉川弘文館、二〇〇六年）、西村明『戦後日本と戦争死者慰霊――シズメとフルイのダイナミズム』（有志舎、二〇〇六年）、白井厚「戦没者追悼の諸問題」『立教学院史研究』第四号、二〇〇六年などがある。なお、筆者らの関連する論考として、永井均・豊田雅幸「戦時下の慰霊祭――立教学院関係戦没者の追悼をめぐって」『立教』第一七五号、二〇〇〇年も参照。

(3) 『立教大学新聞』一九三〇年二月一九日付。

(4) 『立教大学新聞』一九三二年三月一六日付。

(5) 『立教大学新聞』一九三二年四月二二日付。

(6) 『立教大学新聞』一九三二年三月一六日付。

(7) 『立教学院学報』第四巻第八号、一九三七年九月二九日。

(8) 『立教学院学報』第四巻第九号、一九三七年一一月一日。

(9) 『立教学院学報』第四巻第一〇号、一九三七年一一月二九日。なお、この記事では在学生は省略されており、先述した二名以外の出征者については不明である。

(10) 立教大学・立教中学校・立教学院校友会（慰霊祭に関する案内状）一九三九年六月、立教学院史資料センター所蔵。なお、これとは別に、一九三九年一一月三〇日付『立教学院学報』（第五巻秋季号）には、「応召中の立教大学出身者」として、二五八名の氏名が記載されており、また、同年一二月三〇日付『立教大学同窓会々報』（第二号、一～二頁）には、三八年度以前の「応召中の同窓会員」として、二三三名の氏名が記載されている。

(11) 「学徒出陣」の形成過程に関する先行研究は多数存在する。ここでは、主に以下の研究に依った。東京大学史史料室編『東京大学の

学徒動員学徒出陣』東京大学、一九九七年、六一～八四頁。陸軍学徒兵の資料編纂委員会『検証・陸軍学徒兵の資料』学徒兵懇話会、一九九三年。

⑿『立教大学新聞』一九四一年一二月一〇日付。

⒀「財団法人立教学院　昭和十六年度事業報告」立教学院史資料センター所蔵。なお、一九四一年度卒業生の修業年限は、三ヵ月短縮と定められた(文部省令第七九号、一九四一年一〇月一六日)。

⒁文部省令第八一号「大学学部等ノ在学年限又ハ修業年限ノ昭和十七年度臨時短縮ニ関スル件」近代日本教育制度史料編纂会編『近代日本教育制度史料』第七巻(大日本雄弁会講談社、一九五六年)所収、一六〇～一六二頁。

⒂『立教大学新聞』一九四二年三月一日付。

⒃勅令第七五五号「在学徴集延期臨時特例」前掲『近代日本教育制度史料』第七巻、一七七頁。

⒄(壮行会に関する学内回覧)一九四三年一一月一一日、立教学院史資料センター所蔵。

⒅永井均・豊田雅幸「立教学院関係者の出征と戦没に関する若干の考察」『立教学院史研究』創刊号、二〇〇三年を参照。

⒆「学籍簿」の閲覧に際しては、立教大学教務部教務課の全面的な協力を得た。なお、データの統計化にあたっては、京都大学の西山伸氏の先行研究を参考とした(「京都大学における『学徒出陣』——文学部の場合」『京都大学大学文書館だより』第八号、二〇〇五年四月)。

⒇朝鮮人学生に関する先行研究として、山田昭次「立教大学出身朝鮮人学徒兵について」『チャペルニュース』第四三〇号、一九九四年一二月一五日、同四三一号、一九九五年一月二五日がある。

(21)「朝鮮人、台湾人特別志願兵制度ニヨリ志願セザリシ学生徒ノ取扱ニ関スル件」一九四三年一二月三日、「立教大学庶務課文書」立教学院史資料センター所蔵。

(22)「朝鮮人台湾人特別志願兵制度ニヨリ志願セザリシ学生徒ニ関スル回報ノ件」一九四三年一二月一七日、「立教大学庶務課文書」。

(23)前掲・永井・豊田「立教学院関係者の出征と戦没に関する若干の考察」を参照。

(24)立教学院八十五年史編纂委員編『立教学院八十五年史』学校法人立教学院事務局、一九六〇年、二〇四頁。なお、海老沢有道編『立教学院百年史』(学校法人立教学院、一九七四年)には慰霊祭に関する叙述はない。

(25)『立教学院学報』第五巻第二・三号、一九三八年三月。

(26) 前掲〔慰霊祭に関する案内状〕一九三九年六月。

(27) 例えば、立教大学、立教中学校と慰霊祭を共催した立教学院校友会が、大学側から慰霊祭の相談を受けたのは、六月に入ってからであった（立教学院校友会「日誌」一九三九年六月一日の条、立教学院史資料センター所蔵）。

(28) 前掲『立教学院学報』第五巻秋季号。

(29) 学院総長と大学学長、大学総長の名称の変遷と職責については、永井均・豊田雅幸「学長と総長——錯綜する呼称をめぐって」『立教』第一七四号、二〇〇〇年を参照。

(30) 『立教学院校友会報』第二四号、一九三九年七月。『基督教週報』第七八巻第一七号、一九三九年七月七日。なお、刻まれた聖句については、チャペルに現存するタブレットで確認し、補正した。

(31) 前掲〔慰霊祭に関する案内状〕一九三九年六月。

(32) ニコルス理事の立教学院宛書簡、一九三九年六月九日付、立教学院史資料センター所蔵。

(33) 『立教学院学報』第一号、一九四〇年一月二八日。

(34) 重松文一氏の遠山学長宛礼状、一九四一年六月一二日付、立教学院史資料センター所蔵。立教学院百二十五年史編纂委員会編『BRICKS AND IVY ——立教学院百二十五年史図録』（学校法人立教学院、二〇〇〇年）には、チャペルでの慰霊祭の写真が掲載されている（五七、九七頁）。学校主催とは別に、部の主催によりチャペルでOBの慰霊祭を行うこともあった（『故斎藤質君慰霊祭次第』立教大学々友会蹴球部卒業生一同・立教大学々友会蹴球部在校生一同、一九四〇年六月九日、立教学院史資料センター所蔵）。

(35) 『立教大学新聞』一九四二年六月一〇日付。

(36) 遠山郁三学長の「日誌」一九四一年一二月九日、一六日の条（以下「遠山日誌」と略記）。同日誌については、永井均「遠山郁三——戦時下の難局に向き合った一医学者の肖像」『立教学院史研究』第三号、二〇〇五年を参照されたい。「財団法人立教学院第四十三回理事会記録」一九四一年八月九日。なお、ラッシュ教授は一九四二年六月一七日に日米交換船で帰国している（山梨日日新聞社編『清里の父ポール・ラッシュ伝』ユニバース出版社、一九八六年、二五八〜二六〇頁）。

(37) 一九四二年度慰霊祭における「英霊戦歴」立教学院史資料センター所蔵。『立教大学新聞』一九四二年六月一〇日付。

(38) 財団法人立教学院・立教学院校友会〔慰霊祭に関する案内状〕一九四三年六月、立教学院史資料センター所蔵。

(39) 立教大学総長秘書「学事日誌」一九四三年六月二六日の条。

(40)　『立教大学新聞』一九四三年七月一〇日付。

(41)　戦没者八名の名前すら刻まれなかった模様である。現在、タブレットには、この八名のうち遠山郁三元学長のご子息である遠山郁雄氏の名前だけが見出せるが、これは戦後に刻まれたものと考えられる（「チャペルにタブレット」『立教』第三号、一九五六年一二月、七三頁）。なお、三辺金蔵前総長によれば、政府の金属類回収令――一九四一年九月施行の同法令は、四三年に改正・強化されていた――の難を免れるため、タブレットは学院当局の手によって他所で保管されたという（立教学院百二十五年史編纂委員会編『立教学院百二十五年史』資料編第一巻、学校法人立教学院、一九九六年、四九一頁）。

(42)　縣康『神に生き教育に生き――立教と共に六〇年』（立教英国学院後援会、一九九三年）二一四〜二一五頁。

(43)　同前、二二五頁。

(44)　『立教大学新聞』一九四三年五月一〇日付。

(45)　『立教大学新聞』一九四二年一〇月一〇日付。

(46)　「遠山日誌」一九四二年九月二九日の条。

(47)　「遠山日誌」一九四二年一〇月三日の条。

(48)　「遠山日誌」一九四二年一〇月五日の条。

(49)　立教学院理事会が一九四二年一〇月二一日に承認した「内規」によれば、学院当局は修養堂を「本学院一般ノ教職員、学生々徒ノ礼拝及伝道ノ目的」には使用を許さず、もっぱら「本学院関係ノ基督教信徒及求道者ノ、家庭的礼拝及修養ノ目的ニノミ」使用を認めるという、厳しい利用制限を課していた（前掲『立教学院百二十五年史』資料編第一巻、六二六頁）。

(50)　「遠山日誌」一九四二年一〇月七日の条。

(51)　立教大学「部長会記録」一九四二年九月一五日の条。九月一五日の部長会では、一九四二年度の卒業礼拝についても話題となった。このことは、翌日の文学部教授会での遠山学長（文学部長も兼務）の「［九月二三日挙行予定の卒業式での礼拝式は―永井注］出席ヲ希望スルモ強制スルモノニアラザルコト、従来モソノ意味デ通知シテオリタルモ、本年度ハソノ趣旨ヲ更ニ明瞭ニセルコト」との発言が示している（「文学部教授会記録」一九四二年九月一六日の条、立教学院史資料センター所蔵）。

(52)　「本学にも英霊顕彰碑を」『立教大学新聞』一九四三年二月一〇日付。

(53)　チャペルの閉鎖時期については諸説がある。例えば、本文でも紹介したＧＨＱの指令覚書「信教の自由侵害の件」（一九四五年一〇月二四日付)は一九四三年一月としている(前掲『立教学院百二十五年史』資料編第一巻、四八三頁)。一方、鵜川馨氏は、立教大学チャペルの「現金出納帳」の記載が一九四二年九月以後も記録され、これが一九四三年三月末に途絶えた事実を踏まえて、チャペルが機能を停止した時期を一九四三年三月末と推定する(同前、六二五頁)。ちなみに、当時、立教大学の学生課に勤務していた黒瀬禮子氏は、一九四四年夏頃にチャペル内にがらくた類が山積みされ、扉が閉められたと記憶している(黒瀬禮子「風化した記憶の彼方に――点描、終戦をはさんだ大学とチャペル日曜学校のはじまり」『立教』第一五三号、一九九五年、一七頁。永井による黒瀬禮子氏への電話でのインタヴュー、二〇〇〇年九月八日)。

(54) このうち、立教学院寄附行為の変更問題を系統的に追跡した先駆的な研究として、中野実「戦時下の私立学校――財団法人立教学院寄附行為の変更を中心にして」『立教大学教育学科研究年報』第三九号、立教大学文学部教育学科研究室、一九九六年がある。

(55) 「財団法人立教学院第五十四回理事会記録」一九四二年九月二九日。

(56) 前掲・縣『神に生き教育に生き』二一四頁。『財団法人立教学院寄附行為』一九三二年八月、立教学院史資料センター所蔵。

(57) 縣康教授によれば、寄附行為の変更が教員に伝えられた教授会の席上、同教授は遠山学長に対して、学生時代、寄附行為中の目的変更は法律上不可能だと学んだが、この点差し支えないかと質問した。この時、遠山学長は、大審院判事で、講師として立教の教壇にも立っていた三橋久美氏にこの点を確認済みである旨を答えたという(伊藤俊太郎氏による縣康氏へのインタヴュー、一九八八年一一月二五日、および同前・縣『神に生き教育に生き』二二八～二二九頁)。なお、一九四二年九月二九日の学院理事会で決定した寄附行為変更は一一月四日に申請手続きがとられ、翌一九四三年二月一五日に認可された(『財団法人立教学院寄附行為中変更認可　昭和十八年』立教学院史資料センター所蔵)。

(58) 辻荘一「弁明書」一九四五年一二月一日、前掲『立教学院百二十五年史』資料編第一巻、四九六～四九七、五〇四頁。同前・縣『神に生き教育に生き』二一四、二二八～二二九頁。

(59) 田辺広「二か年半の立教」『立教大学史学会小史』立教大学史学会、一九六七年、七二頁。堀慈郎「四十年目の卒業式と戦死者銘版完成記念礼拝を終えて」『立教』第一一二号、一九八五年、七三頁。

(60) 伊藤俊太郎氏による縣康氏へのインタヴュー、一九八八年一一月二五日。

(61) 文部省「臣民の道」前掲『近代日本教育制度史料』第七巻、四二六～四六六頁。なお、その「序言」では、「皇国臣民の道」を「国体に淵源し、天壌無窮の皇運を扶翼し奉るにある」と定義している。

(62) 立教中学校のある生徒の日記からは、A教諭が教壇で「立教のキリスト教に就て、色々と、邪教である」旨を説き、生徒の間で「キリスト教排撃」論者として知られていた形跡が窺える(伊藤俊太郎「立教中学校二十世紀」『いしずえ』第三六号、一九八七年、四二頁。および当時、A教諭から学んでいた伊藤俊太郎氏への永井による電話でのインタヴュー、二〇〇五年一〇月二三日)。一方、立教大学内でも、例えば文学部の飯田尭一教授のように、従前のキリスト教主義的な教育から脱却し、いわば「米英式」から「皇国式」の教育に切り換えることの意義を公言、強調する向きもあった。飯田教授は、一九四三年二月の大学新聞に寄せた「〝聖ポーロより立教へ〟——皇国式教育観に基く学園の新構想」と題する文章において、「皇国日本の教学が皇国固有の道即ち萬邦無比の国体に淵源する」ことは明らかで、「祭政一致、政教一元の国体こそ……日本臣民道なのである」と論じ、併せて西洋的キリスト教の世界観の「重圧を掃ひ除け」る意義を説いた。さらに、「所謂ミツシヨン・スクールなるもの、それがセント・ポーロだらうがセント・ルカだらうが総じて日本教学とその礎石を異にし本質において相容れぬもの」との見方に立って、「米英式より皇国式へ、セント・ポーロより立教への切り換への径はたとひ荊棘に充てるにもせよ止揚の必然、飛躍の当然として不可避的運命」だと論じている(『立教大学新聞』一九四三年二月一〇日付)。

(63) 「遠山日誌」一九四二年九月一〇、一一日の条。「学生暴行事件」が数名の学生間のものであり、また文学部のB教授とC教練教師も関与していたであろうことは、「遠山日誌」一九四二年一〇月二三日の条に、「停学中の学生九名(不祥事件の際、B教授脅迫に関与せしもの、六名と学生の母一名出頭)」とあり、また一〇月二八日の条にも、「停学中の学生の処分解除(此点につき飯島大佐は右学生の態度不良に就き教練の出席を停止しC氏B氏へ謝罪すべしとの事なり)」と記載されていることが示唆している。加えて、一九四二年一〇月七日の午後の文学部専任教授会の席上、文学部長を兼任する遠山学長が教授たちに向かって、次のように強い口調で述べた事実も、今回の事件に学内の教授が関与していたことを物語っている。「学生騒擾事件の顚末を略述し、将来学生を刺戟し、又は煽動し、又は父兄を動かして学校行政人事等に容喙せられさる様注意し、将来如此行為あれは学校を止《ママ》めて貰ふ決心なる事を言明せり」(「遠山日誌」一九四二年一〇月七日の条)。

(64) 「遠山日誌」一九四二年九月一五日の条。

(65) 宮本馨太郎「日記」一九四二年九月二八日の条、宮本瑞夫氏所蔵。

(66) 「遠山日誌」一九四二年九月一五、二五、二六日の条。伊藤俊太郎氏による縣康氏へのインタヴュー(一九八八年一一月二五日)にも関連する発言がある。阿部教授の学生課長解任については以下を参照。「部長会記録」一九四二年一〇月六日の条。『立教大学新聞』

一九四二年一一月一〇日付。
(67)「遠山日誌」一九四二年九月一五日の条。なお、当日の「部長会記録」には関連する記載はない。
(68)一〇月三日、警視庁特高第一課長が遠山学長を往訪し、「此度の騒擾事件」について「相当の予備知識を備へて質問」したように、河西経済学部長らが事態を極めて重く見ていたことも、故なきことではなかった(「遠山日誌」一九四二年一〇月三日の条)。
(69)「遠山日誌」一九四二年九月二六日の条。
(70)「部長会記録」一九四二年九月二六日の条。
(71)辻荘一教授の回想(前掲・辻「弁明書」四九七頁)。
(72)「遠山日誌」一九四二年九月二九日の条。
(73)学則第一条改正に関する公文書については、松井米太郎理事長による一九四二年一二月八日付「学則改正認可申請」を参照(『自大13年4月 至昭22年5月 立教大学 第13冊』国立公文書館所蔵。文部当局による認可は翌一九四三年二月一二日)。
(74)勅令第一四八号「国民学校令」一九四一年三月一日公布、前掲『近代日本教育制度史料』第二巻、二一九頁。
(75)文部大臣「寄附行為中変更認可ノ件　案」一九四一年六月七日決裁、および同「寄附行為中変更認可ノ件　案」一九四一年一二月一日決裁(『東京ローンテニスクラブ　立教学院』国立公文書館所蔵)。一方、医学部の設置申請は一九四二年二月一九日付でなされた(前掲「財団法人立教学院　昭和十六年度事業報告」)。この時の申請の関連資料かと考えうる一件書類に、財団法人立教学院『医学部設置認可願』(立教学院史資料センター所蔵)があり、そこには第二条でキリスト教主義条項を削除した「改正サルベキ財団法人立教学院寄附行為」も収められている(前述の国立公文書館文書も含めて、本書第四章の大島宏「『基督教主義ニヨル教育』から『皇国ノ道ニヨル教育』へ――寄附行為にみる学院の目的の変更――」で紹介されている)。なお、この『医学部設置認可願』は、立教学院に残されている通常の公文書とは異なり、申請日が「昭和十七年二月　日」とあるのみで日付がなく、公印や公文書番号、「写」・「控」印も付されていない。恐らく、公文書の作成過程で派生した資料の一つであろう。
(76)「財団法人立教学院第三十六回理事会記録」一九四〇年一一月五日。「誓詞」については、本書第一章の大江満「戦時下外国ミッション教育の危機――立教首脳の動揺と米国聖公会の決断――」も参照。
(77)例えば、三辺金蔵前総長は大学事務局の矢沢賢一氏から、「種々なる圧迫に強ひられて立教大学存続の為に余儀なく断行したる大学々則及寄附行為の変更」について伝え聞いたという(前掲『立教学院百二十五年史』資料編第一巻、四九〇頁)。

(78) 立教中学校長帆足秀三郎の東部第六二部隊長宛報告書、一九四三年一〇月三日付(立教中学校『昭和十八年度　報告書類』立教池袋中学校・高等学校学校史料室所蔵)。

(79) 永井均・豊田雅幸「歪められた『自画像』」『立教』第一七六号、二〇〇一年参照。

(80) 「遠山日誌」一九四二年一一月一一日、一三日、二四日、一二月五日の条。『立教大学新聞』一九四二年一二月一〇日付、一九四三年九月一〇日付。前掲『立教学院百年史』三三四〜三三五、三七三頁。

(81) 永井による伊藤俊太郎氏へのインタヴュー、二〇〇〇年九月七日。伊藤氏は立教中学校の生徒代表として、一九四四年度の慰霊祭に参列していた。『立教大学・立教中学校出身戦没者慰霊祭　式次第(一九四四年一一月一一日執行)』、「立教大学・立教中学校出身戦没者略歴(昭和十八年六月慰霊祭執行後)」立教学院史資料センター所蔵。

(82) 前掲『立教学院百二十五年史』資料編第一巻、四七八〜四八三頁。

(83) 同前、四八二〜四八三頁。

(84) 前掲『清里の父ポール・ラッシュ伝』三〇六〜三〇九頁。山本礼子『占領下における教職追放――GHQ・SCAP文書による研究』(明星大学出版部、一九九四年)一三〜一九頁。ワシントンDC郊外にある米国国立公文書館カレッジ・パーク館には、教職追放令が発せられる直前、ラッシュ元教授が立教のチャペルを視察した際の写真が残されている(永井均・豊田雅幸「傷ついた祭壇とポール・ラッシュの執念――米国国立公文書館で発見された写真資料に寄せて」『立教』第一八七号、二〇〇三年、参照)。

(85) 『立教大学新聞』一九四六年七月二四日付。なお、寄附行為の当該変更については、財団法人立教学院第六〇回、および第八八回理事会記録(それぞれ一九四三年二月二三日、一九四五年一一月七日開催)を参照した。

【付記】　本章は永井均・豊田雅幸「立教学院関係者の出征と戦没に関する若干の考察」『立教学院史研究』創刊号、二〇〇三年に加筆・修正を施したものである。

終章　戦時下の立教学院

老川　慶喜

一　戦時体制の深化と立教学院

一九三一年九月の満州事変、一九三七年七月の盧溝橋事件を経て、日本は中国への侵略戦争を本格化させた。そして、一九四一年一二月の日米開戦は日中戦争をアジア太平洋戦争へと拡大した。戦線の拡大に伴う戦時体制の深化のなかで、立教学院は他の多くの私立学校と同様に「存続の危機」に立たされることになった。しかも、立教学院は米国聖公会のミッションのもとに設立されたという歴史を有しているがゆえに、戦時下に受けた影響は一層深刻で、キリスト教に基づく教育という建学の精神そのものが危機に瀕したのであった。本書は、こうした戦時下における立教学院の姿をさまざまな角度から検討したものである。

一八七四年二月三日、東京の築地にC・M・ウィリアムズ主教によって開かれた立教は、九八年四月二日に私立立教尋常中学校、一九〇七年八月二九日には専門学校令による私立立教学院立教大学を設立した。立教大学は、第一次世界大戦後の一九一九年五月に築地から池袋に移転し、一九二二年五月二五日には大学令による大学に昇格して「帝都に於ける大学令による唯一の基督教新教の大学」[1]となった。築地に残った立教中学校も一九二三年九月一日の関東大震災で全焼し、一九二六年五月五日に池袋に移転した。こうして立教学院は、拠点を池袋に移して新たな歴史を刻み始めたのである。

大学令にもとづく大学に昇格した立教大学は、教職員・学生数の増加に伴い、教室や施設の不足が深刻な問題となった。こうしたなかで財団法人立教学院（一九三一年八月七日認可）は、一九三三年八月二日に日光金谷ホテルで理事会を開き、立教学院拡張計画案を満場一致で可決し、立教大学が一流の大学に発展することを期して、校舎・設備・基本金・教授陣の充実を図るべく資金の募集に着手することを決定した(2)。また、立教中学校では「年来の主張たる学校教育の功《ママ》果大ならしむる抱負を実行して其理想を実現する」ため、生徒の定員を五〇〇名から四〇〇名に減らすという構想を描いていた。しかし、中学校のこの構想を実現するのは、「立教学院拡張計画案摘要」が述べているように、授業料と年間一万五〇〇〇円の補助金に依存しているだけでは困難であった(3)。

なお、財団法人立教学院が認可されたときの学院理事長はジョン・マキム、学院総長はC・S・ライフスナイダー、立教中学校の校長は小島茂雄、立教大学の学長は杉浦貞二郎であった。その後、一九三二年八月一二日に杉浦が立教大学学長を辞任し、木村重治が後継となった。また、一九三五年一一月二〇日にはマキムが学院理事長を退任し、ライフスナイダーが学院理事長に就任した。

こうしたなかで、立教学院にも次第に軍国主義・国家主義の影が忍び寄っていた。一九二五年四月一三日には陸軍現役将校学校配属令が公布され、立教学院でも軍事教練が始まった。そして、一九三〇年代後半になると「御真影」や教育勅語が奉戴され、「皇国民」としての教育が行われるようになった。「御真影」については、立教大学は一九三六年、立教中学校では一九三八年に奉戴し、それに関連した規程もつくられた。

立教大学では、学生による軍事教練反対運動が展開され、一九二五年一一月一〇日には『立教大学新聞』『早稲田大学新聞』『帝国大学新聞』が軍事教育の本質を「学問の独立を侵害し研究の自由を束縛」するものであるとして、軍事教練反対の共同宣言を掲載した(4)。しかし、こうした左翼的な学生運動は次第に大学当局に抑え込まれるようになり、学生たちの学園生活も「暗い谷間の時代」に入った。そして、一九三六年四月二九日には天長節祝賀式で木村重治学長が教育勅語を奉読する際に不敬があったとして、学生がストライキを断行して学長の辞任を迫った。これが、いわゆるチャペル事件である。祝賀式を従来の教室からチャペルに移したこと、教育勅語の奉読を祭壇・説教台よりも一段低いところで行ったことなどが問題視され、一部の学生から木村学長の辞任を要求する声明書が出されたのである(5)。

日米関係の悪化は、米国聖公会を母教会とする立教学院に大きな影響を及ぼした。一九四〇年の八、九月頃、日本聖公会は米国聖公会からの経済的独立を決定した。また、基督教教育同盟会は、教育機関幹部の日本人化を含む時局への対応に関する申し合わせを行った。こうしたなかで、立教学院においても外国人教師が次々と帰国した。一九四〇年一〇月四日にはライフスナイダーが理事長と大学学長の職を辞して、翌一九四一年八月に帰国した。新理事長には松井米太郎、学院総長・大学学長には遠山郁三が就任した。立教学院の関係者でただ一人日本にとどまっていたポール・ラッシュ教授も、一九四一年一二月の日米開戦直後に「敵国人」であるとして抑留され、翌一九四二年六月にはアメリカに強制送還された。

戦時体制が深まっていくと、立教大学や立教中学校では報国団や尽忠隊が組織され、学生組織に対する上からの統制がなされた。一九四一年四月には、「教学ノ本旨ニ則リ全学一致心身ヲ練成シ以テ学風ノ昂揚ト国運ノ扶翼ニ資スル」ことを目的に、立教大学報国団が組織された。同報国団は立教大学の教職員・学生によって組織され、団長には学長が就任し、「全学生々徒ハ必ズ練成本部又ハ国防訓練本部所属ノ孰レカノ部(会)又ハ班ニ於テ心身ヲ練成スルモノ」とされた(6)。

そして、一九四一年九月には総長を隊長とする尽忠隊が組織され、教職員、学生を大隊・中隊・小隊・分隊に編成して一元的な命令系統を完成させた。当時の『立教大学新聞』は、報国団および尽忠隊の結成について次のように報道していた(7)。

国際情勢の緊迫化に伴ひ国内諸体制の革新強化が焦眉の課題として要望せられ、各大学に於ても此の四月以来報国団を組織し高度国防国家建設の国策に添ふべく種々なる努力が続けられて来たが欧州戦局の発展と国内情勢の変化は従来の報国団組織を未だ不十分なるものたらしめるに至つたので遂に文部省では現下の臨戦態勢の現実的要求に基き去る八月八日各学校報国団を強化再編し以て有事即応の体制を整備する様各学校宛訓令を発した、依つて本学に於ては報国団との混同を避けるべくその名も尽忠隊と改め去る九月十一日予科百一番教室に於てその結成式を挙行した。

立教中学校でも、一九四一年六月に「報国隊」が組織された。立教中学校では、報国隊が結成されると、生徒の自治組織として十数年の歴史を有していた「学校市」を解散した。立教中学校長の帆足秀三郎によれば、「本校は大正十五年、現在の校舎の新築を完了し、授業を開始するに当り、立教中学校市制を決定し、爾来十六年間、生徒の自治活動のもとに、学校内の風紀・衛生・設備の各部門の処理を行ひ、更に総務部の活動によりて、内外に於ける儀礼を行ひ来つたのであるが、国策戦に協力するの念願を以て、茲に学友会の改組を行ひ、学校市の自発的解散を行ふに至つた」のである(8)。

報国団が結成されると、そのもとで学生や生徒は勤労動員にかりだされた。当初、勤労動員は年間三〇日以内であったが、一九四四年には年間を通じて行われるようになり、講義や授業は事実上停止状態となった。一九四五年四月になると、国民学校初等科以外の学校では、授業が停止された。

高等教育機関の就業年限は、一九四一年以降士官となる人材を早く集めるために三~六か月間短縮されるようになった。さらに一九四三年一〇月には「在学徴収延期臨時特例」が公布され、高等教育機関に在学する学生や生徒に認められていた徴集延期措置が理工系の学生を除いて停止された。こうして学徒「出陣」が実施され、一〇月二一日には雨中の神宮競技場に数万人の学徒が集められ、学徒「出陣」の壮行会が行われた。立教大学の学生も、学業半ばで戦地に赴かなければならなくなったのである。

こうして立教大学では次第に学生がキャンパスから去り、文学部の学生はほとんどいなくなってしまった。そこで、大学当局は一九四三年一一月二二日をもって創立以来の古い歴史をもつ文学部の講義を一切停止するという措置を取った。キャンパスから学生が姿を消し、経済学部でさえも採算が厳しくなり、文学部についてはもはや「ショッテイケヌ」ということになった。文学部の活動を停止したのは「ソロバンノタメ」であったのである。(9)なお、わずかに残った学生は慶應義塾大学などに転じた。(10)

軍国主義と国家主義は、立教学院の建学の精神をも奪い去った。一九四二年九月二九日、立教学院は文部省の意向や学院内の反キリスト教運動に屈し、寄附行為の「基督教主義ニヨル教育ヲ行フ」という文面を「皇国ノ道ニヨル教育ヲ行フ」と変更し、「基督教主義ニ基ク人格ノ陶冶」という文面を削除したのである。

また、一九四二年一〇月にはチャペルも閉鎖された。『立教大学新聞』は、チャペルの閉鎖について「本学内チャペルは本学の教育方針を更に明確にすべきに鑑み、教育と宗教との問題にあり、暫定的に一時これを閉鎖した。今後の方針については近い中に学校当局より公表されることになってゐる」と伝えていた。(11)また、当時立教大学学長であった遠山郁三の「日誌」によれば、チャペルは「立教学院修養堂」と名称を変更し、同修養堂は「専ラ本学院関係ノ基督教信徒及求道者ノ、家庭的礼拝及修養ノ目的ニノミ之ヲ使用」し、「本学一般ノ教職員、学生々徒ノ礼拝及伝道ノ目的ニハ」使用しないことになっていた。(12)

こうして、戦時下の立教学院は建学の精神を捨ててチャペルを閉鎖し、ぎりぎりのところで存続していた。医学部の設置構想や立教理科専門学校の開設は、戦時下における立教大学の生き残り策であった。医学部の設置構想は挫折したが、理科専門学校は一九四四年四月に開校し、終戦間近の一九四五年四月に工業理科専門学校と改称した。

二　本書各章の概要

戦時下における立教学院の展開はほぼ以上のようである。本書は、そうした立教学院の戦時下の諸相を、第一部「聖公会と立教学院首脳の動向」、第二部「戦時への対応と教学政策」、第三部「戦時下の学園生活」という三つの側面から考察したものである。以下では、本書に収録された各章の論文の概要をみておくことにする。

序章は、前田一男「研究の課題と視角」、および寺﨑昌男「戦時下の高等教育政策」からなり、前田が本書の成り立ちと分析視角について述べたのち、寺﨑が戦争と立教学院とのかかわりを理解する前提として、戦時下における政府の大学・高等教育政策を概観している。具体的には、「学問」「教育」政策と国体観念の登場との関連や、総力戦としての性格を持った日中戦争・アジア太平洋戦争がいかに高等教育の変貌を促したかという問題を検討した上で、戦時下の私学政策を概括的に明らかにしている。寺﨑によれば、戦時下の文部省による高等教育政策のもとで、私学は「かつてない苦難の日々」を送ることを余儀なくされたのであるが、それでは立教学院が体験した「苦難」とはどのようなものであったのであろうか。第一章から第一二章までの各論文が、その実相を明らかにしている。

第一部は、戦時下における聖公会と立教学院の首脳の動向を明らかにした、三本の論文と一本の補論で構成されている。第一章の大江満「戦時下外国ミッション教育の危機——立教首脳の動揺と米国聖公会の決断——」は、戦時下のミッション・スクールが直面した問題に中学校と大学を擁する立教学院およびその母教会である米国聖公会がいかに対応したかを、米国聖公会と遣日宣教師でもある立教学院の外国人首脳の動向に関する一次資料を駆使して検討したものである。国際宣教協議会の教育調査団は男子連合キリスト教大学設立の構想を提起し、立教学院首脳もそれに

共感的であったが、米国聖公会はこれを望まず、単独のキリスト教大学をめざしていた。

立教学院は教育と研究の充実のため、一九三三年に「立教学院拡張十五年計画」を作成し、米国聖公会に巨額な財政支出を要請した。しかし、ウッドとマキムという米国聖公会伝道部主事と立教外国人首脳は、母教会の深刻な財政難を憂慮して立教学院拡張一五ヵ年計画への資金援助には否定的であった。その後、一九三六年一一月、立教学院理事会は同学院拡張計画第二案を決議し米国に送付した。立教大学は一流の大学になるか二流の大学にとどまるかの岐路に立たされているとし、米国聖公会に多額の寄附を要求したのである。

米国聖公会は、一九三〇年から四六年にかけてペリーとタッカーという親日派の指導下にあり、財政難に悩みながらも何とか立教学院の要請に応えていた。しかし、戦時体制が深まるなかで、立教学院からは外国人首脳や教員が姿を消し、邦人化した理事会が寄附行為からキリスト教による教育という目的を削除すると、母教会である米国聖公会との関係も途絶えることになった。

第二章の大江満「日本聖公会の教会合同問題――合同派の聖公会離反と立教首脳――」は、戦時下における日本聖公会の教会合同問題を検討したものである。一九三七年の日中戦争開始以来の国家主義の深まりのなかで、キリスト教諸派は神社参拝を許容するなど土着化を進めていたが、それは同時に外国の母教会からの独立を実現していく過程でもあった。日本聖公会は、戦時下に国家主義的色彩を強めながら、土着化と母教会からの自立を達成したのである。

邦人化した日本聖公会は教会合同運動には否定的で、独自の教団の設立をめざしていた。しかし、文部省は一九四二年五月に日本基督教団への加入を要望し、日本聖公会教団の認可は困難であるとした。日本聖公会単独での教団設立が不可能となると、聖公会内部から日本基督教団への合同運動が再燃することになった。しかし、非合同派の結束も強く、日本聖公会という組織は四三年二月に解消した。ちょうどこの頃、立教学院は寄付行為の教育の「目的」から「キリスト教主義」を削除し、「皇国の道」を挿入したのであった。

第三章の山田昭次「学院首脳陣と構成員のアジア太平洋戦争に対する認識と対応」は、立教学院の首脳や大学の構成員が、戦時体制が深まっていくなかで天皇制国家への忠誠を積極的に誓っていく姿を、『立教大学新聞』や『立教大学学報』、あるいは『基督教週報』などに寄稿された論説を資料にして描いたものである。山田論文では、満州事変、日中戦争、大東亜共栄圏、紀元二千六百年祭、学徒「出陣」、そして戦時国家体制に対して、立教学院の首脳や教員がどのような認識を持ち対応していったかが詳しく検討されている。

山田論文によれば、立教学院の首脳や教員には戦争に対する批判的な視点が見出せないばかりか、キリスト教主義の学院であったがゆえに、かえって天皇制に譲歩をせざるをえないという特徴が見出される。ただ、そうしたなかで、文学部の富田彬教授だけは戦時下の時流に迎合せず、文学研究の自立性を主張していた。

西原廉太による補論「元田作之進と天皇制国家」では、立教大学の初代学長であり、日本聖公会では初の日本人主教で初代の東京教区主教となった元田作之進の思想を、天皇制国家に対する認識と朝鮮観に焦点をあてて検討したものである。西原論文によれば、元田は自ら進んで積極的に天皇制を受容し、日本の朝鮮に対する植民地支配についても肯定し、むしろそれに積極的に加担していた。また、神社参拝についても神道は宗教ではないとして肯定し、立教大学の構成員にも参拝を促した。そして、天皇制国家に対しても批判的な視座をもちえず、軍国主義に同化していったのである。

第二部は、立教学院の戦時への対応と立教大学の教学政策を扱った四本の論文からなっている。第四章の大島宏「『基督教主義ニヨル教育』から『皇国ノ道ニヨル教育』へ——寄附行為にみる学院の目的の変更——」は、戦時下に立教学院の寄附行為に規定された学院設立の「目的」が、キリスト教主義に基づく教育から「皇国ノ道ニヨル教育」へと変容していく過程を詳細に跡づけている。寄附行為の変更は、戦時下の文部行政への対応という側面をもちながらも、それだけでは説明できるものではなかった。それは、同志社や関西学院など、他のミッション・スクールが必ずしも立

教学院のように、寄附行為の設立目的の条項を変更したわけではなかったということからも明らかである。大島論文によれば、寄附行為の変更は立教学院の米国聖公会からの独立、理事会の邦人化、文部省からの働きかけ、それに医学部設置構想や学院内の教育方針をめぐる対立など、立教学院固有の問題が複雑に絡み合って実現されたのであった。

第五章の老川慶喜「医学部設置構想と挫折」は、立教大学の医学部設置問題を取り上げ、『遠山日誌』や立教学院および聖路加国際病院の「理事会記録」の記述を手がかりに、その構想と挫折に至る過程を詳細に解明している。立教大学に医学部を設置しようという動きは、池袋移転後の大学拡張計画のなかで生まれたが、聖路加国際病院との間で本格的に議論されるようになったのは、戦時下の一九四一年の暮れから一九四二年にかけてのことであった。

立教学院は戦時下における理科系教育拡充という動きのなかで、立教大学の生き残り策として医学部の設置を構想した。また、聖路加国際病院は政府の医療団構想に巻き込まれるのを防ぐために、立教大学と合併して医学部を設立しようとした。若干の経緯はあったが、立教学院と聖路加国際病院の理事会は、ともかくも大東亜共栄圏の形成に貢献できる医師の養成を目指すという形で戦時協力を表明し、立教大学医学部の設置を構想した。文部省の認可を受ける見通しは立ったが、聖路加国際病院は厚生省の大東亜共栄圏下での医療体制構想の重要な一環であるとの認識が示され、立教大学医学部設置構想は脆くも挫折した。

第六章の豊田雅幸「教育における戦時非常措置と立教学院――理科専門学校の設置と文学部閉鎖問題を中心に――」は、理科系教育拡充・文科系教育抑制という動向のなかで、立教学院における理科専門学校の設立と立教大学文学部の閉鎖問題について検討したものである。豊田論文によれば、理科専門学校の設立と文学部の閉鎖はセットで考えられていた。理科専門学校を設立するのであれば、大学の定員を減じる必要があり、それを文学部の閉鎖（廃止）という方法で実現したのである。

ここには、立教学院の文部行政への受動的な対応という側面ばかりでなく、財政問題の解決という私学としての根

本的な問題が横たわっていた。立教学院の財政は、米国聖公会からの援助が途絶え、危機的な状況にあった。立教学院理事会では、経済学部の農学部への改組も検討されたようであるが、さすがにそれは実施されなかった。しかし、文学部は閉鎖され、理科専門学校が設立されたのである。

第七章の永井均「アメリカ研究所と戦争――活動の軌跡と関係者たちの群像――」は、一九三九年に活動を開始した立教大学アメリカ研究所を通して、一九四一年の日米開戦前後の立教学院の動態を描こうとしたものである。アメリカ研究所は、学内の思想対立のなかで設立されたが、ともかくも米国聖公会によって設立され、立教大学の独自色を出すための研究所として出発した。

しかし、一九四一年の日米開戦を境に「国家のための研究所」となり、「敵性国家としてのアメリカの実体、或はアメリカの交戦能力を理論的に実証的に余すところなく論証」する研究所となった。そして、アメリカ研究所は、一九四二年頃からは軍部や官憲への協力姿勢をより鮮明にしていった。

第三部は、立教中学校や立教大学（予科も含む）の学生生活や教育の変容を詳細に跡づけた四本の論文によって構成されている。第八章の安達宏昭「戦時動員体制と立教中学校」は、戦時動員体制が形成されていくなかで、立教中学校の教育がどのように変容したかを、献金や貯金、あるいは勤労動員などの戦争遂行に必要な事業や運動への協力ばかりでなく、教育内容や方法にまで踏み込んで検討している。すなわち、時局教育、軍事教練や「修練」の強化、課外活動の再組織化、学校行事の再編などの問題が、立教池袋中・高等学校に所蔵されている文書や記録を駆使して詳細に検討されているのである。

日中戦争が始まると国民精神総動員運動が実施され、中等学校ではこれと連動する形で時局教育や「修練」が展開された。この時期の立教中学校では、学校市制、学友会、宗教部などキリスト教主義に基づく独自の組織や指導によって時局教育や練成教育が実施されていた。しかし、一九四〇年代以降の翼賛体制期には、もはやそうした組織を維持

中戦争からアジア太平洋戦争へと戦争が拡大していく中で、立教学院は文部行政に対応して建学の精神をも放棄し、学院をともかくも存続させたのであった。しかし、そうした立教学院の対応は、戦後ＧＨＱによって「外国のキリスト教徒に依つて創設せられつつありし教育機関の職員がその関係する教育機関を軍国主義化せん為にまた極端に国家主義化せん為に言語道断にも之を完全に解体せしめるに至つた」[13]という批判を受けることになった。戦後における立教学院再建の道のりは、決して平坦ではなかったのである。

注

(1)「立教学院拡張計画案摘要」一九三三年（立教学院百二十五年史編纂委員会編『立教学院百二十五年史』資料編第一巻、立教学院、一九九六年、七三二頁）。
(2)同前。
(3)同前。
(4)「〔軍事教練反対〕共同宣言」（『立教大学新聞』一九二五年一一月一五日付、前掲『立教学院百二十五年史』資料編第一巻、三九七～九八頁）。
(5)「学長排斥遂に爆発　立教盟休を決議　不敬問題をあげて学生大会　学園当局極度に狼狽」（『中外商業新報』一九三六年七月二日、前掲『立教学院百二十五年史』資料編第一巻、四四一頁）。
(6)「立教大学報国団々則」（『立教学院学報』第七巻第七号、一九四一年五月六日。前掲『立教学院百二十五年史』資料編第一巻、三八四～三八六頁）。
(7)「有事即応の臨戦態勢　立教大学尽忠隊編成なる」（『立教大学新聞』第一号、一九四一年一〇月一日付。前掲『立教学院百二十五年史』資料編第一巻、四四九～五〇頁）。
(8)帆足秀三郎「立教中学校報国団及報国隊に就いて」（『いしずゑ』第三九号、一九四一年一二月二七日、一頁）。
(9)「文学部教授会記録」前掲『立教学院百二十五年史』資料編第一巻、四五五～五七頁。
(10)手塚隆義「かくて文学部は消える」立教大学史学会『立教大学史学会小史』一九六七年、九一頁。

(11)　「学院礼拝堂閉鎖さる」（『立教大学新聞』第一三号、一九四二年一〇月一〇日付、前掲『立教学院百二十五年史』資料編第一巻、六二五頁）。

(12)　「（チャペル）内規」（『遠山日誌』一九四二年一〇月、『立教大学新聞』第一三号、一九四二年一〇月一〇日付。前掲『立教学院百二十五年史』資料編第一巻、六二六頁）。

(13)　連合国軍最高司令部「日本帝国政府にたいする指令覚書　終戦連絡中央事務局　経由」一九四五年一〇月二四日（前掲『立教学院百二十五年史』資料編第一巻、一九九六年、四八二頁）。

あとがき

二〇〇一年一一月、戦争を体験された立教大学の卒業生有志の働きかけによって、チャペルの敷地内に「平和の碑」が建立され、学院関係の戦没者名簿が納められた。この碑の建立をめぐって、学内では賛否さまざまな議論が展開された。ここで議論の内容に立ち入ることは避けるが、この議論を通じて、大事なことは戦時下の立教学院の実態を実証的に明らかにすることであるということが確認された。戦時下の立教学院の実態に対する認識を共有することによって、はじめて建設的な議論がなされると考えられたからである。

こうして、二〇〇一年度から立教学院史資料センターの研究プロジェクト、「立教学院と戦争に関する基礎的研究」の共同研究が始まった。そもそも戦争と立教学院のかかわりに関する研究が立ち遅れていたばかりでなく、資料自体の整備がほとんどなされていなかった。したがって、この共同研究は『立教学院百二十五年史』の編纂成果を頼りに、資料の収集・整備という歴史研究にとってもっとも基礎的な作業から始めなければならなかった。

幸いだったのは、はしがきにある通り二〇〇二年度から〇四年度まで、「国際環境の中のミッションスクールと戦争——立教大学を事例として——」（研究代表者・前田一男）というテーマで科学研究費補助金の交付を受けることができたことであった。これによって、多くの資料の収集と整理が進み、共同研究の体制が整えられたのである。

立教学院が戦時体制のなかに深く組み込まれていったのはなぜか。この問いかけに一言で答えるのは難しいが、立教学院が文部省の大学・高等教育政策に対応していくなかで、少しずつ戦時体制にコミットするようになり、ついには建学の精神までも捨て去ることになったというのが実情ではないだろうか。とすれば、このことは現在のわれわれにも大きな教訓となる。現在はもちろん「戦時」ではないが、昨今の大学・高等教育政策をみていると、ある方向へ大学を「動員」していこうという意図が明確に読み取ることができる。この「動員」という点では、現在も戦時期と共通しているように思われる。

立教大学は、また立教学院は、今どのような方向に向かっているのであろうか。戦時期の轍を踏まないためには、政府の大学・高等教育政策を常に批判的に吟味し、大学、学問、および教育のあるべき姿を絶えず確認しながら、主体的に進むべき道を決めていくことが何よりも大事なことと思われる。

本書に結実した共同研究への参加者は、浅見恵、安達宏昭、粟屋憲太郎、老川慶喜、大江満、大島宏、大濱徹也、小熊伸一、寺﨑昌男、豊田雅幸、永井均、中野実（故人）、奈須恵子、西原廉太、前田一男、松平信久、山田昭次の諸氏である。特に大濱徹也、寺﨑昌男の両氏には、本書に所収された論文をお読みいただき、貴重なコメントをいただいた。なお、高宇、坂本雄一、茶谷誠一、手代木俊一、布村志保の各氏、池袋立教中学校・高等学校、立教大学の教職員の方々には資料の収集・整備、その他で大変お世話になった。また、立教学院史資料センターの運営委員の方々にも、本研究を進めるにあたってお力添えをいただいた。立教学院史資料センターの山中一弘課長には共同研究の全般にわたってサポートしていただいた。さらに、東信堂の下田社長には、専門書の出版が困難ななか、本書の意義をご理解され出版を快諾していただいた。それにもかかわらず、原稿がなかなかそろわずにご迷惑をおかけした。なお、早々と原稿を提出していただいた方にも、本書の出版がこのように遅れてしまったことをおわびしたい。

こうして、本書は実に多くの方々のご協力を得て出版されることになった。末筆ではあるが、心からのお礼を申し上げたい。

老川　慶喜

編者・執筆者紹介

編　者

老川慶喜（おいかわ　よしのぶ）

一九八〇年、立教大学大学院経済学研究科博士課程後期課程単位取得退学。経済学博士。現在、立教大学経済学部教授。前立教学院史資料センター長。著書に『阪神電気鉄道百年史』（共著、日本経営史研究所、二〇〇五年）、『関東地方の電気事業と東京電力』（同、二〇〇二年）、『産業革命期の地域交通と輸送』（単著、日本経済評論社、一九九三年）などがある。

前田一男（まえだ　かずお）

一九八五年、立教大学文学研究科教育学専攻博士課程後期課程満期退学。現在、立教大学文学部教授。立教学院史資料センター長。著書に『教員文化の日本的特性』（共著、多賀出版、二〇〇三年）、『近代日本における知の配分と国民統合』（共著、第一法規、一九九三年）などがある。

執筆者

安達宏昭（あだち　ひろあき）

二〇〇〇年、立教大学大学院文学研究科博士課程後期課程修了。博士（文学）。現在、東北大学大学院文学研究科准教授。著書

に、『戦前期日本と東南アジア――資源獲得の視点から――』(単著、吉川弘文館、二〇〇二年)、『「南方共栄圏」――戦時日本の東南アジア経済支配――』(共著、多賀出版、一九九五年)などがある。

大江　満(おおえ・みつる)

一九八五年、同志社大学大学院神学研究科博士課程前期課程修了。博士(文学)。現在、立教学院史資料センター学術調査員。著書に『宣教師ウイリアムズの伝道と生涯―幕末・明治米国聖公会の軌跡―』(単著、刀水書房、二〇〇〇年)、『日本プロテスタント諸教派史の研究』(共著、教文館、一九九七年)などがある。

大島　宏(おおしま ひろし)

二〇〇二年、立教大学大学院文学研究科博士課程後期課程満期退学。現在、東海大学課程資格教育センター専任講師。著書に『教育史研究の最前線』(共著、日本図書センター、二〇〇七年)、論文に「敗戦直後における文部省の初等後教育制度改革構想」(『日本の教育史学』第四四集、二〇〇一年)、「女子に対する旧制高等学校の門戸開放」(『日本の教育史学』第四七集、二〇〇四年)などがある。

寺﨑昌男(てらさき まさお)

一九六四年、東京大学大学院教育学研究科博士課程修了。教育学博士。現在、立教学院・立教大学調査役、東京大学名誉教授、桜美林大学名誉教授。著書に『大学教育の可能性――教養教育・評価・実践』(単著、東信堂、二〇〇二年)、『日本における大学自治制度の成立〔増補版〕』(単著、評論社、二〇〇〇年)などがある。

豊田雅幸(とよだ まさゆき)

二〇〇二年、立教大学大学院文学研究科博士課程後期課程満期退学。現在、立教大学文学部助教。著書に『中国山西省における日本軍の毒ガス戦』(共著、大月書店、二〇〇二年)、『東京裁判と国際検察局―開廷から判決まで』(共編、現代史料出版、二〇〇〇年）などがある。

永井　均（ながい　ひとし）

二〇〇二年、立教大学大学院文学研究科博士課程後期課程満期退学。博士（文学）。現在、広島市立大学広島平和研究所講師。論文に「日本・フィリピン関係史における戦争犯罪問題」（池端雪浦ほか編『近現代日本・フィリピン関係史』岩波書店、二〇〇四年）、「連合国民間人抑留者の戦争」（『岩波講座アジア・太平洋戦争』第四巻、岩波書店、二〇〇六年）などがある。

奈須恵子（なす　けいこ）

一九九六年、東京大学大学院教育学研究科総合教育科学（教育学）専攻博士課程単位取得退学。現在、立教大学文学部准教授。著書に、『「文検」試験問題の研究』（共著、学文社、二〇〇三年）、『近代日本における知の配分と国民統合』（共著、第一法規、一九九三年）などがある。

西原廉太（にしはら　れんた）

一九九五年、立教大学文学研究科組織神学専攻博士課程前期課程修了。現在、立教大学文学部教授。著書に『知の礎』（共著、聖公会出版、二〇〇六年）、『リチャード・フッカー――その神学と現代的意味――』（単著、聖公会出版、一九九五年）などがある。

山田昭次（やまだ　しょうじ）

一九六二年、東京教育大学大学院博士課程修了。現在、立教大学名誉教授。著書に『植民地支配・戦争・戦後の責任―朝鮮・中国への視点の模索―』（単著、創史社、二〇〇五年）、『朝鮮人戦時労働動員』（共著、岩波書店、二〇〇五年）などがある。

ミッション・スクールと戦争——立教学院のディレンマ——

2008年3月31日　初版　第1刷発行　〔検印省略〕

定価はカバーに表示してあります。

編者©老川慶喜・前田一男／発行者 下田勝司　印刷・製本 中央精版印刷

東京都文京区向丘1-20-6　郵便振替00110-6-37828

〒113-0023　TEL (03) 3818-5521　FAX (03) 3818-5514

発行所 株式会社 東信堂

Published by TOSHINDO PUBLISHING CO., LTD.

1-20-6, Mukougaoka, Bunkyo-ku, Tokyo, 113-0023, Japan

E-mail : tk203444@fsinet.or.jp http://www.toshindo-pub.com

ISBN978-4-88713-821-6 C3037

東信堂

〈未来を拓く人文・社会科学シリーズ〈全14冊〉〉

科学技術ガバナンス	城山英明編	一八〇〇円
ボトムアップな人間関係—心理・教育・福祉・環境・社会の12の現場から	サトウタツヤ編	一六〇〇円
高齢社会を生きる—老いる人／看取るシステム	清水哲郎編	一八〇〇円
家族のデザイン	小長谷有紀編	一八〇〇円
水をめぐるガバナンス	蔵治光一郎編	一八〇〇円
生活者がつくる市場社会	久米郁夫編	一八〇〇円
グローバル・ガバナンスの最前線—現在と過去のあいだ	遠藤乾編	二二〇〇円
資源を見る眼—現場からの分配論	佐藤仁編	二〇〇〇円
これからの教養教育	葛西康徳・鈴木佳秀編	二〇〇〇円
平和構築に向けた知の展開	黒木英充編	続刊
紛争現場からの平和構築—国際刑事司法の役割と課題	城山英明・石田勇治・遠藤乾編	二八〇〇円

公共政策の分析視角	大木啓介編	三四〇〇円
共生社会とマイノリティの支援	寺田貴美代	三六〇〇円
医療倫理と合意形成—治療・ケアの現場での意思決定	吉武久美子	三二〇〇円
改革進むオーストラリアの高齢者ケア	木下康仁	二四〇〇円
認知症家族介護を生きる—新しい認知症ケア時代の臨床社会学	井口高志	四二〇〇円
保健・医療・福祉の研究・教育・実践	山手茂・園田恭一・米林喜男編	二八〇〇円
地球時代を生きる感性—EU知識人による日本への示唆	A・チェザーナ 訳者代表 沼田裕之	二四〇〇円

〒113-0023　東京都文京区向丘 1-20-6　TEL 03-3818-5521　FAX03-3818-5514　振替 00110-6-37828
Email tk203444@fsinet.or.jp　URL:http://www.toshindo-pub.com/

※定価：表示価格（本体）＋税

東信堂

（横浜市立大学叢書（シーガル・ブックス））

ことばから観た文化の歴史—アングロサクソン到来からノルマンの征服まで	宮崎忠克	一五〇〇円
独仏対立の歴史的起源—スダンへの道	松井道昭	一五〇〇円
ハイテク覇権の攻防—日米技術紛争	黒川修司	一五〇〇円
ポーツマスから消された男—朝河貫一の日露戦争論	矢吹晋著・編訳	一五〇〇円
グローバル・ガバナンスの世紀—国際政治経済学からの接近	毛利勝彦	一五〇〇円
青の系譜—古事記から宮澤賢治まで	今西浩子	一五〇〇円
アングロ・サクソン文学史：韻文編	唐澤一友	一五〇〇円
もの・言葉・思考—形而上学と論理	三上真司	一五〇〇円
フランスから見た幕末維新—「イリュストラシオン日本関係記事集」から	朝比奈美知子編訳 増子博調解説	四八〇〇円
森と建築の空間史—南方熊楠と近代日本	千田智子	四三八一円
アメリカ映画における子どものイメージ—社会文化的考察	K・M・ジャクソン 牛渡 稔訳	二六〇〇円
サンタクロースの島—地中海岸ビザンティン遺跡発掘記	浅野和生	二三八一円
精神科医島崎敏樹—人間の学の誕生	井原 裕	二六〇〇円
言葉の力（音の経験・言葉の力第Ｉ部）	松永澄夫	二五〇〇円
音の経験（音の経験・言葉の力第II部）—言葉はどのようにして可能となるのか	松永澄夫	二八〇〇円
イタリア・ルネサンス事典	J・R・ヘイル編 中森義宗監訳	七八〇〇円

〒113-0023 東京都文京区向丘 1-20-6　TEL 03-3818-5521　FAX03-3818-5514　振替 00110-6-37828
Email tk203444@fsinet.or.jp　URL:http://www.toshindo-pub.com/

※定価：表示価格（本体）＋税